LLYFRYDDIAETH LLENYDDIAETH GYMRAEG

LLYFRYDDIAETH
LLENYDDIAETH
GYMRAEG

Golygwyd gan
THOMAS PARRY
a
MERFYN MORGAN

CAERDYDD
GWASG PRIFYSGOL CYMRU
1976

Argraffwyd gan Argraffwyr CSP, Caerdydd

RHAGAIR

Yn 1962 penderfynodd Pwyllgor Iaith a Llenyddiaeth y Bwrdd Gwybodau Celtaidd gyhoeddi Llyfryddiaeth yr iaith Gymraeg a'i llenyddiaeth. Ffurfiwyd pwyllgor golygyddol i ddwyn y gwaith ymlaen, sef yr Athrawon Cymraeg ar y pryd (A. O. H. Jarman, Thomas Jones, T. J. Morgan, J. E. Caerwyn Williams) ynghyd â Dr. G. M. Ashton, Dr. R. Geraint Gruffydd, y Parch. D. F. Marks, a Dr. Melville Richards fel prif olygydd. Yr oedd hefyd gynrychiolwyr o'r Llyfrgell Genedlaethol – Mr. David Jenkins, Mr. B. G. Owens, Miss Llinos Davies a Mr. G. O. Watts. Gwahoddwyd nifer o ysgolheigion i baratoi adrannau arbennig o'r Llyfryddiaeth, ac ym Mai 1966 penodwyd Mr. R. Maldwyn Thomas yn gynorthwywr i'r prif olygydd. Yn 1970 ymddiswyddodd Mr. Thomas oherwydd ei benodi i swydd arall, a dilynwyd ef fel cynorthwywr gan Mr. Merfyn Morgan. Parhaodd ef yn y swydd hyd Awst 1974.

Bu farw'r Athro Melville Richards cyn bod y casgliad yn barod i'w olygu, a gofynnwyd i Dr. Thomas Parry roi help gyda'r gwaith. Er nad oedd yr holl gyfraniadau wedi dod i law, yr oedd yn amlwg fod y defnydd eisoes yn bur helaeth, ac mewn cyfarfod o'r pwyllgor ar 14 Rhagfyr 1973 penderfynwyd mai doeth fyddai cyhoeddi i gychwyn lyfryddiaeth llenyddiaeth Gymraeg ar wahân. Canolbwyntiwyd ar hynny, a'r gyfrol hon yw'r canlyniad. Caed llawer o help gwerthfawr gan Mr. Gareth O. Watts gyda'r golygu terfynol, ac yr ydym yn ddiolchgar iawn iddo ef a'i gydweithwyr yn y Llyfrgell Genedlaethol. Hefyd i Mr. Derwyn Jones. Y bwriad yw mynd ymlaen i gyhoeddi llyfryddiaeth yr iaith hithau yn ei thro.

Cytunwyd i gofnodi yn y Llyfryddiaeth fanylion am bob llyfr ac erthygl oedd yn cynnwys unrhyw drafodaeth o werth ar wahanol agweddau llenyddiaeth Gymraeg. Gan mai cywaith yw'r Llyfryddiaeth yr oedd yn anocheladwy fod gwahaniaethau yn swm a natur y defnydd a gasglwyd, ac wrth olygu fe fynnwyd yr hawl i docio ac i ychwanegu fel y teimlid fod angen. Barnwyd mai teg oedd tybio nad oedd raid nodi pob cyfryw ddim a draethwyd dros amryw flynyddoedd ar berson neu bwnc; yn fynych iawn yr oedd erthygl mewn hen gylchgrawn wedi ei disodli gan wybodaeth ddiweddarach a chywirach. Pan fyddai helaethrwydd o drafodaethau ar bwnc arbennig, dewiswyd i'w nodi y sylwadau mwyaf safonol a buddiol, gan anwybyddu'r lleill, rhag i'r holl waith fynd yn afresymol o hir ac anhylaw. Ar y llaw arall, y mae ambell hen erthygl sydd efallai yn cynnwys gwybodaeth anghyflawn neu hyd yn oed farn gyfeiliornus, ond er hynny yn werth ei nodi oherwydd ei bod yn cynrychioli agwedd ei chyfnod ac yn ddrych i'r newid a fu ar adwaith dynion i'r pwnc dan sylw. Gyda golwg ar restru adolygiadau ar lyfrau ysgolheigaidd, mewn rhan y gwnaed hynny, gan amcanu cynnwys yr adolygiadau hynny sy'n cyfrannu mewn rhyw ffordd at yr ymdriniaeth. Ond ni honnir fod yr amcan hwn wedi ei gyflawn gyrraedd bob amser.

Teg fyddai dweud fod adolygiadau'r wasg gyfnodol ar weithiau llen-yddol, yn rhyddiaith ac yn farddoniaeth, yn ffurfio corff o ymdriniaethau y dylid cynnwys cyfeiriad atynt mewn Llyfryddiaeth fel hon. Ond y mae'r adolygiadau hyn yn amrywio'n fawr iawn o ran gwerth, ac y mae lliaws helaeth ohonynt, er eu bod yn ddigon defnyddiol ac yn dda eu cael er mwyn cyhoeddusrwydd, nad ydynt yn ychwanegu dim at yr hyn sy'n cael ei drafod yn y llyfr a adolygir. Felly ni cheir yn y Llyfryddiaeth hon ond ychydig iawn o adolygiadau o'r math hwn. (Y mae adolygiadau ar y llyfrau rhyddiaith a gyhoeddwyd ar ôl y rhyfel diwethaf wedi eu rhestru'n llawn, a diau y defnyddir y rhestr honno mewn rhyw gyswllt arall).

Y mae yn y Llyfryddiaeth gryn lawer o drawsgyfeiriadau. Er bod hyn yn peri peth trafferth i'r sawl sy'n defnyddio'r gwaith, y mae'n werth ei oddef gan ei fod yn arbed nodi'r un teitl lawer gwaith. Ond nid yw hyn yn golygu nad yw rhai teitlau wedi eu cynnwys fwy nag unwaith.

Yn nhrefn amser y gosodwyd yr Adrannau, gan gymryd canrif yn uned yn y cyfnod diweddar. Ond pan oedd ffurf lenyddol yn rhychwantu mwy na chanrif, fel gyda beirdd yr uchelwyr a'r emynwyr, fe roed y cyfeiriadau gyda'i gilydd.

Amcanwyd cynnwys popeth a gyhoeddwyd hyd ganol y flwyddyn 1975.

Yn gyffredinol fe ddefnyddir yr un byrfoddau am deitlau cylchgronau ag a geir yn y *Bibliotheca Celtica*. Yn y cyfeiriadau at lyfrau, lle gwelir Caerdydd heb enw cyhoeddwr, golygir Gwasg Prifysgol Cymru. Yn gyffelyb, lle digwydd Caeredin, Caergrawnt neu Rydychen, golygir gwasg-au'r prifysgolion sydd yn y dinasoedd hynny.

Y mae Pwyllgor Iaith a Llenyddiaeth y Bwrdd Gwybodau Celtaidd yn ddyledus iawn i bob un a gyfrannodd o'i lafur i'r Llyfryddiaeth hon, ac yn arbennig ddyledus i Dr. Thomas Parry a Mr. Merfyn Morgan am eu gwaith fel golygyddion. Dylid hefyd gydnabod gofal a help cyn-gyfar-wyddwr Gwasg y Brifysgol, Dr. Brinley Jones, a hefyd Mr. Alun Treharne. Yr oedd gwaith yr argraffwyr yn hynod o lân a manwl.

T. J. MORGAN,
Cadeirydd,

*Pwyllgor Iaith a Llenyddiaeth
y Bwrdd Gwybodau Celtaidd.*

CYNNWYS

xi

CYFRANWYR

Adran A
Llyfrgell Genedlaethol Cymru
Mr. Gareth O. Watts
Yr Athro J. E. Caerwyn Williams

Adran B
Yr Athro A. O. H. Jarman
Yr Athro Thomas Jones

Adran C
Dr. Rachel Bromwich
Yr Athro W. H. Davies
Dr. Hywel D. Emanuel
Mr. Dafydd Jenkins
Mrs. Ida B. Jones
Yr Athro Thomas Jones
Mr. D. Myrddin Lloyd
Dr. Brynley F. Roberts
Mr. J. Beverley Smith
Yr Athro J. E. Caerwyn Williams

Adran Ch
Mr. D. J. Bowen
Miss Enid Pierce Roberts
Dr. Brynley F. Roberts
Mr. G. Aled Williams

Adran D
Mr. Geraint Bowen
Yr Athro R. Geraint Gruffydd
Mr. W. Alun Mathias

Adran Dd
Yr Athro Geraint Gruffydd
Mr. Garfield H. Hughes
Mr. Merfyn Morgan
Dr. Gwyn Thomas

Adran E
Dr. Glyn Ashton
Mrs. Glenda Carr
Yr Athro Bedwyr Lewis Jones
Mr. Derwyn Jones
Mr. Tegwyn Jones

Mr. T. J. Rhys Jones
Mr. Aneirin Lewis
Parch. Gomer M. Roberts
Dr. Gwyn Thomas

Adran F
Dr. Glyn Ashton
Mr. Alun Eirug Davies
Mr. D. Melvin Davies
Parch. Gerallt Davies
Mr. Hywel Teifi Edwards
Parch. Trebor Lloyd Evans
Mr. Gwilym Rees Hughes
Yr Athro Bedwyr Lewis Jones
Mr. Derwyn Jones
Parch. Glyndwr Jones
Mr. Tegwyn Jones
Mr. Philip Wyn Jones
Mr. Aneirin Lewis
Mr. Dewi Maelor Lloyd
Yr Athro Alun Llywelyn-Williams
Mr. E. G. Millward
Mrs. Enid Morgan
Yr Athro T. J. Morgan
Dr. Thomas Parry
Mr. W. J. Phillips
Parch. Griffith T. Roberts
Mr. Wilbert Lloyd Roberts
Parch. Meurig Walters
Yr Athro J. E. Caerwyn Williams
Parch. R. Bryn Williams
Mr. T. Ceiriog Williams

Adran Ff
Mr. Arthur Ap Gwynn
Y Prifathro W. T. Pennar Davies
Parch. Islwyn Ffowc Elis
Mr. Gwilym John Evans
Dr. Bruce Griffiths
Dr. R. M. Jones
Mr. Dafydd Glyn Jones
Miss Nia Lewis
Mr. Tecwyn Lloyd
Yr Athro Alun Llywelyn-Williams
Mr. E. G. Millward
Yr Athro T. J. Morgan
Dr. Derec Llwyd Morgan
Parch. William Morris
Parch. Dafydd Owen
Dr. T. Emrys Parry
Mr. Gwynedd O. Pierce

Adran G
    Mr. Geraint Bowen
    Mr. Glyn Ifans
    Mr. Dafydd Glyn Jones
    Mr. Derwyn Jones
    Parch. Herman Jones
    Mrs. Megan Miles
    Mr. E. G. Millward
    Dr. Derec Llwyd Morgan
    Yr Athro T. J. Morgan

Adran Ng
    Yr Athro Bedwyr Lewis Jones
    Yr Athro T. J. Morgan

Adran H
    Mr. Alun Eirug Davies
    Mr. Aneirin Lewis
    Mr. Ceri Lewis
    Dr. Thomas Parry

TEITLAU A BYRFODDAU

A A	Athro Arfon
A B	Annales de Bretagne
Aberystwyth Studies	
A C	Archaeologia Cambrensis
Adolygydd, Yr	
AeC	Aelwyd y Cymro
Aelwyd, Yr	
A H	Analecta Hibernica
A J	Antiquaries' Journal
Al Liamm	
A N	Yr Arloeswr Newydd
AnB	Analecta Bollandiana
Aneurin	
Anglia	
Antiquity	
Anthropos	
Ar Daf	
Arloeswr, Yr	
Atlantis	
Athro, Yr	
A WR	Anglo-Welsh Review
BABTPL	Bulletin of the Association of British Theological and Philosophical Libraries
BAC	Baner ac Amserau Cymru
Barn	
Bathafarn	(Cylchgrawn Cymdeithas Hanes yr Eglwys Fethodistaidd yng Nghymru)
BBCS	Bulletin of the Board of Celtic Studies
BBIAS	Bibliographical Bulletin of the International Arthurian Society
BCEC	Bwletin Cymdeithas Emynau Cymru
Bedyddiwr, Y	
Beirniad, Y	
BG	Bye-Gones
BI	Baner yr Ifanc
Blackfriars	
Book Collector	
BPHS	Bulletin of the Postal Historical Society
Brycheiniog	(Journal of the Brecknock Society)
Brython, Y	
Brython (Tremadog)	
BS	Biographical Studies
BT	Britain Today

CA	The Carmarthen Antiquary
CAF	Cyfaill yr Aelwyd a'r Frythones
Cambrian	
Cambrian News	
Cardi, Y	
CB	Cambro-Briton
CCHChSF	Cylchgrawn Cymdeithas Hanes a Chofnodion Sir Feirionnydd
CCHMC	Cylchgrawn Cymdeithas Hanes y Methodistiaid Calfin-aidd
CD	Crookes' Digest
CDH	Caernarvonshire and Denbighshire Herald
CDL	Cambria Daily Leader
CE	Y Cylchgrawn Efengylaidd
CEG	Cyfansoddiadau a Beirniadaethau yr Eisteddfod Genedl-aethol
Celtica	
Celticum	
Cennad Hedd	
Cerddor, Y	
Ceredigion	(Journal of the Cardiganshire Antiquarian Society)
CF	Cymru Fydd
CG	Corn Gwlad
CH	The Carmarthenshire Historian
CHC	Cylchgrawn Hanes Cymru (Welsh History Review)
CJ	Cambrian Journal
CL	Comparative Literature
Classica et Mediaevalia	
Clorianydd, Y	
CLS	Comparative Literature Studies
CLlGC	Cylchgrawn Llyfrgell Genedlaethol Cymru (National Library of Wales Journal)
CN	Y Cerddor Newydd
Cofiadur, Y	
Comhar	
Courier	
CQ	The Cambrian Quarterly
CQR	The Church Quarterly Review
CR	The Celtic Review
CRe	The Cambrian Register
Crynhoad, Y	
Cyffro	
Cymmrodor, Y	
Cymro, Y	
Cymru	
Chwyn	
Darian, Y	
Darlunydd, Y	
DIAS	The Dublin Institute for Advanced Studies
Diwinyddiaeth	

Diwygiwr, Y	
DL	Dock Leaves
Drama	(Cylchgrawn y Ddrama Gymraeg, 1959–60)
Drysorfa, Y	
DS	Die Sprache (Zeitschrift für Sprachwissenschaft)
Dyfodol, Y	
Dysgedydd, Y	
DdG	Y Ddraig Goch
EA	Efrydiau Athronyddol
EC	Études Celtiques
Efrydydd, Yr	
EHR	English Historical Review
Éigse	(A Journal of Irish Studies)
Encilion	
Enfys	
Ériu	(Journal of the School of Irish learning)
Ethnographica	
Eurgrawn, Yr	
Faner, Y	
FG	Y Ford Gron
FHSP	Flintshire Historical Society Publications
Folklore	
Folklore Record	
FW	The Faith in Wales
Ffenics	Cylchgrawn Cymraeg Coleg y Brifysgol, Bangor
Fflam, Y	
Gangell, Y	
Gelligaer	Journal of the Gelligaer Historical Society
Genhinen, Y	(1950–)
Geninen, Y	(1883–1927)
GG	Y Genedl Gymreig
GJ	Geographical Journal
GN	Y Gwyliedydd Newydd
Goleuad, Y	
Gragen, Y	
Greal, Y	
GSLI	Giornale Storico della Letteratura Italiana
Gwerin	
Gwladgarwr, Y	
Gwrandawr, Y	
Gwyddonydd, Y	
Gwyliedydd, Y	
Haul, Yr	
HC	Yr Herald Cymraeg
Heddiw	
HG	Yr Haul a'r Gangell
History	

IER	Irish Ecclesiastical Record
IS	Italian Studies

JCAS	Journal of the Chester Archaeological Society
JEGP	Journal of English and German Philology
JEH	Journal of Ecclesiastical History
JHSCW	Journal of the Historical Society of the Church in Wales
JPHS	Journal of the Printing Historical Society
JRS	Journal of Roman Studies
JRSAI	Journal of the Royal Society of the Antiquaries of Ireland
JTS	Journal of Theological Studies
JWBS	Journal of the Welsh Bibliographical Society

Laudate	
Lettres Romanes	
Library, The	
Life and Letters	
Lochlann	
LT	Lamp y Tabernacl
Lucerna	
LW	London Welshman

Llafar	
Llan	
Llanw	
LlC	Llên Cymru
LlCe	Llythyr Ceridwen
Llenor, Y	Golygydd: W. J. Gruffydd
Llenor (OME), Y	Golygydd: O. M. Edwards
Lleufer	
LlLl	Llais Llyfrau
Llwyfan	(Cylchgrawn Theatr Cymru)
Llwyfan, Y	(Cylchgrawn Undeb y Ddrama Gymraeg, 1927–1929)

Mabon (C)	Mabon Cymraeg
Mabon (S)	Mabon Saesneg
MAe	Medium Aevum
MC	Montgomeryshire Collections (Transactions of the Powysland Club)
Meirionnydd	
MLN	Modern Language Notes
MLQ	Modern Language Quarterly
MLR	Modern Language Review
Môn	
Morgannwg	(Transactions of the Glamorgan Historical Society)
MP	Modern Philology
MQ	Manchester Quarterly

Nationalist, The	
Neophilologus	
NMS	Nottingham Medieval Studies
NTS	New Testament Studies
NWC	North Wales Chronicle
OB	Old Bangorian
OBWV	Oxford Book of Welsh Verse
Ogam	
Omnibus	
PBA	Proceedings of the British Academy
Planet	
PLJ	The Public Library Journal. (Quarterly Magazine of the Cardiff and Penarth Free Public Libraries and the Welsh Museum)
PLlCBDFC	Proceedings of the Llandudno, Colwyn Bay and District Field Club
PMLA	Publications of the Modern Language Association of America
Porfeydd	
PP	Past and Present
PRIA	Proceedings of the Royal Irish Academy
Province	
PRSM	Proceedings of the Royal Society of Medicine
PSAS	Proceedings of the Society of Antiquaries of Scotland
PW	Poetry Wales
RC	Revue Celtique
RD	Red Dragon
RES	Review of English Studies
RF	Romanische Forschung
RH	Revue Historique
Romania	
RPh	Romance Philology
RQS	Revue de Questions Historiques
RR	Romance Review
RS	Religious Studies
RT	Radio Times
SB	Saga Book (The Viking Society for Northern Research)
SC	Studia Celtica
Seren Cymru	
SG	Seren Gomer
SGS	Scottish Gaelic Studies
SH	Studia Hibernica
SP	Studia Patristica
Speculum	
SS	Scottish Studies

Taliesin	
TCAS	Transactions of the Cardiganshire Antiquarian Society
TCEHNSG	Trafodion Cymdeithas Efrydu Hynafiaethau a Natur Sir Gaerfyrddin (Transactions of the Carmarthenshire Antiquarian Society and Field Club, and named The Carmarthen Antiquary since 1941)
TCHBC	Trafodion Cymdeithas Hanes Bedyddwyr Cymru
TCHNM	Trafodion Cymdeithas Hanes a Natur Môn (Anglesey Antiquarian Society and Field Club Transactions)
TCHSDd	Trafodion Cymdeithas Hanes Sir Ddinbych (Denbighshire Historical Society Transactions)
TCHSG	Trafodion Cymdeithas Hanes Sir Gaernarfon (Caernarvonshire Historical Society Transactions)
TCNS	Transactions of the Cardiff Naturalists' Society
TCWAS	Transactions of the Cumberland and Westmorland Antiquarian Society
TDGNHAS	Transactions of the Dumfriesshire and Galloway Natural History and Antiquarian Society
TDd	Tafod y Ddraig
TG	Tarian y Gweithiwr
TGSI	Transactions of the Gaelic Society of Inverness
THSC	Transactions of the Honourable Society of Cymmrodorion
TLWNS	Transactions of the Liverpool Welsh Nationalist Society
TN	Tir Newydd
TPS	Transactions of the Philological Society
Traethodydd, Y	[Rhwng 1845 a 1879 yr oedd erthyglau'r *Traethodydd* yn ddienw. Ceir enwau'r ysgrifenwyr am y blynyddoedd hyn yng nghyfrol 1880, 5–24, 243].
Triskel	
Trivium	(Journal of St. David's University College, Lampeter)
TRS	Transactions of the Radnorshire Society
Trysorfa	
TYCCh	Traethodau Ymchwil Cymraeg a Chymreig
TYP	Trysorfa y Plant
Tyst, Y	
Theatr	(Gŵyl Ddrama Colegau Cymru, 1963)
Theatr	(Cylchgrawn ynglŷn ag Eisteddfod y Barri a'r Fro, 1968)
ThN	Theatre Notebook
WA	Welsh Anvil
Wales (JHE)	Golygydd: J. Hugh Edwards
Wales (KRh)	Golygydd: Keidrych Rhys
Wales (OME)	Golygydd: O. M. Edwards
Wawr, Y	
WM	Western Mail
WN	Welsh Nation
WO	Welsh Outlook
WR	Welsh Review (1891–1907, gan nodi'r flwyddyn)
WR	Welsh Review (1939–1948)
WU	Welsh Unity

YB	Ysgrifau Beirniadol
YC	Ysgrifau Catholig
YCS	Yorkshire Celtic Studies
YM	Yr Ymwelydd Misol
Ymofyn[n]ydd, Yr	
YO	Ysbryd yr Oes
YW	Young Wales
ZCP	Zeitschrift für celtische Philologie
ZFSL	Zeitschrift für französische Sprache und Literatur
ZM	Zeitschrift für Mundartforschung
ZRP	Zeitschrift für romanische Philologie

ADRAN A

I. GEIRIADURON BYWGRAFFYDDOL

Y prif waith yw *Y Bywgraffiadur Cymreig hyd 1940*, wedi ei olygu gan J. E. Lloyd, R. T. Jenkins a W. Llewelyn Davies (Llundain: Anrhydeddus Gymdeithas y Cymmrodorion, 1953). Caed fersiwn Saesneg, gyda chywiriadau ac ychwanegiadau, yn 1959 dan y teitl *The Dictionary of Welsh Biography down to 1940*. Yn 1970 cyhoeddwyd *Y Bywgraffiadur Cymreig 1941-1950*, dan olygiaeth R. T. Jenkins, E. D. Jones a Miss M. Beatrice Davies. Y mae'r gwaith hwn yn cynnwys hefyd Atodiad i'r gyfrol flaenorol. Isod rhoir rhestr o Eiriaduron Bywgraffyddol cynharach sy'n hwylus o hyd. Ceir erthyglau ar lawer iawn o Gymry yn y *Dictionary of National Biography*.

1 EVANS, W. O.: Beirdd a llenorion Lleyn, o amser yr Esgob Rowlands hyd farwolaeth Owain Lleyn *yn* Cyfansoddiadau Buddugol Eisteddfod Gadeiriol Sarn Meillteyrn. Sarn: Robert Edwards, 1884.

2 FOULKES, Isaac (Llyfrbryf): Geirlyfr bywgraffyddol o enwogion Cymru . . . Liverpool: I. Foulkes, 1870.

3 GEE, Thomas (gol.): Y Gwyddoniadur Cymreig . . . dan olygiad y Parchedig John Parry . . . yr ail argraffiad . . . dan olygiad Thomas Gee. Dinbych: T. Gee a'i Fab, 1889-1896. (Cynhwyswyd y gwaith hwn yma oherwydd y nifer helaeth o erthyglau bywgraffyddol sydd ynddo, a rhai ohonynt yn gynhwysfawr, yn arbennig y rhai ar Gymry'r 19g.).

3A HUGHES, H. Ellis: Eminent men of Denbighshire. Liverpool: Brython Press, 1946.

4 JONES, Edward (Iorwerth Ceitho): Rhestr (Adams-Huxley), gyda nodiadau byrion, o enwogion Cymreig o 1700 i 1900, o dan olygiaeth E. Vincent Evans. Caerdydd: Cymdeithas yr Eisteddfod Genedlaethol yn Swyddfa Argraffu Deheudir Cymru, 1908. (Cyhoeddwyd hwn hyd ddiwedd H. Y mae'r gweddill mewn llawysgrifen yn *LlGC* (Casgliad yr Eisteddfod Genedlaethol) ac eithrio rhannau I.J.K.

5 JONES, Griffith (Glan Menai): Enwogion Sir Aberteifi. Dolgellau: arg. dros yr awdur gan W. Hughes, 1868.

6 JONES, John (Myrddin Fardd): Enwogion Sir Gaernarfon. Caernarfon, 1922.

7 JONES, Josiah T.: Geiriadur bywgraffyddol o enwogion Cymru. Dwy gyfrol. Aberdare: Aberdare Times, 1867-1870.

8 MORGAN, T.: Enwogion Cymreig (1700-1900) . . . Morriston: Jones and Sons, 1907.

1

9 PARRY, Richard (Gwalchmai): Enwogion Môn. Amlwch: D. Jones, 1877. Hefyd, HUGHES, Robert: Enwogion Môn 1850–1912. Dolgellau: arg. gan E. W. Evans, 1913.

10 REES, T. Mardy: Notable Welshmen (1700–1900). Carnarvon: Herald Office, 1908. (Trefnwyd yn ôl amser, ond y mae mynegai ar y diwedd).

11 ROBERTS, T. R. (Asaph): Eminent Welshmen: A short biographical dictionary of Welshmen who have attained distinction from the earliest times to the present. Cardiff: The Educational Publishing Company, 1908.

12 ROWLAND, E. H. (Helen Elwy): A biographical dictionary of eminent Welshmen who flourished from 1700 to 1900. Wrexham: printed by Hughes for the authoress, 1907.

13 WILLIAMS, Benjamin (Gwynionydd): Enwogion Ceredigion. Caerfyrddin: W. Spurrell, 1869.

14 WILLIAMS, Richard: Montgomeryshire Worthies. Newtown: Stephens and Edwards, 1894.

15 WILLIAMS, Robert: Enwogion Cymru: A biographical dictionary of eminent Welshmen from the earliest times to the present . . . Llandovery: William Rees, 1852.

II. CATALOGAU LLAWYSGRIFAU

(i) Historical Manuscripts Commission

16 EVANS, J. Gwenogvryn: Welsh Manuscripts, *Wales* (OME), i, 205–8.

17 ——— Historical Manuscripts Commission. Report on Manuscripts in the Welsh language. Vol. I, part i. The Welsh Manuscripts of Lord Mostyn at Mostyn Hall, Co. Flint. London: H.M.S.O., 1898.

18 ——— ibid., vol. I, part ii. The first portion of the Welsh Manuscripts at Peniarth. London: H.M.S.O., 1899.

19 ——— ibid., vol. II, part i. Jesus College, Oxford; Free Library, Cardiff; Havod; Wrexham; Llanwrin; Merthyr; Aberdâr. London: H.M.S.O., 1902.

20 ——— ibid., vol. II, part ii. Plas Llan Stephan; Free Library Cardiff. London: H.M.S.O., 1903.

21 ——— ibid., vol. II, part iii. Panton; Cwrtmawr. London: H.M.S.O., 1905.

22 ——— ibid., vol. I, part iii. The second portion of the Welsh Manuscripts at Peniarth. London: H.M.S.O., 1905.

23 ——— ibid., vol. II, part iv. The Bristish Museum. London: H.M.S.O., 1910.

(ii) Llyfrgell Genedlaethol Cymru

24 DAVIES, J. H.: The National Library of Wales Catalogue of Manuscripts. Volume I. Additional Manuscripts in the Collections of Sir John Williams . . . Aberystwyth: National Library of Wales, 1921. Adol. POKORNY, J. *ZCP*, xv, 389–90.

25 LLYFRGELL GENEDLAETHOL CYMRU: Handlist of Manuscripts in the National Library of Wales. vol. I. Handlist of Peniarth Manuscripts not described by Dr. J. Gwenogvryn Evans for the Historical Manuscripts Commission: Uncatalogued additional Manuscripts in the collection of Sir John Williams . . ., other National Library of Wales Manuscripts . . . (1943). ibid., vol. II (NLW 4280E–8000C); vol. III (NLW 8001D–11341A); vol. IV, part xxii (11342–11631C); part xxiii (11632B–11981E); part xxiv (11982–12325B); part xxv (12326B–12427E); part xxvi (12428C–12572D); part xxvii (12573D–12739C); part xxviii (12739C–12897C); part xxix (12897C–13106B); part xxx (13107B–13144A).

26 LLYFRGELL GENEDLAETHOL CYMRU: National Library of Wales Annual Report, 1926–.

27 ——— Calendar of Wynn (of Gwydir) Papers 1515–1690 in the National Library of Wales and elsewhere. Aberystwyth: National Library of Wales, 1926.

(iii) Llyfrgell Dinas Caerdydd

28 HOPKINS, T. J.: Recent accessions of manuscript material at the Cardiff Central Library, *Morgannwg*, ii, 80; iii, 107–8; iv, 73–4; v, 86–7; vi, 110; vii, 130–1; viii, 73–4.

(iv) Yr Amgueddfa Brydeinig

29 [YR AMGUEDDFA BRYDEINIG]: Catalogue of additions to the manuscripts in the British Museum in the years MDCCCXLI–MDCCCXLV (1850). (Addl. MSS. 14866–15089). London: The Trustees of the British Museum, 1850.

30 ——— Catalogue of additions to the manuscripts in the British Museum in the years MDCCCXLIII–MDCCCLIII. (Addl. MSS. 19709–19714). London: The Trustees of the British Museum, 1868.

31 ——— Catalogue of additions . . . in the years MDCCCLIV–MDCCCLXXV. (Addl. MSS. 22356, 24980). 2 vols. London: The Trustees of the British Museum, 1875, 1877. Reprinted 1965, 1967.

32 ——— Catalogue of additions . . . in the years MDCCCLXXVI–MDCCCLXXX. (Addl. MSS. 31055–31110). London: The Trustees of the British Museum, 1882. Reprinted 1968.

33 ——— Catalogue of additions . . . in the years MDCCCLXXXVIII–MDCCCXCIII. (Addl. MSS. 33777). London: The Trustees of the British Museum, 1894. Reprinted 1969.

34 OWEN, Edward: A catalogue of the manuscripts relating to Wales in the British Museum. Part I. (o gasgliadau Cotton, Lansdowne, Royal, Hargrave, Burney, Arundel, a Church Briefs): ii (o gasgliad Harley): iii (Charters and Rolls): iv (o gasliadau Egerton, Stowe, Stowe Charters, Sloane ac Addl. MSS. 4165–14410). London: Honourable Society of Cymmrodorion, 1900, 1903, 1908, 1922. (Cymmrodorion Record Series, iv).
NODIAD: Am drafodaeth ar y llsgrau. Cymraeg gw. BELL, H. Idris: The Welsh Manuscripts in the British Museum, *THSC*, 1936, 15–40.

(v) Llyfrgell Bodley, Rhydychen

35 MADAN, Falconer (gol.): A summary catalogue of Western Manuscripts in the Bodleian Library at Oxford, iii, Oxford: Clarendon Press, 1895. (MSS. 9788, 10553, 10573, 10712, 10714, 15754); iv (1897) (MSS. 18294–18304); v (1905) (MSS. 25202–3, 28685, 28784–28788, 29398, 29770, 30820); vi (1924) (MSS. 31432–31444, 32970–32976, 33327–8, 33607, 33909, 35451).

36 MADAN, Falconer *a* CRASTER, H. H. E. *a* DENHOLM-YOUNG, N.: A summary catalogue of Western Manuscripts in the Bodleian Library at Oxford . . . vol. II, part ii. Oxford: Clarendon Press, 1937. MSS. 3579, 3652, 4054, 5226, 6546.

III. LLYFRYDDIAETHAU

37 ASHTON, Charles: Llyfryddiaeth Gymreig, 1801–1810. Croesoswallt: Arg. dros Gymdeithas yr Eisteddfod gan Mri. Woodall, Minshall, Thomas a'u Cyf., 1908. Gw. hefyd LEWIS, Idwal, Rhestr o weithiau rhyddiaith Gymraeg nas cynhwysir yn *Llyfryddiaeth Gymreig o 1801 i 1810*, Charles Ashton, *JWBS*, vi, 300–8; vii, 26–31. Id. Additions to Charles Ashton's *Llyfryddiaeth Gymreig o 1801 i 1810*, *JWBS*, viii, 200–7.

38 BALLINGER, John: The Bible in Wales: a study in the history of the Welsh people, with an introductory address and a bibliography. London: Henry Sotheran, 1906.

39 BALLINGER, John *a* JONES, J. Ifano: Catalogue of printed literature in the Welsh department, Cardiff Free Libraries. Cardiff: Free Libraries Committee, 1898.

40 BEST, R. I.: Bibliography of Irish philology and manuscript literature. Publications 1913–1941. Dublin: Dublin Institute for Advanced Studies, 1942. Gw. hefyd rhif 69.

41 BLACKWELL, Henry: A bibliography of Welsh Americana, *CLlGC*, Suppl. Series III, no. 1, 1942.

42 BONSER, Wilfrid: Anglo-Saxon and Celtic bibliography, 450–1087. Oxford: Basil Blackwell, 1957.

43 BRADNEY, J. A.: Rare and early printed books relating to Monmouthshire, *JWBS*, i, 169–80.

44 BROMWICH, Rachel, Medieval Celtic literature: a select bibliography. Toronto: University of Toronto Press, 1974. (Toronto medieval bibliographies, 5).

45 DAVIES, Alun Eirug: Traethodau ymchwil Cymraeg a Chymreig a dderbyniwyd gan Brifysgolion Prydeinig, Americanaidd ac Almaenaidd 1887–1971. Welsh language and Welsh dissertations accepted by British, American and German Universities, 1887–1971. Casglwyd gan Alun Eirug Davies. Caerdydd: Gwasg Prifysgol Cymru, 1973.

46 ——— Cyfieithiadau i'r Gymraeg o ieithoedd estron ac eithrio Saesneg, *JWBS*, x, 153–77. Gw. hefyd rhif 58.

47 DAVIES, J. H.: Llyfryddiaeth y Beibl Cymraeg, *TLWNS*, 13th session (1897–98), 55–75.

48 ——— A bibliography of Welsh ballads printed in the 18th century. London: The Honourable Society of Cymmrodorion, 1911.

49 DAVIES, John: Rhestr o lyfrau argraffedig yng Nghaerfyrddin gan John Ross rhwng y blynyddoedd 1763 a 1807. Caerfyrddin: W. Spurrell, 1916.

50 DAVIES, William Ll.: Welsh books entered in the Stationers' Register 1554–1708. Part 1 – 1554–1660. Part 2 – 1660–1708. *JWBS*, ii, 167–74, 204–9.

51 ——— Short-title list of Welsh books, 1546–1700, *JWBS*, ii, 176–88, 210–28, 254–69.

52 ELLIS, Wesley James: A contribution towards the bibliography of Llandudno. Rept. from *Proc. of the Llandudno, Colwyn Bay and District Field Club*, xx, 1939–47 (1949).

53 EVANS, H. Turner: A bibliography of Welsh hymnology to 1960. Library Association fellowship thesis, 1964. Reproduced by University Microfilms, High Wycombe, 1971.

54 GRUFFYDD, R. Geraint: Literature *yn* Celtic Studies in Wales, a survey, ed. Elwyn Davies. Cardiff, 1963.

55 HARRIES, Edward Rhys: Llyfryddiaeth Sir y Fflint. Bibliography of the County of Flint. Part 1: Biographical Sources. Mold: Flint County Library, 1953.

56 HARVARD UNIVERSITY LIBRARY: Celtic Literature. Widener Library Shelflist 25. Cambridge, Mass.: Harvard U.P., 1970, pp. 39–64.

57 JONES, Glyn Lewis: Llyfryddiaeth Ceredigion 1600–1964. Aberystwyth: Llyfrgell Ceredigion, 1967. Atodiad 1964–70 (1970).

58 JONES, J. J.: A bibliography of translations into Welsh from foreign languages (other than English) up to 1928, *JWBS*, iv, 271–303. Ceir ychwanegiadau gan LEWIS, Idwal *JWBS*, v, 231–6; vi, 278–82. Gw. hefyd rhif 46.

59 JONES, Sally: About Welsh literature: selected list of books, articles, essays, reviews and translations in English. Cardiff: Welsh Arts Council, 1970.

60 JONES, Tom (Trealaw): Llyfryddiaeth alawon gwerin, penillion telyn, hwiangerddi a rhigymau, chwaraeon a difyrion traddodiadol a dawnsiau Cymru, *Athro*, ix, 259–62, 302; x, 77–80, 149–52, 222–6, 340–2; xi, 217–20; xii, 153–5, 184–8.

61 JONES, T. M. (Gwenallt): Llenyddiaeth fy ngwlad: sef, hanes y newyddiadur a'r cylchgrawn Cymreig yn Nghymru, America ac Awstralia, yn nghyd a'u dylanwad ar fywyd cenedl y Cymry. Treffynnon: P. M. Evans, 1893. Mynegai yn *JWBS*, vi, 90–107.

62 LEWIS, Meinir *a* WATTS, Gareth O.: A list of books, articles, etc. concerning various aspects of the Celtic languages received at the National Library of Wales during 1967–. *SC*, i, 147–51; ii, 209–11; iii, 141–6; iv, 122–8; v, 148–53; vi, 198–202; vii, 178–83; viii/ix, 329–32.

63 LLOYD, D. Myrddin: Four centuries of Welsh printed literature: an exhibition, *JWBS*, vi, 177–200.

64 ――― Llyfryddiaeth Gymraeg, *JWBS*, vi, 225–41 (Erthygl).

65 LLYFRGELL CEREDIGION: Dramâu Cymraeg un act. Aberystwyth: Pwyllgor Addysg Ceredigion, 1955. Ail arg. 1969.

66 ――― Dramâu Cymraeg hir. Aberystwyth: Pwyllgor Addysg Ceredigion, 1957.

67 LLYFRGELL GENEDLAETHOL CYMRU: Bibliotheca Celtica: a register of publications relating to Wales and the Celtic peoples and languages, 1909– (1910–).

68 ――― Short-title list of Welsh books 1546–1700. Part 1. 1546–1700. Part 2. 1641–1680. Part 3. 1681–1700, *JWBS*, ii, 176–88, 210–28, 254–69. Gweler ychwanegiadau DAVIES, W.Ll. *JWBS*, iv, 59–68; WILLIAMS, William *et al.* 123–32.

69 NATIONAL LIBRARY OF IRELAND: Bibliography of Irish philology and of printed Irish literature. Dublin: H.M.S.O., 1913. Gw. hefyd BEST, R. I. rhif 40.

70 ROWLANDS, William (Gwilym Lleyn): Llyfryddiaeth y Cymry: yn cynnwys hanes y llyfrau a gyhoeddwyd yn yr iaith Gymraeg, ac mewn perthynas i Gymru a'i thrigolion, o'r flwyddyn 1546 hyd y flwyddyn 1800; gyda chofnodau bywgraffiadol am eu hawduron, eu cyfieithwyr, eu hargraffyddion, a'u cyhoeddwyr. Gyda chwanegion a chywiriadau gan y Parch. D. Silvan Evans. Llanidloes: John Pryse, 1869.

71 ――― Llyfryddiaeth y Cymry (1869): Complete and unabridged reprint. Amsterdam: Meridian Publishing, 1970.
Hefyd, EVANS, D. Silvan: Attodiad i Lyfryddiaeth y Cymry . . . *RC*, i, 376–94; ii, 30–43, 346–51.

72 STEPHENS, Meic (gol.): A reader's guide to Wales, a selected bibliography. London: The National Book League, 1973.

73 THOMAS, Ben Bowen: Rhestr o faledi rhai o brif faledwyr Cymru yn y 19eg ganrif, *JWBS*, vii, 49–85. Gw. hefyd LEWIS, Idwal, vii, 151–6; viii, 104–5.

74 WATKIN-JONES, A.: The interludes of Wales in the 18th century, *BBCS*, iv, 103–11.

75 —— The popular literature of Wales in the 18th century, *BBCS*, iii, 178–96.

76 WILLIAMS, M. Gwyneth *a* REES, Leslie M. (gol.): Mynegai i deitlau a llinellau cyntaf gweithiau nifer o feirdd y 19eg ganrif. Abertawe: Cymdeithas y Llyfrgelloedd, Cangen Cymru a Mynwy, 1970.

77 WILLIAMS, Moelwyn I.: Wales and the Celts: a bibliography compiled from non-Celtic periodicals May 1947 to Dec. 1948, *CLlGC*, vi, 51–77; vii, 46–61.

78 —— Hanes Cymru a'r Cymry (rhestr o erthyglau a ymddangosodd mewn cyfnodolion) *Lleufer*, xv, 171–80. Ceir rhestr yn flynyddol rhwng 1959 a 1968. Dechreuwyd rhestru erthyglau yn ymdrin â phynciau'n ymwneud â Chymru, yn rhifynnau cynnar *Lleufer*, gw. LLOYD, D. Tecwyn, *Lleufer*, yr ail gasgliad, 25–8.

79 WILLIAMS, Moses: Cofrestr o'r holl lyfrau printiedig gan mwyaf a gyfansoddwyd yn yr iaith Gymraeg neu a gyfieithiwyd iddi hyd y flwyddyn 1717. Llundain: printiedig gan Brintwyr y Brenin, 1717. Carmarthen: reproduced by W. Spurrell for the Welsh Bibliographical Society, 1912.

80 WILLIAMS, Owen: Llyfryddiaeth Sir Ddinbych, 3 rhan. Wrexham: printed by Hughes and Son, 1935–37. Rhan II adarg. diw., 1951; atodiad, 1959. Gw. hefyd, Chwanegu a Chywiro *BAC*, 14 Ebr. 1936. Ceir ychwanegiadau at Rhan I Adran Fywgraffyddol (1935) gan WILLIAMS, J. Gwyddno *BAC* 24 Mawrth 1936 hyd 23 Tach. 1937.

81 WILLIAMS, William: Liverpool books (1767–1908), *JWBS*, vii, 94–113. Gw. hefyd LEWIS, Idwal *JWBS*, viii, 103.

IV. CYNNWYS RHAI LLYFRGELLOEDD A CHYNNYRCH RHAI GWASGAU

82 ASHTON, G. M.: Argraffwasg gyntaf Sir Fynwy, *JWBS*, ix, 57–66.

83 BOWEN, Geraint: Llyfrgell Coleg Sant Ffrancis Xavier, Y Cwm, Llanrhyddol yn awr yn Llyfrgell Eglwys Gadeiriol Henffordd, *JWBS*, ix, 111–32.

84 BOWEN, T. L.: Reesiaid y Tonn a Gwasg Llanymddyfri, *JWBS*, x, 269–76.

85 'CADRAWD': John Walters and the first printing press in Glamorganshire, *JWBS*, i, 83–9.

86 CYMDEITHAS YR EISTEDDFOD GENEDLAETHOL: Rhestr o lyfrau'r Gymdeithas ynghyd a'u cynnwys a'u prisiau. Arg. dros y Gymdeithas yn Ngweithfa Argraffu Deheudir Cymru, 1917.

87 DAVIES, W. Ll.: Argraffu llyfrau Cymraeg cynnar. A argraffwyd llyfr Cymraeg yn Iwerddon cyn 1700?, *JWBS*, v, 114–9.

88 DEARDEN, James A.: Thomas Johnes and the Hafod Press, 1803–10, *Book Collector*, xxii, 315–36.

89   GRIFFITHS, William: Welsh publishing, past and present, *Proceedings of the Conference of Library Authorities in Wales*, 1955, 15–20.

90   GRUFFYDD, R. Geraint: Argraffwyr cyntaf Cymru: gwasgau dirgel y Catholigion adeg Elisabeth. Caerdydd: Gwasg Prifysgol Cymru, 1972.

91   HARROP, Dorothy A.: George Fisher and the Gregynog Press, *Book Collector*, xix, 465–77.

92   JAMES, H. E.: Haverfordwest printers: list of books, *JWBS*, i, 114–18, 153–5.

93   JENKINS, D.: Braslun o hanes argraffu yn Sir Aberteifi, *JWBS*, vii, 174–92. Hefyd ROBERTS, Gomer M. *JWBS*, x, 42–6.

94   JONES, Brynmor: Argraffwyr Cymreig y Gororau, *JWBS*, x, 117–26.

95   JONES, E. D. *ac eraill*: The Sir John Williams collections, *CLIGC*, i, 194–210.

96   JONES, E. Gwynne *a* JOHNSTON, J. R. V.: Catalogue of the Bangor Cathedral Library, now deposited in the University College of North Wales, Bangor, 1961.

97   JONES, Idwal: Thomas Jones o Ddinbych, awdur a chyhoeddwr, *JWBS*, v, 137–209.

98   JONES, Ifano: A history of printing and printers in Wales to 1810, and of successive and related printers to 1923. Also, a history of printing and printers in Monmouthshire to 1923. Cardiff: Wm. Lewis, 1925.

99   JONES, Richard: The book-trade in Shropshire . . . to about 1800. Rept. from the *Transactions of the Shropshire Archaeological and Natural History Society*, xlviii, 65–200.

100 —— Gwaith argraffwyr Machynlleth o 1789 ymlaen, *JWBS*, ix, 24–52, 83–110.

101 LLOYD, J. H.: Hen argraffdai a hen argraffwyr y Bala, *FHSP*, iii, 374–80.

102 LLYFRGELL GENEDLAETHOL CYMRU: A list of books printed by Thomas Jones, *JWBS*, ii, 104–10.

103 ——Pedwar can mlynedd o argraffu llyfrau Cymraeg. Aberystwyth: Y Llyfrgell Genedlaethol, 1947.

104 —— Catalogue of tracts of the Civil War and Commonwealth period relating to Wales and the Borders. Aberystwyth: National Library of Wales, 1911.

105 NUTTALL, Derek: A history of printing in Chester. Chester: published by the author, 1969.

106 OWEN, Alun Wyn: The Trevecka printing press, *CCHMC*, lviii, 67–73.

107 PARRY, Morris: Gwasg Gymraeg Caerlleon. Caerlleon: Arg. gan J. H. Sadler, 1931.

108 PHILLIPS, D. Rhys: Pioneer printing in Wales: a bibliographical note, with reference to Isaac Carter, Alban Thomas, Siôn Rhydderch, and others *TCAS*, xiii, 42–55.

109 REES, Eiluned: Developments in the book trade in eighteenth-century Wales, *The Library*, xxiv, 33–43.

110 ––––––– Welsh publishing before 1717 *yn* Essays in honour of Victor Scholderer edited by Dennis E. Rhodes. Mainz: Karl Pressler, 1970, tt. 323–36.

111 ––––––– An introductory survey of 18th century Welsh Libraries, *JWBS*, x, 197–258.

112 REES, Eiluned *a* WALTERS, Gwyn: Thomas Pennant and Paul Panton Jr: their printing contacts with George Allen and Luke Hansard, *JPHS*, vii, 54–63.

113 ROBERTS, Brynley F.: Argraffu yn Aberdâr, *JWBS*, xi, 1–53.

114 ROBERTS, Gomer M.: Argraffu ac argraffwyr yn Llandeilo Fawr, *TCEHNSG*, i/2, 20–23. Hefyd: ROBERTS, Gomer M. *a* LEWIS, Idwal, *ib.*, ii/4, 178–83.

115 SALISBURY, E. R. G.: A catalogue of Cambric books at Glan Aber, Chester, A. D. 1500–1799. Carnarvon: Rees and Evans, 1874.

116 ––––––– Catalogue of Welsh books, books on Wales and books by Welshmen A.D. 1800–1862 at Glan Aber, Chester. Carnarvon: Rees and Evans, 1874.

117 WICKLEN, S. I.: Princes and printers: being an essay on the origin of Welsh printing from the beginning to the eighteenth century. Cardiff: Llandaff College of Technology, 1971.

118 WILIAM, Dafydd Wyn: Y wasg argraffu ym Modedern, Môn, *JWBS*, x, 259–68.

119 WILLIAMS, G. J.: Y Wasg Gymraeg Ddoe a Heddiw. Y Bala: Llyfrau'r Faner, 1970.

120 WILLIAMS, William: Private presses with special reference to Wales. Reproduced from *The North Wales Alliance of Master Printers' Circular*, December, 1937.

V. YMDRINIAETHAU CYFFREDINOL

121 ASHTON, Charles: Hanes llenyddiaeth Gymreig o 1651 o.c. hyd 1850. Lerpwl: arg. gan I. Foulkes dros Gymdeithas yr Eisteddfod Genedlaethol, [1893].

122 BELL, H. Idris: The development of Welsh poetry. Oxford: Clarendon Press, 1936. Adol. PEATE, I. C. *THSC*, 1936, 161–4.

123 BOWEN, Geraint (gol.): Y traddodiad rhyddiaith (Darlithiau Rhydychen). Llandysul: Gwasg Gomer, 1970.

124 BROMWICH, Rachel: Y llenyddiaethau Celtaidd, *Traethodydd*, 1973, 47–73.

125 CONRAN, Anthony: Penguin Book of Welsh verse; translated by Anthony Conran in association with J. E. Caerwyn Williams. Harmondsworth: Penguin Books, 1967. Introduction, 13–72.

126 DIENW: (Welsh literature), *Everyman's Encyclopaedia*, xii (1949–50 ed.), 602–4.

127 EVANS, D. Ellis: The language and literature of Wales *yn* Anatomy of Wales, ed. R. Brinley Jones. Peterston super Ely: Gwerin Publications, 1972, 171–86.

128 GRUFFYDD, W. J.: Welsh literature, *Encyclopaedia Britannica*, v (1910 ed.), 640–50; ib., xxiii (1929 ed.), 504–10.

129 —— Llenyddiaeth Cymru: rhyddiaith o 1540 hyd 1660. Wrecsam: Hughes, 1926.

130 —— Llenyddiaeth Cymru o 1450 hyd 1600. Lerpwl: Hugh Evans, 1922.

131 GRUFFYDD, W. J. *a* JONES, Thomas: Welsh literature, *Encyclopaedia Britannica*, xxiii (1959 ed.), 505–11; ib. xxiii (1970 ed.), 401–8.

132 JONES, Bobi: I'r arch . . . Ysgrifau llên a hanes. Llandybïe: Llyfrau'r Dryw, 1959. Adol. JONES, J. Gwilym *Arloeswr*, 7, 44–8; Ateb 8, 39;

133 JONES, R. M.: Highlights in Welsh Literature: talks with a prince. Llandybïe: Christopher Davies, 1969.

134 JONES, Thomas: Welsh literature, *Chambers's Encyclopaedia*, xiv (1966 ed.), 497–502.

135 JONES, Thomas (gol.): Astudiaethau amrywiol a gyflwynir i Syr Thomas Parry-Williams gan Staff Adran Gymraeg Coleg Prifysgol Cymru, Aberystwyth. Caerdydd, 1968.

136 JONES, T. Gwynn: Traddodiad llenyddol Cymru. *Beirniad*, i, 3–15, 101–12, 191–7, 269–77.

137 —— Llenyddiaeth y Cymry. Cyf. I. Hyd ymdrech y Tuduriaid. Dinbych: Gwasg Gee, 1915.

138 —— Llên Cymru: detholiad o ryddiaith a phrydyddiaeth Cyfrolau I–II. Caernarfon: John Jones, 1921–2. Cyfrolau III–IV. Aberystwyth: Cambrian News, 1926–7.

139 LEWIS, Ceri W.: The literary tradition of Morgannwg down to the middle of the 16th century *yn* Glamorgan History, III, ed. T. B. Pugh. Cardiff, 1971, 449–554, 657–79.

140 —— The literary history of Glamorgan from 1550 to 1770. Ibid. iv, ed. Glanmor Williams. Cardiff, 1974, 535–639, 687–97.

141 LEWIS, Saunders: Braslun o hanes llenyddiaeth Gymraeg . . . hyd at 1535. Caerdydd, 1932. (Cyfres y Brifysgol a'r Werin, 13). Adol. GRUFFYDD, W. J. *Llenor* xi, 249–56; JARMAN, A. O. H. *Brython*, 8 Rhag. 1932; JONES, D. Gwenallt *Llenor*, xii, 23–33; PARRY, T. *Traethodydd*, 1933, 115–18.

142 —— Ysgrifau dydd Mercher. (Aberystwyth): Y Clwb Llyfrau Cymreig, 1945.

143 ———— Meistri'r canrifoedd: ysgrifau ar hanes llenyddiaeth Gym-
raeg . . . wedi'u dethol a'u golygu gan R. Geraint Gruffydd.
Caerdydd, 1973.

144 LOOMIS, R. S.: Welsh literature, *Collier's Encyclopaedia*, xxiii
(1965 ed.), 406–8.

145 MORGAN, Dyfnallt (gol.): Gwŷr llên y ddeunawfed ganrif a'u
cefndir. Llandybïe: Llyfrau'r Dryw, 1966.

146 ———— Gwŷr llên y bedwaredd ganrif ar bymtheg a'u cefndir.
Llandybïe: Llyfrau'r Dryw, 1968.

147 MORGAN, T. J.: Rhyddiaith Gymraeg – rhagarweiniad *yn* Ysgrifau
llenyddol. Llundain: W. Griffiths, 1951, 130–202. Cyhoeddwyd
gyntaf yn *THSC*, 1948, 184–252. Adol. HUGHES, Garfield H. *LlC*,
i, 203–6.

148 ———— The essence of the Welsh tradition *yn* The Welsh literary
tradition, ed. R. Brinley Jones. Llandybïe: Christopher Davies,
1968.

149 MORRICE, J. C.: A manual of Welsh literature containing a brief
survey of the chief bards and prose writers from the sixth century
to the end of the eighteenth. Bangor: Jarvis and Foster, 1909.

150 MORRIS-JONES, John: Cerdd Dafod: sef celfyddyd barddoniaeth
Gymraeg. Rhydychen: Gwasg Clarendon, 1925.

151 PARRY, Thomas: Sir Gaernarfon a llenyddiaeth Gymraeg,
TCHSG, iv, 43–71.

152 ———— Hanes llenyddiaeth Gymraeg hyd 1900. Caerdydd, 1945.
Adarg. 1964. Adol. MORGAN, T. J. *Llenor* xxiv, 95–100; LEWIS,
Henry *Traethodydd*, 1945, 186–8; LEWIS, Saunders *Efrydydd*, x
(Haf 1946), 45–9.
Cyfieithiwyd y gwaith hwn i'r Saesneg: BELL, H. Idris: A history
of Welsh literature. Oxford: Clarendon Press, 1955. Adol. PEATE,
I. C. *LlC*, iv, 52–5; JONES, D. Llewelyn *BAC*, 29 Chwef. 1956, 7.

153 ———— Hanes ein llên: braslun o hanes llenyddiaeth Gymraeg o'r
cyfnodau bore hyd heddiw. Caerdydd, 1948. (Cyfres y Brifysgol
a'r Werin, 22). Adol. JARMAN, A. O. H. *BAC*, 2 Chwef. 1949, 7.

154 ———— The Oxford Book of Welsh verse. Oxford: Clarendon Press,
1962, vii–xvi.

155 ———— Littérature galloise *yn* Encyclopédie de la Pleiade. Histoire
des littératures. II. Littératures occidentales, 1956, 337–48.

156 PRYS, R. I. (Gweirydd ap Rhys): Hanes llenyddiaeth Gymreig o'r
flwyddyn 1300 hyd y flwyddyn 1650. Lerpwl: arg. gan I. Foulkes
dros Gymdeithas yr Eisteddfod Genedlaethol, (d.d.).

157 ROBERTS, Enid: Braslun o hanes llên Powys. Dinbych: Gwasg
Gee, 1965. (Astudiaethau Bangor II, gol. J. E. Caerwyn Williams).

158 STEPHENS, Thomas: The literature of the Kymry: being a critical
essay on the history of the language and history of Wales during
the twelfth and two succeeding centuries . . . Llandovery: William
Rees, London: Longman, 1849. 2nd ed. London: Longman, 1876.

159 WILLIAMS, Gwyn: An introduction to Welsh poetry from the beginnings to the sixteenth century. London: Faber, 1953.

160 WILLIAMS, G. J.: Traddodiad llenyddol Morgannwg. Caerdydd, 1948. Adol. JONES, Thomas *Traethodydd*, 1949, 40–4; LEWIS, Saunders *BAC*, 6 Hyd. 1948, 8.

161 —— Nodiadau: Traddodiad llenyddol Morgannwg, *LlC*, i, 48–51.

162 —— Traddodiad llenyddol Dyffryn Clwyd a'r cyffiniau, *TCHSDd*, i, 20–32.

163 —— Agweddau ar hanes dysg Gymraeg: detholiad o ddarlithiau G. J. Williams; gol. Aneirin Lewis. Caerdydd, 1969.

164 WILLIAMS, J. E. Caerwyn (gol.): Ysgrifau beirniadol, I–VIII. Dinbych: Gwasg Gee, 1965–74.

165 —— Anglesey's contribution to Welsh literature, *TCHNM*, 1959, 1–20.

VI. Y CEFNDIR CELTAIDD

Pur ddefnyddiol fel cefndir i astudio llenyddiaeth gynnar Gymraeg ydyw'r ymdriniaethau canlynol ar hanes, iaith a llenyddiaeth, diwylliant a chrefydd y Celtiaid.

(i) Cyffredinol

166 BIRKAN, Helmut: Germanen und Kelten bis zum Ausgang der Römerzeit: der Aussagewert von Wörtern und Sachen für die frühesten Keltisch-Germanischen Kulturbeziehungen. Wien: Herman Böhlaus, 1970.

167 CHADWICK, Nora K.: Celtic Britain. London: Thames and Hudson, 1963. (Ancient peoples and places).

168 —— The Celts. Harmondsworth: Penguin, 1970.

169 CHILDE, V. Gordon: The dawn of European civilisation. London: Kegan Paul, 1925. 6th ed., 1957.

170 —— Prehistoric migrations in Europe. London: Kegan Paul, Trench, Trubner, 1950. Pennod vii.

171 DILLON, Myles a CHADWICK, Nora K.: The Celtic realms. London: Weidenfeld and Nicolson, 1967. Rev. 2nd ed., 1972. Adol. WILLIAMS, J. E. Caerwyn *MAe*, xxxviii, 295–9; REES, Alwyn D. *Taliesin*, xvi, 98–101.

172 DOTTIN, Georges: Manuel pour servir à l'étude de l'antiquité celtique. Paris: H. Champion, 1906.

173 ELSTON, C. S.: The earliest relations between Celts and Germans. London: Methuen, 1934.

174 FILIP, Jan: Keltové Ve Střední Europă. Praha: Nakladatelstvi Cekoslovenske Akademie Věd, 1956.

175 —— Celtic civilization and its heritage. Prague: New Horizons, 1962.

176 HACHMANN, R. *et al.*: Völker zwischen Germanen und Kelten. Neumünster: K. Wachholtz, 1962.

177 HARMAND, Jacques: Les Celtes au Second Age du Fer. Paris: Fernand Nathan, 1970.

178 HATT, Jean-Jacques: Celts and Gallo-Romans. London: Barrie and Jenkins, 1970.

179 HENCKEN, Hugh: Indo-European languages and archaeology. Wisconsin, 1955. (American Anthropological Association, Memoir 84).

180 HOLDER, A.: Alt-Celtischer Sprachschatz. 3 Bde. Leipzig: Teubner, 1896–1913.

181 HUBERT, H.: Les Celtes et l'expansion Celtique jusqu'à l'époque de la tène. Paris: La Renaissance du livre, 1932. Edition revue et corrigée: Paris: Éditions Albin Michel, 1950.

182 JACOBSTAHL, P.: Early Celtic art. Oxford: Clarendon Press, 1944.

183 KRAFT, George: The origin of the Celts, *Antiquity*, iii, 33–44.

184 LENGYEL, Lancelot: Le secret des Celtes. Forcalquier: Robert Morel, 1969.

185 LOCKWOOD, W. B.: A panorama of Indo-European languages. London: Hutchinson University Library, 1972.

186 MARKALE, Jean: Les Celtes et la civilization celtique: mythe et histoire. Paris: Payot, 1970.

187 MEID, Wolfgang: Indo-European and Celtic, *SS*, xii, 45–56.

188 MOREAU, J.: Die Welt der Kelten. Stuttgart: Gustav Kilpper Verlag, 1958. 3 Aufl. Stuttgart: Cotta, 1961.

189 O'RAHILLY, T. F.: Early Irish history and mythology. Dublin: Dublin Institute for Advanced Studies, 1946.

190 PITTIONI, Richard: Zum Herkunftsgebiet der Kelten. Wien: In Kommission bei R. M. Rohrer, 1959. (Akademie der Wissenschaften, Vienna. Philosophisch-Historische Klasse. Sitzungsberichte, 233. Bd. 3. Abhandlung).

191 POKORNY, Julius: Recent developments in Celtic study, *WA*, iii, 80–7.

192 ―――― Zur Urgeschichte der Kelten und Illyrier, *ZCP*, xx, 315–52, 489–522; xxi, 55–166.

193 ―――― Die Kelten und ihre Bedeutung für die europäische Kultur, *Atlantis*, xxix, 285–95.

194 POWELL, T. G. E.: The Celts. London: Thames and Hudson, 1958. (Ancient peoples and places).

195 RAFTERY, J. (gol.): The Celts. Cork: Mercier Press, 1964. (The Thomas Davis lecture, Radio Eireann, 1960).

196 REES, Alwyn *a* REES, Brinley: Celtic heritage: ancient tradition in Ireland and Wales. London: Thames and Hudson, 1961. Adol. BROMWICH, R. *THSC*, 1962, ii, 171–3.

13

197 SCHWARZ, E.: Germanen, Italiker, Kelten, *ZM*, xx, 193–206.

198 TIERNEY, J. J.: The Celtic ethnography of Posidonius, *PRIA*, lx, 189–275.

199 von KIENLE, R.: Italiker und Kelten, *Wörter und Sachen*, xvii (1936).

200 VRIES, Jan de: Kelten und Germanen. Bern und München: Francke, 1960.

201 WAGNER, Heinrich: Studies in the origins of the Celts and of early Celtic civilisation. Tübingen: Max Niemeyer for the Belfast Institute of Irish Studies, 1971. Contents: The origin of the Celts in the light of linguistic geography, reprinted from *TPS*, 1969, 203–50 *and* Studies in the origins of early Celtic civilisation, reprinted from *ZCP*, xxxi, 1–58.

202 WEISGERBER, J. L.: Die Sprache der Festlandkelten *yn* Bericht der Römisch-Germanischen Kommission, xx, 147pp. Frankfurt, 1931.

(ii) Crefydd a Mytholeg

203 ANWYL, Edward: Celtic religion in pre-Christian times. London: Archibald Constable, 1906.

204 ——— Ancient Celtic deities, *TGSI*, xxvi, 392–417.

205 ——— Ancient Celtic goddesses, *CR*, iii, 26–51.

206 BERTRAND, Alexandre: La religion des Gaulois. Les druides et le druidisme, iv, Paris: E. Leroux, 1897.

207 CHADWICK, Nora K.: The Druids. Cardiff, 1966.

208 CLEMEN, Carl Christian: Die Religion der Kelten *yn Archiv für Religionswissenschaft*, xxxvii, 122.

209 CORCORAN, J. X. W. P.: Celtic Mythology *yn* Larousse Encyclopaedia of Mythology. London: Batchworth Press, 1959.

210 COURCELLE-SENEUIL, Jean-Léopold: Les dieux gaulois d'après les monuments figures. Paris: E. Leroux, 1910.

211 DAVIES, Pennar: Rhwng chwedl a chredo: datblygiad meddwl crefyddol Cymru yn yr oesoedd cynnar a chanol. Caerdydd, 1966. (Penodau i–iv, vii, viii). Adol. BROMWICH, R. *WHR*, iv, 67–9.

212 DOTTIN, Georges: Le festin d'Immortalité. Études de mythologie comparée indo-européenne. Paris: Paul Gluthner, 1924.

213 ——— La religion des Celtes. Paris: Librairie Bloud et Cie, 1908.

214 DUVAL, Paul-Marie: Les dieux de la Gaule. Paris: Presses Universitaires de France, 1957.

215 HENDERSON, George: Survivals in belief among the Celts. Glasgow: James Maclehose, 1911.

216 JULLIAN, Camille: Histoire de la Gaule, II. Paris: Hachette, 1926. (pen. v, La religion).

217 KENDRICK, T. D.: The Druids: a study in Celtic prehistory. London: Methuen, 1927.

218 KOVES, T.: Les vates des Celtes, *Ethnographica*, iv, 171–275.

219 KRAUSE, W.: Die Kelten. Tübingen: J. C. B. Mohr, 1929. (Religiongeschichtichen Lesebuch, 13).

220 ―――― Religion der Kelten unter Berücksichtigung der vorkeltischen Bewohner Westeuropas. Leipzig: A. Deichertsche, 1933.

221 LAMBRECHTS, P.: L'Exaltation de la Tête dans la pensée et dans l'art des Celtes. Brugge: De Tempel, 1954.

222 ―――― Contributions à l'étude des divinités celtiques. Brugge: De Tempel, 1942.

223 LANTIER, R.: La religion celtique *yn* Histoire générale des religions. Paris: A. Quillet, 1948.

224 LEHMACHER, G.: Die zweite Schlacht von Mag Tured und die Keltische Gotterlehre, *Anthropos*, xxvi, 435–59.

225 LE ROUX, Françoise: Les Druides. Paris: Presses Universitaires de France, 1961.

226 LOYER, Olivier: Les Chrétientés celtiques. Paris: Presses Universitaires de France, 1965. (Mythes et religions: collection dirigée par Georges Dumézil, 56).

227 MAC CANA, Proinsias: Celtic mythology. London: Hamlyn. 1970. Adol. EVANS, D. Ellis *SC*, vi, 204–6.

228 MAC CULLOCH, J. A.: The Celtic and Scandinavian religions, London: Hutchinson's University Library, 1948.

229 ―――― Celtic mythology. Boston: Marshall Jones, 1918. Reprint, New York: Cooper Square Publishers, 1964. (Mythology of all races, III).

230 ―――― The religion of the ancient Celts. Edinburgh: T. and T. Clark, 1911.

231 MAC NEILL, Máire: The festival of Lughnasa. London: O.U.P., 1962.

232 MACQUEEN, J.: Maponus in medieval tradition, *TDGNHAS*, xxxi, 43–57.

233 PIGGOT, Stuart: The druids. London: Thames and Hudson, 1968. Harmondsworth: Penguin, 1974. Adol. EVANS, D. Ellis *Antiquity*, xliii, 132–6.

234 PISANI, Vittore: Le religioni dei Celti e dei Balto-Slavi nell' Europa precristiana. Milano: Instituto editoriale Galileo, 1950.

235 RENEL, Charles: Les religions de la Gaule avant le christianisme. Paris: E. Leroux, 1906. (Annales du Musée Guimet. Bibliothèque de vulgarisation. t. xxi).

236 REYNOLD, Gonzague de: Les Celtes *yn* Le Monde barbare, Vol. V, i, of La formation de l'Europe. Fribourg; Paris: Egloff, 1949.

237 ROSS, Anne: Chain symbolism in pagan Celtic religion, *Speculum*, xxxiv, 35–59.

238 —— Pagan Celtic Britain: studies in iconography and tradition. London: Routledge and Kegan Paul, 1967.

239 RHŶS, John: Lectures on the origin and growth of religion as illustrated by Celtic heathendom. London: Williams and Norgate, 1888. (Hibbert lectures).

240 SJOESTEDT, Marie-Louise: Dieux et héros des Celtes. Paris: Presses Universitaires de France, 1940. Cyfieithiwyd y gwaith i'r Saesneg: DILLON, Myles: Gods and heroes of the Celts. London: Methuen, 1949.

241 TOUTAIN, Jules François: Les cultes païens dans l'Empire romain . . . Paris: E. Leroux, 1905–1917. (Bibliothèque de l'École des hautes études. Sciences religieuses. v. 20, 25, 31).

242 van HAMEL, A. G.: Aspects of Celtic mythology, *PBA*, xx, 207–42.

243 VENDRYES, Joseph: La religion des Celtes. Paris: Presses Universitaires de France, 1948. Gw. hefyd id., Les correspondances de vocabulaire entre l'indo-iranien et l'italo-celtique, Mémoires de la Société Linguistique de Paris, xx, 1918.

244 VRIES, Jan de: Keltische Religion. Stuttgart: W. Kohlhammer, 1961. (Die Religionen der Menscheit, Bd. 18). Cyfieithiwyd y gwaith hwn i'r Ffrangeg: JOSPIN, L.: La religion des celtes. Paris: Payot, 1963.

245 —— Altgermanische religionsgeschichte. Berlin und Leipzig: W. de Gruyter, 1935, 157–218. (Grundriss der germanischen philologie . . . begründet von Hermann Paul . . . 12).

246 WRIGHT, Dudley: Druidism: the ancient faith of Britain. Wakefield: E. P. Publishing, 1974.

247 ZWICKER, Johannes: Fontes historiae religionis Celticae. Vol. 1. Berolini: W. de Gruyter, 1934. (Fontes historiae religionum ex auctoribus graecis et latinis collectos edidit Carolus Clemen. Fasc. v, pars I, II, III.)

Y CYFNOD CYNNAR

I. CYFFREDINOL

248 ANWYL, Edward: Prolegomena to the study of old Welsh poetry, *THSC*, 1903–4, 59–84.

249 ———— Wales and the Britons of the north, *CR*, iv, 125–52, 249–73.

250 ARNOLD, Matthew: On the study of Celtic literature. London: Smith, Elder, 1867.

251 ———— The study of Celtic literature . . . with an introduction, notes and appendix by Alfred Nutt. London: David Nutt, 1910.

252 BARTRUM, Peter C.: Was there a British Book of Conquests? *BBCS*, xxiii, 1–5.

253 ———— Bonedd yr Arwyr, *BBCS*, xviii, 229–52.

254 BELL, H. Idris: Gw. rhif 122.

255 BOWEN, E. G.: Archaeoleg a llenyddiaeth gynnar, *LlC*, viii, 150–67.

256 BROMWICH, Rachel: Matthew Arnold and Celtic literature: a retrospect 1865–1965. Oxford: Clarendon Press, 1965. (The O'Donnell lecture 1964).

257 ———— The character of the early Welsh tradition. 1. The work of the poets, yn rhif 261, 84–101.

258 ———— Y cynfeirdd a'r traddodiad Cymraeg, *BBCS*, xxii, 30–7.

259 CHADWICK, H. M.: The heroic age. Cambridge, 1912. Reprint 1967.

260 CHADWICK, H. M. and N. K.: The growth of literature. Vol. I, The ancient literatures of Europe. Cambridge, 1932.

261 CHADWICK, N. K. (gol.): Studies in early British history. Cambridge, 1954. Adol. JONES, Thomas *MAe*, xxiv, 41–6.

262 ———— (gol.): Studies in the early British church. Cambridge, 1958.

263 ———— (gol.): The age of the saints in the early Celtic church. London: OUP, 1961. Adol. JAMES, J. W. *THSC*, 1961, 173–9; LEWIS, Ceri W. *LlC*, vi, 46–62; vii, 125–71; MARX, J. *EC*, x, 564–8.

264 ———— (gol.): Celt and Saxon: studies in the early British border. Cambridge, 1963.

265 ———— Celtic Britain. London: Thames and Hudson, 1963.

266 ———— Early Brittany. Cardiff, 1969.

267 CLANCY, J. P.: The earliest Welsh poetry. London: Macmillan, 1970. Introduction, 1–18.

268   CONRAN, Anthony: Gw. rhif 125, Introduction, 13–30.

269   DAVIES, J. Glyn: The englyn trisectual long-line in early Welsh metrics, *ZCP*, xvii, 113–28.

270   DE JUBAINVILLE, H. d'Arbois: Cours de littérature celtique. Tomes 1–5, Paris: Ernest Thorin, 1883–1892; tomes 6–12, Paris: Albert Fontemaing, 1899–1902.

271   DILLON, Myles *a* CHADWICK, N. K.: Gw. rhif 171, 215–26.

272   DONAHUE, Charles: Medieval Celtic literature *yn* The medieval literature of western Europe: a review of research, mainly 1930–1960. gol. John H. Fisher, London, 1966.

273   DOTTIN, Georges: Les littératures celtiques. Paris: Payot, 1924.

274   FOSTER, I. Ll. *a* DANIEL, Glyn: Prehistoric and early Wales. London: Routledge and Kegan Paul, 1965. Penodau vii, viii.

275   GOUGAUD, L.: Christianity in Celtic lands. London: Sheed and Ward, 1932.

276   GREENE, David: Linguistic considerations in the dating of early Welsh verse, *SC*, vi, 1–11. Gw. rhif 286.

277   GRUFFYDD, W. J.: Rhagarweiniad i farddoniaeth Cymru cyn Dafydd ap Gwilym, *THSC*, 1937, 260–7.

278   HARDINGE, Leslie: The Celtic church in Britain. London: SPCK for the Church Historical Society, 1972.

279   HENRY, P. L.: The early English and Celtic lyric. London: Allen and Unwin, 1966.

280   —— A Celtic-English prosodic feature, *ZCP*, xxix, 91–9.

281   JACKSON, Kenneth H.: The British language during the period of the English settlements, yn rhif 261, 61–82.

282   —— The dawn of the Welsh language, *yn* Wales through the ages, I, gol. A. J. Roderick. Llandybie: Christopher Davies, 1959. 2nd impression, 1965. 34–41.

283   —— Angles and Britons in Northumbria and Cumbria, *yn* Angles and Britons, O'Donnell Lectures. Cardiff, 1963. 1–41.

284   —— Incremental repetition in the early Welsh englyn, *Speculum*, xvi, 304–21.

285   —— Language and history in early Britain: a chronological survey of the Brittonic languages, first to the twelfth century A.D. Edinburgh, 1953.

286   —— Some questions in dispute about early Welsh literature and language, *SC*, viii/ix, 1–23. Gw. rhif 276.

287   JACKSON, W. T. N.: Celtic literature *yn* Medieval literature: a history and a guide. London: Collier-Macmillan, 1966. 213–34.

288   JARMAN, A. O. H.: Y delfryd arwrol yn yr hen ganu, *LlC*, viii, 125–49.

289   —— The heroic ideal in early Welsh poetry, *Beitrage zur Indogermanistik und Keltologie*, hrsg. Wolfgang Meid, Innsbruck, 1967, 193–212.

290 JONES, Bobi: Ymryson ac ymddiddan corff ac enaid, *YB*, v, 44–59.

291 JONES, Thomas: The Black Book of Carmarthen stanzas of the graves, *PBA*, liii, 93–137.

292 LOTH, J.: Remarques sur les vieux poèmes historiques gallois au point de vue métrique et historique, *RC*, xxi, 25–58.

293 MAC CANA, Proinsias: Conservation and innovation in early Celtic literature, *EC*, xiii, 61–119.

294 ——— The influence of the Vikings on Celtic literature, *yn* Proceedings of the International Congress of Celtic Studies, Dublin, 1959. Dublin. DIAS, 1962. 78–118.

295 MACLEAN, Magnus: The literature of the Celts: its history and romance. London: Blackie, 1902. New ed. 1926.

296 MARTIN, B. K. *a* KNIGHT, S. T.: Aspects of Celtic literature: i. Old Irish literature and European antiquity. ii. The nature of early Welsh poetry. Sydney: University Press, 1970. (Australian Academy of the Humanities, Monograph I).

297 MARX, Jean: Les littératures celtiques. Paris: Presses Universitaires de France, 1959.

298 MORGAN, T. J.: Canu gwirebol, *YB*, viii, 16–28.

299 PARRY, Thomas: Gw. rhif 152, penodau i a ii.

300 PARRY-WILLIAMS, T. H.: Natur ym marddoniaeth Cymru, *THSC*, 1941, 87–99.

301 ——— Welsh poetic diction, *PBA*, xxxii, 243–76.

302 POKORNY, Julius: Die keltischen Literaturen, *yn* Die Literaturen der Welt in ïhrer mündlichen und schriftlichen überlieferung, hg. von W. von Einsiedel. Zürich: Kindler, 1964. 679–716.

303 REES, Alwyn: Modern evaluations of the Celtic narrative tradition, *yn* Proceedings of the Second International Congress of Celtic Studies, Cardiff, 1963. Cardiff, 1966. 31–61.

304 RENAN, Ernest: The poetry of the Celtic races and other studies . . . Translated with introduction and notes by William G. Hutchinson. New York: Kennikat Press, 1970.

305 RHŶS, John: The origin of the Welsh englyn and kindred metres, *Cymmrodor*, xviii, 1–185.

306 SLOVER, C. H.: Early literary channels between Ireland and Britain. Studies in English, University of Texas. No. 6, 1926; No. 7, 1929.

307 STEPHENS, T.: Gw. rhif 158.

308 THOMAS, Charles: Britain and Ireland in early Christian times, A.D. 400–800. London: Thames and Hudson, 1971.

309 TOLKIEN, J. R. R.: English and Welsh, *yn* Angles and Britons. Gw. rhif 283.

310 TRAVIS, James: Early Celtic versecraft: origin, development, diffusion. Shannon: Irish University Press, 1973.

19

311 TURNER, Sharon: A vindication of the genuineness of the ancient British poems of Aneurin, Taliesin, Llywarch Hen, and Merddin, with specimens of the poems. London: E. Williams, 1803.

312 VENDRYES, J.: Un nouveau débat du corps et de l'âme en gallois, *RC*, xliii, 385–97.

313 WATKINS, T. Arwyn: Mynegair i destunau Cymraeg, *BBCS*, xxiii, 122–8.

314 WILLIAMS, Gwyn: Gw. rhif 159, 1–70.

315 WILLIAMS, Hugh: Christianity in early Britain. Oxford: Clarendon Press, 1912.

316 WILLIAMS, Ifor: Hen Chwedlau, *THSC*, 1946–7, 28–58.

317 —— Llenyddiaeth Gymraeg fore. Wrecsam: Hughes, 1924. (Traethodau'r Deyrnas, 8).

318 —— The beginnings of Welsh poetry: studies by Sir Ifor Williams, ed. Rachel Bromwich. Cardiff, 1972. I. When did British become Welsh? II. The personal names in the early Anglesey inscriptions. III. The Towyn inscribed stone. IV. The earliest poetry. V. The Gododdin poems. VI. Wales and the North. VII. The Juvencus poems. VIII. The poems of Llywarch Hen. IX. Two poems from the *Book of Taliesin*: (i) The praise of Tenby; (ii) An early Anglesey poem. X. An old Welsh verse. Adol. GRUFFYDD, R. Geraint, *SC*, viii/ix, 334–6.

319 —— Lectures on early Welsh poetry, Dublin: DIAS, 1944.

320 WILLIAMS, J. E. Caerwyn: Early Welsh literature *yn* Wales through the ages, I. Gw. rhif 282.

321 WRENN, C. L.: Saxons and Celts in south-west Britain, *THSC*, 1959, 38–75.

322 ZIMMER, Heinrich *et al.*: Die romanischen Literaturen und Sprachen mit Einschluss des Keltischen. Berlin: Teubner, 1909.

II. PYNCIAU IAITH

323 JONES, Thomas: Rhai sylwadau gramadegol a thestunol, *LlC*, vii, 112–15.

324 LEWIS, Meinir: Disgrifiad o orgraff Hen Gymraeg gan ei chymharu ag orgraff Hen Wyddeleg. *TYCCh*, 777.

325 RHŶS, J.: Notes on the language of old Welsh poetry, *RC*, vi, 14–61.

326 WATKINS, T. Arwyn: Points of similarity between Old Welsh and Old Irish orthography, *BBCS*, xxi, 135–41.

III. CASGLIADAU A DETHOLION

327 EVANS, Evan: Some specimens of the poetry of the ancient Welsh bards. Translated into English, with explanatory notes on the historical passages, and a short account of men and places mentioned by the bards. London: R. and J. Dodsley, 1764. Reprinted . . . Llanidloes: John Pryse, 1862.

328 JONES, Owen, WILLIAMS, Edward *a* OWEN, William: The Myvyrian Archaiology of Wales, collected out of ancient manuscripts. Volume I. Poetry. London: Printed by S. Rousseau . . . for the editors, 1801. Ail arg. Denbigh: Thomas Gee, 1870.

329 SKENE, W. F.: The four ancient books of Wales. 2 gyf. Edinburgh: Edmonston and Douglas, 1868.

IV. PYNCIAU ARBENNIG
(i) Aneirin
(a) Testunau

330 EVANS, J. Gwenogvryn: Facsimile and text of the Book of Aneirin. Pwllheli, 1908.

331 —— Llyvyr Aneirin, vol. viii of the series of old Welsh texts. Llanbedrog, 1925. Adol. VENDRYES, J. *RC*, xxxii, 209–11; WILLIAMS, Ifor *Llenor*, iv, 49–52.

332 WILLIAMS, Ifor: Canu Aneirin, gyda rhagymadrodd a nodiadau. Caerdydd, 1938. 3ydd arg. 1970. Adol. JONES, Thomas *Efrydydd*, iv, 28–36; LEWIS, Saunders *Brython*, 16 Meh. 1938, 5; JACKSON, Kenneth *Antiquity*, xiii, 25–34.

333 —— The Book of Aneirin. *TYCCh*, 862.

(b) Cyfieithiadau a Diweddariadau

334 ANWYL, Edward: The Book of Aneirin, *THSC*, 1909–10, 120–136.

335 CLANCY, Joseph P.: Gw. rhif 267.

336 CONRAN, Anthony: Gw. rhif 125.

337 JACKSON, Kenneth Hurlstone: The Gododin, the oldest Scottish poem. Edinburgh, 1969. Adol. FORD, Patrick *Speculum*, xlv, 140–3; MAC CANA, Proinsias *Celtica*, ix, 316–29.

338 PROBERT, William: The Gododin, and the Odes of the Months, translated from the Welsh . . . London: E. Williams, [1820].

339 STEPHENS, Thomas: The Gododin of Aneurin Gwawdrydd: an English translation, with copious explanatory notes; A life of Aneurin and several lengthy dissertations illustrative of the Gododin and the Battle of Catraeth, . . . edited by Thomas Powel. London: The Honourable Society of Cymmrodorion, 1888.

340 THOMAS, Gwyn (gol.): Yr Aelwyd Hon . . . diweddariadau o hen farddoniaeth Gymraeg gan Bedwyr Lewis Jones, Derec Llwyd Morgan a Gwyn Thomas. Llandybie: Llyfrau'r Dryw, 1970.

341 WILLIAMS, Gwyn: The Burning Tree: Poems from the first thousand years of Welsh verse. London: Faber, 1956.

(c) Astudiaethau

342 ANWYL, Edward: Gw. rhif 334, 95–119.

343 ANSCOMBE, A.: A list of words in the poems of the Book of Aneirin, *ZCP*, v, 148–74. (Casglwyd y geiriau o lyfr Skene, The Four Ancient Books of Wales).

21

344 FOSTER, Idris: Rhai sylwadau ar yr Hengerdd, *YB*, v, 15–29.

345 GRESHAM, Colin A.: The Book of Aneirin, *Antiquity*, xvi, 237–57.

346 JACKSON, Kenneth: The Gododdin of Aneirin, *Antiquity*, xiii, 25–34.

347 JONES, T. Gwynn: Catraeth and Hirlas Owain. A study with critical texts, translation and notes, *Cymmrodor*, xxxii, 1–57.

348 JONES, Thomas: Canu Aneirin *yn* Mân Us: sgyrsiau ac ysgrifau. Caerdydd: Llyfrau'r Castell, 1949, 1–15.

349 MORGAN, Gerald: The Book of Aneirin and Welsh manuscript prickings, *BBCS*, xx, 12–17.

350 WATKIN, Morgan: The Book of Aneirin. Its old French remaniements. Their chronology on the basis of the Old French language, *CLlGC*, xiv, 52–73.

351 WILLIAMS, Ifor: Y Gododdin, *Beirniad*, i, 55–65.

352 ────── Brwydr Catraeth, *Beirniad*, i, 73–81.

353 ────── Y gwŷr a aeth Gatraeth, *Beirniad*, i, 253–62; ii, 53–60; 109–19.

354 ────── The Gododdin poems, *TCHNM*, 1939, 25–39.

355 ────── The problem of Catraeth, *YCS*, 1933–4, 17–18.

356 WILLIAMS, J. E. Caerwyn: Yr hengerdd. 1. Aneirin, bardd brwydr Catraeth, *Lleufer*, xx, 55–62.

(ch) Nodiadau testunol

357 ANSCOMBE, A.: A list of words in the poems of the Book of Aneirin, *ZCP*, v, 148–74.

358 JONES, Thomas: Gwell gwneif a thi etc (CA. 9–12), *BBCS*, xiv, 216–17.

359 ────── guaurud, guawrut (CA. 1219–20), *BBCS*, xxii, 351.

360 ────── Rhai sylwadau gramadegol a thestunol (CA. 25–6), *LlC*, vii, 113–114.

361 LEWIS, Henry: meint dilynei, *BBCS*, xiii, 205–6.

362 ────── Cystrawennau Canu Aneirin, ibid., 185–8.

363 MAC CANA, Proinsias: mi na vi Aneirin (CA. ll. 548), *BBCS*, xxiv, 483–4.

364 WILLIAMS, Ifor: Ku kyfeillt ewein (CA. ll.17), *BBCS* xvii, 93.

365 WILLIAMS, J. E. Caerwyn: ni bu hyll dihyll na heu diheu (CA. t. 158–9), *BBCS*, xvi, 105–8.

366 ────── Gredyf gwr oed gwas. CA. ll. 1, *BBCS*, xxi, 303–5.

367 ────── Lleudir, *BBCS*, xxi, 224–6.

(ii) Taliesin

(a) Testunau

368 EVANS, J. Gwenogvryn: Facsimile and text of the Book of Taliesin. Llanbedrog, 1910. Adol. WILLIAMS, Ifor, *Beirniad*, vi, 129–37.

369 ——— Poems from the Book of Taliesin. Llanbedrog, 1915. Adol. WILLIAMS, Ifor *Beirniad*, vi, 203–14; JONES, J. Morris *Cymmrodor*, xxviii. Gw. hefyd *Cymmrodor*, xxxiv.

370 WILLIAMS, Ifor: Darnau o ganu Taliesin, *BBCS*, v, 130–4.

371 ——— Canu Taliesin. Gyda rhagymadrodd a nodiadau. Caerdydd, 1960. Adol. BACHELLFRY, E. *EC*, ix, 606–13; ROWLANDS, E. I. *BAC* (5 Mai 1960), 7.

372 ——— The poems of Taliesin; edited and annotated by Sir Ifor Williams. English version by J. E. Caerwyn Williams. Dublin: DIAS, 1968 (Medieval and Modern Welsh Series, iii).

(b) Cyfieithiadau a Diweddariadau

373 CLANCY, Joseph P.: Gw. rhif 267.

374 CONRAN, Anthony: Gw. rhif 125.

375 NASH, D. W.: Taliesin, or the Bards and Druids of Britain: A translation of the remains of the earliest Welsh bards, and an examination of the Bardic Mysteries. London: John Russell Smith, 1858.

376 THOMAS, Gwyn (gol.): Gw. rhif 340.

377 WILLIAMS, Gwyn: Gw. rhif 341.

(c) Astudiaethau

378 EVANS, J. Gwenogvryn: Taliesin, or the critic criticized, *Cymmrodor*, xxxiv, 1–123.

379 JONES, Bobi: Canu Taliesin, *Taliesin*, i, 89–120.

380 LEWIS, Saunders: The tradition of Taliesin, *THSC*, 1968, 293–8.

381 ——— Gw. rhif 141, 1–12.

382 MORRIS-JONES, John: Taliesin, *Cymmrodor*, xxviii. Adol. JONES, T. Gwynn *Beirniad*, viii, 185–92.

383 LOTH, J.: Mélanges 1. Une correction au Livre de Taliesin, *RC*, xxiii, 203.

384 WILLIAMS, J. E. Caerwyn: Yr Hengerdd. 2. Taliesin, Bardd Urien Rheged, *Lleufer*, xx, 125–34.

(ch) Nodiadau testunol

385 ANWYL, Edward: Corrigenda to Skene's text of the Book of Taliesin made from the original, now in the National Library of Wales, Aberystwyth, *RC*, xxxii, 332–42.

386 ELLIS, D. M.: Aladur (BT. 34, ll. 16), *BBCS*, xvi, 274.

387 JONES, Thomas: Kyfedwynt y gynrein kywym don, CT ii. 21, *BBCS*, xxiv, 272–3.

388 ―――― nyt ynt parawt, CT vi. 10, *ib.*, 271.

389 ―――― oduch pen gwyr CT vi. 17, *BBCS*, xix, 111.

390 ―――― Iscell kerdglyt clot uawr, CT. x. 5, *ib.*, 111–12.

391 LEWIS, Henry: pawb yny gochvan, BT. 46. 3–4, *BBCS*, xv, 37.

392 LEWIS, Saunders: Ardwyre Reget Ryssed Rieu, BT 61, *LlC*, x, 110–13.

393 MAC CANA, Proinsias: ton teithiawc CT viii, 27, *BBCS*, xix, 114.

394 ―――― du merwyd CT viii, 19, *ib.*, 113–14.

395 WILLIAMS, J. E. Caerwyn: Kyfedwynt y gynrein kywym don, CT. ii. 20, *BBCS*, xxi, 226–32.

396 ―――― Lleudir, *BBCS*, xxi, 224–6.

(iii) Y Canu am Lywarch Hen, Heledd, etc.

(a) Testunau

397 EVANS, J. Gwenogvryn (gol.): Facsimile of the Black Book of Carmarthen . . . reproduced with a palaeographical note. Oxford, 1888.

398 ―――― The Black Book of Carmarthen reproduced and edited . . . Pwllheli, 1906.

399 ―――― The poetry of the Red Book of Hergest reproduced and edited . . . Llanbedrog, 1911.

400 WILLIAMS, Ifor: Canu Llywarch Hen; gyda rhagymadrodd a nodiadau. Caerdydd, 1935. 3ydd arg. 1970.

(b) Cyfieithiadau a Diweddariadau

401 CLANCY, J. P.: Gw. rhif 267.

402 OWEN, William: The heroic elegies and other pieces of Llywarch Hen, . . . with a literal translation. London: Printed for J. Owen and E. Williams, 1792.

403 THOMAS, Gwyn (gol.): Gw. rhif 340.

404 WILLIAMS, Gwyn: Gw. rhif 341.

405 ―――― The rent that's due to love; a selection of Welsh poems translated. London: Editions Poetry London, 1950.

(c) Astudiaethau

406 FORD, Patrick: Llywarch, ancestor of Welsh princes, *Speculum*, xlv, 442–50.

407 JONES, Glyn *a* MORGAN, T. J. *a* WILLIAMS, Ifor: The saga of Llywarch The Old. London: Golden Cockerel Press, 1955.

408 JONES, Gwyn: The angry old men [the poetry of Llywarch Hen] *yn* Scandinavian Studies: essays presented to Henry Goddard Leach. Edited by Carl F. Boyerschmidt and Erik J. Früs. Seattle: University of Washington Press for the American-Scandinavian Foundation, 1965.

409 PILCH, Herbert: The elegiac genre in the Old English and Early Welsh Poetry, *ZCP*, xxix, 209–24.

410 WILLIAMS, Ifor: The poems of Llywarch Hen, *PBA*, xviii, 269–302. (Sir John Rhys memorial lecture, 1932).

411 WILLIAMS, J. E. Caerwyn: Yr Hengerdd. 3. Canu Llywarch Hen a Heledd, *Lleufer*, xx, 158–68.

(ch) Nodiadau testunol

412 BROMWICH, Rachel: Cantre'r Gwaelod and Ker-Is *yn* The early cultures of north-west Europe, gol. Cyril Fox a Bruce Dickens. Cambridge, 1950.

413 —— CLlH, viii, 3 (=BBC, 107, 10–12), *BBCS*, xvii, 180.

414 ELLIS, D. M.: clawd gorlas (CLlH, t.3), *BBCS*, xvi, 273–4.

415 HAMP, Eric P.: ny vall (CLlH xi, 83–6), *BBCS*, xxiv, 482–3.

416 HULL, Vernam: Dyrchafu mordwyt, *BBCS*, xvi, 181–4.

417 JONES, Thomas: Rud cogeu goleu ewyn, *BBCS*, xiii, 14–17.

418 —— Y gwnaeth eu meillyon, CLlH xi, 48, *BBCS*, xiv, 294–5.

419 —— Elwir prenn kywir kyniret, (CLlH ii, 9), *BBCS*, xvi, 274–6.

420 —— Coet kynneuawc oed idi, (CLlH iii, 53), *ib.*, 276.

421 —— medd Brynn, CLlH xi, 69, *BBCS*, xvii, 271.

422 —— kyvore kinyawa, CLlH xi, 39, *BBCS*, xxi, 233–4.

423 —— Cy bwyf hen, CLlH, vi, 10b (t.22), *BBCS*, xxiv, 272–3.

424 LEWIS, Henry: Ket delei Gymry, *BBCS*, x, 300.

425 —— Aruchel y euan, *BBCS*, xi, 84.

426 REES, Brinley: celain a sych o du tân, *BBCS*, xxii, 344–5.

427 RHŶS, John: Sacred wells in Wales. (Seithenhin sawde allan), *THSC*, 1892–3, 14–16.

428 WILLIAMS, J. E. Caerwyn: Gwen wrth lawen yd welas neithwyr/ (cat g)athuc ny techas/Oed adrawd, ar glawd gorlas. CLlH. i. 14, *BBCS*, xxi, 26–7.

429 —— Kynddylan Powys borffor wychyt/Kell esbyt, bwyt ior/ Keneu Kyndrwyn Kwynitor CLlH xi, 12, *ib.*, 27–9.

430 —— Llofan Llaw Ddifro, *ib.*, 29–30.

(iv) Cerddi'r Bwlch

431 MORGAN, Gerald: Testun barddoniaeth y tywysogion yn Llsgr. NLW 4973, *BBCS*, xx, 95–103 (yn arbennig 102).

432 THOMAS, Graham C. G.: Dryll o Hen Lyfr Ysgrifen, *BBCS*, xxiii, 309–16.

433 WILLIAMS, Ifor: Marwnad Cynddylan, *BBCS*, vi, 134–41.

434 ——— Hengerdd (i) Moliant Cadwallon, (ii) Darogan, (iii) Dydd dyfid trengid dewaint, *BBCS*, vii, 23–32.

435 ——— Moliant Dinbych Penfro, *THSC*, 1940, 66–83. *Hefyd* Mic Dinbych, *BBCS*, vi, 131. Gw. rhif 318.

436 ——— An early Anglesey poem, *TCHNM*, 1941, 23–30. *Hefyd ib.*, 1942, 19–24. Gw. rhif 318.

437 ——— An old Welsh verse, *CLlGC*, ii, 69–75.

(v) Englynion Llawysgrif Juvencus

(a) Testun a Thrafodaeth

438 WILLIAMS, Ifor: Tri englyn y Juvencus, *BBCS*, vi, 101–110.

439 ——— Naw englyn y Juvencus, *ib.*, vi, 205–24.

(b) Nodiadau Testunol

440 ——— LEWIS, Henry: dou nam riceus, *Celtica*, iii, 296.

441 PARRY-WILLIAMS, T. H.: The Juvencus glosses, *BBCS*, i, 120–3.

442 REES, Brinley: nemheunawr, *BBCS*, xx, 125.

443 WILLIAMS, Ifor: franc, francamus, *BBCS*, vii, 366–8.

(vi) Armes Prydein

(a) Testun

444 EVANS, J. Gwenogvryn (gol.): Gw. rhifau 368–9.

445 WILLIAMS, Ifor: Armes Prydein o Lyfr Taliesin, gyda rhagymadrodd a nodiadau. Caerdydd, 1955. Adol. BROMWICH, Rachel *THSC*, 1956, 138–41; JARMAN, A. O. H. *LlC*, iv, 55–8; BACHELLERY, E. *EC*, viii, 220–6.

446 ——— Armes Prydein; the prophecy of Britain from the Book of Taliesin; edited and annotated by Sir Ifor Williams, English version by Rachel Bromwich. Dublin: DIAS, 1972. (Mediaeval and Modern Welsh series, VI). Adol. JONES, Bedwyr L. *MAe*, xliii, 181–5.

(b) Cyfieithiadau a diweddariadau

447 EVANS, J. Gwenogvryn: Gw. rhifau 368, –9.

448 THOMAS, Gwyn (gol.): Gw. rhif 340.

(c) Astudiaethau

449 JENKINS, M. Gwyn: Gewissae ac Iwis: dwy ddrychiolaeth, *BBCS*, xx, 1–10.

450 JOHNSTONE, P. K.: Vortigern and Aetius, *Antiquity*, xx, 16–20.

451 KIRBY, D. P.: Vortigern, *BBCS*, xxiii, 37–59.

452 RICHARDS, Melville: The 'Lichfield' Gospels, *CLlGC*, xviii. 139–40.

453 THOMAS, Gwyn: Sylwadau ar Armes Prydein, *BBCS*, xxiv, 263–7.

(ch) Nodiadau testunol

454 JONES, Thomas: ny byd y vedyc mwyn or a wnaant, AP 80, *BBCS*, xxi, 234–5.

(vii) Darogan. Canu a Chwedl Myrddin a Thaliesin, etc.

(a) Testunau

455 EVANS, J. Gwenogvryn: Gw. rhifau 368, –9.

456 EVANS, R. Wallis: Pum Breuddwyd Gwenddydd, *BBCS*, xii, 19–22.

457 GEOFFREY OF MONMOUTH: Vita Merlini. Life of Merlin: edited with introduction, facing translation . . . by Basil Clarke. Cardiff, 1973.

458 JARMAN, A. O. H.: Ymddiddan Myrddin a Thaliesin (o Lyfr Du Caerfyrddin). Caerdydd, 1951. Ail arg. 1967.

459 ——— Peiryan Vaban (Pen. 50, tt. 36–8), *BBCS*, xiv, 104–8.

460 JONES, Thomas: Chwedl Myrddin a'r Farwolaeth Driphlyg yng Nghronicl Elis Gruffudd, *BBCS*, xvi, 184–8.

461 ——— The story of Myrddin and the Five Dreams of Gwenddydd in the Chronicle of Elis Gruffudd, *EC*, viii, 315–45.

462 THOMAS, Graham C. G.: Dryll o Hen Lyfr Ysgrifen, BM Addl. 14907, *BBCS*, xxiii, 309–16.

463 WILLIAMS, Ifor: Y Cyfoesi a'r Afallennau yn Peniarth 3, *BBCS*, iv, 112–29.

464 ——— Dwy gân o Lyfr Coch Talgarth, *BBCS*, ii, 118–30.

(b) Testunau cynnar sy'n trafod Chwedl Myrddin, etc.

465 HAMMER, Jacob: Bref Commentaire de la Prophetia Merlini, *Collection Latomus*, II (1949). Adol. JARMAN, A. O. H. *LlC*, i, 201–3.

466 ——— Another Commentary on the Prophetia Merlini. Repr. from *The Quarterly Bulletin of the Polish Institute of Arts and Sciences in America*, 1943. Adol. JARMAN, A. O. H. ibid.

467 ROBERTS, Brynley F.: Esboniad Cymraeg ar Broffwydoliaeth Myrddin (Pen. 16, 25–46), *BBCS*, xxi, 277–300.

468 ——— Cyfieithiad Cymraeg o Esboniad Alanus de Insulis ar y Prophetia Merlini (Llan. 173, tt. 71–86), *BBCS*, xxii, 130–49.

(c) Astudiaethau

469 BERNHEIMEN, R.: Wild men in the middle ages: a study in art, sentiment and demonology. Cambridge, Mass.: Harvard University Press, 1952.

470 BROGSITTER, K. O.: Artusepik. Stuttgart: J. B. Metzler, 1965, 34–8. (Llyfryddiaeth bwysig).

471 BROMWICH, Rachel: Gw. rhif 1122 (ar Arfderydd, Gwenddoleu, Myrddin, Rhydderch Hael, etc.).

472 BRUGGER, E.: L'Enserrement Merlin. Studien zur Merlinsage, *ZFSL*, xxix, 56; xxx, 169; xxxi, 239; xxxiii, 145; xxxiv, 99; xxxv, 1.

473 CARNEY, James: Suibhne Geilt and The Children of Lir, *Eigse*, vi, 83–110.

474 CHADWICK, H. M. *a* CHADWICK, N. K.: Gw. rhif 260. 106–114, 123–32.

475 CHAMBERS, E. K.: Gw. rhif 824.

476 CLARKE, Basil: Calidon and the Caledonian Forest, *BBCS*, xxiii, 191–201.

477 GRIFFITHS, Margaret Enid: Early Vaticination in Welsh with English parallels, gol. T. Gwynn Jones. Cardiff, 1937.

478 ———— Early vaticinatory material in Welsh, with a study of some English parallels known to Welsh writers, *TYCCh*, 832.

479 GRUFFYDD, W. J.: Merlinus, *Llenor*, xxi, 46.

480 JACKSON, Kenneth: Wild Man of the Woods, *YCS*, 1934–35, 13–14.

481 ———— The motive of the threefold death in the story of Suibhne Geilt *yn* Feilsgribhinn Eoin Mhic Neill, gol. J. Ryan. Dublin: At the Sign of the Three Candles, 1940, 535–50.

482 ———— The sources for the life of St. Kentigern *yn* rhif 262, 273–359.

483 JARMAN, A. O. H.: Gw. rhif 458. Rhagymadrodd.

484 ———— Chwedl Myrddin yn y canu cynnar, *TYCCh*, 836.

485 ———— Sieffre o Fynwy: Geoffrey of Monmouth. Caerdydd, 1966. (Cyfres ddwyieithog Gŵyl Dewi).

486 ———— The legend of Merlin. An inaugural lecture delivered at University College, Cardiff, 10th March 1959. Cardiff, 1960. Adarg. 1970.

487 ———— A note on the possible Welsh derivation of Vivienne, *Gallica*: *Essays presented to J. Heywood Thomas*. Cardiff, 1969, 1–12.

488 ———— The Welsh Myrddin poems *yn* Arthurian literature in the middle ages, 20–30. Gw. rhif 832.

489 ———— Emrys Wledig, Amlawdd Wledig; Uthr Bendragon, *LlC*, ii, 125–8.

490 ———— Lailoken a Llallogan, *BBCS*, ix, 8–27.

491 ———— Perchen Machreu, *LlC*, iii, 115–118. (am yr Afallennau).

492 JONES, Thomas: Myrddin ar Bawl, *LlC*, iv, 179–80.

493 —— The story of Myrddin and the Five Dreams of Gwenddydd in the Chronicle of Elis Gruffudd, *EC*, viii, 315–45.

494 JUBAINVILLE, H. d'A De: Merlin est il un personnage, en les origines de la légende de Merlin, *Revue de Questions Historiques*, v, 59–68.

495 LOT, F.: Études sur Merlin, *AB*, xv, 325–47, 505–37.

496 LOTH, J.: La Prophétie de Merlin pour le demipenny et l'origine du penny dans le livre de Taliessin, *RC*, xxxii, 299–300.

497 MEAD, W. a WHEATLEY, H. B.: Merlin: outlines of the history of the Legend of Merlin. London: Early English Texts Society, II, 1899.

498 NASH, W. D.: Merlin the Tribantes and Merlin the Bard, prefixed to E.E.T.S.'s *Merlin*, vol. I, 1865.

499 O'KEEFE, J. G. (gol.): Buile Suibhne (The frenzy of Suibhne) being the adventures of Suibhne Geilt, (Irish Texts Soc., xii). London: David Nutt, 1913.

500 PARRY, John J.: The Vita Merlini, University of Illinois Studies in Language and Literature, 10, no. 3, 1925.

501 —— The date of the Vita Merlini, *MP*, xxii, 413–15.

502 —— The Triple Death in the Vita Merlini, *Speculum*, v, 216–17.

503 PARRY, J. J. a CALDWELL, R. M.: Geoffrey of Monmouth *yn* Arthurian Literature in the Middle Ages, 75–9 (am Prophetiae Merlini), 89–93 (am Vita Merlini). Gw. rhif 832.

504 PHILLIMORE, E.: Additional notes – Myrddin, *Cymmrodor*, xi, 46–8.

505 ROWLANDS, Eurys I.: Myrddin Wyllt, *LlC*, iv, 117–19.

506 —— Myrddin ar Bawl, *LlC*, v, 87–8.

507 SAN-MARTE, A. Schulz: Die Sagen von Merlini. Halle: Buchhandlung des Waisenhauses, 1853.

508 SKENE, W. F.: Notice of the site of the Battle of Ardderyd or Arderyth, *PSAS*, vi, 91.

509 WARD, H. L. D.: Lailoken (or Merlin Silvester), *Romania*, xxii, 504–26.

510 WILLIAMS, Ifor: Gwyllon, Geillt, Ŵyll, *BBCS*, i, 228–34.

511 ZUMTHOR, Paul: Merlin le Prophète: Un thème de la littérature Polémique, de l'Historiographie et des Romans. Lausanne: Payot, 1943. Adol. JARMAN, A. O. H. *LlC*, i, 198–201.

(ch) Nodiadau testunol

512 LEWIS, Henry: pan vit y deunit, *BBCS*, xv, 37.

513 LOTH, J.: Le vers du Livre Noir de Carmarthen: Rac Devur . . ., *RC*, xxviii, 4.

514 OWEN, O. Eilian: Rac Deuur Ineutur y tirran, *ZCP*, v, 572–4.

(viii) Canu Natur a'r Canu Gwirebol

(a) Testunau

515 EVANS, J. Gwenogvryn (gol.): Gw. rhif 398.

516 —— Gw. rhif 399.

517 JACKSON, Kenneth H.: The colloquy of Llewelyn and Gwrnerth, *ZCP*, xxi, 24–32.

518 —— Early Welsh gnomic poems. Cardiff, 1935; 2nd impression, 1961; 3rd impression, 1973. Adol. VENDRYES, J. *EC*, i, 349–52; MORGAN, T. J. *Llenor*, xiv, 253–6.

519 PARRY-WILLIAMS, T. H. *a* WILLIAMS, Ifor: Englynion y Clyweit, *BBCS*, iii, 4–15.

(b) Cyfieithiadau a Diweddariadau

520 CLANCY, Joseph P.: Gw. rhif 267.

521 THOMAS, Gwyn (gol.): Gw. rhif 340.

(c) Astudiaethau

522 DAVIES, J. Glyn: The Welsh bard and the poetry of external nature. From Llywarch Hen to Dafydd ab Gwilym, *THSC*, 1912–13, 81–128.

523 GRUFFYDD, R. Geraint: Cyntefin Ceinaf Amser o Lyfr Du Caerfyrddin, *YB*, iv, 12–26.

524 JACKSON, Kenneth H.: Studies in early Celtic nature poetry. Cambridge, 1935. Adol. MORGAN, T. J. *Llenor*, xiv, 253–6.

525 —— Early Welsh gnomic poems. Gw. rhif 518.

526 MORGAN, T. J.: Canu gwirebol, *YB*, viii, 16–28.

527 PARRY-WILLIAMS, T. H.: Natur ym marddoniaeth Cymru, *THSC*, 1941, 87–99.

528 WILLIAMS, Ifor: Gw. rhif 319.

(ch) Nodiadau testunol

529 MORGAN, T. J.: bit gynifiat gwyd (Early Welsh gnomic poems, I, iii) *BBCS*, xxiv, 483.

(ix) Amryfal Hen Ganu

(a) Testunau

530 PHILLIMORE, E.: A fragment from Hengwrt MS. 202, *Cymmrodor*, vii, 89–154. (Anrec Uryen, Englynyon Dyd Brawd, Gwasg-(a)rgerd Verdin).

531 WILLIAMS, Ifor: Dalen o Femrwn, *BBCS*, iv, 41–8. (Dwy hen gân: (i) Dyt dvuit: tregit deweint, (ii) Kywrisset Gvynet a Dehevparth).

(b) Astudiaethau

532 JONES, Thomas: Tristfardd, Bardd Urien, *BBCS*, xiii, 12.

533 LOOMIS, R. S.: The "Spoils of Annwn"; an early Welsh poem, *yn* Wales and the Arthurian Legend. Cardiff, 1956, 131–78.

534 NICHOLSON, E. W. B.: Filius Urbagen, *ZCP*, iii, 104–11.

535 THOMAS, Graham C. G.: Chwedl Tegau Eurfron a Thristfardd Bardd Urien, *BBCS*, xxiv, 1–9.

536 WILLIAMS, Ifor: Tristfardd, Bardd Urien, *BBCS*, viii, 331–2.

537 ────── Chwedl Taliesin. Caerdydd, 1957. (Darlith O'Donnell 1955–6) Adol. BACHELLERY, E. *EC*, viii, 229–31.

538 ────── Amseriad Armes Dydd Brawd, *BBCS*, xvi, 189.

(x) Hen Ryddiaith

(1) Computus

539 QUIGGIN, E. C.: A fragment of the old Welsh Computus, *ZCP*, viii, 407–10.

540 WILLIAMS, Ifor: The Computus fragment, *BBCS*, iii, 245–72.

(2) Llyfr Llandaf

541 EVANS, J. Gwenogvryn *a* RHŶS, John: The text of the Book of Llan Dav. Oxford, 1893, xliii–xlviii (St. Chad Memoranda).

542 JAMES, J. W.: The Book of Llan Dav and Canon G. H. Doble, *CLlGC*, xviii, 1–36.

543 MORRIS-JONES, J.: The Surexit Memorandum, *Cymmrodor*, xxviii, 268–79.

(3) Mesurau a Phwysau

544 LEWIS, Henry: Glosau Rhydychen, *BBCS*, iii, 1–4.

545 THURNEYSEN, R.: Notes sur gloses galloises, *RC*, xi, 203–4.

546 WILLIAMS, Ifor: Glosau Rhydychen: mesurau a phwysau, *BBCS*, v, 226–48.

(4) Cyfraith a Braint Teilo

547 DAVIES, Wendy: Braint Teilo, *BBCS*, xxvi, 123–33.

547A JONES, E. D.: The Book of Llandaff, *CLlGC*, iv, 132–3.

ADRAN C
Y CYFNOD CANOL

I. Y GOGYNFEIRDD

(i) Cyffredinol

548 BELL, H. Idris: The development of Welsh poetry. Gw. rhif 122,

549 —— The nature of Welsh poetry as conceived by the Welsh bards. Oxford: Clarendon Press, 1955. (The Taylorian Lecture, 1955).

550 DAVIES, J. Glyn: The Welsh bard and the poetry of external nature. Gw. rhif 522.

551 DIENW: Barddoniaeth a hanes Cymru. IV. Y Gogynfeirdd, *Cymru*, xl, 279–84.

552 —— Y Marwnadau, *Cymru*, i, 177–82, 210–15.

553 EVANS, K. A.: Cerddi'r Gogynfeirdd i rianedd a gwragedd. M.A., Cymru, 1972.

554 GRUFFYDD, W. J.: Rhagarweiniad i farddoniaeth Cymru cyn Dafydd ap Gwilym, *THSC*, 1937, 257–83.

555 JACKSON, Kenneth H.: A Celtic miscellany, translations from the Celtic literatures. London: Routledge & Kegan Paul, 1951. Revised ed. Penguin Books, 1971. Rhai cyfieithiadau.

556 JONES, Berwyn Prys: Astudiaeth gymharol o gyfundrefnau'r beirdd yng Nghymru ac Iwerddon. M.A., Cymru, 1974.

557 JONES, T. Gwynn: Llenyddiaeth y Cymry. Gw. rhif 137.

558 —— Bardism and romance: A study of the Welsh literary tradition, *THSC*, 1913–14, 205–310.

559 —— Rhieingerddi'r Gogynfeirdd. Dinbych: Gee a'i Fab, 1915.

560 LEWIS, Saunders: Beirdd y Tywysogion, yn rhif 141, 13–30.

561 —— The tradition of Taliesin, *THSC*, 1968, 293–8.

562 —— Gramadegau'r Penceirddiaid. (Darlith Goffa G. J. Williams, 1966). Gw. rhif 1519.

563 LOTH, J.: La principale source des poèmes des XIIe–XIVe siècles dans la Myvyrian Archaiology of Wales, *RC*, xxiv, 13–40.

564 LLOYD, D. Myrddin: Estheteg yr Oesoedd Canol, *LlC*, i, 153–68, 220–38.

565 —— Meddwl Cymru yn yr Oesoedd Canol, *EA*, xiii, 3–18.

566 —— The poets of the Princes, *yn* Wales Through the Ages, I, 97–104. Gw. rhif 282.

567 —— Gwareiddiad Cymru yn yr oesau canol *yn* Y traddodiad rhyddiaith yn yr oesau canol. Llandysul: Gwasg Gomer, 1974. 13–45.

568 LLOYD-JONES, J.: The court poets of the Welsh Princes. (Sir John Rhys Memorial Lecture) *PBA*, xxxiv, 167–97. Adol. LLOYD, D. Myrddin *LlC*, i, 132–9.

569 PARRY, J. J.: The court poets of the Welsh Princes, *PMLA*, lxvii, 511–20.

570 PARRY, Thomas: Barddoniaeth Llys, yn rhif 152, 36–53.

571 —— The Welsh metrical treatise attributed to Einion Offeiriad (Sir John Rhys Memorial Lecture, 1961). *PBA*, xlvii, 177–95. Adol. LEWIS, Ceri W. *THSC*, 1964, 352–6.

572 PARRY-WILLIAMS, T. H.: Natur ym marddoniaeth Cymru, *THSC*, 1941, 87–99.

573 —— Welsh poetic diction (Sir John Rhys Memorial Lecture). *PBA*, xxxii, 243–76.

574 PHILLIPS, Helen Mary: The heroic ideal in Welsh court poetry, with particular reference to its origins and to the work of Gwalchmai ap Meilyr Brydydd and Llywarch ap Llywelyn, Prydydd y Moch, *TYCCh*, 854.

575 ROWLANDS, Eurys: Nodiadau ar y traddodiad moliant a'r cywydd, *LlC*, vii, 217–43.

576 SMITH, J. Beverley: Einion Offeiriad, *BBCS*, xx, 339–47.

577 VENDRYES, J.: La poésie galloise des XIIe et XIIIe siècles dans ses rapports avec la langue. (The Zaharoff Lecture). Oxford: Clarendon Press, 1930.

578 —— La poésie de cour en Irlande et en Galles. Lecture faite a l'Acad. de Inscr. de 25 Novembre 1932. Paris: Typographie de Firman-Didot, 1932.

579 —— Choix d'études linguistiques et celtiques. Paris: C. Klincksiek, 1952. 209–304.

580 —— Sur un caractère traditionnel de la poésie celtique *yn* A grammatical miscellany offered to Otto Jespersen on his seventieth birthday. Copenhagen: Levin and Munkgaard, 1930, 405–12.

581 WILLIAMS, G. J. *a* JONES, E. J.: Gramadegau'r Penceirddiaid. Gw. rhif 1525.

582 WILLIAMS, Gwyn: Rhif 159, 1–70.

583 WILLIAMS, Ifor: Dosbarth Einion Offeiriad, *Beirniad*, v, 129–34.

584 WILLIAMS, J. E. Caerwyn: Y beirdd llys yn Iwerddon, *LlC*, iii, 1–11.

585 —— Traddodiad llenyddol Iwerddon. Caerdydd, 1958.

586 —— The court poet in medieval Ireland. (Sir John Rhys Memorial Lecture). *PBA*, lvii, 85–135.

587 —— Beirdd y Tywysogion – arolwg, *LlC*, xi, 3–94.

(ii) Mesurau ac Arddull

588 KRAUSE, W.: Die kenning als typische Stilfigur der germanischen und keltischen Dichtersprache *yn* Schriften der konigsberger gelehrten Gesellschaft. 7 Fahr. Geistes wissenschaftliche Klasse, Heft 1. Halle: Max Niemeyer, 1930. 1–26.

589 LEWIS, Henry: Toddaid a Chyhydedd Hir, *BBCS*, v, 96–100.

590 LOTH, J.: La métrique galloise du IXe à la fin du XIVe. 2 gyfrol. Paris: Albert-Fontemoing, 1901–2. Gw. hefyd: JONES, J. Morris, Welsh versification, *ZCP*, iv, 106–42.

591 LLOYD, D. Myrddin: Some metrical features in Gogynfeirdd poetry, *SC*, iii, 39–46.

592 MORGAN, T. J.: Arddull yr awdl a'r cywydd, *THSC*, 1946–47, 276–313. Adol. JONES, Thomas *LlC*, i, 55–8.

593 —— Dadansoddi'r Gogynfeirdd, *BBCS*, xiii, 169–74; xv, 1–8.

594 MORRIS-JONES, J.: Cerdd Dafod . . . Gw. rhif 150.

595 PARRY, Thomas: Twf y gynghanedd, *THSC*, 1936, 143–60.

596 —— Hanes yr awdl *yn* Awdlau Cadeiriol Detholedig 1926–1950. Cyngor yr Eisteddfod Genedlaethol, 1953, ix–xvi.

(iii) Testun

597 ANWYL, E. (gol.): The poetry of the Gogynfeirdd from the Myvyrian Archaiology of Wales: with an introduction to the study of Welsh poetry. Denbigh: Gee, 1909.

598 EVANS, J. Gwenogvryn (gol.): The poetry in the Red Book of Hergest. Llanbedrog: J. G. Evans, 1911.

599 —— Poetry by medieval Welsh bards, Vol. ii. Llanbedrog: [J. G. Evans], 1926. (Argraffiad yw hwn o lawysgrif Hendregadredd (isod rhif 603), ond bod rhai cerddi heb eu cynnwys. Yr oedd y cyfan wedi eu cyhoeddi eisoes yn *RC*, xl, 241–329; xli, 65–106, 413–71).

600 HUGHES, Arthur *a* WILLIAMS, Ifor (gol.): Gemau'r Gogynfeirdd, wedi eu dethol a'u golygu . . . ynghyd a rhagymadrodd a nodiadau . . . Pwllheli: Arg. i'r golygydd gan D. Caradog Evans, 1910.

601 JONES, O. *a* WILLIAMS, E. *a* PUGHE, W. O. (gol.): The Myvyrian Archaiology of Wales, I (1801, 1870). Gw. rhif 328.

602 LEWIS, Henry (gol.): Hen gerddi crefyddol. Caerdydd, 1931.

603 MORRIS JONES, R. *a* MORRIS-JONES, J. *a* PARRY-WILLIAMS, T. H. (gol.): Llawysgrif Hendregadredd. Caerdydd, 1933. Arg. newydd 1971.

(iv) Nodiadau testunol

604 MORGAN, Gerald: Testun barddoniaeth y Tywysogion yn Llsgr. N.L.W. 4973, *BBCS*, xx, 95–103.

605 —— Nodiadau ar destun barddoniaeth y Tywysogion yn Llsgr. N.L.W. 4973, *BBCS*, xxi, 149–50.

606 VENDRYES, J.: Quelques corrections au texte des Gogynfeirdd, *EC*, i, 193–6.

(v) Beirdd Unigol

Bleddyn Fardd

607 VENDRYES, J.: Poèmes de Bleddyn Vardd, *RC*, xlix, 189–264.

Cynddelw Brydydd Mawr

608 ANWYL, Edward: Welsh literary tradition masterpieces. Y Gogynfeirdd – Cynddelw Brydydd Mawr, *Wales* (JHE), i, 222–5.

609 —— The classics of Welsh literature. Y Gogynfeirdd – Cynddelw Brydydd Mawr, *YW*, iv, 58–62; 145–8; v, 32–4; vii, 49–55.

610 LLOYD, D. Myrddin: Barddoniaeth Cynddelw Brydydd Mawr, *Llenor*, xi, 172–87; xiii, 49–59.

611 —— Geirfa Cynddelw Brydydd Mawr, *BBCS*, vi, 118–30.

612 —— Defnydd Cynddelw o'r berfenw, *BBCS*, vii, 16–23.

613 —— Astudiaeth feirniadol o farddoniaeth Cynddelw Brydydd Mawr, o ran iaith a gwerth llenyddol. *TYCCh*, 849.

614 —— La poésie de Cynddelw Brydydd Mawr et le manuscrit Peniarth 3, *EC*, v, 87–104.

615 VENDRYES, J.: Trois poèmes de Cynddelw, *EC*, iv, 1–47.

Daniel ap Llosgwrn Mew

616 VENDRYES, J.: Le marwnad d'Owain Gwynedd par Daniel ap Llosgwrn Mew, *EC*, i, 303–19.

Dienw

617 VENDRYES, J.: Le poème du Livre Noir sur Hywel ap Gronw, *EC*, iv, 275–300.

Einion ap Gwalchmai

618 JONES, Bedwyr Lewis: Einion ap Gwalchmai a rhiain y Glasgoed, *Llên a llafar Môn*, gol. J. E. Caerwyn Williams. Llangefni, 1963. 60–4.

619 LLOYD, J. E.: Einion ap Gwalchmai, *BBCS*, vii, 34.

620 LLWYD, Angharad: A history of the Island of Mona, being the prize essay at the Royal Beaumaris Eisteddfod, August, 1832. Ruthin: R. Jones, 1833. 351–3.

Einion Offeiriad

621 WILLIAMS, Ifor: Awdl i Rys ap Gruffudd gan Einion Offeiriad, *Cymmrodor*, xxvi, 115–46.

Einion Wann

622 VENDRYES, J.: Poèmes de Einyawn Wann, *EC*, i, 114–33.

623 ――― Trois poèmes sur Madawg ap Gruffudd Maelor, *EC*, ii, 102–17.

Goronwy Gyriog

624 JONES, Bedwyr L.: Goronwy Gyriog, *BBCS*, xxi, 305.

Gruffudd ab yr Ynad Coch

625 VENDRYES, J.: Un poème de Gruffudd ab yr Ynad Coch, *RC*, i, 143–65.

626 WILLIAMS, Ifor: Gruffudd ab yr Ynad Coch, *BBCS*, xvii, 184.

Gwilym Ddu o Arfon

627 MYRDDIN FARDD: Enwogion Sir Gaernarfon, 113–5. Gw. rhif 6.

628 VENDRYES, J.: Un poème de Gwilym Ddu o Arfon, *RC*, xlvii, 406–26.

Gwynfardd Brycheiniog

629 JONES, T. Gwynn: Rhif 137, 21.

630 WADE-EVANS, A. W. (gol.): Rhif 1323, xiv.

Hywel ab Owain Gwynedd

631 JONES, T. Gwynn: Rhif 559.

632 LLOYD-JONES, J.: Rhif 568, 167–97.

633 WILLIAMS, Ifor: Marwnad Hywel ab Owain Gwynedd, *TCHNM*, 1923, 49–58.

Madog ap Gwallter

634 WILLIAMS, Ifor: Cyfeiriad at y Brawd Fadawg ap Gwallter?, *BBCS*, iv, 133–4.

Meilyr Brydydd

635 WILLIAMS, J. E. Caerwyn: Rhif 587, 12–14.

Owain Cyfeiliog

636 BROMWICH, Rachel: The date of Hirlas Owein, *BBCS*, xvi, 188–9.

637 JONES, T. Gwynn: Catraeth, and Hirlas Owain – a study with critical texts, translations and notes, *Cymmrodor*, xxxii, 1–57.

638 WILLIAMS, G. Aled: Dau gyfeiriad yn 'Hirlas Owain', *BBCS*, xxvi, 34–6.

Prydydd Bychan, Y

639 VENDRYES, J.: Poèmes de Y Prydydd Bychan, *EC*, iii, 274–334.

Prydydd y Moch

640 VENDRYES, J.: Rhif 623, 95–102.

641 JONES, G. R. J.: The tribal system in Wales: A re-assessment in the light of settlement studies, *CHC*, i, 126 ar Brydydd y Moch.

642 RICHARDS, Melville: Prydydd y Moch, *TCHSDd*, xi, 110–11.

II. CHWEDLAU BRODOROL

Cynhwysir yma y chwedlau sydd yn LlGRh a LlCH ar wahân i'r tair rhamant, a rhoir y rheini dan y pennawd Chwedl Arthur. Gellid dadlau mai chwedlau Arthuraidd yw Culhwch ac Olwen a Breuddwyd Rhonabwy, ond barnwyd fod eu nodweddion Cymreig yn cyfiawnhau eu cynnwys yma.

(i) Testunau
(y rhan fwyaf gyda rhagymadrodd a nodiadau).

643 EVANS, J. Gwenogvryn: The White Book Mabinogion: Welsh tales and romances; reproduced from the Peniarth Manuscripts. Pwllheli: [J. Gwenogvryn Evans], 1907. (Arg. diplomatig). Ail arg. Llyfr Gwyn Rhydderch: y chwedlau a'r rhamantau. Rhagymadrodd gan R. M. Jones. Caerdydd: Gwasg Prifysgol Cymru, 1973.

644 RHŶS, JOHN *a* EVANS, J. Gwenogvryn: The text of the Mabinogion and other Welsh tales from the Red Book of Hergest. (Arg. diplomatig). Oxford, 1887.

645 RICHARDS, Melville: Breudwyt Ronabwy, allan o'r Llyfr Coch o Hergest. Caerdydd, 1948. 2 arg. 1972. Adol. JONES, Thomas *Llenor*, xxvii, 142–53.

646 THOMSON, Derick S.: Branwen Uerch Lyr: the second of the four branches of the Mabinogi edited from the White Book of Rhydderch with variants from the Red Book of Hergest and from Peniarth 6. Dublin: DIAS, 1961. Reprinted 1968. (Mediaeval and Modern Welsh series 2).

647 THOMSON, R. L.: Pwyll Pendeuic Dyuet: the first of the four branches of the Mabinogi edited from the White Book of Rhydderch with variants from the Red Book of Hergest. Dublin: DIAS, 1957. (Mediaeval and Modern Welsh series, 1). Adol. EVANS, D. Simon *MAe*, xxvii, 181–6.

648 WILLIAMS, Ifor: Breuddwyd Maxen. Bangor: Jarvis and Foster, 1908. 3ydd arg. 1927.

649 ——— Cyfranc Lludd a Llevelys. Bangor: Jarvis and Foster, 1910.

650 ——— Pedeir Keinc y Mabinogi. Caerdydd, 1930, Ail arg. 1951. Adarg. 1964. Adol. WILLIAMS, G. J. *Llenor*, ix, 113–6.

(ii) Detholion

651 JARMAN, A. O. H.: Chwedlau Cymraeg canol. Caerdydd, 1957. Ail arg. gydag ychwanegiadau, 1969.

(iii) Cyfieithiadau a Diweddariadau

652 BUBER, Martin: Die vier Zweige des Mabinogi: ein Keltische Sagenbuch. Leipzig: Insel-Verlag, 1914.

653 DIENW: Y Mabinogion Cymreig. Liverpool: Isaac Foulkes, 1880.

654 EDWARDS, J. M.: Mabinogion o Lyfr Coch Hergest, 2 gyfrol. Gwrecsam: Hughes, 1896, 1901.

655 ELLIS, T. P. *a* LLOYD, John: The Mabinogion, 2 gyfrol. Oxford: Clarendon Press, 1929. Adol. LLOYD-JONES, J. *Cymmrodor*, xl, 251–62; WILLIAMS, Ifor *WO*, xvi, 210–12.

656 GUEST, Charlotte: The Mabinogion from the Llyfr Coch o Hergest and other ancient Welsh MSS with an English translation and notes. London: Longmans, Brown, Green and Longmans, 1849. 3 vols.

657 —— The Mabinogion: mediaeval Welsh romances, translated by Charlotte Guest with notes by Alfred Nutt. London: David Nutt, 1902.

658 JACKSON, K. H.: The story of Lludd and Llefelys *yn* A Celtic Miscellany: translations from the Celtic literatures. London: Routledge and K. Paul, 1951. Revised edition: Harmondsworth: Penguin, 1971.

659 JONES, Gwyn *a* JONES, Thomas: The Mabinogion; translated with an introduction ... London: Golden Cockerel Press, 1948. London: J. M. Dent (Everyman's Library), 1949.

660 LOTH, J.: Les Mabinogion traduits en entier pour la première fois en français avec un commentaire explicatif et des notes critiques. Paris: Ernest Thorin, 1889.

661 —— Les Mabinogion du Livre Rouge de Hergest avec les variantes du Livre Blanc de Rhydderch; traduits du gallois avec une introduction, un commentaire explicatif et des notes critiques. Édition entièrement revue, corrigée et augmentée. Paris: Fontemoing et Cie, 1913. 2 vols.

662 MÜHLHAUSEN, Ludwig: Die vier Zweige des Mabinogi. Halle: Max Niemeyer, 1925. Adol. P[OKORNY], J. *ZCP*, xvi, 464–6.

663 PARRY-WILLIAMS, T. H.: Pedair Cainc y Mabinogi (diweddariad). Caerdydd, 1937. 4ydd arg. 1966.

664 VILIKOVSKY, Jan: Mabinogi: Keltske povesti. Brno: Edice Atlantis, 1944.

(iv) Astudiaethau

(a) Y Cefndir Mytholegol

665 ANWYL, Edward: Celtic Mythology. Celtic religion in the Mabinogion, *Transactions of the Third International Congress on The History of Religions*, ii, 234.

666 BROMWICH, Rachel: The Celtic inheritance of Medieval Literature, *MLQ*, xxvi, 203–27.

667 ───── The character of the Early Welsh tradition *yn* Studies in Early British history. Gw. rhif 261.

668 DAVIES, Pennar: Gw. rhif 211, 80–98.

669 GRUFFYDD, W. J.: Folklore and myth in the Mabinogion. Cardiff, 1958.

670 MAC CANA, P.: Gw. rhif 227.

671 MacCULLOCK, J. A.: Gw. rhif 229.

672 SJOESTEDT, M.–L.: Gw. rhif 240.

673 REES, Alwyn *a* REES, Brinley: Gw. rhif 196.

674 RHŶS, John: Gw. rhif 239.

(b) Cyfarwyddyd

675 BREWER, George: Traddodiad llafar, *Traethodydd*, 1967, 60–7.

676 BROMWICH, Rachel: Gw. rhif 1122.

677 ───── Traddodiad llafar y chwedlau *yn* Y traddodiad rhyddiaith yn yr oesau canol, gol. Geraint Bowen. Llandysul: Gwasg Gomer, 1974. 46–64.

678 BULLOCK-DAVIES, C.: Professional interpreters and the matter of Britain. Cardiff, 1966. Adol. BROMWICH, Rachel *LlC*, ix, 249–51.

679 DELARGY, J. H.: The Gaelic story-teller, with some notes on Gaelic folk-tales. (The Sir John Rhys Memorial Lecture, 1945). *PBA*, xxxi, 177–221.

680 JONES, T. Gwynn: Bardism and romance, *THSC*, 1913–14, 283–95.

681 JONES, Thomas: Y stori werin yng Nghymru, *THSC*, 1970, 16–32.

682 LORD, Albert B.: The Singer of Tales. London: OUP, 1960.

683 RHŶS, John: Celtic Folklore, Welsh and Manx, 2 gyfrol. Oxford: Clarendon Press, 1901.

684 WILLIAMS, J. E. Caerwyn: Y storïwr Gwyddelig a'i chwedlau. Caerdydd, 1972. Adol. NI MHOIRIOSA, Máirín *SC*, viii/ix, 343–5. Gw. ymhellach ar Bleddri, rhifau 875–89.

(c) Astudiaethau Eraill

685 ANWYL, E.: The Four Branches of the Mabinogi, *ZCP*, i, 277–93; ii, 124–33; iii, 123–34.

686 BAUDIS, Joseph: The Mabinogion, *Folklore*, xxviii, 31–68.

687 BOLLARD, J. Kenneth: A literary assessment of the Four Branches of the Mabinogi, *TYCCh*, 824.

688 BROMWICH, Rachel: Dwy chwedl a thair rhamant *yn* Y traddodiad rhyddiaith yn yr oesau canol, 143–95. Gw. rhif 677.

689 CARNEY, James: The Hand and the Child *yn* Studies in Irish Literature and History. Dublin: DIAS, 1955, 374–82.

690 CHADWICK, Nora K.: Literary tradition in the Old Norse and Celtic world, *SB*, xiv, 164–99.

691 CHARLES-EDWARDS, T. M.: The date of the Four Branches of the Mabinogi, *THSC*, 1970, 263–98.

692 ELLIS, T. P.: Legal references, terms and conceptions in the Mabinogion, *Cymmrodor*, xxxix, 86–148.

693 GRUFFYDD, W. J.: The Mabinogion, *THSC*, 1912–13, 14–80.

694 ——— The Arthurian Legend and the Mabinogion, *WR*, vi, 244–8, 262–5.

695 HAMP, Eric P.: On dating and archaism in the *Pedeir Keinc*, *THSC*, 1972/1973, 95–103.

696 JACKSON, Kenneth: The International popular tale and Early Welsh tradition. Cardiff, 1961. Adol. BROMWICH, Rachel *MAe*, xxxi, 207–10; MAC CANA, Proinsias *Celtica*, vii, 242–8.

697 ——— Some popular motifs in Early Welsh tradition, *EC*, xi, 83–99.

698 JARMAN, A. O. H.: Pedair Cainc y Mabinogi *yn* Y traddodiad rhyddiaith yn yr oesau canol, 83–142. Gw. rhif 677.

699 JOHN, Ivor B.: The Mabinogion. Popular studies in mythology, romance and folklore, no. 11. London: David Nutt, 1901.

700 JONES, Gwyn: The prose romances of medieval Wales *yn* Wales Through the Ages I, 138–44. Gw. rhif 282.

701 ——— Mabinogi and Edda, *SB*, xiii, 23–47.

702 JONES, Thomas: Pedair Cainc y Mabinogi yn rhif 348, 16–24.

703 ——— The "Mabinogion" and "The Four Branches of the Mabinogi", *JCAS*, 1, 3–14.

704 JONES, T. Gwynn: Gw. rhif 137, 35–48.

705 KITTREDGE, G. L.: Arthur and Gorlagon, *Havard Studies and Notes in Philology and Literature*, 8, 1903, 149–275.

706 KRAPPE, A. H.: Balor with the evil eye: studies in Celtic and French literature. Institut des Études Françaises, Columbia University, 1927.

707 LEWIS, Saunders: Gw. rhif 141, pen. III, 31–50.

708 LEWIS, Timothy: Mabinogi Cymru. Aberystwyth: Gwasg y Fwynant, 1931. Adol. GRUFFYDD, W. J. Mabinogion Mr. Timothy Lewis, *Llenor*, xi, 4–27.

709 LLOYD, E. J. (Miss): The Mabinogion as literature, *CR*, vii, 164–74, 220–48.

710 LLOYD-JONES, J.: Mabinogi, *Beirniad*, iv, 106–11. Hefyd: WILLIAMS, Ifor *Beirniad*, vii, 189–90.

711 MORGAN, T. J.: Gw. rhif 147, 151–76.

712 O'RAHILLY, Cecile: Ireland and Wales: their historical and literary relations. London: Longmans, 1924, 103–14.

713 PARRY, Thomas: Gw. rhif 152, pen. IV.

714 REES, Brinley *a* BELL, H. Idris: The Mabinogion, *Cassells Encyclopaedia of World Literature*, 1973, 370–1.

715 ROBERTS, Bryn F.: Pedair Cainc y Mabinogi, *Barn*, 4, Chwefror 1963, 121–2; *ib.* 5, Mawrth 1963, 159.

716 SLOVER, Clark Harris: Early literary channels between Britain and Ireland. Gw. rhif 306.

717 VRIES, Jan de: Germanic and Celtic heroic traditions, *SB*, xvi, 22–40.

718 WATKIN, Morgan: The chronology of the White Book of Rhydderch and the basis of its Old French graphical phenomena, *CLlGC*, xiii, 329–55.

719 ———— La civilization française dans les Mabinogion. Paris: Didier, 1962.

720 ———— The French literary influence in medieval Wales, *THSC*, 1919–20, 1–81.

721 WILLIAMS, Ifor: Hen Chwedlau, *THSC*, 1946–7, 28–58.

722 WILLIAMS, J. E. Caerwyn: Pedair Cainc y Mabinogi, *Lleufer*, xv, 3–8, 54–62, 127–34; xvi, 19–26, 175–82.

(v) Chwedlau Unigol

(1) Pwyll

Am y testun gw. rhifau 643–4, –7, –50.

723 GAIDOZ, Henri: Annwn, *ZCP*, i, 29–34.

724 GRUFFYDD, W. J.: Rhiannon: an inquiry into the origins of the first and third branches of the Mabinogi. Cardiff, 1953. Adol. JARMAN, A. O. H. *LlC*, iii, 123–8.

725 LEWIS, Saunders: Pwyll Pen Annwfn, yn rhif 143, 1–5.

726 REES, Alwyn *a* REES, Brinley: Broch yg got; Mynweir a Mynord, *BBCS*, xvii, 210–12.

727 ROBERTS, Brynley F.: Penyd Rhiannon, *BBCS*, xxiii, 325–7.

(2) Branwen

Am y testun gw. rhifau 643–4, –6, –50.

728 BAYNES, E. Neil *a* EVANS, S. J.: Bedd Branwen, *TCHNM*, 1913, 22–27.

729 BOLTON, Eileen M.: Blaen Cynfal a Gorsedd Bran, *AWR*, xvii, 148–52 (damcaniaethau ynglŷn â thymhorau ac amseroedd digwyddiadau yn y Mabinogi). Gw. hefyd: LLEWELYN, Alun: A note on Blaen Cynfal and Gorsedd Bran, *ib.*, 153–7.

730 GAIDOZ, Henri: Comparative notes to the Mabinogion, *Cymmrodor*, x, 1–11, (llathen aryant a uo . . . cyhyt ac ef e hun).

731 JARMAN, A. O. H.: Mabinogi Branwen: crynodeb o ddadansoddiad W. J. Gruffydd, *LlC*, iv, 129–34.

732 JONES, Bedwyr Lewis: Bedd Branwen – The literary evidence, *TCHNM*, 1966, 32–7.

733 JONES, Glyn Evans: Astudiaeth ar rai agweddau ar Fabinogi Branwen, *TYCCh*, 840.

734 —— Brân Galed: Brân fab Ymellyrn, *BBCS*, xxv, 105–12.

735 —— Y wledd yn Harlech ac yng Ngwales ym Mabinogi Branwen, *BBCS*, xxv, 380–6.

736 —— Idic uab Anarawt Walltgrwn: Cynweisiad, *BBCS*, xxv, 14–19.

737 JONES, Thomas: y uot yn hynny o amser (PKM 47), *BBCS*, xvii, 269–70.

738 KRAPPE, Alexander Haggerty: Bendigeit Vran, *EC*, iii, 27–37.

739 LEWIS, Saunders: Branwen, yn rhif 143, 6–18.

740 LYNCH, Frances: Report on the excavations at Bedd Branwen, Anglesey, *TCHNM*, 1966, 1–31.

741 —— Report on re-excavation of two Bronze Age cairns in Anglesey: Bedd Branwen and Treiorwerth, *AC*, cxx, 1971, 11–83.

742 MAC CANA, Proinsias: Branwen daughter of Llŷr; a study of the Irish affinities and composition of the Second Branch of the Mabinogi. Cardiff, 1958. Adol. WILLIAMS, J. E. Caerwyn *BAC*, 12 Chwef. 1959, 7; 19 Chwef. 1959, 7; EVANS, D. Simon *Traethodydd*, 1959, 139–42.

743 —— On Branwen, *BBCS*, xviii, 180–2.

744 NUTT, Alfred: Branwen, the daughter of Llŷr, *Folklore Record*, v, 1–32.

745 WILLIAMS, Ifor: Llyn y Peir, *BBCS*, vii, 369.

(3) Manawydan

Am y testun gw. rhifau 643–4, –50.

746 GRUFFYDD, W. J.: Gw. rhif 724.

747 LEWIS, Saunders: Manawydan Fab Llŷr, yn rhif 143, 19–25.

748 SPAAN, David B.: The place of Manannan mac Lir in Irish mythology, *Folklore*, lxxvi, 176–95.

749 VENDRYES, J.: Manannan Mac Lir, *EC*, vi, 239–54.

(4) Math

Am y testun gw. rhifau 643, –4, –50, 751.

750 BEVAN, Gareth Alford: Arolwg beirniadol o'r ymchwil i Fath Fab Mathonwy, *TYCCh*, 823.

751 GRUFFYDD, W. J.: Math Vab Mathonwy; an inquiry into the origins and development of the Fourth Branch of the Mabinogi, with a text and translation. Cardiff, 1928. Adol. LOOMIS, R. S. *Speculum*, iv, 139–44; LOTH, J. *RC*, xlvi, 272–300.

752 ——— Donwy, *BBCS*, vii, 1–4.

753 LEWIS, Saunders: Math vab Mathonwy, yn rhif 143, 26–33.

754 LLOYD-JONES, J.: Bleiddwn etc., *BBCS*, i, 4.

755 WARD, Frank: Llech Ronw, *BBCS*, vii, 352–3.

756 WILLIAMS, Ifor: Anawfedd, Blodeuwedd, *BBCS*, v, 134–7.

(5) Culhwch ac Olwen

Am y testun gw. rhifau 643, –4.

(a) Astudiaethau Cyffredinol

757 FOSTER, Idris Ll.: Culhwch and Olwen and Rhonabwy's Dream *yn* Arthurian literature in the Middle Ages. Gw. rhif 832, 31–43.

758 ——— Astudiaeth o chwedl Culhwch ac Olwen, *TYCCh*, 831.

759 ———Culhwch ac Olwen *yn* Y traddodiad rhyddiaith yn yr oesau canol, 65–82. Gw. rhif 677.

760 HENRY, P. L.; Culhwch and Olwen – some aspects of style and structure, *SC*, iii, 30–8.

761 JONES, Gwyn: Culhwch and Olwen, *Life and Letters*, Sept. 1948, 200–12.

762 ——— Kings, Beasts and Heroes. London: Oxford University Press, 1972. Pennod II.

763 JONES, Thomas: Culhwch ac Olwen, yn rhif 348, 25–34.

764 O'RAHILLY, Cecile: Kulhwch and Rhonabwy, yn rhif 712, 114–22.

765 WATKIN, Morgan: Testun Kulhwch a'i gefndir Ffrengig eto, *BBCS*, xiv, 14–24.

766 WILLIAMS, J. E. Caerwyn: Olwen: nodiad, *YB*, vii, 57–71.

(b) Oed y Chwedl

767 LOTH, Joseph: La date de la composition de Kulhwch et Olwen. Sa place et son importance parmi les Mabinogion et les romans arthuriens, *RC*, xxxii, 428–41.

768 WATKIN, Morgan: Sangnarwy ac oed Kulhwch ac Olwen yn y Llyfr Gwyn, *BBCS*, xiii, 132–6.

(c) Dylanwadau Gwyddelig

769 FOSTER, Idris Ll.: The Irish influence on some Welsh personal names, *yn Feilsgribhinn Eoin Mhic Neill*, 28–36. Gw. rhif 481.

770 HYDE, Douglas: Some traits common to the Celts in the Middle Ages, *Transactions of the Celtic Congress, 1921*, gol. D. Rhys Phillips. Swansea: Beili Glas, Chaddesley Terrace, 1923, 39–56.

(ch) Chwedl yr Anifeiliaid Hynaf

771 COWELL, E. B.: The legend of the oldest animals, *Cymmrodor*, v, 169–72.

772 IFANS, Dafydd: Chwedl yr anifeiliaid hynaf, *BBCS*, xxiv, 461–4.

773 JONES, Thomas: Chwedl yr anifeiliaid hynaf, *CLlGC*, vii, 62–6.

(d) Chwedl Huail etc.

774 JOHNSTONE, P. K.: Caw of Pictland, *Antiquity*, xii, 340–1.

775 JONES, Thomas: Chwedl Huail fab Caw ac Arthur, yn rhif 135., 48–66.

776 WADE-EVANS, A. W.: The chronology of Arthur: note, Caw of Pictland father of Gildas, son of Caw, *Cymmrodor*, xxii, 140–4.

(dd) Mabon

777 GELZER, Heinrich: Mabon, *ZFSL*, xlvii, 73–4.

778 GRUFFYDD, W. J.: Mabon vab Modron, *RC*, xxxiii, 452–61.

779 —— Mabon vab Modron, *Cymmrodor*, xlii, 129–47.

(e) Hela'r Twrch Trwyth

780 REES, Brinley: Tlysau Twrch Trwyth, *BBCS*, xiv, 123–4.

781 ROBERTS, Ruth: Tortain, Tors fils Ares, *BBIAS*, 14, 91–8.

782 RHÝS, John: (ar hela'r Twrch Trwyth), *Celtic Folklore, Welsh and Manx*, II, 509–42. Gw. rhif 683.

783 —— Notes on hunting of the Twrch Trwyth, *THSC*, 1894–5, 21–33, 146–8.

(f) Nodiadau Testunol

784 FOSTER, Idris Ll.: lloring, *BBCS*, viii, 21–3; Penrhyn Pengwaedd a Dinsol, *ib.*, 23–5; Porth Clais, *ib.*, 26–7.

785 JONES, Bedwyr Lewis: Nodiadau amryfal – na golwc hebawc mut, na golwc gwalch trimut: WM 476, *BBCS*, xxiii, 327–8.

786 JONES, Thomas: sangnarwy, *BBCS*, xiii, 17–19.

787 —— Gleif pentirec, *ib.*, 75–7.

788 —— Nodiadau testunol ar Lyfr Gwyn Rhydderch, *BBCS*, xii, 83–6.

789 —— Teir ynys Prydein a'e their rac ynys, *BBCS*, xvii, 268–9.

790 LOTH, J.: Sur un passage du Mabinogi de Kulhwch et Olwen, *RC*, xi, 495–6.

791 WILLIAMS, Ifor: lloring, *BBCS*, xiii, 75.

(ff) Amrywiol

792 ANWYL, Edward: Notes on Kulhwch and Olwen, *RC*, xxxiv, 152–6, 406–17.

793 FOSTER, Idris Ll.: Gwyn ap Nudd *yn* Duanaire Finn: the Book of the Lays of Fionn, pt. 3, edited by Gerard Murphy. Dublin: Educational Company of Ireland, 1953. (Irish Texts Society, xliii).

794 JOHNSTON, P. K.: Kelliwic in Cornwall, *Antiquity*, xix, 156–7.

795 LOT, Ferdinand: Kelliwic residence d'Arthur, *Romania*, xxx, 13–14.

796 MAC QUEEN, John: Goreu son of Custennin, *EC*, viii, 154–63.

797 O'RAHILLY, Thomas F.: Buchet the Herdsman, *Eriu*, xvi, 7–20.

798 WALLER, Evangelia H.: A Welsh branch of the Arthur family-tree, (Gwyar), *Speculum*, i, 344–6.

(6) Lludd a Llefelys

Am y testun gw. rhifau 643–4, –49. Am gyfieithiad gw. rhif 555, 157–63. (Arg. diw. 145–50).

799 CHOTZEN, Theodore M.: Le Livre de Gautier d'Oxford, l'Historia Regum Britanniae, les "Bruts" gallois et l'épisode de Lludd et Llevelys, *EC*, iv, 221–54.

800 LOT, Ferdinand: Dinas Emreys, *Romania*, xxviii, 337–42.

801 VISSER, G. J.: Cyfranc Lludd a Llefelys, *EC*, i, 261–71.

(7) Breuddwyd Maxen

Am y testun gw. rhifau 643–4, –48.

802 BREWER, George: Astudiaeth feirniadol o'r chwedl Breuddwyd Macsen, *TYCCh*, 825.

803 ELLIS, T. P.: Breuddwyd Macsen Wledig, *Efrydydd*, iv, (Hyd. 1927), 91–3.

804 LOOMIS, R. S.: Segontium, Caer Seint and Sinodon, Wales and the Arthurian Legend, 1–18. Gw. rhif 533.

805 OWEN, D. D. R.: The development of the Perceval story, *Romania*, lxxx, 473–92.

806 ―――― The radiance of the Grail Castle, *Romania*, lxxxiii, 108–17.

807 PARRY, J. J.: Geoffrey of Monmouth and the paternity of Arthur, *Speculum*, xiii, 271–7.

808 STEVENS, C. E.: Magnus Maximus in British history, *EC*, iii, 86–94.

(8) Breuddwyd Rhonabwy

Am y testun gw. rhifau 643–4, –45.

809 CARSON, J. Angela: The structure and meaning of the Dream of Rhonabwy, *PhQ*, liii, 289–303.

810 FOSTER, Idris Ll.: Culhwch ac Olwen and Rhonabwy's Dream *yn* Arthurian Literature in the Middle Ages, 31–43. Gw. rhif 832.

811 GIFFIN, Mary: The date of the Dream of Rhonabwy, *THSC*, 1958, 33–40.

812 JONES, Dafydd Glyn: Breuddwyd Rhonabwy *yn* Y traddodiad rhyddiaith yn yr oesau canol, 176–95. Gw. rhif 677.

813 LUKMAN, Niels: The Raven Banner and the changing ravens, *Classica et Mediaevalia*, xix, 133–51.

814 O'RAHILLY, Cecile: Culhwch and Rhonabwy *yn* Ireland and Wales, 114–22. Gw. rhif 712.

815 RICHARDS, Melville: Brain Owain ab Urien, *BBCS*, xiii, 136–7.

816 ―――― Cadwy fab Geraint, *ib.*, 136.

817 ROBERTS, Enid: Gw. rhif 157, 37–42. Gw. hefyd *TCHSDd*, xxiv, 67–9.

818 WILLIAMS, Ifor: olwyn am farch, *BBCS*, viii, 236–7.

III. CHWEDLAU ARTHUR

Y mae nifer enfawr o drafodaethau o bob math ar Arthur a'r chwedlau amdano. Dyma'r prif lyfryddiaethau sy'n rhestru'r trafodaethau: PARRY, J. J., *Arthurian Bibliography 1922–29*, New York: Mod. Lang. Assn., 1931; PARRY, J. J. a SCHLAUCH, Margaret, *Arthurian Bibliography 1930–35*, New York: Mod. Lang. Assn., 1936; *MLQ*, unwaith yn y flwyddyn; *Bibliographical Bulletin of the International Arthurian Society*, a gyhoeddwyd unwaith yn y flwyddyn er 1949; *The Legend of Arthur*, a gasglwyd ac a gyhoeddwyd gan Lyfrgell Sir Clwyd (ail arg. 1974); *Bibliotheca Celtica* (Llyfrgell Genedlaethol Cymru); y llyfryddiaeth ar ddiwedd CHAMBERS, E. K., *Arthur of Britain* (rhif 824), yn arbennig yr ychwanegiadau gan Dr. Bryn F. Roberts. Detholiad bychan o drafodaethau a gynhwysir yma, a'r rheini o safbwynt y Gymraeg yn bennaf.

46

(a) Rhyddiaith
(i) Cyffredinol

819 ASHE, Geoffrey (gol.): The quest for Arthur's Britain. London: Pall Mall Press, 1968. Adol. OWEN, C. E. V. *AC*, 1969, 158–9.

820 BARBER, Richard: Arthur of Albion: an introduction to the Arthurian literature and legends of England. London: Barrie and Rockliff with Pall Mall Press, 1961.

821 —— The figure of Arthur. London: Longman, 1972. Adol. ROBERTS, Brynley F. *SC*, viii/ix, 336–9; WILSON, P. A. *AC*, 1973, 193–4; JACKSON, K. *MAe*, xlii, 188–9.

822 —— King Arthur in legend and history. Ipswich: Boydell Press, 1973.

823 BRUCE, J. D.: The evolution of Arthurian romance from the beginning down to the year 1300. 2 gyfrol. Göttingen: Vanderhoeck und Ruprecht, 1923. Adarg. 1958.

824 CHAMBERS, Edmund K.: Arthur of Britain. London: Sidgwick and Jackson, 1927. Reprinted with supplementary bibliography (pp. 301–20) by Bryn F. Roberts. Cambridge: Speculum Historiale, 1964.

825 FARAL, E.: La légende Arthurienne. 3 cyfrol. Paris: Champion, 1929.

826 FLETCHER, R. H.: The Arthurian material in the chronicles' especially those of Great Britain and France. Boston: Ginn, 1906· (Harvard Studies and Notes in Philology and Literature, 10)· Second ed. expanded by a bibliography and critical essay for the period 1905–1965 by R. S. Loomis. New York: Burt Franklin, 1966.

827 HARWARD, V. J.: The dwarfs of Arthurian romance and Celtic traditions. Leiden: E. J. Brill, 1958.

828 JONES, Bedwyr Lewis: Arthur y Cymry – The Arthur of Wales. Caerdydd, 1975. (Cyfres ddwyieithog Gŵyl Dewi).

829 JONES, W. Lewis: King Arthur in history and legend. Cambridge, 1911.

830 LOOMIS, R. S.: Arthurian Tradition and Chrétien de Troyes. New York: Columbia University Press, 1949.

831 —— Wales and the Arthurian Legend. Cardiff, 1956.

832 —— (gol.): Arthurian literature in the Middle Ages: a collaborative history. Oxford: Clarendon Press, 1959.

833 —— The development of Arthurian Romance. London: Hutchinson, 1963.

834 NEWSTEAD, Helaine: Bran the Blessed in Arthurian Romance. New York: Columbia University Press, 1939. Adol. JONES, Thomas, *MLR*, xxxv, 402–4.

835 OWEN, D. D. R. *a* LOOMIS, R. S.: Discussion: The development of Arthurian Romance, *Forum for Language Studies*, i, 64–77.

836 PATON, Lucy Allen: Studies in the fairy mythology of Arthurian Romance. Boston: Ginn, 1903. Second edition enlarged by a survey of scholarship on the fairy mythology since 1903 and a bibliography by R. S. Loomis. New York: Burt Franklin, 1960.

837 RHŶS, John: Studies in the Arthurian Legend. Oxford: Clarendon Press, 1891.

838 RICHARDS, Melville: Arthurian onomastics, *THSC*, 1969, 250–64.

839 TATLOCK, J. S. P.: Arthur *yn* The Legendary History of Britain: Geoffrey of Monmouth's Historia Regum Britanniae and its early vernacular versions. Berkeley: University of California Press, 1950, 178–229. Adol. JONES, Thomas *LlC*, i, 189–95.

(ii) Arthur Hanes

840 ALCOCK, Leslie: Arthur's Britain: history and archaeology, A.D. 367–634. London: Allen Lane, 1971. Reprinted, Harmondsworth: Penguin, 1973. Adol. JONES, Thomas *SC*, vii, 184–6; KIRBY, D.P. *AC*, 1972, 117–22.

841 BROWN, A. C. L.: Camlann and the death of Arthur, *Folklore*, lxxii, 612–21.

842 CRAWFORD, O. G. S.: Arthur and his battles, *Antiquity*, v, 236–9; ix, 277–91.

843 DIVERRES, P.: Camlan, *BBCS*, vii, 273–4.

844 JACKSON, K. H.: The Arthur of history, yn rhif 832, 1–11.

845 ——— Once again Arthur's battles, *MP*, xliii, 44–57.

846 JOHNSTONE, P. K.: The date of Camlann, *Antiquity*, xxiv, 44.

847 LOT, Ferdinand: La Bataille de Camlan, *Romania*, xxx, 16–19.

848 LOTH, J.: L'Historicité d'Arthur, *RC*, xlii, 306–19. Beirniadaeth ar MALONE, Kemp, rhif 849.

849 MALONE, Kemp: The historicity of Arthur, *JEGP*, xxiii, 463–91.

850 MORRIS, John: The age of Arthur: a history of the British Isles from 350 to 650. London: Weidenfeld and Nicolson, 1973. Adol. ALCOCK, Leslie, *Antiquity*, xlvii, 329–30; *TLS*, 21 Sept. 1973, 1071.

(iii) Arthur Bucheddau'r Saint

851 FARAL, E.: Les Vies de Saint Cadoc, de Saint Patern et de Saint Carantoc, yn rhif 825, 234–44.

852 LOOMIS, C. Grant: King Arthur and the Saints, *Speculum*, viii, 478–82.

853 TATLOCK, J. S. P.: The Dates of the Arthurian Saints' Legends, *Speculum*, xiv, 345–65.

854 WILLIAMS, Janem Mary: Y darlun o Arthur ym Mucheddau'r Saint ac yn Englynion Ymddiddan Arthur a'r Eryr, *TYCCh*, 863.

(iv) Sieffre o Fynwy a'r Historia Regum Britanniae

(a) Testunau

Ceir testunau'r gwahanol fersiynau Cymraeg o Frut y Brenhinedd yn y mannau a ganlyn:

855 JONES, Owen *a* WILLIAMS, Edward *a* PUGHE, William Owen: The Myvyrian Archaiology of Wales, Gw. rhif 328.

856 LEWIS, Henry: Brut Dingestow. Caerdydd: Gwasg Prifysgol Cymru, 1942.

857 PARRY, J. J.: Brut y Brenhinedd, Cotton Cleopatra version. Cambridge, Mass., 1937. Adol. GRUFFYDD, W. J. *MAe*, ix, 44–9. (Gw. hefyd *Llenor*, xxi, 43–4); VENDRYES, J. *EC*, iii, 180–4.

858 R H Ŷ S, John *a* EVANS, J. Gwenogvryn: The text of the Bruts from the Red Book of Hergest. Oxford, 1890.

859 ROBERTS, Brynley F.: Brut y Brenhinedd. Llanstephan version. Dublin: DIAS, 1971. (Mediaeval and Modern Welsh series, 5).

860 ——— Testunau hanes Cymraeg Canol *yn* Y traddodiad rhyddiaith yn yr oesau canol, 274–302. Gw. rhif 677.

(b) Astudiaethau

Gweler y llyfyryddiaethau i benodau ii, iii a iv ar ddiwedd CHAMBERS, E. K., Arthur of Britain, arg. 1964. Dyma ychydig o drafodaethau a ymddangosodd ar ôl 1964, neu a ystyrir yn bwysig o'r safbwynt Cymreig.

861 EMANUEL, Hywel D.: Geoffrey of Monmouth's Historia Regum Britanniae: a second variant version, *MAe*, xxxv, 103–10.

862 JARMAN, A. O. H.: Y ddadl ynghylch Sieffre o Fynwy, *LlC*, ii, 1–18.

863 ——— Lewis Morris a Brut Tysilio, *LlC*, ii, 161–83.

864 ——— Geoffrey of Monmouth and the Matter of Britain *yn* Wales through the ages, I, 145–52. Gw. rhif 282.

865 ——— Sieffre o Fynwy – Geoffrey of Monmouth. Caerdydd, 1966. (Llyfr dwyieithog Gŵyl Dewi).

866 Le DUC, G.: L'Historia Britannica avant Geoffrey de Monmouth, *AB*, lxxix, 819–35.

867 PIGGOTT, Stuart: The sources of Geoffrey of Monmouth, *Antiquity*, xv, 269–86.

868 REISS, Edmund: The Welsh versions of Geoffrey of Monmouth's Historia, *CHC*, iv, 97–113.

869 ROBERTS, Brynley F.: Brut Gruffudd ab Arthur, *BBCS*, xxiv, 14–23.

870 ——— Testunau hanes Cymraeg Canol *yn* Y traddodiad rhyddiaith yn yr oesau canol, 274–302. Gw. rhif 677.

871 —— The treatment of personal names in the early Welsh versions of Historia Regum Britanniae, *BBCS*, xxv, 274–89.

872 —— Un o lawysgrifau Hopcyn ap Thomas o Ynys Dawy, *BBCS*, xxii, 223–8.

873 —— Ymagweddau at Brut y Brenhinedd hyd 1890, *BBCS*, xxiv, 122–38.

874 —— Astudiaeth destunol o'r tri chyfieithiad Cymraeg cynharaf o Historia Regum Britanniae Sieffre o Fynwy, ynghyd ag 'argraffiad' beirniadol o destun Peniarth 44. *TYCCh*, 856.

(v) Bleddri

875 BULLOCK-DAVIES, C.: Gw. rhif 678.

876 GALLAIS, Pierre: Crynodeb o ddarlith: *Cahiers de Civilisation Médiévale*, viii, 455–6. Gw. hefyd WATKINS, John H., *SC*, ii, 223.

877 GRUFFYDD, W. J.: Bledhericus, Bleddri, Breri, *RC*, xxxiii, 180–3.

878 JONES, Bedwyr Lewis: Bleddri'r Cyfarwydd, *Lleufer*, xvii, 107–12.

879 KELLERMANN, Wilhelm: Le problème de Breri *yn* Les Romans du Graal dans la littérature des XIIᵉ et XIIIᵉ siècles. Paris: Colloques Internationaux du Centre National de la Recherche Scientifique, 1956, 137–48.

880 LOOMIS, R. S.: Bleheris and the Tristram story, *MLN*, xxxix, 319–29.

881 —— Gw. rhif 831, 193–5.

882 —— Problems of the Tristan legend: Bleheris, *Romania*, liii, 82–92.

883 LOT, Ferdinand: Breri, *Romania*, xxv, 23, n.l.

884 —— Bledericus de Cornwall, *Romania*, xxviii, 336–7.

885 —— Encore Bleheri-Breri, *Romania*, li, 397–408.

886 OWEN, Edward: A note on the identification of Bleheris, *RC*, xxxii, 5–17.

887 PARIS, Gaston: Breri, *Romania*, viii, 425.

888 WESTON, Jessie L.: Gw. rhif 1010.

889 WILLIAMS, Mary: More about Bleddri, *ÉC*, ii, 219–45.

(vi) Astudiaethau amrywiol

890 BROMWICH, Rachel: Scotland and the earliest Arthurian tradition, *BBIAS*, xv, 85–95. Gw. LOOMIS, R. S. rhif 904.

891 —— The Celtic inheritance of medieval literature, *MLQ*, xxvi, 203–22.

892 BROWN, A. C. L.: Arthur's loss of Queen and Kingdom, *Speculum*, xv, 3–11.

893 CHADWICK, Nora: The lost literature of Celtic Scotland: Cau of Pictland and Arthur of Britain, *SGS*, ii, 115–83. (gw. llyfryddiaeth ar derfyn yr erthygl).

894 GOETINCK, Glenys Witchard: Gwenhwyfar, Guinevere and Guenievere, *EC*, xi, 351–60.

895 GRUFFYDD, W. J.: The Welsh literary tradition. III. The Arthurian Legend and the Mabinogion, *WR*, vi, 244–8, 262–5.

896 JARMAN, A. O. H.: Emrys Wledig: Amlawdd Wledig: Uthr Bendragon, *LlC*, ii, 125–8. Trafodaeth ar LUKMAN, N. rhif 910.

897 JONES, Thomas: Datblygiadau cynnar Chwedl Arthur, *BBCS*, xvii, 235–52. Adol. BROMWICH, Rachel *MAe*, xxviii, 115–19.

898 ―――― The early evolution of the Legend of Arthur, *NMS*, viii, 8–21.

899 ―――― Llenyddiaeth Arthuraidd yn yr Oesoedd Canol, *LlC*, v, 95–104.

900 JONES, T. Gwynn: Some Arthurian material in Keltic, *Aberystwyth Studies*, viii, 37–93.

901 LOOMIS, R. S.: The Arthurian Legend before 1139. Gw. rhif 831, 179–220.

902 ―――― By what route did the romantic tradition of Arthur reach the French? *yn* Studies in Medieval Literature: a memorial collection of essays by Roger Sherman Loomis, with a foreword by Albert C. Baugh and a bibliography of Loomis by Ruth Roberts. New York: Burt Franklin, 1970, 199–212. (Cyhoeddwyd gyntaf yn *MP*, xxxiii, 225–38).

903 ―――― Objections to the Celtic origin of the 'Matière de Bretagne', *ib.*, 213–43. Gw. rhif 1026.

904 ―――― Did Gawain, Perceval and Arthur hail from Scotland?, *EC*, xi, 70–82. Ateb i BROMWICH, R. rhif 890.

905 ―――― The oral diffusion of the Arthurian Legend, yn rhif 832, 52–63.

906 LOT, Ferdinand: La Table et la Chaire d'Arthur en Cornwall, *Romania*, xxviii, 342–7.

907 ―――― Arthur en Cornwall, *Romania*, xxx, 1–10.

908 LOTH, J.: Des nouvelles théories sur l'origine des Romans arthuriens, *RC*, xiii, 475–503.

909 ―――― L'Origine de la légende d'Arthur fils de Uthyr Pendragon d'après des travaux récent, *RC*, xlvii, 306–19.

910 LUKMAN, N.: British and Danish traditions – some contacts and relations, *Classica et Mediaevalia*, vi, 72–109. Gw. JARMAN, A. O. H. rhif 896.

911 MARX, J.: Monde Brittonique et Matière de Bretagne, *EC*, x, 478–88.

912 —— Nouvelles recherches sur la littérature Arthurienne. Paris: C. Klincksieck, 1965.

913 PARRY, J. J.: Geoffrey of Monmouth and the paternity of Arthur, *Speculum*, xiii, 271–7.

914 PIETTE, J. R. F.: Yr agwedd Lydewig ar y Chwedlau Arthuraidd, *LlC*, viii, 183–90.

915 ROBERTS, Thomas: Y traddodiad am Arthur yng Nghaergai, *BBCS*, xi, 12–14.

916 THOMAS, R. J.: Cysylltiad Arthur â Gogledd Ceredigion, *BBCS*, viii, 124–5.

(vii) Afallon (Ynys Afallach) a Dychweliad Arthur

917 ASHE, Geoffrey: King Arthur's Avalon: the story of Glastonbury. London: Collins, 1957; Fontana Books, 1973. Adol. LOOMIS, R. S. *Speculum*, xxxiv, 90–5.

918 CHOTZEN, Theodore M.: Emain Ablach – Ynys Avallach – Insula Avallonis – Ile de Avalon, *EC*, iv, 255–74.

919 CONS, Louis: Avallo, *MP*, xxviii, 385–94.

920 EVANS, D. Simon: Dau gopi o destun, *Trivium*, 3, 30–47.

921 FARAL, Edmond: L'abbaye de Glastonbury et la légende du roi Arthur, *RH*, clx, 1–49.

922 —— Gw. rhif 825, ii, 299–308; 402–60.

923 FINBERG, H. P. R.: Ynyswitrin, *Lucerna*, 1964, 83–94.

924 GÖLLER, K. H.: Giraldus Cambrensis und der Tod Arthurs, *Anglia*, xci, 170–93.

925 GRAY, Louis H.: The origin of the name of Glastonbury, *Speculum*, x, 46–53.

926 HOBSON, R. F.: The King who will return: an essay in Arthurian legend and British mythology. London: Guild of Pastoral Psychology, 1965.

927 JONES, Thomas: A sixteenth century version of the Arthurian cave legend *yn* Studies in language and literature in honour of Margaret Schlauch. Warszawa: Polish Scientific Publishers, 1966. 175–85.

928 KRAPPE, A. H.: Avallon, *Speculum*, xviii, 303–22.

929 LEWIS, Timothy *a* BRUCE, J. D.: The pretended exhumation of Arthur and Guinevere, *RC*, xxxiii, 432–51.

930 LLOYD, John Edward: The death of Arthur, *BBCS*, xi, 158–60.

931 LOOMIS, R. S.: The legend of Arthur's survival *yn* Arthurian Literature in the Middle Ages, 64–73. Gw. rhif 832.

932 LOT, Ferdinand: Glastonbury et Avalon, *Romania*, xxvii, 528–73.

933 NITZE, William A.: The exhumation of King Arthur at Glastonbury, *Speculum*, ix, 355–61.

934 NITZE, William A. *a* JENKINS, T. A.: Le Haut Livre du Graal, Perlesvaus, II, 47–72. Gw. rhif 1029.

935 PATON, Lucy Allen: The sojourn of Arthur in Avalon, *yn* Studies in the Fairy Mythology of Arthurian Romance, 25–48. Gw. rhif 836.

936 ROBINSON, J. Armitage: Two Glastonbury legends: King Arthur and Saint Joseph of Arimathea. Cambridge, 1926.

937 SLOVER, Clark Harris: A note on the names of Glastonbury, *Speculum*, xi, 129–32.

938 ——— Glastonbury Abbey and the fusing of English culture, *Speculum*, x, 147–60.

939 ——— William of Malmesbury and the Irish, *Speculum*, ii, 268–83.

940 ——— Avalon, *MP*, xxviii, 395–9.

941 TATLOCK, J. S. P.: The journey of the Laon Canons, *Speculum*, viii, 454–65.

942 TREHARNE, R. F.: The Glastonbury legends: Joseph of Arimathea, the Holy Grail and King Arthur. London: The Cresset Press, 1967. London: Sphere Books, 1971.

943 WARREN, F. M.: Island of Avalon, *MLN*, xiv, 93–5.

(viii) Y Tair Rhamant

(a) Testun

Gw. rhifau 643, –4.

944 EVANS, J. Gwenogvryn *a* LOTH, J.: Fragment du Mabinogi de Gereint ab Erbin. Transcrit d'après le MS. Hengwrt No. 59 . . ., *RC*, vii, 401–35; viii, 1–29. (testun a chyfieithiad).

945 MEYER, Kuno (gol.): Peredur ab Efrawc: edited with a glossary. Leipzig: S. Hirzel, 1887.

946 THOMSON, R. L. (gol.): Owain or Chwedyl Iarlles y Ffynnawn. Dublin: DIAS, 1968. (Mediaeval and Modern Welsh series, iv).

947 ——— Iarlles y Ffynnon. The version in Llanstephan MS. 58, *SC*, vi, 56–89.

(b) Detholion

948 JARMAN, A. O. H. (gol.): Gw. rhif 651, 48–56, 57–71.

(c) Cyfieithiadau a Diweddariadau

Gw. rhifau 655–7, 659–61.

949 JONES, Bobi (gol.): Y tair rhamant: Iarlles y Ffynnon, Peredur, Geraint fab Erbin. Aberystwyth: Cymd. Llyfrau Ceredigion, 1960.

(ch) Astudiaethau

950 FOSTER, Idris Ll.: Geraint, Owain and Peredur, yn rhif 832, 192–205.

951 GOETINCK, Glenys Witchard: Sofraniaeth yn y Tair Rhamant, *LlC*, viii, 168–82.

952 JONES, Bobi: Y Rhamantau, *yn* I'r Arch . . . 21–37. Gw. rhif 132.

953 —— Y Saint a'r rhamantau, *Efrydydd*, v, 49–52.

954 JONES, R. M.: Y rhamantau Cymraeg a'u cysylltiadau â'r rhamantau Ffrangeg, *LlC*, iv, 208–27.

955 —— Y rhamantau Arthuraidd. Ai o Lyfr Gwyn Rhydderch y codwyd testun Llyfr Coch Hergest?, *BBCS*, xv, 109–116.

956 LOOMIS, R. S.: Arthurian tradition and Chrétien de Troyes. Gw. rhif 830.

957 MORGAN, Gerald: Y Tair Rhamant. Llandybïe: Llyfrau'r Dryw, 1965. (Cyfres Pamffledi Llenyddol Cyfadran Addysg Aberystwyth, 9).

958 ROWLANDS, Eurys I.: Nodiadau testunol ar y Rhamantau, *LlC*, vii, 115–23.

(d) Rhamantau Unigol
(1) Geraint fab Erbin

Am y testun gw. rhifau 643–4.

959 BROMWICH, Rachel: Enit, Enide, *BBCS*, xvii, 181–2.

960 HARRIES, R.: Liconaus ot non ses pere, *MAe*, xxvi, 32–5. Gw. LOOMIS, R. S. rhif 962.

961 JARMAN, A. O. H.: Geraint: Gerontius, *LlC*, ii, 129. Crynodeb o LUKMAN, N., rhif 963.

962 LOOMIS, R. S.: A common source for Erec and Gereint, *MAe*, xxvii, 175–8. Ateb i HARRIES, R., rhif 960.

963 LUKMAN, N.: The British General Gerontius in Mediaeval Epics, *Classica et Mediaevalia*, xii, 215–35. Gw. JARMAN, A. O. H., rhif 961.

964 LUTTRELL, Claude: The creation of the first Arthurian romance: a quest. London: Edward Arnold, 1974.

965 MORGAN, C. P.: A critical edition of Chwedyl Gereint vab Erbin, *TYCCh*, 851.

966 SPARNAAY, H.: Zu Erec-Gereint, *ZRP*, xlv, 53–69.

(2) Iarlles y Ffynnon

Am y testun gw. rhifau 643–4, 946.

967 BROWN, A. C. L.: On the independent character of the Welsh Owain, *RR*, iii, 146–50.

968 CHOTZEN, Theodore: Le lion d'Owein et les prototypes celtiques, *Neophilologus*, 1932, 51–8; 1933, 131–6.

969 GOETINK, Glenys W.: Gwalchmai, Gauvain, a Gawain, *LlC*, viii, 234–5.

970 HUNT, Tony: The art of *Iarlles y Ffynnawn* and the European Volksmärchen, *SC*, viii/ix, 107–20.

971 ―――― Some observations on the textual relationship of *Li Chevaliers au Lion* and *Iarlles y Ffynnawn*, *ZCP*, xxxiii, 93–113.

972 JONES, Robert Maynard: Astudiaeth destunol a chymharol o Owain a Lunet, *TYCCh*, 844.

973 ―――― Cai fab Cynyr, *BBCS*, xiv, 119–23.

974 LOOMIS, R. S.: Morgan La Fée in oral tradition, *Romania*, lxxx, 337–67.

975 LOT, Ferdinand: La force de Gauwain et de Peredur, *Romania*, xxiv, 323–4.

976 ―――― Morgue la Fée et Morgan Tud, *Romania*, xxviii, 321–8.

977 LOTH, Joseph: Morgan Tut, *RC*, xxxiii, 249–58; xxxvii, 317–18.

978 MORGAN, Magdalen: A comparison between Owein a Luned and Yvain or Le Chevalier au Lion, *TYCCh*, 852.

979 ROWLANDS, Eurys I.: Saethu cyllyll, *LlC*, vi, 109–110.

980 SPARNAAY, H.: Zu Yvain – Owein, *ZRP*, xlvi, 517–62.

981 ZENKER, Rudolf: Forschungen zur Artusepik. I. Ivainstudien, *Beihefte zur Zeitschrift für Romanische Philologie*, lxx Heft, 1971, 1–356.

(3) Peredur

Am y testun gw. rhifau 643–4, 945.

(a) Cyfieithiadau

982 LE ROUX, J.: Histoire de Peredur fils d'Evrauk d'après de Livre Blanc de Rhydderch, *AB*, xxxvi, 96–121; xxxvii, 54–67, 384–401.

983 LE ROUX, J. a LOTH, J.: Le Roman de Peredur. Texte gallois traduit en breton par J. le Roux avec une traduction française d'après J. Loth. Rennes: Plihon et Hommay, 1923.

(b) Nodiadau Testunol

984 GAIDOZ, H.: La 'crapaudine' dans le Roman de Peredur, *ZCP*, vi, 181–7.

985 WEISGERBER, L.: Die HSS des Peredur ab Efrawc in ihrer Bedeutung für die Kymrische Sprach- und Literaturgeschichte, *ZCP*, xv, 66–192.

986 WILLIAMS, Ifor: Rhwymiad Iwrch, *BBCS*, iv, 135.

(c) Y Cyswllt â Chretien de Troyes

987 GOETINCK, Glenys Witchard: Peredur a Perceval, *LlC*, viii, 58–64.

988 —— Chretien's Welsh inheritance *yn* Gallica: Essays presented to J. Heywood Thomas, 13–30. Gw. rhif 487.

989 JONES, Robert M.: Gw. rhif 954.

990 MÜHLHAUSEN, Ludwig: Untersuchung über das gegenseitige Verhaltnis von Chrestiens Conte del Graal und dem Kymrischen Prosaroman von Peredur', *ZRP*, xliv, 465–543.

991 —— Ein Beitrag zur Mabinogionfrage: Peredur-Perceval, *Germanische-romanische Monatsschrift*, x, 367–72.

922 SPARNAAY, H.: Die Mabinogionfrage, *Germanische-romanische Monatsschrift*, xv, 444–53.

993 THOMPSON, Albert Wilder: The additions to Chretien's Perceval *yn* Arthurian Literature in the Middle Ages, 206–17. Gw. rhif 832.

994 WEISGERBER, L.: Angebliche Verwirrungen im Peredur, *RF*, lx, 483–93.

995 ZENKER, Rudolf: Nochmals Peredur-Perceval, *RF*, xl, 251–329.

996 —— Zu Perceval-Peredur, *Germanische-romanische Monatsschrift*, xi, 240–50.

997 —— Weiteres zur Mabinogionfrage, *ZFSL*, xlviii, 1–102, 402–10; li, 225–54.

(ch) Astudiaethau Eraill

998 BROMWICH, Rachel: Celtic dynastic themes and the Breton Lays, *EC*, ix, 439–74. Gw. LOOMIS, R. S. rhif 904.

999 GOETINCK, Glenys Witchard: La Demoiselle Hideuse in Peredur, Perceval and Parzival, *ZCP*, xxx, 354–61.

1000 —— Peredur a'r dafnau gwaed, *LlC*, vii, 54–61.

1001 —— The female characters in Peredur, *THSC*, 1966, 378–86.

1002 —— Historia Peredur, *LlC*, vi, 138–53.

1003 LOOMIS, R. S.: The Head in the Grail, *RC*, xlvii, 39–62.

1004 MARX, Jean: La Cortège du Château des Merveilles dans le roman gallois de Peredur, *EC*, ix, 92–105.

1005 —— Observations sur la structure du roman gallois de Peredur, *EC*, x, 88–108.

1006 O'SHARKEY, Eithne M.: The maimed King in Arthurian romance, *EC*, viii, 420–8.

1007 OWEN, D. D. R.: The development of the Perceval story, *Romania*, lxxx, 473–92.

1008 POKORNY, Julius: Der cymrische Sagenheld Peredur *yn Beiträge zur Namenforschung*, i. 38.

1009 WESTON, Jessie L.: Wauchier de Denain as a continuation of Perceval . . ., *Romania*, xxxiii, 339–43.

1010 —— Wauchier de Denain and Bleheris, *Romania*, xxxiv, 100–5.

1011 WILLIAMS, Mary: Essai sur la composition du roman gallois de Peredur. Paris: Librairie Honoré Champion, 1909. Adol. THURNEYSEN, R. *ZCP*, viii, 185–9; ANWYL, E. *RC*, xxxi, 381–3; NITZE, W. A. *MLN*, xxv, 246–7.

1012 —— The story of Peredur: its sources, *JWBS*, iii, 73–81.

1013 WITCHARD, Glenys: Astudiaeth feirniadol a chymharol o Historia Peredur vab Evrawc, *TYCCh*, 866.

(ix) Chwedlau'r Greal

(a) Testun

1014 WILLIAMS, Robert (gol.): Selections from the Hengwrt MSS. preserved in the Peniarth Library. Vol. I. Y Seint Greal. London: Printed for the editor by Thomas Richards, 1876.

(b) Detholion

1015 JARMAN, A. O. H. (gol.): Chwedlau Cymraeg Canol, 91–107. Gw. rhif 651.

(c) Diweddariad

1016 PARRY, Thomas: Y Saint Greal: wedi ei hailadrodd. Aberystwyth: Gwasg Aberystwyth, 1933.

(ch) Astudiaethau

Ysgrifennwyd llawer iawn o lyfrau ac o erthyglau ar Chwedlau'r Greal. Ceir detholiad hwylus gan Dr. Bryn F. Roberts yn CHAMBERS, E. K., *Arthur of Britain* (rhif 824) 315–6. Ni chynhwysir yma ond nifer fach iawn o'r prif weithiau, gan gynnwys y rhai sydd o ddiddordeb i'r sawl sy'n astudio'r Gymraeg.

1017 BROWN, A. C. L.: The origin of the Grail Legend. Cambridge, Mass.: Harvard University Press, 1943.

1018 DAVIES, J. H.: A Welsh version of the Birth of Arthur, *Cymmrodor*, xxiv, 247–64.

1019 DILLON, Myles: Les sources irlandaises des romans arthuriens, *Lettres Romanes*, ix, 143–59.

1020 JACKSON, Kenneth: Les sources celtiques du Roman du Graal *yn* Les Romans du Graal dans la littérature des XIIe et XIIIe siècles, 213–31. Paris: Colloques Internationaux du Centre National de la Recherche Scientifique, 1950.

1021 JONES, Dafydd Glyn: Rhan gyntaf y Seint Greal, *YB*, vi, 45–86.

1022 JUNG, Emma *a* VON FRANZ, Marie-Louise: The Grail Legend . . . Translated from the German by Andrea Dykes. London: Hodder and Stoughton, 1971.

1023 LOCKE, Frederick W.: The quest for the Holy Grail: a literary study of a thirteenth-century French romance. Stanford (Cal.): Stanford University Press, 1960. (Stanford Studies in Language and Literature, xxi). Adol. HARRIS, W. *MAe*, xxx, 186–9; WITKE, E. C. *Speculum*, xxxvi, 142–4.

1024 LOOMIS, R. S.: The Grail: from Celtic myth to Christian symbol. Cardiff, 1963. Adol. BROMWICH, Rachel 'Chwedlau'r Greal', *LlC*, viii, 48–57; DRAAK, Maartje *MAe*, xxxv, 260–4; JONES, Bedwyr Lewis *BAC*, 23 Ebrill 1964, 8.

1025 ────── The Irish origin and the Welsh development of the Grail Legend, yn rhif 831, 19–41.

1026 ────── Objections to the Celtic origin of the 'Matière de Bretagne', *yn* Studies in Medieval Literature, 213–43. Gw. rhif 902. Ateb i JACKSON, Kenneth, rhif 1020.

1027 MARX, Jean: La Légende arthurienne et le Graal. Paris: Presses Universitaires de France, 1952. Adol. LOOMIS, R. S. *Speculum*, xxvii, 407–11.

1028 NELLI, R.: Lumière du Graal. Paris: Les Cahier du Sud, 1951.

1029 NITZE, W. A. *a* JENKINS, T. P.: Le Haut Livre du Graal – Perlesvaus. 2 vols. Chicago, Illinois: The University of Chicago Press. Vol. I, Text, variants and glossary, 1932. Vol. II, Commentary and notes, 1937. Reprinted, New York: Phaeton Press, 1972.

1030 NUTT, Alfred: Studies on the Legend of the Holy Grail with especial reference to its Celtic origin. London, 1888.

1031 OWEN, D. D. R.: The evolution of the Grail Legend. Edinburgh: Oliver and Boyd, 1968. Adol. EVANS, D. Ellis *AWR*, xviii, 250; PICKENS, Rupert T. *Speculum*, xliv, 650–3.

1032 THOMPSON, James Westfall: Ancient Celtic symptoms in Arthurian Romance, *THSC*, 1936, 137–42.

1033 van HAMEL, A. G.: The Celtic Grail, *RC*, xlvii, 340–82.

1034 VENDRYES, Joseph: Les éléments celtiques de la légende du Graal, *EC*, v, 1–50.

1035 WESTON, J. L.: The quest of the Holy Grail. London: Bell, 1913.

1036 ────── From ritual to romance. Cambridge, 1920.

(x) Chwedl Trystan ac Esyllt

(a) Testun

1037 CROSS, T. P.: A Welsh Tristan episode, *Studies in Philology*, 1920, 93–110.

1038 JONES, Evan D.: Trystan ac Esyllt, *BBCS*, xiii, 25–7. (Brogyntyn MS. 1. 363–5).

1039   LOTH, Joseph: Fragment d'un poème sur Tristan dans le livre noir de Carmarthen, *RC*, xxxiii, 403–13.

1040   WILLIAMS, Ifor: Trystan ac Esyllt, *BBCS*, v, 115–29.

(b) Cyfleithiad

1041   JACKSON, Kenneth: How Trystan won Esyllt *yn* A Celtic Miscellany, 1951, 103–5. (arg. 1971, 97–8). Gw. rhif 555.

(c) Astudiaethau

Ceir rhestr o weithiau ar y chwedl yn CHAMBERS, F. K., *Arthur of Britain* (rhif 824) 316–7. Cynhwysir yma y rhestr fer a ganlyn oherwydd diddordeb Celtaidd y gweithiau a nodir.

1042   BROMWICH, Rachel: Some remarks on the Celtic sources of Tristan, *THSC*, 1953, 32–60.

1043   CARNEY, James: The Irish affinities of Tristan *yn* Studies in Irish Literature and History, 189–242. Gw. rhif 689.

1044   EISNER, Sigmund: The Tristan Legend. A study in sources. Evanston, Illinois: Northwestern University Press, 1969. Adol. RUDDOCK, Gilbert *AWR*, xix, 276–8.

1045   JONES, J. J.: March ap Meirchion: a study in Celtic folklore, *Aberystwyth Studies*, 12, 21–33.

1046   KRAPPE, A. H.: Balor with the evil eye, 154. Gw. rhif 706.

1047   LOOMIS, Gertrude Schoepperle: Tristan and Isolt: a study of the sources of the romance. London: David Nutt, 1913. Second edition, expanded by a bibliography and critical essay on Tristan Scholarship since 1912 by Roger Sherman Loomis. Vol. I. New York: Burt Franklin, 1960.

1048   LOOMIS, R. S.: Problems of the Tristan Legend . . . The Diarmaid Parallel, *Romania*, liii, 92–102.

1049   —— Bleheris and the Tristan story, *MLN*, xxxix, 319–29.

1050   —— Problems of the Tristan Legend: Bleheris . . ., *Romania*, liii, 82–92.

1051   LOTH, J.: Le Cornwall et le roman de Tristan, *RC*, xxxiii, 258–310.

1052   —— Les Noms de Tristan et Iseut, *RC*, xxxii, 407–21.

1053   —— Le drame moral de Tristan et Iseut est-il d'origine celtique, *RC*, xxx, 270–82.

1054   —— L'Ystoria Tristan et la question des archétypes, *RC*, xxxiv, 363–96.

1055   —— Dinas de Lidon, *RC*, xxxvii, 319–22.

1056   —— Castellum Dimilioc, *ib.*, 322–3.

1057   —— La voile blanche et la voile noire à l'île Molenses, *ib.*, 323.

1058 —— Le bouclier de Tristan, *RC*, xxxii, 296–8.

1059 TANQUEREY, F. J.: Giraut de Barri et le Roman de Tristan, *MAe*, vi, 1–20.

1060 van DAM, J.: Tristanprobleme, *Neophilologus*, xv, 18–34.

B. Barddoniaeth
(i) Cyffredinol

1061 JACKSON, Kenneth H.: Arthur in Early Welsh Verse, *yn* Arthurian literature in the Middle Ages, 12–19. Gw. rhif 832.

1062 LLOYD-JONES, John: Welsh palach etc, *Ériu*, xvi, 123–31.

(ii) Cerddi Unigol
(1) Erof Greulon

1063 JARMAN, A. O. H.: Erof Greulon, *LlC*, vii, 106–111.

(2) Preiddeu Annwfn

1064 LOOMIS, R. S.: The spoils of Annwn: an early Welsh poem, *yn* Wales and the Arthurian legend, 131–78. Gw. rhif 831.

1065 NITZE, William A. *a* JENKINS, T. A.: Le Haut Livre du Graal, Perlesvaus, 1932, 1937, vol. II, 154–6. Gw. rhif 1029.

(3) Ymddiddan Arthur a Gwenhwyfar

1066 JONES, Evan D.: Melwas, Gwenhwyfar a Chei, *BBCS*, viii, 206–8.

1067 LOT, Ferdinand: Melvas, roi des morts, et l'île de verre, *Romania*, xxiv, 327–35.

1068 WILLIAMS, Mary: An early ritual poem in Welsh, *Speculum*, xiii, 38–51.

(4) Ymddiddan Arthur a'r Eryr

1069 WILLIAMS, Ifor: Ymddiddan Arthur a'r Eryr, *BBCS*, ii, 269–86.

1070 WILLIAMS, Janem M.: Gw. rhif 854.

IV. CHWEDLAU SIARLYMAEN

Ceir trafodaethau ar darddiad y cerddi epig Ffrangeg (*chansons de geste*) yn y gweithiau a ganlyn:

1071 BEDIER, J.: Les Légendes Épiques. Paris: H. Champion. (3ydd arg. 1926), yn arbennig iii, 200–88.

1072 FAWTIER, R.: La Chanson de Roland. Étude Historique. Paris: E. de Boccard, 1933.

1073 JENKINS, T. Atkinson: La Chanson de Roland. Oxford version: edition, notes and glosses. London: D. C. Heath, 1924.

1074 LOT, Ferdinand: Études sur les Légendes Epiques françaises, *Romania*, lii, 75–133; liii, 325–72, 449–73.

(i) Testun

1075 POWEL, Thomas (gol.): Ystorya de Carolo Magno from the Red Book of Hergest. London: Hon. Soc. of Cymmrodorion, 1883.

1076 WILLIAMS, Robert (gol.): Selections from the Hengwrt MSS. preserved in the Peniarth Library, II. London: Bernard Quaritch, 1892. 1–118.

1077 WILLIAMS, Stephen J.: Pererindod Siarlymaen, *BBCS*, v, 203–26.

1078 ——— (gol.) Ystorya De Carolo Magno. O Lyfr Coch Hergest. Caerdydd, 1930. Ail arg. 1968 yn cynnwys *Pererindod*. Adol. WILLIAMS, G. J. *Llenor*, ix, 117–19.

(ii) Detholion

1079 JARMAN, A. O. H. (gol.): Chwedlau Cymraeg Canol, 114–35. Gw. rhif 651.

(iii) Cyfieithiadau

1080 WILLIAMS, Robert: The Gests of Charlemagne, gw. rhif 1076, 437–517.

1081 WILLIAMS, Robert: The history of Charlemagne. A translation of 'Ystorya de Carolo Magno', with a historical and critical introduction, *Cymmrodor*, xx, 1907. (Cyfieithiad o POWEL, Thomas, rhif 1075).

(iv) Astudiaethau

1082 WILLIAMS, Stephen J.: Cyfieithwyr cynnar, *Llenor*, viii, 226–31.

1083 ——— Rhai cyfieithiadau *yn* Y traddodiad rhyddiaith yn yr oesau canol, 303–11. Gw. rhif 677.

V. CHWEDLAU ERAILL

(1) Amlyn ac Amig

(i) Testun

1084 EVANS, J. Gwenogvryn (gol.): Kymdeithas Amlyn ac Amic. Llanbedrog, N. Wales, 1909.

1085 GAIDOZ, H.: L'Amitié d'Amis et d'Amiles, *RC*, iv, 201–44. (testun a chyfieithiad).

(ii) Astudiaethau

1086 AP GWYNN, Arthur: A comparison of the Welsh version of Amlyn ac Amic with French and Latin versions, with a study of the grammatical forms and syntax of the Welsh versions, *TYCCh*, 822.

1087 BAR, Francis: Le 'Mabinogi' de Pwyll, Prince de Dyvet et la légende d'Ami et Emile, *Romania*, lxviii, 168–72.

1088 GOETINCK, Glenys: La légende d'Ami et Amile et le Mabinogi de Pwyll, *Romania*, lxxxvi, 404–8.

(2) Bown o Hamtwn

(i) Testun

1089 JONES, Nesta: Copi ychwanegol o ddechrau Ystorya Bown De Hamtwn, *BBCS*, xxiii, 17–26.

1090 WILLIAMS, Robert (gol.): Bown o Hamtwn, rhif 1076, 119–88.

1091 WATKIN, Morgan: Ystorya Bown De Hamtwn, cyfieithiad canol y drydedd ganrif ar ddeg o La Geste De Boun De Hamtone, gyda rhagymadrodd, nodiadau a geirfa . . . Caerdydd, 1958. Adol. WILLIAMS, Stephen J. *LlC*, v, 89–91.

(ii) Cyfieithiad

1092 WILLIAMS, Robert (JONES, G. Hartwell): Bown of Hamtoun, gw. rhif 1076, 518–65.

(3) Erkwlf

1093 JONES, Thomas: Ystorya Erkwlf, *BBCS*, x, 284–97; xi, 21–30, 85–91.

(4) Gwraig Maelgwn Gwynedd a'r Fodrwy

1094 JONES, Thomas: Gwraig Maelgwn Gwynedd a'r Fodrwy, *BBCS*, xviii, 55–8.

(5) Gwlat Ieuan Vendigeit

(i) Testun

1095 JONES, J. Morris *a* RHYS, John: Hystoria Gwlat Ieuan Vendigeit *yn* The Elucidarium and other tracts, 164–171. Gw. rhif 1187.

1096 WILLIAMS, Robert *a* JONES, G. Hartwell (gol.): Ystorya gwlat Ieuan Vendigeit yn rhif 1076, 327–35.

(ii) Astudiaeth

1097 EDWARDS, Gwilym Lloyd: Ystorya Gwlat Ieuan Vendigeit neu Lythyr y Preutur Siôn, sef cyfieithiad Cymraeg canol o'r Epistola Presbyteri Johannis, *TYCCh*, 827.

(6) Llong Foel, Y

1098 ROBERTS, Bryn F.: Ystori'r Llong Foel, *BBCS*, xviii, 337–62.

(7) Llywelyn ab Iorwerth a Chynwrig Goch

1099 JONES, Thomas: Hanes Llywelyn ap Iorwerth a Chynwrig Goch o Drefriw: dau fersiwn o Chwedl Werin, *CLlGC*, iii, 151–7.

(8) Salomon a Marcolfus

1100 LEWIS, Henry: Salomon et Marcolfus, *BBCS*, iii, 161–76.

1101 —— Selyf a Marcholfus, *BBCS*, vi, 314–23.

(9) Seith Doethon Rufein
(i) Testun

1102 LEWIS, Henry: Chwedleu Seith Doethon Rufein o Lyfr Coch Hergest. Wrecsam: Hughes, 1925. Arg. newydd, Caerdydd, 1958. Adarg. 1967. Adol. JONES, Bedwyr L. *BAC*, 26 Meh. 1958.

1103 —— Y Seithwyr Doethion, *BBCS*, ii, 201–29.

1104 —— Modern Welsh versions of the Seven Wise Men of Rome, *RC*, xlvi, 50–88.

1105 WILLIAMS, Robert: Selections from the Hengwrt MSS . . . II, 301–24. Gw. rhif 1076.

(ii) Detholion

1106 JARMAN, A. O. H.: Chwedlau Cymraeg Canol, 108–113. Gw. rhif 651.

(iii) Cyfieithiad

1107 WILLIAMS, Robert: Selections from the Hengwrt MSS . . . II, 647–62. Gw. rhif 1076.

(iv) Astudiaeth

1108 LOTH, J.: La version galloise des Sept Sages de Rome et le Mabinogi de Kulhwch et Olwen, *RC*, xxiii, 349–52.

(10) Siôn Mawndfil

1109 DAVIES, W. Beynon: Siôn Mawndfil yn Gymraeg, *BBCS*, v, 287–327.

1110 CHOTZEN, Theodore: Le Voyage de Jean de Mandeville, *EC*, ii, 304–10.

(11) Taliesin
(i) Testun

1111 DIENW: Hanes Taliesin o'r mangofion, *yn* The Myvyrian Archaiology of Wales, 1801, 17–19; arg. 1870, 22–3. Gw. rhif 328.

1112 FOULKES, Isaac (gol.): Hanes Taliesin, *yn* Cymru Fu. Liverpool: Isaac Foulkes, 1864. 13–16.

(ii) Cyfieithiad

1113 GUEST, Charlotte: The history of Taliesin, *yn* The Mabinogion, 470–94. Gw. rhif 658.

(iii) Astudiaethau

1114 NUTT, Alfred: Notes to Taliesin *yn* The Mabinogion . . . by Lady Charlotte Guest, 1902, 495–504. Gw. rhif 659.

1115 SCOTT, Robert D.: The Thumb of Knowledge. New York: Institute of French Studies, 1930. Pen. IV.

1116 WILLIAMS, Ifor: Chwedl Taliesin. (Darlith O'Donnell, 1955–6). Caerdydd, 1957.

(12) Tegau Eurfron a Thristfardd

1117 THOMAS, Graham C. G.: Chwedlau Tegau Eurfron a Thristfardd, bardd Urien Rheged, *BBCS*, xxiv, 1–9.

(13) Titus Aspasianus

1118 DIENW: Ystori Teitys fab Yspysianus, *Y Brython*, iii, 41–4.

1119 WILLIAMS, J. E. Caerwyn: Ystorya Titus Aspassianus, *BBCS*, ix, 42–9.

(14) Ysgan ab Asgo

1120 JONES, Evan D.: Ystoria Ysgan ab Asgo, Arglwydd Bodeugan, *BBCS*, ix, 219–21.

VI. Y TRIOEDD

Testunau, Cyfieithiadau ac Astudiaethau

1121 BOWEN, E. G.: Tair Gwelygordd Santaidd Ynys Prydain, *SC*, v, 1–14.

1122 BROMWICH, Rachel: Trioedd Ynys Prydein. The Welsh Triads. Edited with introduction and commentary . . . Cardiff, 1961. Adol. BACHELLERY, E. *EC*, x, 308–15; O'CLEIRIGH, C. R. *Eigse*, x, 257–8; EVANS, D. Simon *MAe*, xxxi, 141–7; JACKSON, Kenneth *CHC*, iii, rhifyn arbennig (1963), 82–7; MARX, Jean *Romania*, lxxxv, 377–8; ROBERTS, Brynley F. *Traethodydd*, 1962, 138–9; id., *MLR*, lvii, 405–7; ROWLANDS, Eurys I. *LlC*, vi, 22–47.

1123 ——— The historical Triads: with special reference to Peniarth MS. 16, *BBCS*, xii, 1–15.

1124 ——— Pedwar marchog ar hugain Llys Arthur, *THSC*, 1956, 116–32.

1125 ——— William Camden and Trioedd Ynys Prydain, *BBCS*, xxiii, 14–17.

1126 ——— Trioedd Ynys Prydain in Welsh literature and scholarship. Cardiff, 1969. (Darlith Goffa G. J. Williams).

1127 ——— Trioedd Ynys Prydain: The Myvyrian 'Third Series', *THSC*, 1968, 299–338; 1969, 127–56.

1128 DIENW: The Triads, *CB*, i, passim; ii, passim; iii, passim (Cyfieithiadau a nodiadau helaeth ar y Trioedd yn y cyfrolau: i, ii, iii).

1129 JONES, Thomas: Triawd Lladin ar y Gorlifiadau, *BBCS*, xii, 79–83.

1130 OWEN, Morfydd E.: Y trioedd arbennig, *BBCS*, xxiv, 434–50.

VII. TESTUNAU HANESYDDOL

Yn yr oesoedd canol yr oedd tuedd i gysylltu Y Bibyl Ynghymraec, Ystorya Dared, Brut y Brenhinedd a Brut y Tywysogion, a'u hystyried fel un gwaith hanesyddol hyd 1282, ac y maent yn digwydd gyda'i gilydd yn y drefn hon mewn rhai llawysgrifau. Gw. JONES, Thomas: Brut y Tywysogyon (rhif 1139 isod), t. xxxviii, n.5.

(1) Y Bibyl Ynghymraec

1131   JONES, Thomas (gol.): Y Bibyl Ynghymraec, sef cyfieithiad Cymraeg canol o'r 'Promptuarium Bibliae'. Caerdydd, 1940.

1132   —— Testun Llyfr Gwyn Hergest o'r Bibyl Ynghymraec, *BBCS,* x, 15–21.

1133   —— Cyfeiriad Dafydd Jones, Ficer Llanfair Dyffryn Clwyd at *Fasciculus Temporum, BBCS*, ix, 303–5.

1134   —— Syr Thomas ap Ieuan ap Deicws a'i gyfaddasiad Cymraeg o *Fasciculus Temporum* Werner Rolewinck, *THSC*, 1943–4, 35–61.

1135   —— The *Promptuarium Bibliae* as a source of Roger de Wendover's *Flores Historiarum* and of Ranulph Higden's *Polychronicon*, *Aberystwyth Studies*, xiv, 53–67.

(2) Ystorya Dared

1136   OWENS, B. G.: Y fersiynau Cymraeg o *Dares Phrygius* (Ystorya Dared), eu tarddiad, eu nodweddion, a'u cydberthynas, *TYCCh*, 853.

1137   RHYS, John *a* EVANS, J. Gwenogvryn: The text of the Bruts from the Red Book of Hergest. Oxford, 1890, 1–39.

(3) Brut y Brenhinedd

Gw. rhifau 855–60.

(4) Brut y Tywysogion

Am destunau Lladin y mae perthynas rhyngddynt a gwreiddiol Lladin coll Brut y Tywysogion, gw. AB ITHEL, John Williams: Annales Cambriae, London, 1860; JONES, Thomas: Cronica de Wallia and other documents from Exeter Cathedral Library MS. 3514, *BBCS*, xii, 27–44; LLOYD, J. E.: The texts of MSS B and C of 'Annales Cambriae', *THSC*, 1899–1900, 165–79; PHILLIMORE, Egerton: The Annales Cambriae and Old Welsh Genealogies from Harleian MS. 3859, *Cymmrodor*, ix, 141–83.

(a) Testunau

Y mae'r argraffiadau a ganlyn dan olygiaeth Thomas Jones wedi disodli pob argraffiad arall.

1138   JONES, Thomas (gol.): Brut y Tywysogyon, Peniarth MS. 20. Caerdydd, 1941, Adol. EDWARDS, J. G. *EHR*, lxvii, 370–5.

1139   —— Brut y Tywysogyon, or The Chronicle of the Princes, Peniarth MS. 20 version, translated with introduction and notes. Cardiff, 1952. Adol. JARMAN, A. O. H. *LlC*, iii, 53–5.

1140   —— Brut y Tywysogyon, or The Chronicle of the Princes, Red Book of Hergest version, critical text and translation with introduction and notes. Cardiff, 1955. Gw. hefyd rhif 858.

1141   —— Brenhinedd y Saesson, or The Kings of the Saxons. BM Cotton MS. Cleopatra B v and the Black Book of Basingwerk, NLW MS. 7006. Text and translation with introduction and notes. Cardiff, 1971.

(b) Astudiaethau

1142   HUGHES, Kathleen: The Welsh Latin Chronicles: *Annales Cambriae* and related texts, *PBA*, lix, 233–58.

1143   JACK, R. Ian: Medieval Wales. London: The Sources of History Ltd. in association with Hodder and Stoughton, 1972. 25–31.

1144   JONES, Thomas: Brut y Tywysogion. Darlith agoriadol. Caerdydd, 1953.

1145   —— The Chronicle of the Princes of Wales, *Proceedings of the Leeds Philosophical Society, Literary and Historical Section*, vii, 167–75.

1146   —— Copi Richard ap John o Scorlegan a 'Chopi Thomas Prys o Llanfyllin' o 'Frut y Tywysogion' (Llawysgrif Llanstephan 172). *CLlGC*, v, 199–206.

1147   —— 'Cronica de Wallia' and other documents from Exeter Cathedral Library MS. 3514, *BBCS*, xii, 27–44.

1148   —— Cyfieithiad Robert Vaughan o Frut y Tywysogion (BM Lansdowne MS. 418, ff. 111–196b), *CLlGC*, v, 291–4.

1149   —— Historical writing in medieval Welsh, *Scottish Studies*, xii, 15–27.

1150   LLOYD, John Edward: The Welsh Chronicles, *PBA*, xiv, 369–91. (The Sir John Rhŷs Memorial Lecture).

1151   PHILLIMORE, Egerton: The publication of Welsh historical records, *Cymmrodor*, xi, 133–75.

1152   ROBERTS, Brynley F.: Testunau hanes Cymraeg Canol *yn* Y traddodiad rhyddiaith yn yr oesau canol, 274–302. Gw. rhif 677.

1153   SMITH, J. Beverley: The *Cronica de Wallia* and the Dynasty of Dinefwr, *BBCS*, xx, 261–82.

(5) Brut y Saeson

1154   RHYS, J. *a* EVANS, J. Gwenogvryn: Rhif 1137, 385–403.

(6) O Oes Gwrtheyrn Gwrtheneu . . .

1155   RHYS, J. *a* EVANS, J. Gwenogvryn: Rhif 1137, 404–6.

(7) Hanes Gruffudd ap Cynan

1156 EVANS, D. Simon: Y bucheddau *yn* Y traddodiad rhyddiaith yn yr oesau canol, 248–59. Gw. rhif 677.

1157 JONES, Arthur: The history of Gruffydd ap Cynan. The Welsh text with translation, introduction and notes. Manchester, at the University Press, 1910.

(8) Cronical Owain Glyndŵr

1158 EVANS, J. Gwenogvryn: *Reports*, i, 847; ii, 830–1, detholiad o destun llsgr. Peniarth 135 a llsgr. Panton 22.

1159 LLOYD, J. E.: Owen Glendower. Oxford, 1931, 147–54, ymdriniaeth â thestun Peniarth 135.

(9) Gwaith Hanesyddol Elis Gruffudd

1160 EVANS, J. Gwenogvryn: *Reports*, i, 214–21, detholiad o lsgr. Mostyn 158 o gronicl Elis Gruffudd.

1161 JONES, Thomas: Elis Gruffudd, y milwr o Galais, *Llenor*, xvi, 183–9. Yr un i bob pwrpas yw'r ysgrif hon â rhif 1162.

1162 ——— Elis Gruffydd, y milwr o Galais, yn Mân us, 60–7. Gw. rhif 348.

1163 ——— A Welsh Chronicler in Tudor England, *CHC*, i, 1–17.

1164 ——— Disgrifiad Elis Gruffudd o ymgyrch Dug Suffolk yn Ffrainc yn 1523, *BBCS*, xv, 267–79.

1165 ——— Disgrifiad Elis Gruffudd o'r cynadleddau a fu rhwng Harri VIII a'r ymherodr Siarl V a rhyngddo a Ffranses I, Brenin Ffrainc, yn 1520, *BBCS*, xviii, 311–7.

1166 ——— Disgrifiad Elis Gruffudd o ymweliad y Cardinal Wolsey â Ffrainc, *BBCS*, xxi, 219–23.

1167 MORGAN, Prys: Elis Gruffudd yng Nghalais, *BBCS*, xxi, 214–8.

1168 ——— Ellis Gruffudd of Gronant – Tudor Chronicler Extraordinary, *FHSP*, xxv, 9–20.

1169 PARRY-WILLIAMS, T. H. (gol.): Mynd drosodd i Ffrainc *yn* Rhyddiaith Gymraeg, y gyfrol gyntaf, detholion o lawysgrifau 1488–1609. Caerdydd, 1954, 31–6.

1170 ROBERTS, Bryn F.: Ystori'r Llong Foel, fersiwn C, *BBCS*, xviii, 357–61.

VIII. Y CYFREITHIAU

Ni chynhwysir yma ond y testunau a argraffwyd yn ddiweddar ac ychydig o drafodaethau. Am ragor o gyfeiriadau dylid ymgynghori â *Bibliography of the history of Wales*, ac yn arbennig y llyfryddiaeth ddefnyddiol ar ddiwedd JENKINS, Dafydd: *Cyfraith Hywel* (rhif 1174, isod).

1171 AMRYW: The Hywel Dda millenary volume, *Aberystwyth Studies*, x, 1–182.

1172 AMRYW: *CHC*, iii, rhifyn arbennig ar y cyfreithiau.

1173 JENKINS, Dafydd (gol.): Llyfr Colan. Caerdydd, 1963.

1174 —— Cyfraith Hywel: rhagarweiniad i gyfraith gynhenid Cymru'r oesau canol. Llandysul: Gwasg Gomer, 1970.

1175 JENKINS, R. T.: Cyfreithiau Hywel Dda, yn Yr Apêl at hanes ac ysgrifau eraill. Wrecsam: Hughes, 1930. 112–26.

1176 LEWIS, Saunders: Gw. rhif 141, 31–36.

1177 LLOYD, J. E.: Hywel Dda. Caerdydd, 1928. Llyfryn dwyieithog i ddathlu'r milflwyddiant.

1178 OWEN, Morfudd E.: Y cyfreithiau – (1) natur y testunau (2) ansawdd y rhyddiaith yn Y traddodiad rhyddiaith yn yr oesau canol, 196–244. Gw. rhif 677.

1179 RICHARDS, Melville (gol.): Cyfreithiau Hywel Dda o lawysgrif Coleg yr Iesu, Rhydychen, LVII. Caerdydd, 1957.

1180 WADE-EVANS, A. W. (gol.): Welsh medieval law, being a text of the laws of Howel the Good, namely the British Museum Harleian MS. 4353 . . . with translation, introduction etc. Oxford: Clarendon Press, 1909.

1181 WILIAM, Aled Rhys (gol.): Llyfr Iorwerth, a critical text of the Venedotian code of medieval Welsh law. Cardiff, 1960.

1182 WILLIAMS, Stephen J. a POWELL, J. Enoch (gol.): Cyfreithiau Hywel Dda yn ôl Llyfr Blegywryd (dull Dyfed). Argraffiad beirniadol ac eglurhaol. Caerdydd, 1942. Adol. WILLIAMS, G. J. Llenor, xxi, 47–52. Cyfieithwyd Llyfr Blegywryd i'r Saesneg gan Melville Richards, a'i gyhoeddi gan Wasg Prifysgol Lerpwl, 1954.

1183 WILLIAMS, Stephen J.: Detholion o'r hen gyfreithiau Cymreig wedi eu diweddaru, gyda rhagymadrodd gan Syr John E. Lloyd. Caerdydd, 1938.

IX. LLENYDDIAETH GREFYDDOL

(Yn yr adran hon ceir eitemau sy'n cynnwys testun moel yn unig, a hefyd rai sy'n cynnwys testun a sylwadaeth).

(i) Cyffredinol

1184 EVANS, D. Simon: Rhyddiaith anchwedlonol yr oesoedd canol, LlC, xi, 131–9.

1185 FOSTER, Idris: The book of the Anchorite, PBA, xxxvi, 197–226.

1186 JENKINS, John: Mediaeval Welsh Scriptures, Religious Legends and Midrash, THSC, 1919–20, 95–140.

1187 JONES, J. Morris a RHYS, John: The Elucidarium and other tracts in Welsh from Llyvyr Agkyr Llandewivrevi, A.D. 1346 (Jesus College MS. 119). Oxford: Clarendon Press, 1894.

1188 JONES, Thomas: The book of the Anchorite of Llandewi Brefi, TCAS, xii, 63–82.

1189 WILLIAMS, Glanmor: The Welsh Church from conquest to reformation, 85–104. Gw. rhif 1455.

1190 WILLIAMS, J. E. Caerwyn: Rhyddiaith grefyddol Cymraeg canol, *Traethodydd*, 1942, 36–43.

1191 ───── Medieval Welsh religious prose, *Proceedings of the Second International Congress of Celtic Studies* 1963. Cardiff, 1966, 65–97.

1192 ───── Rhyddiaith grefyddol Cymraeg canol *yn* Y traddodiad rhyddiaith yn yr oesau canol, 312–408. Gw. rhif 677.

1193 WILLIAMS, Robert *a* JONES, G. Hartwell: Selections from the Hengwrt MSS, Vol. II, 189–275, 284–300, 335–456. Gw. rhif 1076.

1194 WILLIAMS, Stephen J.: Rhai cyfieithiadau *yn* Y traddodiad rhyddiaith yn yr oesau canol, 303–11. Gw. rhif 677.

(ii) Rhannau o'r Ysgrythur

(a) Astudiaethau

1195 JONES, Thomas: Pump Llyfr Moesen yn Gymraeg a'r "Beibyl Ynghymraec", *BBCS*, ix, 215–9.

1196 ───── Pre-reformation Welsh versions of the Scriptures, *CLlGC*, iv, 97–114.

1197 ───── Cyfieithiadau cynnar o'r Ysgrythur *yn* Mân us, 46–59. Gw. rhif 348.

1198 LEWIS, Henry: Darnau o'r Efengylau, *Cymmrodor*, xxxi, 193–216.

1199 ROBERTS, Brynley F.: Gwassanaeth Meir. Cyfieithiadau o 'Rybudd Gabriel' a rhai Salmau. Gw. rhif 1759.

(b) Genesis i, ii, 1–2, 21–3

1200 JONES, Thomas: Y Bibyl Ynghymraec, 3–6. Gw. rhif 1131.

1201 WILLIAMS, Ifor: Pennod o Genesis yn 1510, *Y Geninen*, xliii, 169–81.

(c) Mathew, xxvi, 1–xxvii, 7

1202 JENKINS, John: Rhif 1186, 113–6.

1203 WILLIAMS, Robert *a* JONES, G. Hartwell (gol.): Y Groglith, rhif 1076, 250–8.

(ch) Luc, i, 26–38

1204 JONES, J. Morris *a* RHYS, John (gol.): Rybud Gabriel at Veir, rhif 1187, 159.

1205 WILLIAMS, Robert *a* JONES, G. Hartwell (gol.): Rhybudd Gabriel Angel at Veir, rhif 1076, 296–7.

(d) Ioan, i, 1–14

1206 JONES, J. Morris *a* RHYS, John (gol.): Euegyl Jeuan Ebostol, rhif 1187, 160–2.

1207 WILLIAMS, Robert *a* JONES, G. Hartwell (gol.): Llyma Evengyl Ieuan Ebostol, rhif 1076, 297–300.

1208 Am rannau eraill o'r Ysgruthur gw. JONES, Thomas, rhif 1196.

(iii) Midrash, Aprocryffa a Thraddodiadau

(1) Ystorya Adaf (Efengyl Nicodemus)

1209 JENKINS, John: Euangel Nicodemus, rhif 1186, 121–31.

1210 JONES, Thomas Gwynn: Ystorya Addaf a Ual a Cauas Elen y Grog: tarddiad, cynnwys ac arddull y testunau Cymraeg a'u lledaeniad, *TYCCh*, 847.

1211 WILLIAMS, Robert *a* JONES, G. Hartwell: Euangel Nicodemus, rhif 1076, 243–50.

> *Nodiad:–* 'Ystorya Adaf' yw teitl cywir y darnau uchod. Cam-gymeriad yw eu galw yn 'Efengyl Nicodemus'. Gw. *CLlGC*, vi, 171.

(2) Adaf ac Eva

1212 WILLIAMS, J. E. Caerwyn: Ystorya Adaf ac Eva y Wreic, *CLlGC*, vi, 170–5.

(3) Bartholomews

1213 WILLIAMS, Ifor: Buched Einion neu Vartholomews Ebostol, *BBCS*, xi, 75–7.

(4) Cynhaeaf Gwyrthiol, Y

1214 VENDRYES, J.: Le miracle de la moisson en Galles, *C.R Acad. Inscr.*, 1948, 64–76.

1215 WILLIAMS, Ifor: Y cynhaeaf gwyrthiol, *BBCS*, x, 33–6.

(5) Efengyl Nicodemus

1216 WILLIAMS, J. E. Caerwyn: Efengyl Nicodemus yn Gymraeg, *BBCS*, xiv, 108–112, 257–73.

(6) Judas

1217 WILLIAMS, Robert *a* JONES, G. Hartwell (gol.): Llyma mal y treithir historia Judas, rhif 1076, 271–4.

(7) Lentulus

1218 WILLIAMS, J. E. Caerwyn: Epistola Lentuli yn Gymraeg, *BBCS*, xv, 280–1.

(8) Mabinogi Iesu Grist

1219 WILLIAMS, Mary: Llyma Vabinogi Iessu Grist, *RC*, xxxiii, 184–207.

(9) Mair

1220 ANGELL, Lewis Haydn: Gwyrthyeu e Wynvydedic Veir. Astudiaeth gymharol ohonynt fel y'u ceir hwy yn llawysgrifau Peniarth 14, Peniarth 5 a Llanstephan 27. *TYCCh*, 821.

1221 JONES, Gwenan: Gwyrthyeu y Wynvydedic Veir, *BBCS*, ix, 144–8, 334–41; x, 21–3.

1222 JONES, J. Morris *a* RHYS, John (gol.): Y mod yd aeth Meir y nef, rhif 1187, 77–85.

1223 RICHARDS, Melville: [Gwyrthyeu y Wynvydedig Veir], *BBCS*, xiv, 186–8.

1224 THOMAS, Graham C. G.: Mair a'r Afallen, *BBCS*, xxiv, 459–61.

1225 WILLIAMS, J. E. Caerwyn: Transitus Beatae Mariae a thestunau cyffelyb, *BBCS*, xviii, 131–57.

1226 WILLIAMS, Robert *a* JONES, G. Hartwell (gol.): Buched Meir Wyry, rhif 1076, 212–27. Gw. hefyd WILLIAMS, Mary, rhif 1219, 207–34.

(10) Oliffernws a Jwdith

1227 JONES, Thomas: Ystori Oliffernws a Jwdith, *BBCS*, xxiv, 300–6.

(11) Pawl Ebostol

1228 JONES, Thomas: Troedigaeth Pawl Ebostol, *BBCS*, xxiii, 34–6.

(12) Pedair Morwyn y Drindod

1229 LLOYD, Nesta: Ystoria pedair morwyn y Drindod, *BBCS*, xxv, 120–4.

(13) Pilatus

1230 RICHARDS, Melville: Ystoria Bilatus, *BBCS*, ix, 42–9.

1231 WILLIAMS, Robert *a* JONES, G. Hartwell (gol.): Hanes Pontius Pilatus, rhif 1076, 267–71.

(14) Titus Aspassianus

1232 WILLIAMS, J. E. Caerwyn: Ystorya Titus Aspassianus, *BBCS*, ix, 221–30.

(iv) Chwedlau Crefyddol

(1) Y Marchog Crwydrad

1233 [EVANS, D. Silvan (gol.)]: Y Marchog Crwydrad, *Brython* (Tremadog), v, 1–17, 138–53, 257–67, 361–74. Cyhoeddwyd fel cyfrol ar wahân yn 1864.

1234 JONES, E. D.: Le Voyage du Chevalier Errant, *CLlGC*, viii, 369–86.

(2) Mynachlog yr Ysbryd Glân

1235 [EVANS, D. Silvan (gol.)]: Y fynachlog gyfrin, *Brython* (Tre-madog), iii, 361–5.

(3) Sibli

1236 WILLIAMS, Robert *a* JONES, G. Hartwell (gol.): Llyma Prophwydoliaeth Sibli Doeth, rhif 1076, 276–84.

(v) Cyfarwyddiadau ac Anogaethau
(1) Adrian ac Ipotis

1237 JONES, J. Morris *a* RHYS, John (gol.): Adrian ac Ipotis, rhif 1187, 128–37.

1238 WILLIAMS, J. E. Caerwyn: L'Enfant Sage ac Adrian et Epictitus yn Gymraeg, *BBCS*, xix, 259–95; xx, 17–28.

1239 WILLIAMS, Robert *a* JONES, G. Hartwell (gol.): Hystoria Idrian Amherawdyr ag Ipotis Ysprytawl, rhif 1076, 335–46.

(2) Agoriad Cyfarwyddyd

1240 WILLIAMS, J. E. Caerwyn: Agoriad Cyfarwyddyd, *BBCS*, xvi, 87–93.

(3) Catwn

1241 WILLIAMS, Ifor: Cynghorau Catwn, *BBCS*, ii, 16–25, 26–36.

(4) Cysegrlan Fuchedd

1242 JONES, J. Morris *a* RHYS, J. (gol.): Kyssegyrlan Uuched, rhif 1187, 86–103.

1243 WILLIAMS, Robert *a* JONES, G. Hartwell (gol.): Ymborth yr enait, rhif 1076, 430–56.

(5) Drych yr Ufudd-dod

1244 WILLIAMS, J. E. Caerwyn: Drych yr Ufudd-dod, *BBCS*, ix, 115–24.

(6) Dydd y Farn

1245 JONES, Thomas: Yr Anghrist a Dydd y Farn, *BBCS*, xiii, 174–84.

1246 POWELL, Thomas: A description of the Day of Judgement, *Cymmrodor*, iv, 106–38.

(7) Dydd Sul

1247 JONES, J. Morris *a* RHYS, J. (gol.): Am Gadw Dyw Sul, rhif 1187, 157–9.

1248 POWELL, Thomas: Ebostol y Sul, *Cymmrodor*, viii, 162–72.

1249 WILLIAMS, Robert *a* JONES, G. Hartwell (gol.): (Heb deitl) rhif 1076, 289–91.

(8) Lucidar

1250 JONES, J. Morris *a* RHYS, John (gol.): Hystoria Lucidar, rhif 1187, 3–76.

1251 JONES, J. Tysul: Astudiaeth destunol a gramadegol ynghyd â geirfa lawn o Hystoria Lucidar, *TYCCh*, 842.

1252 PHILLIMORE, Egerton G. B.: A fragment from Hengwrt MS. No. 202, *Cymmrodor*, vii, 89–154.

1253 WILLIAMS, Robert *a* JONES, G. Hartwell (gol.): Lucidar, rhif 1076, 349–429.

(9) Odo

1254 JONES, T. Gwynn: Fable literature in Welsh, *Aberystwyth Studies*, iii, 45–70.

1255 ROBERTS, Enid: Chwedlau Odo, *Barn*, 43, 200–1; 47, 313–14; 48, 338–9.

1256 WILLIAMS, Ifor: Chwedlau Odo: gyda rhagymadrodd, nodiadau a geirfa. Wrecsam: Hughes, 1926. Adarg. Caerdydd, 1957. Adol. JONES, Bedwyr L. *BAC*, 26 Meh. 1958, 7.

(10) Pwyll y Pader

1257 LEWIS, Saunders: Pwyll y Pader o ddull Hu Sant, *BBCS*, ii, 286–9. Adarg yn rhif 143, 34–6.

1258 JONES, J. Morris *a* RHYS, J. (gol.): Pwyll y Pader odull Hu Sant, rhif 1187, 147–51.

1259 WILLIAMS, Robert *a* JONES, G. Hartwell (gol.): Pwyll y Pader: val y traethawdd Hu Sant, rhif 1076, 291–5.

(11) Rhinweddau gwrando Offeren

1260 JONES, J. Morris *a* RHYS, J. (gol.): Rhinweddau gwrando offeren, rhif 1187, 151.

1261 WILLIAMS, Robert *a* JONES, G. Hartwell (gol.): Rhinweddau gwrando offeren, rhif 1076, 295–6.

(12) Swynion Cymraeg

1262 ROBERTS, Brynley F.: Rhai swynion Cymraeg, *BBCS*, xxi, 198–213.

(13) Y Drindod yn vn Duw

1263 JONES, J. Morris *a* RHYS, J. (gol.): Y drindawt yn vn Duw, rhif 1187, 162–3.

1264 WILLIAMS, Robert *a* JONES, G. Hartwell (gol.): Dangos py wedd y dyellir y tat ar mab ar Yspryt glan un Duw, rhif 1076, 299–300.

(14) Y Ffestifal

1265 LEWIS, Henry: Darn o'r Ffestivalis, *THSC*, 1923–4, 18–70.

(15) Ysbryd Gwido a'r Prior

1266 JONES, T. Gwynn: Ysbryd Gwido a'r Prior, *BBCS*, v, 100–112.

(16) Y Saith Pechod Marwol

1267 JONES, J. Morris *a* RHYS, J. (gol.): Py ddelw y dyly Dyn Credv Yduw, rhif 1187, 141–6.

1268 WILLIAMS, Robert *a* JONES, G. Hartwell (gol.): Y Seith Pechawt Marwawl, rhif 1076, 237–42.

(vi) Defosiwn

(1) Anima Christi

1269 ROBERTS, Brynley F.: Tri chyfieithiad Cymraeg o'r weddi Anima Christi, *BBCS*, xvi, 268–71.

(2) Boneffas Bab

1270 ROBERTS, Brynley F.: Gweddi Boneffas Bab, *BBCS*, xvi, 271–3.

(3) Credo'r Apostolion

1271 JONES, Thomas: "Credo'r Apostolion" yn Gymraeg, *CLlGC*, iv, 75–82.

(4) Credo Athanasius

1272 JONES, J. Morris *a* RHYS, J. (gol.): Credo Athanasius Sant, rhif 1187, 138–40.

1273 LEWIS, Henry: Credo Athanasius Sant, *BBCS*, v, 193–203.

1274 WILLIAMS, Robert *a* JONES, G. Hartwell (gol.): Credo Athanasius, rhif 1076, 346–9.

(5) Penityas

1275 JONES, Thomas: Penityas, *BBCS*, x, 124–6.

1276 WILLIAMS, Ifor: Penityas, *BBCS*, vii, 370–8; viii, 134–40, 224–9.

(6) San Ffraid

1277 CHOTZEN, Th. M.: Les Quinze Oraisons attribuées à sainte Birgitte, *EC*, ii, 310–33.

1278 ROBERTS, Brynley F.: Pymtheg Gweddi San Ffraid a'r Pardwn, *BBCS*, xvi, 254–68.

(vii) Gweledigaethau
(1) Breuddwyd Pawl

1279 JONES, J. Morris *a* RHYS, John (gol.): Breudwyt Pawl Ebostol, rhif 1187, 152–6.

1280 PARRY-WILLIAMS, T. H.: Breudwyt Pawl, *BBCS*, iii, 81–9.

1281 WILLIAMS, Robert *a* JONES, G. Hartwell (gol.): Breuddwyt Pawl Ebostol, rhif 1076, 284–91.

1282 WILLIAMS, J. E. Caerwyn: Welsh versions of the Visio Pauli, *EC*, x, 109–26.

(2) Purdan Padrig

1283 WILLIAMS, J. E. Caerwyn: Purdan Padrig, *CLlGC*, iii, 102–6.

1284 ———— Breuddwyd Pawl a Phurdan Padrig, *TYCCh*, 864.

1285 ———— Welsh versions of *Purgatorium S. Patricii*, *SC*, viii/ix, 121–94.

(viii) Bucheddau Saint
(a) Saint estron
(1) Bartholomews

1286 WILLIAMS, Ifor: Buchedd Einion neu Vartholomews ebostol, *BBCS*, xi, 75–7.

(2) Catrin

1287 BELL, H. Idris: Vita Sancti Tathei and Buched Seint y Katrin. Bangor: Jarvis and Foster, 1909. (Bangor Welsh MSS Society, II).

1288 WILLIAMS, J. E. Caerwyn: Buchedd Catrin Sant, *BBCS*, xxv, 247–68.

(3) Mair Fadlen

1289 JONES, D. Gwenallt: Buchedd Mair Fadlen a'r *Legenda Aurea*, *BBCS*, iv, 325–40.

(4) Mair o'r Aifft

1290 JONES, Gwenan: (heb deitl) *BBCS*, ix, 340–1.

1291 RICHARDS, Melville: Buchedd Mair o'r Aifft, *EC*, ii, 45–9.

1292 ———— Buched Meir o'r Eifft, *BBCS*, xiv, 188–9.

(5) Margred

1293 RICHARDS, Melville: Buchedd Fargred, *BBCS*, ix, 324–34; x, 53–9; xiii, 65–71.

(6) Martin

1294 JONES, Evan J.: Buchedd Sant Martin, *BBCS*, iv, 189–207, 305–10. (Cyhoeddwyd ar wahân, Caerdydd, 1945).

1295 –––––– Siôn Trevor, Llyfr Arveu, and Buchedd Sant Martin, *BBCS*, v, 33–40. Gw. hefyd WILLIAMS, Ifor: Siôn Trefor o Wigynt, *ib.*, 40–4.

(7) Mihangel

1296 JONES, D. Gwenallt: Buchedd Mihangel a'r *Legenda Aurea*, *BBCS*, v, 8–14.

(b) Saint Cymreig

Y mae rhai o'r gweithiau sy'n trafod oes y saint yn gyffredinol wedi eu rhestru yn Adran B, I. Gweler hefyd *A Bibliography of the history of Wales* a'r atodiadau, Adran D, II (c). Cynhwysir isod rai gweithiau sy'n ymwneud â'r saint Celtaidd, gan gynnwys y rhai Cymreig, ond ni roir manylion ond am y saint hynny y mae eu bucheddau i'w cael yn Gymraeg.

(1) Cyffredinol

1297 BARING-GOULD, S. *a* FISHER, John: The lives of British Saints: the saints of Wales and Cornwall and such saints as have dedications in Britain. 4 cyfrol. London: Honourable Society of Cymmrodorion, 1907–13.

1298 BOWEN, E. G.: The Saints of Gwynedd, *TCHSG*, ix, 1–15.

1299 –––––– The Celtic Saints in Cardiganshire, *Ceredigion*, i, 3–17.

1300 –––––– The settlements of the Celtic Saints in Wales. Cardiff, 1954. 2nd ed. 1956.

1301 –––––– Saints, Seaways and Settlements in the Celtic lands. Cardiff, 1969.

1302 CHADWICK, Nora K.: The age of the Saints in the early Celtic Church. Gw. rhif 263.

1303 DOBLE, Gilbert H.: The Saints of Cornwall, gol. D. Attwater, 5 cyfrol. Truro: The Dean and Chapter of Truro, 1960–70. (Mae gan rai o Saint Cernyw gysylltiad clos â Chymru).

1304 –––––– Lives of Welsh Saints, gol. D. Simon Evans. Cardiff, 1971.

1305 EVANS, D. Simon: Y bucheddau *yn* Y traddodiad rhyddiaith yn yr oesau canol, 245–73. Gw. rhif 677.

1306 FENN, R. W.: The character of early Christianity in Radnorshire, *TRS*, xxxvii, 7–16; xxxviii, 26–38.

1307 JOHNS, C. N.: The Celtic Monasteries of North Wales, *TCHSG*, xxi, 14–43.

1308 JONES, Bobi: Y saint, yn rhif 132, 11–20.

1309 JONES, G. Hartwell: Primitive magic in the lives of the Celtic Saints, *THSC*, 1936, 69–96.

1310 RICHARDS, Melville: Places and persons of the early Welsh Church, *CHC*, v, 333–49.

1311 WADE-EVANS, Arthur W.: Welsh Christian origins. Oxford: Alden Press, 1937.

1312 WADE-EVANS, Arthur W.: Vitae Sanctorum Britanniae et Genealogiae. Cardiff, 1944. Adol. JONES, Thomas *THSC*, 1943–4, 157–65; DAVIES, J. Conway *JHSCW*, i, 141–53; D., E. *AC*, 1944–5, 264–6; JONES, Evan J. *Llenor*, xxiv, 42–8.

1313 WILLIAMS, Hugh: Christianity in early Britain. Gw. rhif 315.

1314 WILLIAMS, J. E. Caerwyn: Bucheddau'r Saint, *BBCS*, xi, 149–57.

(2) Saint Unigol

(a) Beuno

1315 JONES, J. Morris *a* RHYS, John: Hystoria o uuched Beuno *yn* The Elucidarium and other tracts, 119–127. Gw. rhif 1187.

1316 LLOYD-EVANS, Ina Mary Rees: Testun beirniadol gydag astudiaeth o Buchedd Beuno. *TYCCh*, 850.

1317 WADE-EVANS, A. W.: Beuno Sant, *AC*, 1930, 315–42.

(b) Deiniol

1318 WILLIAMS, J. E. Caerwyn: Buchedd Ddeiniol Sant, *TCHSG*, x, 123–35.

(c) Dewi

(1) Testun

1319 EVANS, D. Simon (gol.): Buchedd Dewi. O lawysgrif Llanstephan 27, gyda rhagymadrodd a nodiadau. Caerdydd, 1959. Adol. WILLIAMS, J. E. Caerwyn *LlC*, v, 105–18.

1320 JAMES, J. W. (gol.): Rhigyfarch's life of St. David. The basic mid-twelfth century Latin text with introduction, critical apparatus and translation. Cardiff, 1967. Adol. EVANS, D. Simon *MAe*, xxxvii, 183–5.

1321 JONES, J. Morris *a* RHYS, John (gol.): Hystoria o uuched Dewi *yn* The Elucidarium and other tracts, 105–118. Gw. rhif 1187.

1322 MORRIS-JONES, J. (gol.): The life of St. David and other tracts in medieval Welsh from the Book of the Anchorite of Llanddewivrevi. Oxford: Clarendon Press, 1912.

1323 WADE-EVANS, A. W. (gol.): Vita Sancti David per Richemarchum, edited with translation and notes . . . from Y Cymmrodor, vol. XXIV, 1914. Adol. DELEHAYE, H. *AnB*, xxxviii, 221–2 Hefyd: Life of St. David. London: SPCK, 1923 (cyfieithiad). Adol. VENDRYES, J. *RC*, xl, 188–93; LLOYD-JONES, J. *Llenor*, ii, 193–7.

1324 WILLIAMS, Hugh (gol.): The Penitential of David *yn* Gildae de Excidio Britanniae. London: Hon. Soc. of Cymmrodorion, 1899. (Cymmrodorion Record series, 3).

(2) Astudiaethau

1325 BOWEN, E. G.: The cult of Dewi Sant at Llanddewibrefi, *Ceredigion*, ii, 61–5.

1326 CROWLEY, David: St. David of Wales. London: Catholic Truth Society, 1954.

1327 EVANS, D. Simon: Buchedd Dewi, *Barn*, 12, 365; 13, 23; 14, 61.

1328 EVANS, J. J.: Dewi Sant a'i amserau. Llandysul: Gwasg Gomer, 1963.

1329 EVANS, J. Young: Saint David in Cardiganshire, *Cambrian News*, 28 Feb., 1930.

1330 FITZGERALD, John: Buchedd Dewi, *Barn*, 31, 206–7; 43, 228.

1331 GRUFFYDD, Geraint *a* OWEN, Huw Parri: The earliest mention of St. David, *BBCS*, xvii, 185–93; xix, 231–2.

1332 HARRIS, Silas M.: Saint David in the Liturgy. Cardiff, 1940. Adol. RATCLIFF, E. C. *JTS*, xlii, 91.

1333 ———— Was St. David ever canonized? *Wales* (K.R.), June 1944, 30–2.

1334 JAMES, J. W.: The Welsh version of Rhigyfarch's 'Life of St. David', *CLlGC*, ix, 1–21.

1335 WADE-EVANS, A. W.: Note on St. David, *Cymmrodor*, xxii, 114–18.

1336 ———— Note on St. David's chronology, *Cymmrodor*, xxii, 144–9.

1337 ———— The death-years of Dewi Sant and Saint Dubricius, *AWR*, x, 63–4.

1338 ———— St. David and Glastonbury, *AC*, 1925, 365–71.

(3) Llyfryddiaeth

1339 DIENW: Catalogue of manuscripts, books, engravings, references, etc., relating to St. David, St. David's Day, St. David in romance and the Cathedral Church of St. David's, Pembrokeshire. Cardiff: N. McLay, 1927.

(ix) Barddoniaeth Grefyddol

1340 [EVANS, D. Silvan]: Ymryson yr Enaid a'r Corff, *Y Brython* (Tremadog), ii, 216.

1341 JONES, Bobi: Ymryson ac ymddiddan Corff ac Enaid, *YB*, v, 44–61.

1342 LEWIS, Henry: Hen Gerddi Crefyddol. Caerdydd, 1931. Adol. WILLIAMS, G. J. *Llenor*, x, 246–8.

1343 ———— Dadl yr Enaid a'r Corff, *BBCS*, iii, 119–22.

1344 ———— Englynion i'r Offeren, *BBCS*, v, 14–18.

1345 ROBERTS, Brynley F.: Gwassanaeth Meir. Gw. rhif 1759.

1346 VENDRYES, J.: Un nouveau "débat du corps et de l'âme" en gallois, *RC*, xliii, 385–97.

1347 WILLIAMS, Ifor: (Atodiad i erthygl ar Dafydd ap Gwilym a'r (Glêr – "Yr ymryson rhwng yr Enaid a'r Corff," *THSC*, 1913–14, 185–7.

1348 ——— Ymddiddan y Corff a'r Enaid, *BBCS*, ii, 127–30.

1349 ——— Chwarae ymddiddan yr Enaid a'r Corff, *BBCS*, iv, 36–41.

1350 WILLIAMS, J. E. Caerwyn: Ymryson ac ymddiddan y Corff a'r Enaid, *CLlGC*, iv, 184–8. (Gyda thestun rhyddiaith o'r 'Ymddiddan').

X. MEDDYGOL

(i) Meddygon Myddfai

1351 DIVERRES, P.: Le plus ancien texte des Meddygon Myddveu. Paris: Maurice Le Dault, 1913.

1352 JONES, Ida B.: Hafod 16. A medieval Welsh medical treatise *EC*, vii, 46–75, 170–339; viii, 66–97, 346–93.

1353 MORGAN, T. J.: "Meddygon Myddveu" a Havod 16, *BBCS*, viii, 306–18.

1353A OWEN, Morfydd E.: Llawysgrif feddygol a anwybyddwyd, *BBCS*, xxvi, 48–9.

1354 RICHARDS, Melville: Havod 16, tt. 101–9, *BBCS*, xiv, 186–90.

1355 WILLIAMS, G. J.: Meddygon Myddfai, *LlC*, i, 169–73.

1356 WILLIAMS, Ifor: Rhinweddau Croen Neidr, *BBCS*, iv, 33–6.

1357 WILLIAMS, John (Ab Ithel) (gol.): The physicians of Myddfai: Meddygon Myddfai. English translation by John Pughe. Llandovery: D. J. Roderic, for the Welsh MSS Society, 1861.

(ii) Elis Gruffudd

1358 TIBBOTT, Delwyn: Llawysgrif Cwrtmawr 1, *CLlGC*, xi, 276–83.

1359 TIBBOTT, Minwel: Castell yr iechyd gan Elis Gruffydd. Caerdydd, 1969. Adol. JARVIS, Branwen, *LlC*, xi, 250–3.

(iii) William Salesbury

1360 PETERS, John (Ioan Pedr): William Salesbury fel Llysieuwr, *Traethodydd*, 1873, 156–81.

1361 ROBERTS, E. Stanton (gol.): Llysieulyfr Meddyginiaethol a briodolir i William Salesbury. Golygwyd gyda chyflwyniad a nodiadau. Liverpool: Hugh Evans, 1916. Gw. hefyd rhif 2308.

(iv) Amrywiol

1362 LEWIS, Timothy (gol.): A Welsh Leech Book or Llyfr o Feddyginiaeth . . . Liverpool: D. Salesbury Hughes, 1914.

1363 ROBERTS, E. Stanton *a* LEWIS, Henry (gol.): Peniarth MS. 63, tt 41, 43. Gw. rhif 1401.

1364 ———— Peniarth MS. 57, tt 46, 47, 49. Gw. rhif 1399.

XI. RHYDDIAITH AMRYWIOL

1365 BOWEN, D. J.: Y Gwasanaeth Bwrdd. *BBCS*, xv, 116–20.

1366 JACKSON, Kenneth H.: The auguries of Esdras concerning the character of the year, *BBCS*, vii, 5–14. Gw. hefyd PHILLIMORE, Egerton G. B. *Cymmrodor*, vii, 134–6; RICHARDS, Melville *BBCS*, viii, 125–7.

1367 JONES, Thomas: Dehongyl Teruyneu y Byt, *BBCS*, xiv, 8–13.

1368 LEWIS, Henry: Proffwydoliaeth yr Eryr, *BBCS*, ix, 112–5.

1369 LEWIS, Henry *a* DIVERRES, P. (gol.): Delw y Byd (Imago Mundi). Caerdydd, 1928.

1370 PEATE, Iorwerth C.: Traethawd ar Felinyddiaeth, *BBCS*, viii, 295–301.

1371 ———— Y Naw Helwriaeth, *BBCS*, vi, 301–12.

1372 RICHARDS, Melville: Gildas a'r Brytaniaid, *BBCS*, xiii, 64–5.

1373 ———— Hafod 16, tt. 101–9, *BBCS*, xiv, 186–90.

1374 WILLIAMS, Ifor: Hen draethawd ar Hwsmonaeth, *BBCS*, ii, 8–16.

1375 ———— Enwau ac anryfeddodau Ynys Prydain, *BBCS*, v, 19–24.

1376 WILLIAMS, Stephen J. (gol.): Ffordd y Brawd Odrig o lawysgrif Llanstephan 2. Caerdydd, 1929.

1377 ———— Traethawd Gwallter o Henlai ar Hwsmonaeth, *BBCS*, vi, 41–55.

BEIRDD YR UCHELWYR

Cynhwysir yn yr Adran hon y beirdd hynny oedd yn canu rhwng canol y bedwaredd ganrif ar ddeg a chanol yr ail ar bymtheg, ac yn defnyddio'r cywydd fel eu prif fesur.

I. TESTUN

Casgliadau a Detholion

1378 BOWEN, D. J. (gol.): Barddoniaeth yr Uchelwyr. Caerdydd, 1957. Ail arg. (diwygiedig) 1959. Adol. JONES, Bedwyr L. *BAC*, 19 Medi 1957, 7.

1379 ———— Detholiad o englynion, *BBCS*, xv, 183–7.

1380 DAVIES, Aneirin Talfan (gol.): Blodeugerdd o englynion. Llandybie: Llyfrau'r Dryw, 1950.

1381 ———— Englynion a chywyddau: wedi'u dethol gan A. T. Davies, rhagymadrodd gan Thomas Parry. Llandybie: Llyfrau'r Dryw, 1958.

1382 FISHER, J. (gol.): The Cefn Coch MSS: two MSS of Welsh poetry written principally during the XVIIth century. Liverpool: I. Foulkes, 1899.

1383 GRUFFYDD, W. J. (gol.): Blodeuglwm o englynion. Abertawe: Morgan a Higgs, 1920. (Cyfres y Werin 1).

1384 ———— Y flodeugerdd newydd: casgliad o gywyddau'r bedwaredd ganrif ar ddeg, y bymthegfed a'r unfed ar bymtheg, wedi eu golygu gyda nodiadau. Caerdydd: arg. gan y Cwmni Cyhoeddiadol Addysgol, 1909.

1385 HUGHES, Arthur: Cywyddau Cymru: wedi eu dethol a'u golygu gan Arthur Hughes ynghyd a rhagdraeth gan yr Athro Edward Anwyl. Bangor: Jarvis a Foster, 1908.

1386 JAMES, Lemuel: Hopkiniaid Morganwg being a genealogical biography of the Hopkin family of Glamorgan with the works of Hopkin Thomas Philip and Lewis Hopkin. Bangor: Jarvis and Foster, 1909. (Dylid bod yn ochelgar gyda'r gwaith hwn a'r nesaf, gan fod dylanwad Iolo Morganwg yn gryf arnynt).

1387 JAMES, Lemuel H. (Hopcyn) *a* EVANS, T. C. (Cadrawd): Hen gwndidau, carolau a chywyddau, being sermons in song in the Gwentian dialect by forty-two bards of Tir Iarll of the Tudor period. Bangor: Jarvis and Foster, 1910.

1388 JONES, J. (Myrddin Fardd) (gol.): Cynfeirdd Lleyn, 1500–1800: sef casgliad o ganiadau . . . gyda nodiadau eglurhaol. Pwllheli: arg. gan Richard Jones, 1905.

1389 JONES, J. T. (gol.): Y Cywyddwyr. Wrecsam: Hughes, d.d. (Llyfrau'r Ford Gron, 12).

1390 JONES, Owen (Meudwy Môn) (gol.): Ceinion llenyddiaeth Gymreig. Llundain: Blackie, 1876. 2 gyfrol.

1391 JONES, Rhys (gol.): Gorchestion Beirdd Cymru, 1773. Arg. diwygiedig, gyda ychwanegiadau a nodiadau gan Cynddelw (Robert Ellis). Caernarfon: H. Humphreys, 1864.

1392 JONES, T. Gwynn (gol.): Llên Cymru: detholiad o ryddiaith a phrydyddiaeth. Cyfrolau I–II. Caernarfon: John Jones, 1921–2. Cyfrolau III–IV. Aberystwyth: Cambrian News, 1926–7.

1393 ——— (gol.): Y Gelfyddyd Gwta. Englynion a phenillion. Gwasg Aberystwyth, 1929.

1394 LEWIS, Henry a ROBERTS, Thomas a WILLIAMS, Ifor (gol.): Cywyddau Iolo Goch ac eraill, 1350–1450. Bangor: Evan Thomas, 1925. Arg. newydd Caerdydd, 1937.

1395 PARRY, Thomas (gol.): The Oxford Book of Welsh Verse. Oxford: Clarendon Press, 1962. 6 arg. diw. 1976.

1396 ——— Peniarth 49. Caerdydd, 1929. (Adysgrifau o'r Llawysgrifau Cymraeg 6).

1397 ROBERTS, E. Stanton (gol.): Llanstephan MS. 6: a manuscript of Welsh poetry written in the early part of the sixteenth century. Cardiff: Guild of Graduates of the University of Wales, 1916. (Adysgrifau o'r Llawysgrifau Cymraeg 1).

1398 ROBERTS, E. Stanton (gol.): Peniarth MS. 67: a manuscript of Welsh poetry written towards the end of the fifteenth century. Cardiff: Guild of Graduates of the University of Wales, 1918. (Adysgrifau o'r Llawysgrifau Cymraeg 2).

1399 ——— Peniarth MS. 57. Cardiff: Guild of Graduates of the University of Wales, 1921. (Adysgrifau o'r Llawysgrifau Cymraeg 3).

1400 ROBERTS, E. Stanton a GRUFFYDD, W. J.: Peniarth MS. 6. Copiwyd gan E. S. Roberts, golygwyd gan W. J. Gruffydd. Caerdydd, 1927. (Adysgrifau o'r Llawysgrifau Cymraeg 4).

1401 ROBERTS, E. Stanton a LEWIS, Henry: Peniarth MS. 53. Copiwyd gan E. S. Roberts, golygwyd gan Henry Lewis. Caerdydd, 1927. (Adysgrifau o'r Llawysgrifau Cymraeg 5).

1402 WILLIAMS, Edward (Iolo Morganwg): Iolo MSS. Llandovery: Welsh MSS. Society, 1848. Adarg. Liverpool: I. Foulkes, 1888.

1403 WILLIAMS, Ifor (gol.): Gwyneddon 3. Caerdydd, 1931. (Adysgrifau o'r Llawysgrifau Cymraeg 7).

1404 WILLIAMS, Ifor a ROBERTS, Thomas (gol.): Cywyddau Dafydd ap Gwilym a'i gyfoeswyr: wedi eu golygu o'r llawysgrifau gyda rhagymadrodd, nodiadau a geirfa. Bangor: arg. gan Evan Thomas, 1914. Ail arg. Caerdydd, 1935.

II. CYFIEITHIADAU A DIWEDDARIADAU

1405 BELL, H. Idris: Translations from the Cywyddwyr, *THSC*, 1940, 221–53; 1942, 130–47.

1406 CLANCY, Joseph P.: Medieval Welsh Lyrics. London: Macmillan, 1965.

1407 CONRAN, Anthony: Gw. rhif 125.

1408 WILLIAMS, Gwyn: Gw. rhif 405.

1409 WILLIAMS, Gwyn: The Burning Tree. Gw. rhif 341. *Cyhoeddwyd y cyfieithiadau wedi eu diwygio, ond heb y gwreiddiol Cymraeg, yn* Welsh Poems. Sixth Century to 1600, translated with an introduction and notes . . . London: Faber, 1973. Adol. MORGAN, Dyfnallt *Cymro*, 5 Mawrth 1974, 5.

III. ASTUDIAETHAU

(i) Cyffredinol

1410 BELL, H. Idris: Gw. rhifau 548, –9.

1411 BOWEN, D. J.: Agweddau ar ganu'r bedwaredd ganrif ar ddeg a'r bymthegfed, *LlC*, ix, 46–75.

1412 —— Nodiadau ar waith y cywyddwyr, *LlC*, x, 113–21.

1413 —— Agweddau ar ganu'r unfed ganrif ar bymtheg, *THSC*, 1970, 284–335.

1414 —— Nodiadau ar waith y cywyddwyr, *BBCS*, xxv, 19–32.

1415 —— Sylwadau ar oes y cywyddwyr, *YB*, vii, 22–56.

1416 —— Gruffudd Hiraethog a'i oes. Caerdydd, 1958. Adol. BEVAN, Hugh *CHC*, i, 107–9; FOSTER, I. Ll. *HG*, haf 1958, 29–31; ROWLANDS, E. I. *Y Genhinen*, viii, 253–4.

1417 DAVIES, Catrin: Y cerddi i'r tai crefydd fel ffynhonnell hanesyddol, *CLlGC*, xviii, 268–86, 345–73.

1418 DAVIES, J. Glyn: Gw. rhif 522, 81–128.

1419 DAVIES, R. T.: A study of the themes and usages of medieval Welsh religious poetry, 1100–1450. *TYCCh*, 870.

1420 FITZGERALD, Gerald J.: The religious background of the classical Welsh poets, 1435–1535. *TYCCh*, 875.

1421 GRUFFYDD, W. J.: Gw. rhif 130.

1422 JONES, Bobi: Pwnc mawr beirniadaeth lenyddol Gymraeg, *YB*, iii, 253–88.

1423 —— Y ddau draddodiad – y traddodiad gwerinol a'r traddodiad uchelwrol, *yn* I'r Arch, 136–68. Gw. rhif 132.

1424 —— Beirdd yr Uchelwyr a'r byd, *YB*, viii, 29–42.

1425 JONES, E. D.: Some fifteenth century Welsh poetry relating to Montgomeryshire, *MC*, lii, 3–21; liii, 3–17; liv, 48–64.

1426 JONES, T. Gwynn: Traddodiad llenyddol Cymru, *Beirniad*, i, 3–15, 101–12, 191–7, 269–77.

1427 —— Bardism and romance: a study of the Welsh literary tradition, *THSC*, 1913–14, 205–310.

1428 —— Gw. rhif 137.

1429 LEWIS, H. Elvet: Welsh Catholic poetry of the fifteenth century, *THSC*, 1911–12, 23–41.

1430 LEWIS, Saunders: Gw. rhif 141, 51–69, 95–133.

1431 —— Y cywyddwyr cyntaf, yn rhif 143, 56–63. (*LlC*, viii, 191–6).

1432 —— The essence of Welsh literature, yn rhif 5068, 154–8. (*Wales* (KR), vii. 337–41).

1433 LLOYD, D. Myrddin: Meddwl Cymru yn yr oesoedd canol, *EA*, xiii, 3–18.

1434 —— Estheteg yr oesoedd canol, *LlC*, i, 153–68, 220–38.

1435 McGRATH, Mihangel: Uniongrededd y farddoniaeth Gymraeg, *EfC*, iii, 7–24.

1436 MORGAN, T. J.: Arddull yr awdl a'r cywydd, *THSC*, 1946–7, 276–313.

1437 —— Gw. rhif 148.

1438 MORRICE, J. C.: Gw. rhif 149.

1439 PARRY, Thomas: Gw. rhif 152, 99–127.

1440 —— Hanes ein llên, Gw. rhif 153, 27–37.

1441 —— Sir Gaernarfon a llenyddiaeth Gymraeg, *TCHSG*, 1941, 47–51.

1442 PARRY-WILLIAMS, T. H.: Literary tradition of Wales, IV. The Bardic Tradition, *WR*, vi, 249–53.

1443 PRYS, R. I. (Gweirydd ap Rhys): Rhif 156.

1444 RICHARDS, W. Leslie: Rhai cyfeiriadau lleol ym marddoniaeth y Cywyddwyr, *Y Genhinen*, xiii, 29–43.

1445 ROBERTS, D. Hywel E.: Noddi beirdd yng Ngheredigion – rhai agweddau. *Ceredigion*, vii, 14–39.

1446 ROBERTS, D. Hywel E. *a* DAVIES, Dyfrig: Rhai o'r beirdd a ganai rhwng dwy Eisteddfod Caerwys, *BBCS*, xxiv, 27–44.

1447 ROBERTS, Enid: Marwnadau telynorion, *TCHSDd*, xv, 80–117.

1448 ROWLANDS, Eurys I.: Y cywyddau a'r beirniaid, *LlC*, ii, 237–43.

1449 —— Nodiadau ar y traddodiad moliant a'r cywydd, *LlC*, vii, 217–43.

1450 —— Rhamant hanes y beirdd, *YB*, ii, 28–38.

1451 ROWLANDS, John: A critical edition and study of the Welsh poems written in praise of the Salusburies of Llewenni, *TYCCh*, 903.

1452 RUDDOCK, Gilbert: Prydferthwch merch yng nghywyddau serch y bymthegfed ganrif, *LlC*, xi, 140–75.

1453 WILIAM, Dafydd Wyn: Y traddodiad barddol ym Mhlwyf Bodedern, Môn, *TCHNM*, 1969–70, 37–79; 1971–72, 52–97; 1973, 55–110.

1454 WILKINS, Charles: The history of the literature of Wales from the year 1300 to the year 1650. Cardiff: Daniel Owen, 1884.

1455 WILLIAMS, Glanmor: The Welsh Church from conquest to reformation. Cardiff, 1962. Penodau ii, v a xii, yn arbennig.

1456 WILLIAMS, G. J.: Traddodiad llenyddol Morgannwg, *Llenor*, iii, 32–42.

1457 ——— Traddodiad llenyddol Morgannwg. Gw. rhif 160.

1458 ——— Traddodiad llenyddol Dyffryn Clwyd a'r cyffiniau, *TCHSDd*, i, 20–32.

1459 WILLIAMS, J. E. Caerwyn: Awen Môn, *Môn*, ii, 14–24.

1460 ——— Trobwynt mewn barddoniaeth, *Traethodydd*, 1941, 83–7.

1461 ——— Y beirdd llys yn Iwerddon, *LlC*, iii, 1–11.

1462 ——— Traddodiad llenyddol Iwerddon. Gw. rhif 585.

(ii) Llawysgrifau

1463 JONES, E. D.: The Brogyntyn Welsh manuscripts, *CLlGC*, v, 233–64; vi, 1–42, 149–61, 223–48, 309–28; vii, 1–11, 85–101, 165–98, 277–315; viii, 1–32.

1464 JONES, Elizabeth J. Louis *a* LEWIS, Henry: Mynegai i farddoniaeth y llawysgrifau. Caerdydd, 1928.

1465 PARRY, Thomas: Dosbarthu'r llawysgrifau barddoniaeth, *BBCS*, ix, 1–8.

(iii) Cymdeithasol

1466 BOWEN, D. J.: Carcharu Siencyn ap Maredudd ap Rhys Du, *CLlGC*, viii, 115–16.

1467 ——— Carcharu Ithel a Rhys ab Ieuan Fychan, *CLlGC*, viii, 119–20.

1468 ——— Gwerthu ffug-greiriau, *BBCS*, xv, 187–9.

1469 ELLIS, D. Machreth: Chwarae "cnau mewn llaw" a rhai chwaraeon eraill, *LlC*, v, 185–92.

1470 JONES, E. D.: A gwentian prisoner in France, *CLlGC*, vii, 273–4.

1471 LEWIS, Frank: Gwerin Ffristial a Thawlbwrdd, *THSC*, 1941, 185–205.

1472 LEWIS, Saunders: Pwy a ddring y Ladingffordd. Gw. rhif 143, 93–7. (*Y Genhinen*, xvii, 114–7).

1473 PAYNE, F. G.: Cwysau o foliant cyson, *Llenor*, xxvi, 3–24.

1474 ROBERTS, Thomas: Cywyddau pererindod, *Traethodydd*, 1944, 28–39.

1475 WILLIAMS, Ifor: Llyma fyd rhag sythfryd Sais, *Llenor*, i, 62–70.

(iv) Y Cywydd

(a) Brud

1476 EVANS, R. Wallis: Y daroganau Cymraeg hyd at amser y Tuduriaid gan roi sylw arbennig i'r cywyddau brud, *TYCCh*, 828.

1479 ——— Trem ar y Cywydd Brud *yn* Harlech Studies, gol. Ben Bowen Thomas. Cardiff, 1938, 149–63.

1478 ——— Daroganau, *BBCS*, ix, 314–19.

1479 ——— Tair Cerdd Ddarogan, *BBCS*, x, 44–53.

1480 ——— Rhai cyfeiriadau at Gymry a daroganau Cymraeg yn llythyrau a phapurau'r llywodraeth, *LlC*, viii, 100–101.

1481 ——— Proffwydoliaeth y Fflowrddelis a phroffwydoliaeth y Lili a pherthynas proffwydoliaeth y Fflowrddelis a'r Cywydd Brud sy'n dechrau "Brawd Llid Urddas Llwyd Urddol", *BBCS*, xxi, 327–33.

1482 ——— Proffwydoliaeth y Disiau, *ib.*, 324–6.

1483 ——— Y "Broffwydoliaeth Fawr" a'r "Broffwydoliaeth Fer", *BBCS*, xxii, 119–21.

1484 ——— Proffwydoliaeth Banastr o Brydain Fawr, *ib.*, 121–4.

1485 ——— Darogan y forforwyn, *LlC*, ix, 111–12.

1486 LEWIS, Henry: Rhai Cywyddau Brud, *BBCS*, i, 240–55.

1487 ——— Cywyddau Brud, *BBCS*, i, 296–309.

1488 RICHARDS, W. Leslie: Cywyddau Brud Dafydd Llwyd ap Llywelyn ap Gruffudd o Fathafarn, *LlC*, ii, 244–54.

1489 ROWLANDS, Eurys I.: Dilid y broffwydoliaeth, *Trivium*, ii, 37–46.

1490 WILLIAMS, Glanmor: Proffwydoliaeth, prydyddiaeth a pholitics yr oesoedd canol, *Taliesin*, xvi, 31–9.

(b) Ymryson

1491 BOWEN, D. J. *a* ROWLANDS, Eurys I.: Ymryson rhwng Hywel Dafi a Beirdd Tir Iarll, *LlC*, iii, 107–14.

1492 EVANS, A. Owen: Edmund Prys: Archdeacon of Meirioneth, Priest, Preacher, Poet, *THSC*, 1922–3, 112–68.

1493 JONES, Bobi: Pwnc mawr beirniadaeth lenyddol Gymraeg, *YB*, ii, 257–76.

1494 LEWIS, Henry: Cywyddau ymryson Ifan Dylynior, Syr Dafydd Trefor a Ieuan ap Madog, *BBCS*, xvii, 161–75.

1495 RHYS, Beti: Ymrysonau'r beirdd, *TYCCh*, 896.

1495A WILLIAMS, G. Aled: Gw. rhif 2144.

(c) Marwnad

1496 GRIFFITH, W. J.: Marwnadau i ddynion byw, *Beirniad*, i, 34–8.

1497 GRUFFYDD, W. J.: Y farwnad Gymraeg, *Llenor*, xviii, 91–104.

1498 ROBERTS, Enid: Marwnadau telynorion, *TCHSDd*, xv, 80–117.

1499 ROBERTS, Thomas: Marwnadau plant y beirdd, *Traethodydd*, 1942, 145–52.

(v) Trefniant a Dysg
(a) Cyffredinol

1500 DAVIES, Thomas William Llynfi: The bardic order in the fifteenth century, *TYCCh*, 871.

1501 JONES, T. Gwynn: Bardism and romance: a study of the Welsh literary tradition, *THSC*, 1913–14, 205–310.

1502 LEWIS, Timothy: Beirdd a barddrin Cymru fu. Aberystwyth: Gwasg y Fwynant, 1929. Adol. WILLIAMS, Ifor *Cymmrodor*, xlii, 269–307.

1503 JONES, Berwyn Prys: Astudiaeth gymharol o gyfundrefnau'r beirdd yng Nghymru ac Iwerddon. M. A. Cymru. Aberystwyth, 1974.

(b) Trefniant
1. Eisteddfodau

1504 BOWEN, D. J.: Graddedigion Eisteddfodau Caerwys, 1523 a 1567/8, *LlC*, ii, 128–34. Gw. hefyd DAVIES, Dyfrig: Graddedigion ail eisteddfod Caerwys, 1567, *BBCS*, xxiv, 30–9.

1505 —— Ail Eisteddfod Caerwys a chais 1594, *LlC*, iii, 139–61.

1506 DAVIES, Edward: Eisteddfodau Caerwys 1523–1568 a 1798–1886, *BAC*, 13 Gorff. 1967, 6; 20 Gorff. 1967, 7; 27 Gorff. 1967, 7.

1507 DAVIES, J. H.: The roll of the Caerwys Eisteddfod of 1523, *TLWNS*, 1904–5 – 1908–9, 87–102.

1508 EVANS, J. Gwenogvryn: The commission of the Caerwys Eisteddvod 1568 *yn* Report on MSS in the Welsh language, I. 1898, 291–2.

1509 —— A petition for another Eisteddvod 1594, *ib.*, 293–5.

1510 HARRIES, W. Gerallt: Ail Eisteddfod Caerwys, *LlC*, iii, 24–31.

1511 PARRY, Thomas: Statud Gruffudd ap Cynan, *BBCS*, v, 25–33.

1512 ROBERTS, Enid: Eisteddfod Caerwys, 1567, *TCHSDd*, xvi, 23–61.

1513 THOMAS, Gwyn: Eisteddfodau Caerwys. Caerdydd, 1968. (Cyfres ddwyieithog Gŵyl Dewi).

1514 WILLIAMS, G. J.: Eisteddfod Caerfyrddin, *Llenor*, v, 94–102.

2. Clera

1515 BOWEN, D. J.: Two Cwrs Clera poems, *CLlGC*, vii, 274–6.

1516 JONES, E. D.: Presidential Address, *AC*, 1963, 1–12.

(c) Dysg

1517 JONES, John T.: Gramadeg Einion Offeiriad, *BBCS*, ii, 184–200.

1518 LEWIS, Henry: Llythyr William Salesbury at Ruffudd Hiraethog, *BBCS*, ii, 113–18.

1519 LEWIS, Saunders: Gramadegau'r penceirddiaid. Caerdydd, 1967. (Darlith goffa G. J. Williams). Adol. JONES, Bedwyr Lewis *BAC*, 20 Medi 1967, 6.

1520 MORRIS-JONES, John: Dosbarth Edern Dafod Aur, *THSC*, 1923–4, 1–28.

1521 PARRY, Thomas: The Welsh metrical treatise attributed to Einion Offeiriad, *PBA*, xlvii, 177–95.

1522 SMITH, J. Beverley: Einion Offeiriad, *BBCS*, xx, 339–47.

1523 WILLIAMS, G. J.: Gramadeg Gutun Owain, *BBCS*, iv, 207–21.

1524 WILLIAMS, G. J. (gol.): Barddoniaeth neu brydyddiaeth gan Wiliam Midleton yn ôl argraffiad 1593, gyda chasgliad o'i awdlau a'i gywyddau. Caerdydd, 1930.

1525 WILLIAMS, G. J. a JONES, E. J. (gol.): Gramadegau'r penceirddiaid. Caerdydd, 1934. Adol. LEWIS, Saunders *Llenor*, xiii, 250–6.

1526 WILLIAMS, Ifor: Dosbarth Einion Offeiriad, *Beirniad*, v, 129–34.

1527 ——— Awdl i Rys ap Gruffudd gan Einion Offeiriad: Dosbarth Einion ar ramadeg a'i ddyled i Ddonatus, *Cymmrodor*, xxvi, 115–46.

1528 WILLIAMS, John (Ab Ithel): Dosbarth Edeyrn Davod Aur: or the Ancient Welsh Grammar. Llandovery: William Rees for the Welsh MSS Society, 1856.

(vi) Y Mesurau

(a) Cyffredinol

1529 DAVIES, J. Glyn: Welsh metrics, volume I. Cywydd deuair hirion. Part 1. London: Constable, 1911.

1530 LOTH, J.: Remarques sur les vieux poèmes historiques Gallois au point de vue métrique et historique, *RC*, xxi, 28–58.

1531 ——— Le verse a rimelinterne dans les Langues Celtique, *RC*, xxi, 62–8.

1532 ——— La Métrique Galloise: La Métrique Galloise du XVe siècle jusqu' a nos jours . . . Paris: Albert Fontemoing, 1900.

1533 ——— La Métrique Galloise du IXe a la fin du XIVe siècle. 2 gyfrol. Paris: Albert Fontemoing, 1901–2. Gw. JONES, J. Morris Welsh Versification, *ZCP*, iv, 106–42.

1534 MORRIS-JONES, John: Cerdd Dafod . . . Gw. rhif 150.

(b) Yr Englyn

1535 BELL, H. Idris: The Welsh englyn, *CLS*, xvii–xviii, 9–19.

1536 DAVIES, J. Glyn: The englyn trisectual long-line in early Welsh metrics, *ZCP*, xvii, 113–28.

1537 EVANS, D. Emrys: Yr epigram a'r englyn, *Llenor*, i, 158–86.

1538 GRUFFYDD, W. J.: Rhagymadrodd, rhif 1383.

1539 JACKSON, Kenneth: Incremental repetition in the early Welsh englyn, *Speculum*, xvi, 304–21.

1540 PARRY, Thomas: Rhagymadrodd: 1. Yr englyn, rhif 1381, tt.v–ix.

1541 RHŶS, John: The origin of the Welsh englyn and kindred metres, *Cymmrodor*, xviii, 1–185.

(c) Y Cywydd

1542 BOWEN, D. J.: Dafydd ap Gwilym a datblygiad y cywydd, *LlC*, viii, 1–32.

1543 CLANCY, Joseph P.: A note on the Cywydd, *PW*, iii, 60–1.

1544 LEWIS, Saunders: Sangiad, *tropus* a chywydd, yn rhif 143, 37–40. (*Trivium*, i. 1–4).

1545 PARRY, Thomas: Datblygiad y cywydd, *THSC*, 1939, 209–31.

1546 REES, Brinley: Sylw eto ar Sangiadau, *Barn*, 47, 305.

1547 ROLANT, Eurys: Arddull y cywydd, *YB*, ii, 36–57.

1548 THOMAS, Gwyn: Golwg ar y Sangiad yng ngwaith Dafydd ap Gwilym, *LlC*, x, 224–30.

(ch) Yr Awdl

1549 PARRY, Thomas: Hanes yr awdl *yn* Awdlau cadeiriol detholedig 1926–50. Cyngor yr Eisteddfod Genedlaethol, 1953. tt. ix–xvi.

(vii) Y Gynghanedd

1550 BOWEN, D. J.: Cynganeddion Gruffudd Hiraethog, *LlC*, vi, 1–20.

1551 CHAMBERS, Ll.G. *a* THOMAS, Gwyn: Dosbarthu cynganeddion, *LlC*, ix, 239–40.

1552 MORRIS-JONES, John: Cerdd Dafod. Gw. rhif 150.

1553 PARRY, Thomas: Twf y gynghanedd, *THSC*, 1936, 143–60.

1554 —— Pynciau cynghanedd, *BBCS*, x, 1–5.

1555 ROWLANDS, Eurys I.: Dadansoddiad o gynghanedd Lewys Môn, *LlC*, iv, 135–61.

(viii) Rhethreg

1556 HARRIES, Gerallt: Araith Wgon, *LlC*, iii, 45–7.

1557 JONES, D. Gwenallt: Rhethreg yng nghyfundrefn y beirdd, *Llenor*, xii, 158–72.

1558 —— Yr areithiau pros. Caerdydd. 1934.

(ix) Trioedd

Am restr gyflawn gw. *Y Trioedd*, rhifau 1121–1130.

1559 BROMWICH, Rachel: Trioedd Ynys Prydein. Gw. rhif 1122.

1560 WILLIAMS, G. J.: Tri chof Ynys Prydain, *LlC*, iii, 234–9.

(x) Geirfa

1561 JONES, T. Gwynn: The Welsh bardic vocabulary, *BBCS*, i, 310–33; ii, 135–48, 229–42; Peniarth glossaries, *BBCS*, ii, 135–48, 229–42.

(xi) Noddwyr

1562 BALLINGER, John: Katheryn of Berain, *Cymmrodor*, xl, 1–42.

1563 BOWEN, D. J.: Ifan Llwyd ap Dafydd, *LlC*, ii., 257–8.

1564 BOWEN, Geraint: Arthur ap Huw, *CLlGC*, ix, 376.

1565 CHARLES, R. Alun: Teulu Mostyn fel noddwyr beirdd, *LlC*, ix, 74–110.

1566 ——— Noddwyr y beirdd yn Sir y Fflint, *TYCCh*, 867, Gw. hefyd *LlC*, xii, 3–44.

1567 DAVIES, Glenys: Noddwyr y beirdd yn Sir Feirionnydd – Caer-gai a Glan-llyn, *CCHChSF*, vii, 72–93.

1568 ——— Noddwyr eraill y beirdd yn Sir Feirionnydd. M.A. Cymru, 1973.

1569 ——— Noddwyr beirdd ym Meirion. Dolgellau: Archifdy Sir Feirionnydd, 1974.

1570 EVANS, Euros Jones: Noddwyr y beirdd yn Sir Benfro, M.A. Cymru, 1972. *THSC*, 1972–3, 123–69.

1571 HARRIES, W. Gerallt: Moliant Lewis Dwn, *LlC*, iv, 177–9.

1572 HUGHES, A. Lloyd: Rhai o noddwyr y beirdd yn Sir Feirionnydd, *LlC*, x, 137–205.

1573 ——— Noddwyr y beirdd yn Sir Feirionnydd. Casgliad o'r cerddi i deuluoedd Corsygedol, Dolau-Gwyn, Llwyn, Nannau, Y Rug, Rhiwedog, Rhiw-goch ac Ynysmaengwyn, *TYCCh*, 879.

1574 HUGHES, Garfield II.: Y Dwniaid, *THSC*, 1941, 115–49.

1575 JONES, E. D.: The family of Nannau (Nanney) of Nannau, *CCHChSF*, ii, 5–15.

1576 JONES, J. Gwynfor: Diddordebau diwylliannol Wynniaid Gwydir, *LlC*, xi, 95–124.

1577 OWEN, Bob: Cipolwg ar Ynysmaengwyn a'i deuluoedd, *CCHChSF*, iv, 97–118.

1578 PARRY, Bryn R.: Hugh Nanney Hen (*c.* 1546–1623), Squire of Nannau, *CCHChSF*, v, 185–206.

1579 PHILLIPS, E. Mavis: Noddwyr y beirdd yn Llŷn. M.A. Cymru, Aberystwyth, 1973.

1580 ROBERTS, D. Hywel E.: Noddwyr y beirdd yn Sir Aberteifi, *LlC*, x, 76–109.

1581 —— Noddwyr y beirdd yn Sir Aberteifi, *TYCCh*, 899.

1582 —— Noddi beirdd yng Ngheredigion – rhai agweddau, *Ceredigion*, vii, 13–36.

1583 ROBERTS, Enid: Seven John Conways, *FHSP*, xviii, 61–74.

1584 —— Teulu Plas Iolyn, *TCHSDd*, xiii, 38–110.

1585 —— Gwehelyth, *MC*, lx, 51–63.

1585A —— Uchelwyr y beirdd, *TCHSDd*, xxiv, 38–73.

1586 ROBERTS, Thomas: Noddwyr beirdd: Teuluoedd Corsygedol, Y Crynierth, a'r Tŵr, *Beirniad*, viii, 114–23.

1587 ROWLANDS, Eurys I.: Tri Wiliam Gruffudd, *LlC*, ii, 256–7.

1588 —— Syr Rhisiart Herbert o Drefaldwyn, *LlC*, iv, 116.

1589 —— Moliant Dafydd Llwyd o'r Drefnewydd a'i ddisgynyddion, *LlC*, v, 174–84.

1590 VAUGHAN, M.: Nannau, *CCHChSF*, iv, 119–21.

1591 WILIAM, Dafydd Wyn: Llys Bodychen, *TCHNM*, 1966, 50–68.

1592 WILLIAMS, Ifor: Cerddorion a cherddau yn Llewenni, Nadolig 1595, *BBCS*, viii, 8–10.

(xii) Ymadroddion a Chyfeiriadau Lleol

Baich Drain, Y

1593 ROWLANDS, Eurys I.: Y Baich Drain, *LlC*, iv, 172–6.

Chwarae Dragwn

1594 BOWEN, D. J.: Chwarae Dragwn, *LlC*, x, 120.

Tâl, (Inc ar y)

1595 LEWIS, Saunders: Inc ar y Tâl, *LlC*, iv, 177.

1596 ROWLANDS, Eurys I.: Dydd Brawd a thâl, *LlC*, iv, 80–9.

Terrwyn a Thwrnai

1597 ROWLANDS, Eurys I.: Terrwyn a Thwrnai, *CLlGC*, ix, 295–300.

Tri Meddwl Trwm

1598 BOWEN, D. J.: Tri Meddwl Trwm, *LlC*, x, 121.

Tynnu Bach Drwy Goed

1599 ROWLANDS, Eurys I.: Tynnu Bach Drwy Goed, *LlC*, iv, 116–17.

Amryw

1600 BOWEN, D. J.: Syrew, *LlC*, xi, 128.

1601 RICHARDS, W. Leslie: Rhai cyfeiriadau lleol ym marddoniaeth y cywyddwyr, *Y Genhinen*, xiii, 29–43.

1602 RUDDOCK, Gilbert E.: Rhagor o eiriau mwys?, *LlC*, xi, 125–7.

(xiii) Achyddiaeth a Herodraeth

1603 BARTRUM, P. C.: Notes on the Welsh genealogical manuscripts, *THSC*, 1968, 63–98.

1604 BRADNEY, Joseph: On the Pedigree Rolls made by Thomas Jones of Fountain Gate, known often as Twm Shôn Catti, *JWBS*, ii, 54–6.

1605 JONES, Evan J.: Siôn Trevor, Llyfr Arveu, and Buchedd Sant Martin, *BBCS*, v, 33–40.

1606 —— John (Ieuan) Trevor, Bishop of St. Asaph, *CLIGC*, ii, 93–6.

1607 —— Medieval Heraldry: some fourteenth century heraldic works; edited with introduction, English translation of the Welsh texts, arms in colour and notes by Evan John Jones. Cardiff: William Lewis, 1943. Adol. JONES, Evan D. *THSC*, 1943, 198–203.

1608 JONES, Francis: An approach to Welsh genealogy, *THSC*, 1948, 303–406.

1609 —— Welsh Pedigrees *yn* Burke's Genealogical and Heraldic History of the Landed Gentry, gol. L. G. Pine. London: Burke's Peerage Ltd. *17th ed.* 1952. lxix–lxxvi.

1610 —— The Heraldry of Gwynedd, *TCHSG*, xxiv, 38–59.

1611 MORGAN, J. Hubert: An unpublished book on heraldry and genealogy, *JWBS*, v, 126–9.

1612 WILLIAMS, Ifor: Siôn Trefor o Wigynt, *BBCS*, v, 40–4.

(xiv) Y Dirywiad

1613 BOWEN, D. J.: Gruffudd Hiraethog ac argyfwng Cerdd Dafod, *LlC*, ii, 147–60.

1614 —— Gruffudd Hiraethog a'i oes. Caerdydd, 1958.

1615 DODD, A. H.: Studies in Stuart Wales. Cardiff, 1952. Reprinted 1971. Adol. JONES, E. Gwynne *Lleufer*, ix, 125–8; MATHEW, David *THSC*, 1952, 94–7.

1616 HUGHES, Garfield H.: Rhagymadroddion 1547–1659. Gw. rhif 2200.

1617 —— Cefndir meddwl yr ail ganrif ar bymtheg: rhai ystyriaethau, *EA*, xviii, 31–41.

1618 JARMAN, A. O. H.: Cymru'n rhan o Loegr 1485–1800 *yn* Seiliau Hanesyddol Cenedlaetholdeb Cymru, gol. D. Myrddin Lloyd. Caerdydd: Plaid Cymru, 1950. 79–90.

1619 ROBERTS, Enid: The renaissance in the Vale of Clwyd, *FHSP*, xv, 52–63.

1620 WILLIAMS, Glanmor: Dadeni, diwygiad a diwylliant Cymru. Caerdydd, 1964.

1621 WILLIAMS, G. J.: Llythyr Siôn Dafydd Rhys at y beirdd. *EfC*, iv, 5–11.

1622 —— Hanes ysgolheictod Cymraeg yng nghyfnod y Dadeni *yn* Agweddau ar Hanes Dysg Gymraeg . . ., 31–81. Gw. rhif 163.

1623 WILLIAMS, W. Ogwen: The survival of the Welsh language after the union of England and Wales, *CHC*, ii, 67–93.

(xv) Beirdd Unigol

Y mae R. I. Prys (Gweirydd ap Rhys), *Hanes Llenyddiaeth Gymraeg, o'r flwyddyn 1300 hyd y flwyddyn 1650* (rhif 156) (cynnyrch Eisteddfod Genedlaethol Caerdydd, 1883) yn union ar gyfnod beirdd yr uchelwyr. Ond gan fod dylanwad Iolo Morganwg yn drwm ar y gwaith a llawer o'r hyn a ddywedir yn ansicr ac anghyflawn, a bod ysgolheictod diweddar wedi tanseilio cryn dipyn o'r cynnwys, ni farnwyd fod angen cyfeirio at y llyfr yn y rhestr sy'n dilyn, ac eithrio pan na fydd cyfeiriad at fardd ond yn y llyfr hwn yn unig. Nid yw hyn, er hynny, yn golygu fod y llyfr yn ddiwerth. Y mae J. C. Morrice, *A Manual of Welsh Literature* (rhif 149) wedi ei drin yr un fath.

Bedo Aerddrem

1624 STEPHEN, Robert: The poetical works of Bedo Aerddrem, Bedo Brwynllys and Bedo Phylip Bach, *TYCCh*, 905.

Bedo Brwynllys

1625 STEPHEN, Robert: Gw. rhif 1624.

1626 WATKIN, W. Rhys: Poems of Bedo Brwynllys, *TYCCh*, 906.

Bedo Hafesb

1627 DAVIES, Dyfrig: Rhai o'r beirdd a ganai rhwng dwy Eisteddfod Caerwys, *BBCS*, xxiv, 32–5.

1628 OWEN, Bob: Ymryson . . . Bedo Hafesb ac Ifan Tew, *BAC*, 4 Gorff. 1933.

1629 WILLIAMS, Richard: Montgomeryshire Worthies: Bedo Hafesb, *MC*, viii, 338 (Nodyn).

Bedo Phylip Bach

1630 PAYNE, F. G.: Cwysau o foliant cyson, *Llenor*, xxvi, 12–14. (ymdriniaeth ag un o gywyddau'r bardd).

1631 STEPHEN, Robert: Gw. rhif 1624.

Cadwaladr ap Rhys Trefnant

1632 WILLIAMS, Richard: Montgomeryshire Worthies: Cadwaladr ap Rhys Trefnant, *MC*, ix, 144–5.

Rhys Cain

1633 HUWS, Daniel: Gw. rhif 2148.

1634 JONES, E. D.: Presidential Address, *AC*, 1963, 8–12.

1635 RICHARDS, Melville: Rhys Cain, *CLlGC*, xii, 399.

Siôn Cain

1636 JONES, E. D.: Gw. rhif 1634

Roger Cyffin

1637 OWEN, Bob: Pwy oedd y Bardd?, *BAC*, 2 Mai 1933.

Dafydd Alaw

1638 ROBERTS, D. Hywel E.: Rhai o'r beirdd a ganai rhwng dwy Eisteddfod Caerwys, *BBCS*, xxiv, 40.

Dafydd ab Edmwnd

1639 BOWEN, D. J.: Dafydd ab Edmwnt ac Eisteddfod Caerfyrddin, *Barn*, 142, 441–8.

1640 GRUFFYDD, W. J.: Gw. rhif 130, 47–51.

1641 MARKS, D. F.: Barddoniaeth yr uchelwyr (*OBWV*, rhifau 75, 86 a 88), *Barn*, 30, 178–7. (Ymrdiniaeth â marwnad Siôn Eos).

1642 ——— Barddoniaeth yr uchelwyr (*OBWV* rhif 86: marwnad Dafydd ab Edmwnd), *Barn*, 32, 234–5. (Ymdriniaeth â marwnad Dafydd ab Edmwnd gan Gutun Owain).

1643 ROBERTS, Thomas: Gwaith Dafydd ab Edmwnd a gasglwyd o ysgriflyfrau Peniarth, Llanstephan, Caerdydd, Havod, Mostyn, Coleg yr Iesu a'r Amgueddfa Brydeinig. Bangor: Jarvis a Foster, 1914. (The Bangor MS Society vi, vii, viii).

1644 WILLIAMS, G. J.: Eisteddfod Caerfyrddin, *Llenor*, v, 94–102.

1645 WILLIAMS, G. J. *a* JONES, E. J.: Gramadegau'r Penceirddiaid, xlii–xlvii. Dafydd ab Edmwnd ac ad-drefnu'r mesurau. Gw. rhif 1525.

1646 WILLIAMS, Huw: Dafydd ab Edmwnd 1425–1500, Enwogion Sir Fflint (yr ail gyfrol). Ysgol Dinas Basing. Treffynnon: Huw Williams, 1964. 10–11.

Dafydd ap Gwilym

1647 AMRYW: Rhifyn arbennig ar y bardd, *PW*, Spring 1973.

1648 BELL, H. Idris: Gw. rhif 122, 58–75.

1649 ——— Dafydd ap Gwilym, *YCS*, i. 11–32.

1650 BELL, H. Idris *a* BELL, David: Dafydd ap Gwilym: fifty poems, *Cymmrodor*, xlviii, 1942.

1651 BOWEN, D. J.: Dafydd ap Gwilym a Morgannwg, *LlC*, v, 164–73. Gw. hefyd *LlC*, ii, 58–9.

1652 ——— Sylwadau ar waith Dafydd ap Gwilym, *LlC*, vi, 36–45.

1653 ——— Awduriaeth y cywyddau i'r Eira a'r Sêr, *LlC*, vii, 193–205.

1654 ——— Nodiadau ar waith Dafydd ap Gwilym, *LlC*, vii, 244–9.

1655 —— Dafydd ap Gwilym a datblygiad y Cywydd, *LlC*, viii, 1–32.

1656 —— Morfudd yn hen, GDG 139, *LlC*, viii, 231–4.

1657 —— Agweddau ar ganu'r bedwaredd ganrif ar ddeg a'r bym-thegfed, *LlC*, ix, 46–66 (adran).

1658 —— Nodiadau ar waith y Cywyddwyr, *LlC*, x, 113–18.(i) Cywydd y Gwynt, GDG, 117, *ib.*, 113–115; (ii) Y Bardd a'r Brawd Llwyd GDG, 137, *ib.*, 115–18; (iii) Cyrchu Lleian, GDG 113; I'r Lleian, OBWV, 60, *ib.*, 118).

1659 —— Nodiadau ar waith y Cywyddwyr, *BBCS*, xxv, 19–32. (Sylwadau ar rai pynciau yng ngherddi D.G.).

1660 BROMWICH, Rachel: Tradition and innovation in the poetry of Dafydd ap Gwilym. Cardiff, 1967. Reprinted 1972. Cyhoeddwyd gyntaf yn *THSC*, 1964, 9–40. Adol. PARRY, T. *LlC*, x, 125–6; EVANS, D. Simon *MAe*, xxxviii, 198–200; JONES, Glyn *PW*, iv, 51–2.

1661 —— Dafydd ap Gwilym. University of Wales Press on behalf of the Welsh Arts Council, 1974.

1662 CHOTZEN, Theodore Max: Recherches sur la poésie de Dafydd ab Gwilym, barde Gallois du XIVe siècle. Amsterdam: H. J. Paris, 1927. Adol. DIENW *ZCP*, xviii, 433–4.

1663 —— A propos de deux allusions chez Dafydd ab Gwilym, *RC*, xliv, 68–75.

1664 CONRAN, Anthony: Gw. rhif 125, Introduction, passim.

1665 —— The Welsh poetic tradition: III. The Classical Age, *Mabon*(S), iv, 51–7.

1666 COWELL, Professor: Dafydd ab Gwilym, *Cymmrodor*, ii. 101–32.

1667 DAVIES, J. Glyn: The Welsh bard and the poetry of external nature, passim. Gw. rhif 522.

1668 DAVIES, J. H.: Dafydd ap Gwilym – a further note, *THSC*, 1905–6, 67–74.

1669 DAVIES, R. Rees: Machlud yr oesoedd canol, *Traethodydd*, 1964, 34–45. (Ysgrif-adolygiad ar Welsh Church . . . Glanmor Williams).

1670 —— Cymru yn oes Dafydd ap Gwilym, *Taliesin*, 28, 5–23.

1671 DAVIES, W. Beynon: Trafferth mewn tafarn. Dafydd ab Gwilym, *Athro*, xvii, Rhagfyr 1965, 126–9.

1672 DE BÚRCA, Seán: Dafydd ap Gwilym. Baile Átha Cliath: Oifig an tSolathair, 1974. (Cyfieithiadau o 40 cywydd i'r Wyddeleg, gyda rhagymadrodd).

1673 DIENW: Hanes Cymru, vii. Dafydd ab Gwilym, *Cymru*, xxi, 5–6.

1674 —— Yr elfen wleidyddol mewn barddoniaeth Gymraeg o Ddafydd ap Gwilym hyd Dudur Aled, *Cymru*, lxx, 116–19.

1675 EDWARDS, O. M.: Gwaith Dafydd ab Gwilym. Llanuwchllyn: Ab Owen, 1901. (Cyfres y Fil).

1676 ELLIS, D. Machreth: Chwarae 'Cnau mewn llaw' a rhai chwaraeon eraill, *LlC*, v, 185–92. (Cf. *y cywydd* 'Chwarae cnau i'm llaw', GDG 50).

1677 FOSTER, Idris Ll.: Gwaith Dafydd ap Gwilym, *Lleufer*, viii, 160–6. (Ysgrif sydd hefyd yn adolygiad ar Gwaith Dafydd ap Gwilym, gol. Thomas Parry).

1678 GRUFFYDD, W. J.: Dafydd ap Gwilym, Caerdydd, 1935. (Cyfres ddwyieithog Gŵyl Dewi).

1679 ——— Nodiadau ar waith Dafydd ap Gwilym, i. Mawl i'r Haf (DGG 69); ii. Cywydd y Sêr (DGG 64); iii. Offeren y Ceiliog Bronfraith a'r Eos (DGG 36), *BBCS*, viii, 301–6.

1680 GWILYM, Gwynn ap: Dafydd ap Gwilym a Gearóid Iarla, *Taliesin*, 28, 43–51.

1681 HAGUE, D. B.: Brogynin, *Ceredigion*, ii, 277–8.

1682 HESELTINE, Nigel: Dafydd ap Gwilym: selected poems, with a preface by Frank O'Connor. Dublin: The Cuala Press, 1944. Ailgyhoeddwyd gyda theitl gwahanol: Twenty-five poems by Dafydd ap Gwilym. Banbury: The Piers Press, 1968. (Cyfieithiadau, gyda rhagymadrodd byr).

1683 HUMPHRIES, Rolfe: Nine thorny thickets: selected poems by Dafydd ap Gwilym in new arrangements by Rolfe Humphries with four translations by Jon Roush. Ohio: The Kent State University Press, 1969.

1683A JACKSON, K. H.: A Celtic miscellany. Gw. rhif 555. Amryw o gyfieithiadau.

1684 JACKSON, W. T. H.: Dafydd ap Gwilym *yn* Medieval literature: a history and a guide. London: Collier-Macmillan, 1966.

1685 JENKINS, David: Enwau personau a lleoedd yng nghywyddau Dafydd ap Gwilym, *BBCS*, viii, 140–5.

1686 JONES, Bobi: Gw. rhif 1493, 263–6. Trafodir ymryson Dafydd ap Gwilym a Gruffudd Gryg.

1687 ——— Dafydd ap Gwilym ac R. Williams Parry, *YB*, iv, 26–46.

1688 JONES, Dewi Stephen: 'Fflwring aur' Dafydd ap Gwilym, *BBCS*, xix, 29–34.

1689 ——— Cywydd Dafydd ap Gwilym i 'Luniau Crist a'i Apostolion', *BBCS*, xix, 102–8.

1690 JONES, J. T. (gol.): Dafydd ap Gwilym: Detholiad o'i farddoniaeth. Wrecsam: Hughes, 1931. (Llyfrau'r Ford Gron, 6).

1691 JONES, Owen *a* OWEN, William: Barddoniaeth Dafydd ab Gwilym, o grynhoad Owen Jones a William Owen. Llundain: Arg. gan H. Baldwin, 1789. Arg. newydd: Barddoniaeth Dafydd ab Gwilym o grynhoad Owen Jones, William Owen ac Edward Williams, yn nghydag amryw gyfieithiadau i'r Seisnig. Tan olygiad Cynddelw. Liverpool: I. Foulkes, 1873.

1692 JONES, Tegwyn: Dafydd ap Gwilym a Morgannwg, *LlC*, vi, 111–112.

1693 JONES, T. Gwynn: Gw. rhif 137, 48–59.

1694 ———— Traddodiad llenyddol Cymru, *Beirniad*, i, 3–15, 101–112, 191–7, 269–77.

1695 ———— Dafydd ap Gwilym, *Traethodydd*, 1953, 65–73.

1696 JONES, W. Lewis: The Celt and the poetry of nature, *THSC*, 1892–3, 46–70.

1697 ———— Wales and the renaissance, *TLWNS*, 1894–5, 28–44.

1698 ———— The literary relationships of Dafydd ap Gwilym, *THSC*, 1907–8, 118–53.

1699 LEWES, Evelyn: Life and poems of Dafydd ap Gwilym. London: David Nutt, 1914.

1700 LEWIS, H. Elvet: The poets of Wales. 4. Dafydd ap Gwilym, *Wales* (JHE), ii, 483–7.

1701 LEWIS, Saunders: Dafydd ap Gwilym, Gw. rhif 141, 70–94.

1702 ———— Dafydd ap Gwilym, *LlC*, ii, 199–208. Ysgrif-adolygiad ar GDG. Adargraffwyd yn rhif 143, 41–55.

1703 ———— Dafydd ap Gwilym, *Blackfriars*, xxxiv, 131–5. Adargraffwyd yn Presenting Saunders Lewis, ed. Alun R. Jones and Gwyn Thomas. Cardiff, 1973, 159–63.

1704 LEWIS, Saunders *a* PARRY, Thomas: Gohebiaeth ynghylch Dafydd ap Gwilym, *BAC*, 23 Medi 1953, 3.

1705 LLOYD, J. E.: Hynafiaid Dafydd ap Gwilym, *BBCS*, viii, 1–3.

1706 LLOYD-JONES, J.: Mawl i Wallt Merch, *FG*, iv, 137–8.

1707 'MAELOG': Translations into English verse from the poems of Davyth ap Gwilym. London: Henry Hooper, 1834.

1708 MORRICE, J. C.: Gw. rhif 149, 48–61.

1709 PARRY, Thomas: Dafydd ap Gwilym. Gw. rhif 152, 80–96.

1710 ———— Dafydd ap Gwilym, *YCS*, v, 19–31.

1711 ———— (gol.) Gwaith Dafydd ap Gwilym. Caerdydd, 1952. Adol. LEWIS, Saunders *LlC*, ii, 199–208; BACHELLERY, E. *EC*, vi, 415–21; FOSTER, I. Ll. *MAe*, xxiii, 41–4; JONES, D. Llewelyn *BAC*, 12 Tach. 1952, 7; 19 Tach. 1952, 7. Ail argraffiad: Caerdydd, 1963. Adol. R.(OWLANDS), E. I. *LlC*, viii, 107–12; DAVIES, Pennar *Barn*, 26, 27.

1712 ———— Barddoniaeth Dafydd ap Gwilym 1789, *JWBS*, viii, 189–99.

1713 ———— Dafydd ap Gwilym, *Lleufer*, xii, 55–61, 119–26.

1714 ———— Dafydd ap Gwilym *yn* Wales Through the Ages, I, 168–75. Gw. rhif 282.

1715 ———— Cywydd yr Eira a Chywydd y Sêr, *LlC*, vi, 176–8.

1716 —— Datblygiad y cywydd, *THSC*, 1939, 209–31. (Llawer am Ddafydd a chynganeddu'r cywydd).

1717 PARRY-WILLIAMS, T. H.: Memorial to Dafydd ap Gwilym at Strata Florida, *THSC*, 1949–51, 38–40.

1718 PEATE, Iorwerth C.: Dafydd ap Gwilym a Jean Froissart, *LlC*, v, 119–21.

1719 RICHARDS, Melville: Rhai enwau lleoedd . . . Manafon, *BBCS*, xxi, 41–2.

1720 —— Welsh, Eos: an enquiry into the theme of lovers' meetings and partings at dawn in poetry, gol. A. T. Hatto. The Hague: Mouton, 1965, 568–74. (Ymdriniaeth â BDG, XCVII ynghyd â chyfieithiad).

1721 ROLANT, Eurys [...ROWLANDS]: Arddull y cywydd, *YB*, ii, 36–57.

1722 —— Rhamant hanes y beirdd, *YB*, iii, 28–33.

1723 —— Cywydd Dafydd ap Gwilym i Fis Mai, *LlC*, v, 1–25.

1724 —— Cyfeiriadau Dafydd ap Gwilym at Annwn, *LlC*, v, 122–35.

1725 —— Cywyddau Mai, *LlC*, v, 143–5.

1726 —— Dafydd ap Gwilym, *LlC*, vi, 105–8.

1727 —— Nodiadau ar y traddodiad moliant a'r cywydd, *LlC*, vii, 223–8.

1728 —— Dafydd ap Gwilym, *Traethodydd*, 1967, 15–35.

1729 ROWLANDS, John: Delweddau serch Dafydd ap Gwilym, *YB*, ii, 58–76.

1730 —— Delweddau Dafydd ap Gwilym, *TYCCh*, 857.

1731 —— Morfudd fel yr haul, *YB*, vi, 16–44.

1731A —— (gol.) Dafydd ap Gwilym a chanu serch yr oesoedd canol. Caerdydd, 1975.

1732 RUDDOCK, Gilbert E.: Rhagor o eiriau mwys?, *LlC*, xi, 125–6.

1733 St.: Miscellen. 6. Decameronisches bei Dafydd ab Gwilym, *ZCP*, v, 187–8.

1734 —— Miscellen. 7. Zwei Tierfabeln bei Dafydd ab Gwilym, *ZCP*, v, 416–17.

1735 STERN, L. Chr.: Davydd ab Gwilyms gebet zu Dwynwen, *ZCP*, vi, 228–33.

1736 —— Davydd ab Gwilym, ein walisischer Minnesänger, *ZCP*, vii, 1–265.

1737 THOMAS, Gwyn: Dafydd ap Gwilym ac Ifor Hael, *LlC*, vii, 249–51.

1738 —— Golwg ar y sangiad yng ngwaith Dafydd ap Gwilym, *LlC*, x, 224–30.

1739 THOMAS, R. J.: Dôl Mynafon, *BBCS*, vii, 273.

1740 —— Dafydd ap Gwilym a Cheredigion, *Llenor*, xxi, 34–6.

1741 —— Nodiadau amrywiol . . . Maestran, *BBCS*, xvi, 103–4.

1742 —— Bwlch y Gyfylfaen, *BBCS*, xx, 255.

1743 —— Nodiadau cymysg . . . gwalabr, *BBCS*, xxiv, 55–6.

1744 WILLIAMS, Glanmor: Gw. rhif 1455, 190–209. Gw. uchod: DAVIES, R. Rees, rhif 1669, am feirniadaeth ar rai o'r sylwadau a geir yma.

1745 WILLIAMS, Gwyn: The fourteenth century, yn rhif 159, 99–115.

1746 WILLIAMS, G. J.: Iolo Morganwg a chywyddau'r ychwanegiad, gyda rhagymadrodd gan Syr John Morris-Jones. Llundain: Cymd. yr Eist. Genedlaethol, 1926.

1747 —— Cywyddau'r ychwanegiad at waith Dafydd ap Gwilym, *Beirniad*, viii, 151–70.

1748 WILLIAMS, Ifor: Dafydd ab Gwilym, *Traethodydd*, 1909, 210–6, 453–63.

1749 —— Dafydd ap Gwilym a'i gariadau, *Beirniad*, iii, 41–55.

1750 —— Dafydd ap Gwilym a'r Glêr, *THSC*, 1913–14, 83–204.

1751 —— (gol.) Detholion o gywyddau Dafydd ap Gwilym, wedi eu golygu o'r llawysgrifau, gyda rhagymadrodd, nodiadau a geirfa. Bangor: Evan Thomas, 1921. Ail arg. 1928.

1752 —— Cyfoedion Dafydd ap Gwilym, *BBCS*, x, 241–2.

1753 WILLIAMS, Ifor *a* ROBERTS, Thomas (gol.): Cywyddau Dafydd ap Gwilym a'i gyfoeswyr wedi eu golygu o'r llawysgrifau, gyda rhagymadrodd, nodiadau a geirfa. (Cyfres y Cywyddau I). Bangor: Evan Thomas, 1914, xi–lxxxvii. Adol. VENDYRES, J. *RC*, xxxviii, 211–18; J., J. M. *Beirniad*, v, 71–2; JONES, G. Peredur *Brython*, 18 Chwef. 1915, 5. Ail arg. 1935, xi–lxxxviii. Adol. G., J. I. *Brython*, 7 Mai 1936, 5.

1754 WILLIAMS, J. Iorwerth: Dafydd ap Gwilym *yn* Twf llên Cymru. Wrecsam: Hughes, 1936, 20–2.

Dafydd ap Hywel

1755 BOWEN, D. J.: Two 'Cwrs Clera' poems, *ClIGC*, vii, 274–6. (Cywydd gan Ddafydd Epynt i ddiolch am farch gan Ddafydd ap Hywel, prydydd Watcyn Fychan o Hergest, yw un o'r cerddi. Sylwadau rhagarweiniol byr).

Dafydd Benwyn

1756 WILLIAMS, G. J.: Rhif 160, *passim*.

Dafydd Ddu Athro o Hiraddug

1757 NEWDIGATE, S. J., C. A.: Carved and incised stones at Tremeirchion Flints., *AC*, 1897, 109–114. (ar gofadail honedig Dafydd Ddu yn eglwys Tremeirchion).

1758 PRYS, R. I. (Gweirydd ap Rhys): Gw. rhif 156, 156–62.

1759 ROBERTS, Brynley F. (gol.): Gwassanaeth Meir. Caerdydd 1961. Rhagymadrodd, lxxv–lxxx.

1760 WILLIAMS, G. J. *a* JONES, E. J. (gol.): Gw. rhif 1525, yn arbennig rhagymadrodd, xvii–xx.

Dafydd Epynt

1761 BOWEN, D. J.: Gw. rhif 1755.

Dafydd Llwyd o Fathafarn
(Dafydd Llwyd ap Llywelyn ap Gruffudd)

1762 EDWARDS, Griffith: Dafydd Llwyd ap Llewelyn ap Gruffydd, *MC*, vi, 4–7.

1763 EVANS, R. Wallis: Trem ar y cywydd brud, *yn* Harlech studies, gol. B. B. Thomas. Cardiff, 1938. 149–63.

1764 GRUFFYDD, W. J.: Gw. rhif 130, 37–42.

1765 JONES, E. D.: Iorwerth ac Edward, *CLlGC*, ii, 85–6.

1766 ────── Some fifteenth century Welsh poetry relating to Montgomeryshire, *MC*, lii, 3–21; liii, 3–17; liv, 48–64.

1767 JONES, T. Gwynn: Gw. rhif 137, 78–80.

1768 JONES, W. Garmon: Welsh Nationalism and Henry Tudor, *THSC*, 1917–18, 1–59.

1769 LEWIS, Henry: Ymrysonau Dafydd Llwyd a Llywelyn ap Gutun, *BBCS*, iv, 310–25.

1770 RICHARDS, W. Leslie: Gwaith Dafydd Llwyd o Fathafarn, *TYCCh*, 898.

1771 ────── Cywyddau Brud Dafydd Llwyd ap Llywelyn ap Gruffudd o Fathafarn, *LlC*, ii, 244–54.

1772 ────── Cywyddau ymryson a dychan Dafydd Llwyd o Fathafarn, *LlC*, iii, 215–28.

1773 ────── (gol.) Gwaith Dafydd Llwyd o Fathafarn. Caerdydd, 1964. Adol. GRUFFYDD, R. Geraint *Barn*, 31, 202–3.

1774 ROBERTS, Enid: Dafydd Llwyd o Fathafarn a'i gefndir, *Traethodydd*, 1965, 49–68. (Adolygiad ar rif 1773).

1775 ROWLANDS, Eurys I.: Dilid y broffwydoliaeth, *Trivium*, ii, 37–46.

Dafydd Morgannwg

1776 BOWEN, D. J.: Cyfeiriad at Ddafydd Morgannwg, *LlC*, ii, 58–9.

1777 ────── Dafydd ap Gwilym a Morgannwg, *LlC*, v, 164–73.

1778 PARRY, Thomas: Gw. rhif 1711 (ail arg. 1963), xix–xxii.

1779 WILLIAMS, G. J.: Gw. rhif 160, 18.

Dafydd Nanmor

1780 DAVIES, W. Beynon: Awdl Dafydd Nanmor i Syr Dafydd ap Tomas, *LlC*, viii, 70–3.

1781 FLOWER, Robin: Sator Arepo Tenet Opera Rotas, *BBCS*, ii, 131.

1782 GRUFFYDD, W. J.: Gw. rhif 130, 12–24.

1783 JONES, Bobi: Beirdd yr uchelwyr a'r byd. (yr awdl i Syr Dafydd ap Tomas), *YB*, viii, 29–36.

1784 JONES, T. Gwynn: Gw. rhif 137, 74–6.

1785 LEWIS, Henry: Morgan Abad Ystrad Fflur, *BBCS*, iii, 50.

1786 LEWIS, Saunders: Dafydd Nanmor, yn rhif 143, 80–92. (*Llenor*, iv, 135–48).

1787 —— The essence of Welsh literature, *Wales* (KR), vii, 337–41. (cynnwys ymdriniaeth â chywydd Dafydd Nanmor i Rys ap Rhydderch o'r Tywyn). Adarg. yn rhif 5068, 154–8.

1788 MARKS, D. F.: Barddoniaeth yr uchelwyr (OBWV rhifau 68 a 79), *Barn*, 28, 114–15. (Cynnwys ymdriniaeth ag awdl Dafydd Nanmor i Syr Dafydd ap Tomas, offeiriad y Faenor).

1789 ROBERTS, G. T.: Dafydd Nanmor, *Eurgrawn*, cxxiii, 191–3.

1790 ROBERTS, Thomas (Borth-y-Gest): The poetical works of Dafydd Nanmor, *TYCCh*, 901.

1791 ROBERTS, Thomas *a* WILLIAMS, Ifor (gol.): The poetical works of Dafydd Nanmor. Cardiff, 1923. Adol. JONES, T. Gwynn *BAC*, 10 Mai 1923, 5.

1792 WILLIAMS, J. Wyn: Cywyddau serch Dafydd Nanmor, *Lleufer*, ii, 80–2.

Deio ab Ieuan Du

1793 BOWEN, D. J.: Carcharu Siancyn ap Maredudd ap Rhys Du, *CLlGC*, viii, 115–16. (Testun o un o gywyddau Deio ab Ieuan Du ynghyd â sylwadau).

1794 PRYS, R. I. (Gweirydd ap Rhys): Gw. rhif 156, 251–2.

Edward Huw o Benllyn

1795 ROBERTS, D. Hywel E.: Rhai o'r beirdd a ganai rhwng dwy Eisteddfod Caerwys, *BBCS*, xxiv, 40–1.

Edward Urien

1796 JONES, Thomas Tegwyn: Testun beirniadol o farddoniaeth Edward Urien a Gruffudd Hafren, gyda rhagymadrodd, nodiadau a geirfa, *TYCCh*, 888.

Einion Offeiriad

1797 JONES, John T.: Gramadeg Einion Offeiriad, *BBCS*, ii, 184–200.

1798 LEWIS, Saunders: Gw. rhif 141, 51–69.

1799 ——— Gramadegau'r Penceirddiaid. Darlith Goffa G. J. Williams, 1967. Gw. rhif 1519.

1800 PARRY, Thomas: The Welsh metrical treatise attributed to Einion Offeiriad. (Sir John Rhys Memorial Lecture, 1961). *PBA*, xlvii, 177–95. Gw. rhif 571.

1801 SMITH, J. Beverley: Einion Offeiriad, *BBCS*, xx, 339–47

1802 WILLIAMS, G. J. *a* JONES, E. J. (gol.): Gw. rhif 1525, xvii–xxix.

1803 WILLIAMS, Ifor: Nodiadau llenyddol (Dosbarth Einion Offeiriad), *Beirniad*, v, 129–34.

1804 ——— Awdl i Rys ap Gruffudd gan Einion Offeiriad. Dosbarth Einion ar ramadeg a'i ddyled i Ddonatus, *Cymmrodor*, xxvi, 115–46.

Goronwy Gyriog

1805 JONES, Bedwyr L.: Goronwy Gyriog, *BBCS*, xxi, 305.

Gruffudd ab Adda ap Dafydd

1806 PRYS, R. I. (Gweirydd ap Rhys): Gw. rhif 156, 177–9.

1807 WILLIAMS, Ifor *a* ROBERTS, Thomas (gol.): Gw. rhif 1404. Arg. 1914, lxxxviii–xc. Ail arg. 1935, lxxxix–xciii.

Gruffudd ap Dafydd Fychan

1808 BOWEN, D. J. *a* ROWLANDS, Eurys I.: Ymryson rhwng Hywel Dafi a beirdd Tir Iarll, *LlC*, iii, 107–114.

1809 WILLIAMS, G. J.: Gw. rhif 160, 35–7.

Gruffudd ab Ieuan ap Llywelyn Fychan

1810 BEBB, W. Ambrose: Dyddiadau Gruffydd ab Ieuan ap Llywelyn Vychan, 1495–1563/4?, *BBCS*, x, 116–20.

1811 GLENN, T. A.: The family of Griffith of Garn and Plasnewydd in the County of Denbigh. London: Harrison, 1934, 89–104.

1812 GRUFFYDD, W. J.: Gw. rhif 130, 75–6.

1813 LLOYD, John: Gweithiau Gruffudd ab Ieuan ap Llywelyn Fychan, *TYCCh*, 891.

1814 MORRICE, J. C.: Detholiad o waith Gruffudd ab Ieuan ab Llewelyn Vychan. Bangor: Jarvis & Foster, 1910.

1815 ROBERTS, Thomas: Dyddiadau Gruffudd ab Ieuan ap Llywelyn Vychan, *BBCS*, x, 233–9.

1816 —— Gruffudd ab Ieuan ap Llywelyn Fychan (?–1553), *BBCS*, xvi, 251–4.

1817 —— The poetical works of Gruffudd ab Ieuan ap Llywelyn Fychan, *TYCCh*, 900.

Gruffudd ap Llywelyn Fychan

1818 RICHARDS, W. Leslie: Cywyddau ymryson a dychan Dafydd Llwyd o Fathafarn, *LlC*, iii, 225–6. (rhan o'r erthygl sy'n ymdrin ag ymryson Gruffudd a Dafydd Llwyd).

Gruffudd ap Maredudd ap Dafydd

1819 LEWIS, Henry: Gruffudd ab Maredudd ab Dafydd a Rhisierdyn, *BBCS*, i, 123–33.

Gruffudd Bodwrda

1820 JONES, J. (Myrddin Fardd): Gw. rhif 1388, 219–22.

Gruffudd Gryg

1821 JONES, Bobi: Gw. rhif 1493, 263–6.
(Trafodir ymryson Gr. Gryg a D. ap Gwilym).

1822 JONES, E. D.: Cartre Gruffudd Gryg, *CLlGC*, x, 230–1.

1823 JONES, T. Gwynn: Gw. rhif 137, 61–3.

1824 WILIAM, Dafydd Wyn: Y traddodiad barddol ym Mhlwyf Bodedern, Môn, *TCHNM*, 1969–70, 47–52.

1825 WILLIAMS, Ifor *a* ROBERTS, Thomas (gol.): Gw. rhif 1404. Arg. 1914, xciii–xcv. Ail arg., 1935, xcvii–ciii.

Gruffudd Hafren

1826 JONES, Tegwyn: Edward Urien a Gruffudd Hafren, *LlC*, ix, 209–26.

1827 —— Gw. rhif 1796.

Gruffudd Hiraethog

1828 BOWEN, D. J.: Gw. rhif 1614.

1829 —— Gruffudd Hiraethog ac argyfwng Cerdd Dafod, *LlC*, ii, 147–60.

1830 —— Cynganeddion Gruffudd Hiraethog, *LlC*, vi, 1–20.

1831 —— Barddoniaeth Gruffudd Hiraethog: rhai ystyriaethau *yn* Astudiaethau amrywiol a gyflwynir i Syr Thomas Parry-Williams . . . 1–16. Gw. rhif 135.

1832 JONES, J. T.: Blwyddyn marw Gruffudd Hiraethog a dyddiad "Ffugrau" Salesbury, *BBCS*, viii, 3–7.

1833 LEWIS, Henry: Llythyr William Salesbury at Ruffudd Hiraethog, *BBCS*, ii, 113–18.

1834 RICHARDS, William: The works of Gruffydd Hiraethog, *TYCCh*, 897.

Gruffudd Llwyd ap Dafydd ab Einion Llygliw

1835 BOWEN, D. J.: Agweddau ar ganu'r bedwaredd ganrif ar ddeg a'r bymthegfed, *LlC*, ix, 49–50. (Ymdriniaeth fer â chywydd Gruffudd Llwyd yn IGE², XLIII). Gw. hefyd *LlC*, xii, 121, ar Farwnad Rhydderch, IGE², XXXVIII.

1836 LEWIS, Henry *a* ROBERTS, Thos. *a* WILLIAMS, Ifor (gol.): Cywyddau Iolo Goch ac eraill, 1925, lxxviii–lxxxvii. Arg. newydd, 1937, xii–xxiii. Gw. rhif 1394.

1837 LEWIS, Saunders: Ysgol Rhydychen, yn rhif 141, 70–94. (Rhai sylwadau ar ganu Gruffudd Llwyd).

1838 ROBERTS, Thomas: Cywydd gyrru'r haul i Forgannwg, *BBCS*, i, 235–7.

1839 ────── Cywydd y cwest ar Forgan ap Dafydd o Rydodyn gan Ruffudd Llwyd ap Dafydd ab Einion, *BBCS*, i, 237–40.

Guto'r Glyn

1840 BOWEN, D. J.: Nodiadau ar waith y cywyddwyr, *LlC*, x, 121. ar (iii) Tri meddwl trwm, GGG, cxix, 43–50.

1841 EVANS, Howell T.: Wales and the Wars of the Roses. Cambridge, 1915. *passim*.

1842 GRIFFITH, W. J.: Marwnadau i ddynion byw, *Beirniad*, i, 34–8.

1843 GRUFFYDD, W. J.: Gw. rhif 130, 26–31.

1844 HUGHES, H. Ellis: Guto'r Glyn, eminent men of Denbighshire. Liverpool: The Brython Press, 1946. 89.

1845 JONES, Bobi: Guto'r Glyn a'i gyfnod. Llandybie: Llyfrau'r Dryw, 1963. (Cyfres Pamffledi Llenyddol Cyfadran Addysg Aberystwyth, 6).

1846 ────── Gw. rhif 1493, 269–70 (Trafodir ymryson Guto'r Glyn a Hywel Dafi).

1847 JONES, T. Gwynn: Guto'r Glyn and Oswestry, *MC*, xl, 141–5. (Cywydd canmol i Groesoswallt. Testun a chyfieithiad Saesneg).

1848 ────── Gw. rhif 137, 80–4.

1849 LLOYD, J. E.: Gwaith Guto'r Glyn, *BBCS*, x, 126–7.

1850 MARKS, D. F.: Barddoniaeth yr uchelwyr (OBWV rhifau 68 a 79), *Barn*, 28, 114–15. (Cynnwys ymdriniaeth ag awdl GG i Ddafydd ap Tomas ap Dafydd o Flaen Tren).

1851 ROBERTS, Enid: Cywydd marwnad Llywelyn ap y Moel, *BBCS*, xvii, 182–3.

1852 ROBERTS, Thomas: Guto'r Glyn, *Llenor*, xxvi, 34–40.

1853 ROLANT, Eurys: Rhamant hanes y beirdd, *YB*, iii, 33–5.

1854 ——— Arddull y cywydd, *YB*, ii, 36–57. (Rhai sylwadau ar gyng-aneddu Guto'r Glyn).

1855 ROWLANDS, Eurys I.: Gw. rhif 1775.

1856 SAER, D. Roy: Delweddaeth y Ddawns Werin a'r chwaraeon haf ym marwnad Guto'r Glyn i Wiliam Herbart, *THSC*, 1969, 265–83.

1857 THOMAS, D. R.: Llandrinio in the XVth century. Two poems by Gutto'r Glyn, *c*. 1430–1470, *MC*, xxxiii, 143–54.

1858 WILLIAMS, J. Llywelyn: Guto ap Siancyn, neu Guto'r Glyn, *Llenor*, x, 152–60.

1859 ——— Gwaith Guto'r Glyn, *TYCCh*, 909.

1860 WILLIAMS, J. Llywelyn *a* WILLIAMS, Ifor (gol.): Gwaith Guto'r Glyn. Caerdydd, 1939. Ail arg. diw. 1961. Adol. LEWIS, Saunders *BAC*, 19 Meh. 1940, 3.

Gutun Owain

1861 BACHELLERY, E.: L'Oeuvre Poétique de Gutun Owain, 2 gyfrol. Paris: Librairie Ancienne Honoré Champion, 1950–1. Adol. LEWIS, Saunders *LlC*, ii, 184–6.

1862 GRUFFYDD, W. J.: Gw. rhif 130, 60–3.

1863 JONES, Bedwyr Lewis: Barddoniaeth yr uchelwyr, (gol. D. J. Bowen) Camp Gutun Owain, rhif 10, *BI*, Meh. 1961, 4.

1864 ROBERTS, Thomas: Llawysgrifau Gutun Owain, a thymor ei oes, *BBCS*, xv, 99–109.

1865 WILLIAMS, G. J.: Gramadeg Gutun Owain, *BBCS*, iv, 207–21.

Gwerful Mechain

1866 LEWIS, Henry: Ymrysonau Dafydd Llwyd a Llywelyn ap Gutun, *BBCS*, iv, 310–25.

1867 RICHARDS, W. Leslie: Cywyddau ymryson a dychan Dafydd Llwyd o Fathafarn, *LlC*, ii, 215–19.

1868 ——— Barddoniaeth Huw Cae Llwyd, Ieuan ap Huw Cae Llwyd, Ieuan Dyfi a Gwerful Mechain, *TYCCh*, 877.

Gwilym ab Ieuan Hen

1869 PAYNE, F. G.: Crwydro Sir Faesyfed: yr ail ran. Llandybie: Llyfrau'r Dryw, 1968. 76–7. (Testun cywydd o'i waith i Faredudd Fychan o Faelienydd. Ymddengys mai dyma'r unig beth o'i waith mewn print).

Gwilym ap Sefnyn

1870 WILLIAMS, Ifor: Gwilym ap Sefnyn, *BBCS*, xvii, 96.

Gwilym Gwyn

1871 JONES, Bedwyr L.: Gwilym Gwyn, *BBCS*, xx, 28–31.

Gwilym Tew

1872 D.R.T.: Sir John Morgan of Tredegar, Knt., *AC*, 1884, 35–45. (Testun cywydd gan Gwilym Tew i Syr Siôn Morgan o Dredegyr).

1873 EDWARDS, T. Charles: Pen-Rhys: y cefndir hanesyddol, *EfC*, v, 24–39. Ar Wilym Tew gw. tt. 34–5, 40–3.

1874 WILLIAMS, G. J.: Gw. rhif 160, 43–8.

Huw Arwystl

1875 JONES, John Afan: Gweithiau barddonol Huw Arwystl, *TYCCh*, 886.

1876 LLOYD, Howel W.: Welsh poetry illustrative of the history of Llangurig, *MC*, v, 49–88.

1877 WILLIAMS, Richard: Montgomeryshire Worthies, *MC*, viii, 336.

Huw Cae Llwyd

1878 HARRIES, Leslie: Barddoniaeth Huw Cae Llwyd, Ieuan ap Huw Cae Llwyd, Ieuan Dyfi a Gwerful Mechain, *TYCCh*, 877.

1879 ———— (gol.): Gwaith Huw Cae Llwyd ac eraill. Caerdydd, 1953. Adol. BACHELLERY, E. *EC*, vii, 216–17.

Huw Cowrnwy

1880 DAVIES, Dyfrig: Rhai o'r beirdd a ganai rhwng dwy Eisteddfod Caerwys, *BBCS*, xxiv, 35–6.

Huw Llŷn

1881 DAVIES, Dyfrig: Gw. rhif 1880, 36–8.

1882 PARRY, Thomas: Tri chyfeiriad at William Salesbury, *BBCS*, ix. 108–112.

1883 JONES, J. (Myrddin Fardd): Gw. rhif 1388, 149–56.

Hywel ap Syr Mathew

1884 BOWEN, D. J.: Cywydd i Richard Davies, Esgob Mynyw, *BBCS*, xv, 21–2.

1885 PAYNE, F. G.: Hywel ap Syr Mathew a Morgan Elfael, *BBCS*, ix, 101–8.

Hywel Ceri

1886 WILLIAMS, Richard: Montgomeryshire Worthies, *MC*, ix, 148.

Hywel Cilan

1887 JONES, Derwyn: Hywel Cilan, *Lleufer*, xix, 185–8.

1888 JONES, Islwyn (gol.): Gwaith Hywel Cilan. Caerdydd, 1963. Adol. JONES, Dafydd Glyn *BAC*, 4 Gorff. 1963, 6; JONES, Robin Gwyndaf *ibid.*; JONES, Thomas *Barn*, 12, 362–3.

1889 ——— Testun beirniadol o waith Hywel Cilan, *TYCCh*, 885.

Hywel Dafi

1890 BOWEN, D. J. *a* ROWLANDS, Eurys I.: Ymryson rhwng Hywel Dafi a beirdd Tir Iarll, *LlC*, iii, 107–114.

1891 GRUFFYDD, W. J.: Gw. rhif 130, 45–6.

1892 JONES, Bobi: Gw. rhif 1493, 269–70 (Trafodir ymryson Hywel Dafi a Guto'r Glyn).

1893 THOMAS, Henry Daniels: The works of Hywel Davi, *TYCCh*, 859.

Hywel Rheinallt

1894 DAVIES, Elsbeth Wendy Owen: Testun beirniadol o waith Hywel Rheinallt ynghyd â rhagymadrodd, nodiadau a geirfa. *TYCCh*, 868.

1895 ——— Hywel Rheinallt, *LlC*, ix, 200–8.

Hywel Swrdwal

1896 GRUFFYDD, W. J.: Gw. rhif 130, 11.

1897 JONES, E. D.: Some fifteenth century Welsh poetry relating to Montgomeryshire, *MC*, liv, 48–64.

1898 MORRICE, J. C.: Gwaith barddonol Hywel Swrdwal a'i fab Ieuan, a gasglwyd o wahanol ysgriflyfrau yn y British Museum. Bangor: Jarvis and Foster, 1908.

1899 ROWLANDS, Eurys: Un o gerddi Hywel Swrdwal, *YB*, vi, 87–97.

Ieuan ap Huw Cae Llwyd

1900 HARRIES, Leslie: Gwaith Huw Cae Llwyd ac eraill. Gw. rhif 1879.

Ieuan ap Hywel Swrdwal

1901 DOBSON, E. J.: The hymn to the virgin, *THSC*, 1954, 70–124.

1902 JONES, E. D.: Some fifteenth century Welsh poetry relating to Montgomeryshire, *MC*, liv, 48–64.

1903 MORRICE, J. C.: Gw. rhif 1898.

Ieuan ap Madog ap Dafydd

1904 LEWIS, Henry: Cywyddau ymryson Ifan Dylynior, Syr Dafydd Trefor a Ieuan ap Madog, *BBCS*, xvii, 161–75.

Ieuan ap Rhydderch ab Ieuan Llwyd

1905   BOWEN, D. J.: Y saint a'r brodyr, *Barn*, 2, 55–6. (Ymdriniaeth â chywydd Ieuan ap Rhydderch i Ddewi Sant).

1906   FITZGERALD, Gregory: Barddoniaeth o'r hen ffydd, *YC*, ii, 1–10.

1907   LEWIS, Henry *a* ROBERTS, Thos. *a* WILLIAMS, Ifor (gol.): Gw. rhif 1394. Arg. 1925, lxxxvii–xciii. Arg. newydd 1937, xxiii–xxxviii.

1908   ROBERTS, Brynley F. (gol.): Gw. rhif 1759, lxxvii–lxxviii.

1909   ROBERTS, Thomas: Ieuan ap Rhydderch ab Ieuan Llwyd, *BBCS*, iv, 18–32.

1910   —— Pedwar cywydd brud, *BBCS*, vii, 231–41 (Un o'r pedwar cywydd gan Ieuan ap Rhydderch).

Ieuan ap Tudur Penllyn

1911   ROBERTS, Thomas (gol.): Gwaith Tudur Penllyn ac Ieuan ap Tudur Penllyn. Caerdydd, 1958. Adol. ROWLANDS, Eurys I. *LlC*, v, 208–10; BACHELLERY, E. *EC*, ix, 280–2.

1912   ROWLANDS, Eurys I.: Moliant Dafydd Llwyd o'r Drefnewydd a'i ddisgynyddion, *LlC*, v, 174–84.

Ieuan Brydydd Hir Hynaf

1913   JENKINS, Abraham: The works of Tudur Penllyn and Ieuan Brydydd Hir Hynaf, *TYCCh*, 881.

1914   MORRICE, J. C.: Gw. rhif 149, 78–9.

1915   PRYS, R. I. (Gweirydd ap Rhys): Gw. rhif 156, 214–17.

Ieuan Deulwyn

1916   GRUFFYDD, W. J.: Gw. rhif 130, 42–5.

1917   WILLIAMS, Ifor: Casgliad o waith Ieuan Deulwyn. Bangor: Jarvis and Foster, 1909 (The Bangor Welsh MSS. Society, III & IV).

Ieuan Dyfi

1918   HARRIES, Leslie: Gwaith Huw Cae Llwyd ac eraill. Gw. rhif 1879. (Adran ar ei fywyd: rhagymadrodd tt. 28–31, a thestun o'i gerddi).

Ieuan Fychan ab Ieuan ab Adda

1919   CHARLES, R. Alun: Teulu Mostyn fel noddwyr y beirdd, *LlC*, ix, 74–8.

Ieuan Gethin ab Ieuan ap Lleision

1920   ROWLANDS, Eurys I.: Gw. rhif 1775

1921   WILLIAMS, G. J.: Gw. rhif 160, 24–9.

Ieuan Gyfannedd

1922 PAYNE, F. G.: Cwysau o foliant cyson, *Llenor*, xxvi, 23–4. (Testun cywydd gan y bardd i Philip ap Rhys o Genarth).

1923 ———— Gw. rhif 1869, 114–16.

Ieuan Rudd

1924 WILLIAMS, G. J.: Gw. rhif 160, 38–9.

Ieuan Tew

1925 DAVIES, William Basil: Testun beirniadol o farddoniaeth Ieuan Tew Ieuanc gyda rhagymadrodd, nodiadau a geirfa. *TYCCh*, 873 Gw. hefyd rhif 1628.

Ieuan Waed Da

1926 LEWIS, Henry *a* ROBERTS, Thos. *a* WILLIAMS, Ifor (gol.): Gw. rhif 1394. Arg. 1925, clxxii. Arg. 1937, lxxxv.

Ifan Dylynior

1927 LEWIS, Henry: Cywyddau ymryson Ifan Dylynior, Syr Dafydd Trefor a Ieuan ap Madog, *BBCS*, xvii, 161–75.

1928 OWEN, Bob: Ifan Dylynior, *BBCS*, xviii, 25–38.

Ifan Llwyd ap Dafydd

1929 BOWEN, D. J.: Ifan Llwyd ap Dafydd, *LlC*, ii, 257–8.

Iolo Goch

1930 ASHTON, Charles: Gweithiau Iolo Goch: gyda nodiadau hanesyddol a beirniadol. Croesoswallt: Anrhydeddus Gymdeithas y Cymmrodorion, 1896.

1931 BACHELLERY, E.: Deux poèmes Gallois du XIVe siècle, *EC*, v, 116–47. (Ymddiddan yr enaid a'r corff, Iolo Goch: y Celffaint, Ithel Ddu).

1932 GRIFFITH, W. J.: Cywyddau Iolo Goch, *Beirniad*, ii, 45–51, 82–7.

1933 ———— Iolo Goch's "I Owain Glyndŵr ar ddifancoll", *Cymmrodor*, xxi, 105–112.

1934 HAGUE, Douglas B. *a* WARHURST, Cynthia: Excavations at Sycharth Castle, Denbighshire. 1962–63, *AC*, 1966, 108–27.

1935 JONES, Evan J.: Ieuan a Siôn, *BBCS*, xi, 39.

1936 JONES, T. Gwynn: Gw. rhif 137, 65–8.

1937 LEWIS, Henry: Gruffudd ab Maredudd ab Dafydd a Rhisierdyn, *BBCS*, i, 123–33. (Cryn dipyn yma ar gywydd marwnad IG i feibion Tudur ap Goronwy (IGE, rhif ix).)

1938 —— Rhai cywyddau brud, *BBCS*, i, 240–55.

1939 —— Cywyddau brud, *BBCS*, i, 296–309.

1940 LEWIS, Henry *a* ROBERTS, Thos. *a* WILLIAMS, Ifor (gol.): Gw. rhif 1394. Arg. 1925, ix–lxxvii. Adol. G[RUFFYDD], W. J. *Llenor*, iv, 63–4; VENDRYES, J. *RC*, xlv, 357–61. Arg. newydd, 1937, ix–xii.

1941 LEWIS, Saunders: Iolo Goch, *Llenor*, v, 155–62. Am amheuon ynghylch awduraeth y cywydd i Lys Esgob Llanelwy gw. GRUFF-YDD, W. J. *Llenor*, x, 191. Gw. hefyd ROBERTS, Enid, rhif 1953.

1942 —— Y cywyddwyr cyntaf, yn rhif 143, 56–63. (*LlC*, viii, 191–6).

1943 —— Kywydd Barnad Ithel ap Rotbert, yn rhif 143, 64–79. (*YB*, iii, 11–27).

1944 L[LOYD], H. W.: A historical poem by Iolo Goch, *Cymmrodor*, iv, 225–32.

1945 —— The poem by Iolo Goch on Owain Glyndŵr's Palace at Sycharth, *Cymmrodor*, v, 261–73.

1946 —— A poem by Iolo Goch, composed with the view of stirring up his countrymen to support the cause of Owain Glyndŵr, *Cymmrodor*, vi, 98–100.

1947 LLOYD-JONES, J.: Cyfeiriadau at Iwerddon yng nghanu Iolo Goch, *BBCS*, xi, 114–18.

1948 MARKS, D. F.: Barddoniaeth yr uchelwyr (OBWV rhif 51), *Barn*, 25, 23–4. (Cywydd Iolo Goch i Sycharth).

1949 —— Barddoniaeth yr uchelwyr (OBWV, rhif 52: 'Y Llafurwr', Iolo Goch), *Barn*, 26, 60–1.

1950 MATTHEWS, T.: Gwaith Iolo Goch. Llanuwchllyn: Ab Owen, 1915. (Cyfres y Fil).

1951 RICHARDS, Robert: The medieval castles of North Montgomery-shire, a topographical survey, *MC*, xlvii, 164–82. (Cynnwys tt. 171–7 ymdriniaeth â chywydd Iolo Goch i Sycharth).

1952 ROBERTS, Enid: Croeso Esgob Llanelwy, *TCHSDd*, xx, 254–5.

1953 —— Llys Ieuan, Esgob Llanelwy, *ib.*, xxiii, 70–103.

1954 —— 'Ty pren glân mewn top bryn glas', *ib.*, xxii, 12–47.

1955 ROLANT (=ROWLANDS), Eurys: Arddull y cywydd, *YB*, ii, 36–57.

1956 —— Cenedlaetholdeb Iolo Goch, *Y Genhinen*, xviii, 24–31.

1957 —— (=ROWLANDS) Nodiadau ar y traddodiad moliant a'r cywydd, *LlC*, vii, 231–8.

1958 —— Gw. rhif 1775.

1959 —— Iolo Goch, *yn* Celtic Studies: essays in memory of Angus Matheson 1912–62, gol. James Carney a David Greene. London: Routledge and Keegan Paul, 1968, Ail arg. 1969, 124–46.

1959A RUDDOCK, Gilbert E.: Cywydd i Grefyddes? *LlC*, xii, 117–20.

1960 STERN, Ludw. Chr.: Iolo Goch, *ZCP*, ii, 160–88.

1961 WILLIAMS, Glanmor: Gw. rhif 1455, 176–209.

1962 WILLIAMS, Ifor: Llyma fyd rhag sythfryd Sais, *Llenor*, i, 62–70.

Iorwerth Ab Y Cyriog

1963 LEWIS, Henry *a* ROBERTS, Thos. *a* WILLIAMS, Ifor (gol.): Gw. rhif 1394. Arg. 1925, clxx–clxxii. Arg. newydd, 1937, lxxxiii–lxxxiv.

1964 PRYS, R. I. (Gweirydd ap Rhys): Gw. rhif 156, 141–3.

1965 WILLIAMS, Ifor: Cywydd gan Iorwerth ab Y Cyriog, *BBCS*, i, 50–4.

Iorwerth Fynglwyd

1966 DIENW: Historical poems by Iorwerth Vynglwyd, *Cymmrodor*, vii, 172–94.

1967 JONES, David Rees: The poems of Iorwerth Fynglwyd, *TYCCh*, 882.

1968 JONES, Howell Llewelyn: Bywyd a barddoniaeth Iorwerth Fynglwyd, *TYCCh*, 884. Golygwyd gan E. I. Rowlands: Gwaith Iorwerth Fynglwyd. Caerdydd, 1975.

1969 PHILLIPS, David Rhys: The history of the Vale of Neath. Swansea: The author, 1925. 478, 501–9.

1970 WILLIAMS, G. J.: Rhif 160, 52–9.

1971 WILLIAMS, Ifor: Llyfr Ffortun Bangor, *BBCS*, iii, 90–119. (Honnir gan gopïydd y 'Llyfr Ffortun' fod rhan o'r llyfr yn waith Iorwerth Fynglwyd).

Ithel Ddu

1972 BACHELLERY, E.: Gw. rhif 1931.

1973 LEWIS, Henry: Cywydd gan Ithel Ddu, *BBCS*, iii, 123–5.

Lewis ab Edward

1974 McDONALD, R. W.: Lewis ab Edward, *LlC*, vi, 97–104.

1975 ——— Bywyd a gwaith Lewis ab Edward. *TYCCh*, 892.

Lewis Daron

1976 JONES, J. (Myrddin Fardd): Gw. rhif 1388, 189–202.

Lewis Glyn Cothi

1977 D(AVIES), D. S(tedman): Lewis Glyn Cothi in Radnorshire, *TRS*, vi, 28–9.

1978 EVANS, Howell T.: Wales and the wars of the roses. Cambridge, 1915. *passim.*

1979 FRANCIS, Edward: Yr oes ddisglair, *FG*, i, Hyd. 1931, 23–4.

1980 GRUFFYDD, W. J.: Gw. rhif 130, 31–5.

1981 JAMES, Evan Owen: The unpublished poems of Lewis Glyn Gothi as found in the Peniarth manuscripts. *TYCCh*, 880.

1982 JONES, E. D.: Some fifteenth century Welsh poetry relating to Montgomeryshire, *MC*, lii, 3–21; liii, 3–17; liv, 48–64.

1983 ────── (gol.) Gwaith Lewis Glyn Cothi, y gyfrol gyntaf, testun llawysgrif Peniarth 109. Caerdydd ac Aberystwyth, 1953. Adol. BACHELLERY, E. *EC*, vi, 422–4.

1984 ────── A Welsh Pencerdd's manuscripts, *Celtica*, v, 17–27.

1985 ────── The Cefn Llys poems of Lewis Glyn Cothi, *TRS*, vi, 15–27.

1986 JONES, John (Tegid) a DAVIES, Walter (Gwallter Mechain): Gwaith Lewis Glyn Cothi: the poetical works of Lewis Glyn Cothi. Oxford: The Cymmrodorion or Royal Cambrian Institution, 1837. Gw. JONES, E. D.: Gwaith Lewis Glyn Cothi, 1837–39. Darlith goffa G. J. Williams. Caerdydd, 1973.

1987 JONES, T. Gwynn: Gw. rhif 137, 84–7.

1988 LEWIS, Evelyn: Lewis Glyn Cothi, *Encilion*, i/2, 14–20.

1989 LEWIS, H. Elvet: Poems by Lewis Glyn Cothi (copied from MSS in the British Museum), *Encilion*, i/2, 21–6.

1990 MARKS, D. F.: Barddoniaeth yr uchelwyr (OBWV rhifau 75, 86 a 88), *Barn*, 30, 178–9. (Sylwadau ar farwnad Siôn y Glyn).

1991 ROLANT, Eurys: Arddull y cywydd, *YB*, ii, 36–57. (Sylwadau ar gynganeddu LGC).

1992 WILLIAMS, Ifor: Llyma fyd rhag sythfryd Sais, *Llenor*, i, 62–70.

1993 WILLIAMS, Peter (Pedr Hir): Lewis Glyn Cothi, *Brython*, 30 Ion. 1908, 4.

1994 WILLIAMS, Rhys Dafys: Lewis Glyn Cothi (*c*. 1447–1486), Old Carmarthenshire Harpers, *TCEHNSG*, iv, 167.

Lewis Menai

1995 DAVIES, Dyfrig: Rhai o'r beirdd a ganai rhwng dwy Eisteddfod Caerwys, *BBCS*, xxiv, 38–9.

Lewys Dwn

1996 HARRIES, W. Gerallt: Moliant Lewys Dwn, *LlC*, iv, 177–9.

1997 WILLIAMS, Richard: Montgomeryshire Worthies, *MC*, x, 198–202.

Lewys Môn

1998 ROWLANDS, Eurys I.: Lewys Môn, *LlC*, iv, 26–38.

1999 ────── Dadansoddiad o gynghanedd Lewys Môn, *LlC*, iv, 135–61.

2000 ────── Bywyd a gwaith Lewys Môn. *TYCCh*, 902.

2001 ────── Gwaith Lewys Môn. Caerdydd, 1975.

Lewys Morganwg

2002 SAUNDERS, Evan John: Gweithiau Lewys Morganwg, *TYCCh*, 904.

2003 WILLIAMS, G. J.: Gw. rhif 160, 62–71.

Llawdden

2004 HEADLEY, Mary Gwendoline: Barddoniaeth Llawdden a Rhys Nanmor. *TYCCh*, 878.

2005 WILLIAMS, G. J.: Eisteddfod Caerfyrddin, *Llenor*, v, 94–102.

Llywelyn ap Gutun

2006 GRIFFITH, W. J.: Marwnadau i ddynion byw, *Beirniad*, i, 34–8.

2007 LEWIS, Henry: Ymrysonau Dafydd Llwyd a Llywelyn ap Gutun, *BBCS*, iv, 310–25.

2008 RICHARDS, W. Leslie: Cywyddau ymryson a dychan Dafydd Llwyd o Fathafarn, *LlC*, iii, 215–22.

Llywelyn ap Hywel ab Ieuan ap Gronwy

2009 EDWARDS, T. Charles: Pen-Rhys: y cefndir hanesyddol, *EfC*, v, 24–39 (gw. yn arbennig tt. 34–5 ar Lywelyn ap Hywel . . . Yn yr Atodiad, ceir cerdd gan Lywelyn ap Hywel, t.40).

2010 WILLIAMS, G. J.: Gw. rhif 160, 29–31.

Llywelyn ap y Moel

2011 BOWEN, D. J.: Y Graig Lwyd a Fflint, *Barn*, 3, 90–1.

2012 GRUFFYDD, W. J.: Adolygiadau . . . , *Llenor*, x, 191. Sylwadau ynghylch awduraeth IGE LXVIII: I Frwydr Waun Gaseg, a LXXI: I Goed y Graig.

2013 JONES, Bobi: Gw. rhif 1493, 226–8. (Trafodir ymryson Llywelyn ap y Moel a Rhys Goch Eryri).

2014 LEWIS, Henry: Llech Ysgar, *BBCS*, iii, 50.

2015 LEWIS, Henry *a* ROBERTS, Thos. *a* WILLIAMS, Ifor (gol.): Gw. rhif 1394. Arg. 1925, cxiii–cxxxv; arg. newydd 1937, liv–lxii.

2016 LEWIS, Saunders: Gw. rhif 141, 95–114, Sylwadau ar ymryson Llywelyn a Rhys Goch Eryri.

2017 ROBERTS, Enid: Cywydd marwnad Llywelyn ap y Moel, *BBCS*, xvii, 182–3. Gw. hefyd *TCHSDd*, xxiv, 72–3.

2018 ROWLANDS, Eurys I.: Moliant Dafydd Llwyd o'r Drefnewydd a'i ddisgynyddion, *LlC*, v, 174–84.

Llywelyn Brydydd Hoddnant

2019 PRYS, R. I. (Gweirydd ap Rhys): Gw. rhif 156, 140.

Llywelyn Foelrhon

2020 WILLIAMS, Ifor: Llywelyn Foelrhon, *BBCS*, x, 242.

Llywelyn Goch Amheurig Hen

2021 GRUFFYDD, R. Geraint: Marwnad Lleucu Llwyd gan Lywelyn Goch Amheurig Hen, *YB*, i, 126–37.

2022 GRUFFYDD, W. J.: Y farwnad Gymraeg, I, *Llenor*, xviii, 40–5. (Ymdrin â Marwnad Lleucu Llwyd).

2023 JONES, T. Gwynn: Gw. rhif 137, 63–5.

2024 LEWIS, Saunders: Y cywyddwyr cyntaf, *LlC*, viii, 191–6. Adarg. yn rhif 143, 56–63.

2025 MARKS, D. F.: Barddoniaeth yr uchelwyr – II (OBWV rhif 49: marwnad Lleucu Llwyd, Llywelyn Goch Amheurig Hen), *Barn*, 24, 354–5.

2026 RICHARDS, Melville: Llywelyn Goch ap Meurig Hen a Chae Gwrgenau, *CLlGC*, xii, 400–1.

2027 WILLIAMS, Ifor *a* ROBERTS, Thomas (gol.): Gw. rhif 1404. Arg. cyntaf, 1914, xcvi–c. Ail arg. 1935, civ–cviii.

Llywelyn Goch y Dant

2028 BOWEN, D. J. *a* ROWLANDS, Eurys I.: Ymryson rhwng Hywel Dafi a beirdd Tir Iarll, *LlC*, iii, 107–14.

2029 WILLIAMS, G. J.: Rhif 160, 35–8.

Llywelyn Siôn

2030 PHILLIPS, T. Oswald: Gw. rhifau 2039, 2040.

Llywelyn, Tomas

2031 JAMES, Lemuel J. *a* EVANS, T. C.: Gw. rhif 1387, 284–8.

2032 WILLIAMS, G. J.: Gw. rhif 160, *passim*.

Madog Benfras

2033 HUWS, Daniel: Plas Madog Benfras, *CLlGC*, xiv, 115–16.

2034 JONES, T. Gwynn: Gw. rhif 137, 61.

2035 WILLIAMS, Ifor *a* ROBERTS, Thomas (gol.): Gw. rhif 1404. Arg. cyntaf, 1914, xc–xciii. Ail arg. 1935, xciii–xcvii.

Maredudd ap Rhys

2036 GRUFFYDD, W. J.: Gw. rhif 130, 9–11.

2037 JONES, T. Gwynn: Gw. rhif 137, 73–4.

2038 PRYS, R. I. (Gweirydd ap Rhys): Gw. rhif 156, 204–9.

Meurig Dafydd

2039 PHILLIPS, T. Oswald: Bywyd a gwaith Meurig Dafydd (Llanisien) a Llywelyn Siôn (Llangewydd). *TYCCh*, 895.

2040 WILLIAMS, G. J.: Gw. rhif 160, *passim*.

Morgan ap Huw Lewys

2041 WILLIAMS, W. Gilbert: Morgan ap Huw Lewys, Hafod y Wern, *BBCS*, x, 243–5.

Morgan Elfael

2042 PAYNE, F. G.: Hywel ap Syr Mathew a Morgan Elfael, *BBCS*, ix, 101–8.

2043 —— Ach Morgan Elfael, *ib.*, 322.

Morus Dwyfech

2044 JONES, J. (Myrddin Fardd): Gw. rhif 1388, 157–88.

2045 OWENS, Owen: Gweithiau barddonol Morus Dwyfech. *TYCCh*, 894.

Owain ap Gwilym

2046 WILLIAMS, D. G.: Syr Owain ap Gwilym, *LlC*, vi, 179–93.

2047 —— Testun beirniadol ac astudiaeth o gerddi Syr Owain ap Gwilym. *TYCCh*, 907.

Owain Gwynedd

2048 SAER, D. Roy: Owain Gwynedd, *LlC*, vi, 76–82, 194–207.

2049 —— Testun beirniadol o waith Owain Gwynedd, ynghyd â rhagymadrodd, nodiadau a geirfa. *TYCCh*, 858.

Owain Twna

2050 RICHARDS, W. Leslie: Cywyddau ymryson a dychan Dafydd Llwyd o Fathafarn, *LlC*, iii, 224–5.

Tomos Prys

2051 GRUFFYDD, W. J.: Gw. rhif 130, 115–24.

2052 ROBERTS, Enid: Teulu Plas Iolyn, *TCHSDd*, xiii, 39–110.

2053 ROWLAND, William: Tomos Prys o Blas Iolyn (1564?–1634). Caerdydd, 1964. (Cyfres ddwyieithog Gŵyl Dewi).

2054 —— Barddoniaeth Tomos Prys o Blas Iolyn, *TYCCh*, 958.

2055 W., E. R.: One of Elizabeth's Welshmen, *WO*, iv, 55–8.

2056 WILLIAMS, G. J.: Wiliam Midleton a Thomas Prys, *BBCS*, xi, 113–14.

Hopcyn Tomas Philip

2057 JAMES, Lemuel: Gw. rhif 1386, 28–42, 149–214.

2058 WILLIAMS, G. J.: Gw. rhif 160, *passim.*

Phylipiaid Ardudwy

2059 DAVIES, William: Phylipiaid Ardudwy, *Beirniad*, iii, 34–40, 94–105, 158–73.

2060 ——— Phylipiaid Ardudwy: with the poems of Siôn Phylip in the Cardiff Free Library Collection. *TYCCh*, 872.

2061 DAVIES, W. Ll.: Phylipiaid Ardudwy – a survey and a summary, *Cymmrodor*, xlii, 155–268.
(i) Gruffudd Phylip, ib., 199–207; (ii) Phylip Siôn Phylip, ib., 207–12; (iii) Rhisiart Phylip, ib., 175–98. Gw. hefyd Dienw: Chwe Chywydd ymryson rhwng Rd. Cynwal a Rd. Philyp *Brython*, 17 Meh. 1909, 2; 1 Gorff. 1909, 3; 22 Gorff. 1909, 2; 5 Awst 1909, 6; (iv) Siôn Phylip, *Cymmrodor*, xlii, 157–75; *Beirniad*, iii, 94–105; GRUFFYDD, W. J. Gw. rhif 130, 110–15; (v) William Phylip, *Cymmrodor*, xlii, 212–39; *Beirniad*, iii, 158–73.

Raff ap Robert

2062 RICHARDS, Melville: Raff ap Robert, *CLlGC*, xiii, 196–7.

Robert ab Ifan o Frynsiencyn

2063 ROBERTS, D. Hywel E.: Rhai o'r beirdd a ganai rhwng dwy Eisteddfod Caerwys, *BBCS*, xxiv, 42–4.

Rhisiart ap Rhys

2064 EDWARDS, T. Charles: Pen-Rhys: Y cefndir hanesyddol, *EfC*, v, 24–39. (gw. yr adran 'Pen-Rhys a'r beirdd', tt.34–5 ar Risiart ap Rhys). Gw. hefyd Atodiad: cywyddau ac awdlau Pen-Rhys, *ib.*, 40–5 (cerdd gan Risiart ap Rhys, t.43).

2065 WILLIAMS, G. J.: Rhif 160, 48–52.

Rhisiart Brydydd Brith

2066 ROBERTS, D. Hywel E.: Gw. rhif 2063, 41–2.

Rhisiart Iorwerth

2067 WILLIAMS, G. J.: Gw. rhif 160, 71–4.

Rhisierdyn

2068 LEWIS, Henry: Gruffudd ab Maredudd ab Dafydd a Rhisierdyn, *BBCS*, i, 123–33.

Rhys Brydydd

2069 WILLIAMS, G. J.: Gw. rhif 160, 39–43.

Rhys Fardd (Y Bardd Bach o Ystum Llwynarth)

2070 EVANS, R. Wallis: Caniadau Rhys Fardd neu'r Bardd Bach o Ystum Llwynarth *LlC*, viii, 74–80.

Syr Rhys o Garno

2071 RICHARDS, W. Leslie: Gw. rhif 1772, 222–4.

Rhys Goch Eryri

2072 JONES, Bobi: Gw. rhif 1493, 266–9. (Trafodir ymrysonau Rhys Goch a Llywelyn ap y Moel a Siôn Cent).

2073 JONES, T. Gwynn: Gw. rhif 137, 71.

2074 LEWIS, Henry *a* ROBERTS, Thos. *a* WILLIAMS, Ifor (gol.): Gw. rhif 1394. Arg. cyntaf 1925, xciii–cxxii. Arg. newydd 1937, xxxviii–liii.

2075 LEWIS, Saunders: Gw. rhif 141, 95–114. (Ymryson Rhys Goch Eryri a Siôn Cent).

2076 WILLIAMS, Ifor: Cywydd cyfrinach Rhys Goch Eryri, *BBCS*, i, 43–50.

Rhys Goch Glyndyfrdwy

2077 BOWEN, D. J.: Carcharu Ithel a Rhys ab Ieuan Fychan, *CLlGC*, viii, 119–20.

Rhys Llwyd ap Rhys ap Rhiccart

2078 FITZGERALD, Gregory: Pererindod i Ynys Enlli, *Trivium*, iv, 17–20.

Rhys Nanmor

2079 PRYS, R. I. (Gweirydd ap Rhys): Gw. rhif 156, 197–200.

2080 HEADLEY, Mary Gwendoline: Gw. rhif 2004.

Sefnyn

2081 PRYS, R. I. (Gweirydd ap Rhys): Gw. rhif 156, 140–2.

Simwnt Fychan

2082 JONES, Evan D.: Simwnt Fychan a theulu Plas y Ward, *BBCS*, vii, 141–2.

2083 JONES, Evan J.: Martial's epigram on the happy life, Simwnt Fychan's translation, *BBCS*, iii, 286–97.

2084 WILLIAMS, G. J. *a* JONES, E. J.: Rhif 1525, xlii–lxxxviii.

Sion ap Hywel ap Llywelyn Fychan

2085 ROBERTS, D. Hywel E.: Gw. rhif 2063, 29–30.

Siôn Brwynog

2086 KERR, Rose Marie: Cywyddau Siôn Brwynog. *TYCCh*, 889.

2087 ——— (*alias* y Chwaer M. Consiglio): Siôn Brwynog – un o feirdd cyfnod y Diwygiad Protestannaidd, *YC*, ii, 28–30.

Siôn Cent

2088 JONES, Bobi: Gw. rhif 132, 70–84.

2089 ——— Gw. rhif 1493, 268–9.

2090 JONES, T. Gwynn: Gw. rhif 137, 68–71.

2091 LEWIS, Henry *a* ROBERTS, Thos. *a* WILLIAMS, Ifor (gol.): Gw. rhif 1394. Arg. cyntaf 1925, cxxxvi–clxvii. Arg. newydd 1937, lxii–lxxx.

2092 LEWIS, Saunders: Gw. rhif 141, 95–114.

2093 PAYNE, Ffransis G.: Nodiadau cymysg . . . Siôn Cent, *BBCS*, ix, 36–37.

Siôn Ceri

2094 ROBERTS, D. Hywel E.: Gw. rhif 2063, 30.

Siôn Clywedog

2095 WILLIAMS, Richard: Montgomeryshire Worthies, *MC*, ix, 148.

Siôn Mawddwy

2096 DAVIES, J. Dyfrig: Siôn Mawddwy, *LlC*, viii, 214–30.

2097 ——— Astudiaeth destunol o waith Siôn Mawddwy. *TYCCh*, 869. Gw. hefyd BOWEN, D. J.: Llaw Siôn Mawddwy, *LlC*, xii, 123–4.

2098 WILLIAMS, G. J.: Rhif 160, *passim*.

Siôn Tudur

2098A BOWEN, D. J.: Cywydd Siôn Tudur i'r beirdd, *LlC*, xii, 123.

2099 GEORGE, Irene: Llythyr yn llaw Siôn Tudur, *BBCS*, vii, 112–17.

2100 GRUFFYDD, W. J.: Gw. rhif 130, 83–91.

2101 ROBERTS, Enid P.: Siôn Tudur, *LlC*, ii, 82–96.

2102 ——— Siôn Tudur yn Llundain, *TCHSDd*, xviii, 50–82.

2103 ——— Rhagor am Siôn Tudur yn Llundain, *ib*., xix, 103–7.

2104 WILLIAMS, Watcyn Uther: A collection of the poems of Siôn Tudur. *TYCCh*, 912.

Sypyn Cyfeiliog

2105 LEWIS, Henry *a* ROBERTS, Thos. *a* WILLIAMS, Ifor (gol.): Gw. rhif 1394. Arg. cyntaf 1925, clxvii–clxx. Arg. newydd 1937, lxxx–lxxxii.

Tomas ab Ieuan ap Rhys

2106 HOPKIN-JAMES, Lemuel J. (Hopcyn) *a* EVANS, T. C. (Cadrawd): Gw. rhif 1387, ix–liv.

2107 WILLIAMS, G. J.: Gw. rhif 160, 110–43, *passim*.

2108 WILLIAMS, Ifor: Llen-ladrad Cwndidwr, *BBCS*, iv, 135.

Tomas ap Llywelyn ap Dafydd ap Hywel

2109 PHILLIPS, D. Rhys: History of the Vale of Neath. Swansea, 1925. 140–3, 412–3, 532–6.

Trahaearn Brydydd Mawr

2110 PRYS, R. I. (Gweirydd ap Rhys): Gw. rhif 156, 136–7.

2111 WILLIAMS, G. J.: Gw. rhif 160, 5–6.

Syr Dafydd Trefor

2112 GEORGE, Irene: The poetical works of Syr Dafydd Trefor, *TYCCh*, 876.

2113 —— Syr Dafydd Trefor, an Anglesey bard, *TCHNM*, 1934, 69–74.

2114 —— The poems of Syr Dafydd Trefor, *TCHNM*, 1935, 90–104.

2115 —— A survey of the poems of Syr Dafydd Trefor, *TCHNM*, 1936, 33–48.

2116 LEWIS, Henry: Cywyddau ymryson Ifan Dylynior, Syr Dafydd Trefor a Ieuan ap Madog, *BBCS*, xvii, 161–75.

Tudur Aled

2117 CHARLES-EDWARDS, T.M.: Two mediaeval Welsh poems, Llandysul: Gwasg Gomer, 1971.

2118 DIENW: Tudur Aled a'i gyfnod, *Cymru*, lxxii, 1–3.

2119 GRUFFYDD, W. J.: Gw. rhif 130, 51–60.

2120 JONES, T. Gwynn: Gwaith Tudur Aled. Caerdydd, 1926. Adol. VENDRYES, J. *RC*, xlv, 361–4.

2121 LEWIS, H. Elvet: Poets of Wales. v. Tudur Aled, *Wales* (JHE), iii, 8–9.

2122 LEWIS, Saunders: Gw. rhif 143, 98–115. (*EfC*, i, 32–46).

2123 MORRIS-JONES, J.: Tudur Aled, *THSC*, 1908–9, 21–52.

2124 RICHARDS, Melville: Mab Tudur Aled, *CLlGC*, xii, 196.

2125 ROBERTS, Enid Pierce: Cywydd cymod Hwmffre ap Siencyn a'i geraint, *CCHChSF*, iv, 302–17.

Tudur Penllyn

2126 BOWEN, D. J.: Y Graig Lwyd a Fflint, *Barn*, 3, 90–1.

2127 DAVIES, W. Beynon: Cywydd i Ddafydd ap Siancyn o Nanconwy *Athro*, xvii/2, 1965, 46–9.

2128 GRUFFYDD, W. J.: Gw. rhif 130, 35–7.

2129 JENKINS, Abraham: The works of Tudur Penllyn and Ieuan Brydydd Hir Hynaf. *TYCCh*, 881.

2130 JONES, T. Gwynn: Gw. rhif 137, 76–8.

2131 ROBERTS, Thomas: Tudur Penllyn, *Llenor*, xxi, 141–51; xxii, 27–35.

2132 ——— (gol.) Gwaith Tudur Penllyn ac Ieuan ap Tudur Penllyn. Caerdydd, 1958. Adol. BACHELLERY, E. *EC*, ix, 280–2; ROWLANDS, Eurys I. *LlC*, v, 208–10; JONES, Derwyn *Lleufer*, xv, 79–82.

2133 ROWLANDS, Eurys I.: Moliant Dafydd Llwyd o'r Drefnewydd a'i ddisgynyddion, *LlC*, v, 174–84.

Watcyn Clywedog

2134 WILLIAMS, Richard: Montgomeryshire Worthies, *MC*, ix, 148–9.

Wiliam Cynwal

2135 JONES, Geraint Percy: Astudiaeth destunol o ganu Wiliam Cynwal yn llawysgrif (Bangor) Mostyn 4. *TYCCh*, 883.

2136 ——— Wiliam Cynwal, *LlC*, xi, 176–84.

2137 JONES, Richard Lewis: Astudiaeth destunol o awdlau, cywyddau ac englynion gan Wiliam Cynwal. *TYCCh*, 887.

2138 ——— Wiliam Cynwal, *LlC*, xi, 185–204.

2139 OWEN, Bob: Ai Ysbyty Ifan ai Penmachno a'i piau? *BAC*, 25 Ebr. 1933.

2140 ——— Ewyllys Wiliam Cynwal, *BAC*, 20 Meh. 1933.

2141 ROBERTS, Enid: Wiliam Cynwal, *TCHSDd*, xii, 51–85.

2142 ——— Teulu Plas Iolyn, *ib.*, xiii, 39–110.

2143 ——— Canu Wiliam Cynwal i Glerigwyr, *ib.*, xiv, 120–40.

2144 WILLIAMS, G. Aled: Golwg ar ymryson Edmwnd Prys a Wiliam Cynwal, *YB*, viii, 70–109.

2145 WILLIAMS, Rhiannon: Testun beirniadol o gasgliad llawysgrif Mostyn o waith Wiliam Cynwal ynghyd â rhagymadrodd, nodiadau a geirfa. *TYCCh*, 911.

2146 ——— Wiliam Cynwal, *LlC*, viii, 197–213.

2147 ——— Cywydd marwnad Wiliam Cynwal i wraig William Salesbury, *LlC*, ix, 227–9.

Wiliam Llŷn

2148 HUWS, Daniel: Wiliam Llŷn, Rhys Cain a Stryd Wylyw, *CLlGC*, xviii, 147.

2149 JONES, Bobi: Wiliam Llŷn ac awdurdod dinesig, *YB*, viii, 36–42.

2150 JONES, J. (Myrddin Fardd): Gw. rhif 1388.

2151 GRUFFYDD, W. J.: Gw. rhif 130, 78–82.

2152 H., E.: Wiliam Llŷn, *Brython*, 23 Gorff. 1908, 4.

2153 MORRICE, J. C.: Barddoniaeth Wiliam Llŷn a'i eirlyfr, gyda nodiadau. Bangor: Jarvis and Foster, 1908.

2154 ────── The poems of William Lleyn. *TYCCh*, 893.

2155 ROBERTS, G. T.: Canu marwnadol Wiliam Llŷn, *Eurgrawn*, cxxv, 343–5.

2156 WILLIAMS, G. Aled: Galwedigaeth Wiliam Llŷn, *BBCS*, xxvi, 36–7.

2157 WILLIAMS, Ifan Wyn: Testun beirniadol ac astudiaeth o gerddi Wiliam Llŷn a geir yn llaw'r bardd ei hun. *TYCCh*, 908.

Y Nant

2158 JONES, T. Gwynn: Ein Kymrisches Fluchgedicht, *ZCP*, xvii, 167–76.

2159 WILLIAMS, G. J.: Cerddi'r Nant, *BBCS*, xvii, 77–89. Gw. rhif 160, 114–16.

ADRAN D

YR UNFED GANRIF AR BYMTHEG

Trafodir y cyfnod hwn yn GRUFFYDD, W. J. *Llenyddiaeth Cymru o* 1450 *hyd* 1600 (rhif 130); id. *Llenyddiaeth Cymru: rhyddiaith o* 1540 *hyd* 1660 (rhif 129); yr adrannau perthnasol yn PARRY, Thomas *Hanes Llenyddiaeth Gymraeg hyd* 1900 (rhif 152); BOWEN, Geraint (gol.) *Y traddodiad rhyddiaith* (rhif 123).

I. Y CEFNDIR

2160 BEBB, W. Ambrose: Cyfnod y Tuduriaid. Wrecsam: Hughes, 1939.

2161 ——— Machlud y mynachlogydd. Aberystwyth: Gwasg Aberystwyth, 1937.

2162 ——— Yr ymherodraeth Brydeinig yn marddoniaeth Cymru, *Y Geninen*, xl, 40–5, 149–54.

2163 HUGHES, Garfield H.: Ffasiynau'r dadeni, *YB*, v, 62–70.

2164 JENKINS, R. T.: Y newid yng Nghymru yng nghyfnod y Tuduriaid *yn* Yr apêl at hanes ac ysgrifau eraill. Wrecsam: Hughes, 1930. 9–34.

2165 JONES, Emyr Gwynne: Cymru a'r hen ffydd. Caerdydd, 1951.

2166 JONES, T. Gwynn: Cultural bases: a study of the Tudor period in Wales, *Cymmrodor*, xxxi, 161–92.

2167 LEWIS, Saunders: Damcaniaeth Eglwysig Brotestannaidd, *EfC*, ii, 36–55. Gw. hefyd WILLIAMS, Glanmor, Cipdrem arall ar "Ddamcaniaeth Eglwysig Brotestannaidd", *Traethodydd*, 1948, 49–57; id., Some Protestant views of early British Church history, *History*, xxxviii, 219–33.

2168 MATHEW, David: The Celtic peoples and renaissance Europe: a study of the Celtic and Spanish influences on Elizabethan history. London: Sheed and Ward, 1933.

2169 OWEN, Geraint Dyfnallt: Elizabethan Wales: the social scene. Cardiff, 1962.

2170 ——— Sir Ddinbych yn oes Elizabeth I, *TCHSDd*, xiv, 97–119.

2171 REES, J. F.: Tudor policy in Wales. London: G. Bell, 1935.

2172 REES, William: The union of England and Wales, *THSC*, 1937, 27–100.

2173 WILLIAMS, David: Y dadeni dysg yn Ewrop, *Llenor*, xiii, 114–20.

2174 WILLIAMS, Glanmor: Cymru a'r diwygiad Protestannaidd, *TCHBC*, 1959, 5–16.

2175 —— Dadeni, diwygiad a diwylliant Cymru. Caerdydd, 1964. Adol. LEWIS, Saunders, *LlC*, ix, 113–8.

2176 —— The reformation in sixteenth-century Caernarvonshire, *TCHSG*, xxvii, 37–72.

2177 —— Wales and the reformation, *THSC*, 1966, 108–33.

2178 —— Welsh reformation essays. Cardiff, 1967.

2179 WILLIAMS, Ifor: Llenyddiaeth Gymraeg a chrefydd. Wrecsam: Hughes, 1930. (Traethodau'r Deyrnas, ail gyfres, rhif 2).

2180 WILLIAMS, W. Ogwen: The survival of the Welsh language after the union of England and Wales: the first phase, 1536–1642, *CHC*, ii, 67–93.

2181 WILLIAMS, W. Llewelyn: The making of modern Wales: studies in the Tudor settlement of Wales. London: Macmillan, 1919.

2182 WYNNE, R. O. F.: Y Cymry a'r diwygiad Protestannaidd, *EfC*, vi, 17–27; vii, 13–20.

II. BARDDONIAETH

(i) Y Canu Caeth a'r Gyfundrefn Farddol

Y mae beirdd caeth yr 16g. wedi eu rhestru ymysg Beirdd yr Uchelwyr, yn Adran Ch.

(ii) Y Canu Rhydd

Am waith cwndidwyr Morgannwg, Tomas ab Ieuan ap Rhys, Hopcyn Tomas Phylip, Tomas Llywelyn ac eraill, gw. o dan enwau'r beirdd hyn, a hefyd JAMES, Lemuel, rhif 1386; JAMES, L. H. a EVANS, T. C., rhif 1387; ac yn arbennig WILLIAMS, G. J., rhif 160, pennod iv.

(a) Cyffredinol

2183 DAVIES, J. Glyn: Two songs from an Anglesey MS. *yn* Miscellany presented to Kuno Meyer, gol. Osborn Bergin a Carl Marstrander. Halle: Max Niemeyer, 1912.

2184 DAVIES, J. H.: An early printed Welsh ballad, *JWBS*, ii, 243–6. Gw. rhif 2194.

2185 [DAVIES, J. H. gol.]: Cymdeithas Llên Cymru. I. Carolau: gan Richard Hughes. Caerdydd: arg. yn breifat gan William Lewis, 1900; II. Hen Gerddi Gwleidyddol: 1588–1660. Caerdydd: eto, 1901; III: Casgliad o hen ganiadau serch. Caerdydd: eto, 1902; IV. Casgliad o hanes gerddi Cymraeg. Caerdydd: eto, 1903; V–VI. Caniadau yn y mesurau rhyddion, gyda rhagymadrodd ar godiad a datblygiad barddoniaeth rydd yn y Gymraeg. Caerdydd: eto, 1905.

2186 E[VANS], E. V[incent]: Welsh adventurers to the West Indies in the sixteenth century: with a contemporary ballad by Lifftenant William Peilyn, *Cymmrodor*, xxvi, 215–23. Gw. hefyd DAVIES, J. Glyn: The ballad of the Welsh buccaneers, *ib.*, 224–41.

2187 EVANS, H. Meurig: Iaith a ieithwedd y cerddi rhydd cynnar. *TYCCh*, 925.

2188 JENKINS, David Lloyd: Accented verse: a study of the development of free metre poetry in Welsh literature until the beginning of the seventeenth century. *TYCCh*, 929.

2189 —— Cerddi rhydd cynnar: detholiad o farddoniaeth rydd, Cymru'r XVIeg ganrif a dechrau'r XVIIeg. Llandysul: arg. gan J. D. Lewis [1931].

2190 PARRY-WILLIAMS, T. H.: Canu rhydd cynnar. Caerdydd, 1932. Adol. GRUFFYDD, W. J. *Llenor*, xi, 120–3.

2191 REES Brinley: Rhai agweddau ar ganu rhydd cynnar Cymru gyda sylw arbennig i'w gysylltiadau â chanu Saesneg. *TYCCh*, 940.

2192 ——Dulliau'r canu rhydd 1500–1650. Caerdydd, 1952. Adol. WILLIAMS, Stephen J. *LlC*, iii, 56–9.

(b) Beirdd Unigol

Ceir deunydd ar feirdd eraill a ganai ar y mesurau rhydd yn yr adran ar Feirdd yr Uchelwyr, e.e. Siôn Tudur, Siôn Brwynog, Wiliam Cynwal, Wiliam Phylip.

Richard Huws, Cefn Llanfair

2193 [DAVIES, J. H.]: Gw. rhif 2185.

2194 —— An early printed Welsh ballad. Gw. rhif 2184.

2195 JONES, John (Myrddin Fardd): Gw. rhif 1388, 203–18.

2196 JONES, J. T.: Cyfeiriadau at Richard Hughes, Cefn Llanfair, *BBCS*, iii, 125–6.

2197 PARRY, T.: Barddoniaeth Dic Hughes, Cefn Llanfair, *Cymru*, lxviii, 171–4.

Robin Clidro

2198 DAVIES, Cennard: Robin Clidro a'i ganlynwyr, *TYCCh*, 924.

Richard White

2199 PARRY-WILLIAMS, T. H.: Carolau Richard White. Caerdydd, 1931.

III. RHYDDIAITH

(i) Casgliadau a Detholion

2200 HUGHES, Garfield H.: Rhagymadroddion 1547–1659. Caerdydd, 1951. Adol. GRUFFYDD, Geraint, *Llenor*, xxx, 191–6.

2201 JONES, Thomas *et al:* Rhyddiaith Gymraeg, cyfrol II. Detholion o lawysgrifau a llyfrau printiedig 1547–1618. Caerdydd, 1956.

2202 LEWIS, Henry: Hen gyflwyniadau, *JWBS*, vi, 201–8.

2203 ——— Hen gyflwyniadau. Caerdydd, 1948. Adol. HUGHES, Garfield H., *Llenor*, xxvii, 195–6.

2204 PARRY-WILLIAMS, T. H. *et al:* Rhyddiaith Gymraeg, cyfrol I. Detholion o lawysgrifau 1488–1609, Caerdydd, 1954.

(ii) Astudiaethau

(a) Cyffredinol

2205 DAVIES, J. H.: Early Welsh bibliography, *THSC*, 1897–8, 1–22.

2206 GRUFFYDD, R. Geraint: Religious prose in Welsh from the beginning of the reign of Elizabeth to the Restoration. *TYCCh*, 928.

2207 JONES, R. Brinley: The old British tongue: the vernacular in Wales 1540–1640. Cardiff: Avalon Books, 1970.

2208 ——— 'Yr iaith sydd yn kychwyn ar dramgwydd': sylwadau ar y Gymraeg yng nghyfnod y Dadeni Dysg, *YB*, viii, 43–69.

2209 LLOYD, H. W.: Welsh books printed abroad in the sixteenth and seventeenth centuries, and their authors, *Cymmrodor*, iv, 25–69.

2210 MORGAN, Branwen Heledd: Arolwg o ryddiaith Gymraeg 1547–1634, gydag astudiaeth fanwl o *Dysgeidiaeth Cristnoges o ferch* (1552) a'r *Llwybr Hyffordd* (1632), *TYCCh*, 937.

2211 ROBERTS, Brynley F.: Defosiynau Cymraeg *yn* Astudiaethau amrywiol, 99–110. Gw. rhif 135.

2212 ROBERTS, Enid: The Renaissance in the Vale of Clwyd, *FHSP*, xv, 52–63.

2213 WALKER, Margaret: Welsh books in St. Mary's Swansea, 1559–1626, *BBCS*, xxiii, 397–402.

2214 WILLIAMS, G. J.: Traddodiad llenyddol Dyffryn Clwyd a'r cyffiniau. *TCHSDd*, i, 20–32.

(b) Llenyddiaeth y Protestaniaid

(1) Cyfieithu'r Ysgrythurau a'r Llyfr Gweddi

2215 BALLINGER, John: The Bible in Wales. Gw. rhif 38.

2216 ——— The first Welsh Prayer Book, *JWBS*, ii, 238–43.

2217 DAVIES, J. H.: Llyfryddiaeth y Bibl Cymraeg, *TLWNS*, 1897–8, 55–75.

2218 DAVIES, William Ll.: Welsh metrical versions of the Psalms, *JWBS*, ii, 276–301.

2219 EVANS, Albert Owen: A memorandum on the legality of the Welsh Bible and the Welsh version of the Book of Common Prayer. Cardiff: William Lewis, 1925.

2220 EVANS, D. Simon: A Welsh Bible: the defeat of the Armada, *Trivium*, v, 47–56.

125

2221 ——— Arwyddocâd cyfieithiad y Beibl, *Y Drysorfa*, 1967, 118–25.

2222 EVANS, D. Tecwyn: Y Beibl Cymraeg. Dinbych: Gwasg Gee, 1953. Ail arg. 1954.

2223 EVANS, Owen E.: Cyfieithu'r Testament Newydd i'r Gymraeg, 1567 a 1967, *Eurgrawn*, clix, 137–41, 179–84.

2224 GRUFFYDD, R. Geraint: Humphrey Lluyd a deddf cyfieithu'r Beibl i'r Gymraeg, *LlC*, iv, 114–15, 233.

2225 ——— The Welsh Book of Common Prayer, 1567, *JHSCW*, xvii, 43–55.

2226 GRUFFYDD, W. J.: Y Beibl: y cyfieithiad Cymraeg *yn* Y Geiriadur Beiblaidd. Wrecsam: Hughes, 1926. 207–10.

2227 HUGHES, Garfield H.: Testament Newydd 1567, *Barn*, 62, 37 a 42.

2228 JONES, Bedwyr Lewis: Deddf cyfieithu'r Beibl i'r Gymraeg, 1563, *Haul*, cyfres 1953, xvii, 22–8.

2229 JONES, D. Gwenallt: Cymraeg cyfieithiadau'r Beibl, *Y Drysorfa*, 1938, 216–20.

2230 LEWIS, Henry: Y Testament Newydd, 1567, *Y Genhinen*, xvii, 63–6.

2231 LEWIS, Saunders: Y Cursus yn y Colectau Cymraeg, *LlC*, i, 7–11. Gw. hefyd GRIFFITHS, J. Gwyn Y "cursus" Lladin yn y Gymraeg a'r Saesneg, *LlC*, iii, 94–7.

2232 LLEWELYN, Thomas: An historical account of the British or Welsh versions and editions of the Bible. London: pr. by Richard Hett, 1768.

2233 LLOYD-JONES, John: Y Beibl Cymraeg. Caerdydd, 1938. (Cyfres ddwyieithog Gŵyl Dewi).

2234 PARRY, Thomas: Detholion o Destament Newydd 1567. Caerdydd, 1967.

2235 RICHARDS, Melville *a* WILLIAMS, Glanmor: Llyfr Gweddi Gyffredin 1567. Caerdydd, 1953. Llyfr Gweddi Gyffredin 1567. Caerdydd, 1965. (Copi ffotograffig o'r copi yn Llyfrgell Rylands, Manceinion). Adol. MATHIAS, Alun, *LlC*, viii, 236–9.

2236 ROBERTS, Gomer M.: Y Beibl Cymraeg a'i gyfieithwyr, *Y Drysorfa*, 1953, 231–5.

2237 THOMAS, D. R.: Some early Welsh translations of Holy Scripture, *TLWNS*, 14th session, 1898–9, 17–31.

2238 THOMAS, Isaac: Y fersiynau cyntaf o'r Testament Newydd Cymraeg, *Traethodydd*, 1967, 147–59.

2239 ——— Y Testament Newydd Cymraeg *yn* Arweiniad Byr i'r Testament Newydd. Caerdydd, 1963, 227–37.

2240 WILLIAMS, Hugh: Testament Cymraeg cyntaf y Cymry, *Y Drysorfa*, 1888, 126–30, 163–8.

(2) Y Cyfieithwyr

John Davies

Gw. yr adran ar 'Ysgolheictod yr XVII Ganrif', rhifau 2705–14.

Richard Davies

2241 BOWEN, D. J.: Cywydd i Richard Davies, Esgob Mynwy, *BBCS*, xv, 21–2.

2242 EVANS, Geo. Eyre: Bishop Richard Davies: His will A.D. 1581, *TCEHNSG*, viii, 86–7.

2243 FLOWER, Robin: William Salesbury, Richard Davies, and Archbishop Parker, *CLlGC*, ii, 7–14. Gw. hefyd WILLIAMS, Glanmor: Bishop Sulien, Bishop Richard Davies, and Archbishop Parker, *CLlGC*, v, 215–19.

2244 —— Richard Davies, William Cecil, and Giraldus Cambrensis, *CLlGC*, iii, 11–14.

2245 JONES, Evan J.: The death and the burial of Walter Devereux, Earl of Essex 1576, *CA*, ii, 184–201. (Ymdrinnir â'r llyfr: A funerall sermon preached . . . by the reverende father in God, Richard . . . bishoppe of Saint Dauys, at the buriall of the right honourable Walter earle of Essex and Ewe, 1577).

2246 MORRIS, T. J.: Anglican Classics of Welsh Prose – III Bishop Richard Davies . . . and the Welsh New Testament of 1567, *Province*, xiv, 61–8, 98–104, 137–41; xv, 30–3, 66–70.

2247 THOMAS, D. R.: Darganfyddiad cyfieithiad Cymraeg yr Esgob Richard Davies o'r Epistolau Bugeiliol, ac ysgrifau eraill yn Llyfrgell Gwysaney, Sir Fflint, *Y Geninen*, x, 85–96.

2248 —— The life and work of Bishop Davies and William Salesbury, with an account of some early translations into Welsh of the Holy Scriptures . . . Oswestry: Caxton Press, 1902.

2249 WILLIAMS, Glanmor: The life and work of Bishop Richard Davies, *TYCCh*, 84.

2250 —— The deprivation and exile of Bishop Richard Davies, *JHSCW*, i, 81–90.

2251 —— Richard Davies, Bishop of St. Davids, 1561–81, *THSC*, 1948, 147–69.

2252 —— Richard Davies, Esgob Tyddewi, a'r 'Shepheardes Calender', *LlC*, ii, 232–6.

2253 —— Bywyd ac amserau'r Esgob Richard Davies. Caerdydd, 1953. Adol. BACHELLERY, E. *EC*, vii, 211–12.

2254 —— Bishop Richard Davies (?1501–1581), yn rhif 2178, 155–90.

2255 —— Darlith Goffa Gwilym T. Jones – Esgob Richard Davies, *Barn, Y Gwrandawr*, Rhagfyr 1967, VI–VII.

2256 —— Yr Esgob Richard Davies (1501–1581), *TCHSG*, xxix, 137–51.

Thomas Huet

2257 JENKINS, R. T.: A note on Thomas Huet and Trefeglwys, *BBCS*, ix, 274.

William Morgan

2258 ASHTON, Charles: Bywyd ac amserau yr Esgob Morgan. Treherbert: arg. dros yr awdur gan I. Jones, 1891.

2259 DAVIES, T. Witton: Beibl Esgob Morgan a'r Beibl Hebraeg, *Beriniad*, vi, 111–24.

2260 DIENW: Llyfr y Pregeth-wr. Gwasg Gregynog, 1927. (Testun cyfieithiad William Morgan). Adol. GRUFFYDD, W. J. *Llenor*, vi, 255–6.

2261 EDWARDS, Ifan ab Owen: William Morgan's quarrel with his parishioners at Llanrhaeadr ym Mochnant, *BBCS*, iii, 298–339.

2262 EDWARDS, Richard Tudor: William Morgan. Ruthin: John Jones, 1968.

2263 EVANS, J. Gwenogvryn (gol.): Llyvyr Iob. Cyvieithad Dr. Morgan 1588. Oxford: J. G. Evans, 1888.

2264 GRUFFYDD, R. Geraint: William Morgan, yn rhif 123, 149–74.

2265 JAMES, H. A.: Bishop Morgan – translator of the Bible into Welsh, *TLWNS*, 1888–9, 33–45.

2266 JONES, J. Gwynfor: Bishop William Morgan's dispute with John Wynn of Gwydir in 1603–4, *JHSCW*, xxii, 49–78.

2267 PARRY-WILLIAMS, T. H.: Coffáu'r Esgob William Morgan, *THSC*, 1955, 18–22.

2268 POWEL, Thomas (gol.): Psalmau Dafydd o'r vn cyfieithiad a'r Beibl Cyffredin. The Psalms translated into Welsh by William Morgan . . . Reproduced in photographic facsimile for Thomas Powel. London: Charles J. Clark, 1896.

2269 ROBERTS, G. J.: Yr Esgob William Morgan. Dinbych: Gwasg Gee, 1955.

2270 WILLIAMS, Ifor (gol.): Psalmau Dafydd yn ôl William Morgan 1588. Gwasg Gregynog, 1929. Adol. GRUFFYDD, W. J. *Llenor*, ix, 191–2.

Richard Parry

2271 GRUFFYDD, R. Geraint: Richard Parry a John Davies, yn rhif 123, 175–93.

2272 WILLIAMS, A. H.: Dr. Richard Parry ac Ysgol Rhuthun, *LlC*, ii, 255–6.

William Salesbury

(i) Cyffredinol

2273 EVANS, E. Lewis: Wiliam Salesbury, *Llenor*, xii, 106–18, 180–5.

2274 HUGHES, Garfield H.: William Salesbury a'i oes ei hun, *Eurgrawn*, clix, 130–6.

2275 JENKINS, R. T.: William Salesbury yn y llannau, *Traethodydd*, 1946, 87–91.

2276 JONES, Evan D.: William Salesbury a'i deulu 1546, *BBCS*, vii, 137–41. Gw. hefyd BOWEN, D. J. :Anghydfod William Salesbury a'i deulu, *LlC*, xii, 121–2.

2277 JONES, Evan John: William Salesbury. Address to the friends of the Cathedral of St. Asaph, May 5, 1967.

2278 LEWIS, Henry: Llythyr William Salesbury at Ruffudd Hiraethog, *BBCS*, ii, 113–18.

2279 LLOYD, D. Myrddin: William Salesbury and Epistol E. M. at y Cembru, *CLlGC*, ii, 14–16.

2280 MARK, Daniel: The language and style of William Salesbury, *TYCCh*, 935.

2281 MATHIAS, W. Alun: Gweithiau William Salesbury, *JWBS*, vii, 125–43, 192. Gw. hefyd: *ib.*, 169–70.

2282 ——— Nodiadau ar rai o lyfrau cynnar William Salesbury, *Ar Daf*, cylchgrawn llenyddol myfyrwyr Coleg y Brifysgol, Caerdydd, 1967, 13–15.

2283 ——— William Salesbury – ei fywyd a'i weithiau, yn rhif 123, 27–53.

2284 ——— William Salesbury – ei ryddiaith, *ib.*, 54–78.

2285 ——— Astudiaeth o weithgarwch llenyddol William Salesbury. *TYCCh*, 936.

2286 PARRY, Thomas: Tri chyfeiriad at William Salesbury, *BBCS*, ix, 108–12.

2287 ROBERTS, Griffith T.: William Salesbury, *Eurgrawn*, cxliii, 1951, 12–17, 39–42, 71–5. Gw. hefyd: PHILLIPS, W., William Salesbury, *ib.*, 247–50.

2288 THOMAS, D. R.: The life and work of Bishop Davies and William Salesbury, with an account of some early translations into Welsh of the Holy Scriptures and the Prayer Book. Oswestry: Caxton Press, 1902.

2289 WILLIAMS, Glanmor: The achievement of William Salesbury, *TCHSDd*, xiv, 75–96. Gw. rhif 2178, 191–205.

2290 WILLIAMS, Ifor: Ar Gymraeg William Salesbury, *Traethodydd*, 1946, 32–45.

2291 ——— Geirfa William Salesbury, *Traethodydd*, 1949, 176–81.

2292 WILLIAMS, Rhiannon: Cywydd marwnad Wiliam Cynwal i wraig William Salesbury, *LlC*, ix, 227–9.

(ii) Cyfieithu'r Ysgrythurau

2293 EDWARDS, Thomas Charles: William Salesbury's translation of the New Testament into Welsh, *TLWNS*, 1885–6, 51–81.

2294 FLOWER, Robin: William Salesbury, Richard Davies, and Archbishop Parker, *CLlGC*, ii, 7–14. Gw. rhif 2243.

2295 JONES, Evan J.: Salmau William Salesbury, *LlC*, ix, 166–76.

2296 ―――― Geiriau Llanw yn Salmau Salesbury, *LlC*, x, 206–19.

2297 ―――― Geiriau'r Gyfraith yn Salmau Salesbury, *LlC*, xi, 205–12.

2298 JONES, Gwilym H.: The Welsh Psalter, 1567, *JHSCW*, xvii, 56–61.

2299 ―――― Y Sallwyr Cymraeg: William Salesbury, *Traethodydd*, 1967, 160–72; 1968, 29–41.

2300 MATHIAS, W. Alun: William Salesbury a'i gyfieithiadau, 1567, *Diwinyddiaeth*, xviii, 2–6.

2301 THOMAS, Isaac: William Salesbury a'i Destament. Caerdydd, 1967. (Cyfres ddwyieithog Gŵyl Dewi).

(iii) Ei Weithiau Eraill

2302 DAVIES, J. H.: Salesbury's Dictionary and the King's Licence, *Cymmrodor*, xiv, 96–7.

2303 JONES, Robert: William Salesbury and his Dictionary, *Cymmrodor*, i, 107–25.

2304 MATHIAS, W. Alun: Llyfr rhetoreg William Salesbury, *LlC*, i, 259–68; ii, 71–81. Gw. hefyd: WILLIAMS, Ifor: Un o lyfrau William Salesbury, *Beirniad*, v, 264–73; JONES, J. T.: Blwyddyn Marw Gruffydd Hiraethog a dyddiad 'ffugrau' Salesbury, *BBCS*, viii, 3–7.

2305 MORRIS, T. J.: Anglican classics of Welsh prose – II William Salesbury . . . and his edition of Gruffyth Hiraethog's proverbs . . . *Province*, xiv, 16–22.

2306 POWEL, T.: Notes on William Salesbury's Dictionary, *Cymmrodor*, viii, 209–13.

2307 ROBERTS, E. Stanton: Llysieulyfr Meddyginiaethol a briodolir i William Salesbury. *TYCCh*, 941.

2308 ROBERTS, E. Stanton (gol.): Llysieulyfr Meddyginiaethol a briodolir i William Salesbury edited with an introduction and notes. Liverpool: Hugh Evans, 1916. Gw. hefyd PETER, John (Ioan Pedr): 'William Salesbury fel llysieuwr', *Traethodydd*, 1873, 156–81; ROBERTS, E. Stanton: 'A herbal by William Salesbury', *PLlCBDFC*, xii, 58–63; ROWLANDS, R. S.: 'William Salesbury fel llysieuwr,' *Eurgrawn*, cxiii, 22–5, 151–4, 262–5, 338–44; cxiv, 12–16, 65–70.

2309 [SALESBURY, William]: A Dictionary in Englyshe and Welshe. Reprinted for the Cymmrodorion Society, 1877. Hefyd: A Dictionary in English and Welsh, 1547. A Scolar Press Facsimile, 1969.

2310 ——— Oll Synnwyr Pen Kembero ygyd. Edited by J. Gwenogvryn Evans. Bangor: Jarvis and Foster; London: J. M. Dent and Co., 1902.

2311 ——— Ban wedy i dynny air yngair allan o hen gyfreith Howel dda . . . Dan olygiaeth John H. Davies. (*Cyhoeddwyd yn un gyfrol gyda* Yn y lhyvyr hwnn. Gw. rhif 2444).

2312 ——— Kynniver Llith a Ban. Edited by the late Chancellor John Fisher. Cardiff, Oxford: 1931. Adol. WILLIAMS, G. J., *Llenor*, x, 248–51.

2313 ——— A brief and plain introduction, 1550. English Linguistics, 1500 1800· a collection of facsimile reprints, no. 179 . . . Menston: Scolar Press, 1968.

2314 WILLIAMS, Glanmor: William Salesbury's Baterie of the Popes Botereulx, *BBCS*, xiii, 146–50.

(3) Gweithiau Protestannaidd Eraill

2315 GRUFFYDD, R. Geraint: Catecism y Deon Nowell yn Gymraeg, *JWBS*, vii, 114–15, 203–7.

2316 ——— Dau destun Protestannaidd cynnar o lawysgrif Hafod 22, *Trivium*, i, 56–66.

2317 KYFFIN, Maurice: Deffynniad Ffydd Eglwys Loegr a gyfieithwyd i'r Gymraeg o Ladin yr Esgob Jewel yn y flwyddyn 1595. Argraffiad newydd gyda rhagymadrodd a nodiadau wedi ei olygu gan Wm. Prichard Williams. Bangor: Jarvis a Foster, 1908.

2318 LEWYS, Huw: Perl mewn adfyd, yn ôl argraffiad 1595 gyda rhagymadrodd gan W. J. Gruffydd. Caerdydd, 1929.

2319 MORRIS, T. J.: Select translations from Welsh Anglican prose – I. Morris Kyffin . . . and his translation of Bishop Jewel's *Apology*, *Province*, xiii, 129–34.

(4) Y Salmau Cân

2320 Gw. dan Edmwnd Prys, rhifau 2446–68.

2321 BALLINGER, J. (gol.): Rhan o Psalmau Dafydd Brophwyd. Caerdydd, 1930.

2322 BALLINGER, J. *a* JONES, J. Ifano: Rhif 39, Bibliography, rhifau 8, 9, 10.

2323 DAVIES, William Ll.: Welsh metrical versions of the Psalms, *JWBS*, ii, 276–301.

2324 PARRY, Thomas: Rhif 152, 146–9.

2325 PARRY-WILLIAMS, T. H.: Cyfieithu'r salmau ar gân, yn rhif 2190, Rhagymadrodd, tt. xxx–xl.

(c) Llenyddiaeth y Catholigion
(1) Cyffredinol

2326 BOWEN, D. J.: Detholiad o englynion hiraeth am yr hen ffydd, *EfC*, vi, 5–12.

2327 BOWEN, Geraint: Llenyddiaeth Gatholig y Cymry (1559–1829): rhyddiaith a barddoniaeth, *TYCCh*, 913.

2328 ——— Cwrs y Byd. Rhagarweiniad i Ryddiaith y Gwrth-ddiwygwyr (1534–1695), *BAC*, 29 Awst 1951, 8.

2329 ——— Canolfannau llenyddol y ffoaduriaid Catholig, *LlC*, iii, 229–33.

2330 ——— Rhai o lyfrau defosiynol Reciwsantiaid Cymru yn yr ail ganrif ar bymtheg, *CLlGC*, xi, 361–70.

2331 ——— Gweithiau Apologetic Reciwsantiaid Cymru, *CLlGC*, xii, 236–49, 323–40; xiii, 1–28, 174–189.

2332 ——— Trem ar addysg yng Ngholeg Douai yn oes Elsbeth, *CLlGC*, xiii, 308–12.

2333 ——— Rhai defosiynau Reciwsantaidd Cynnar, *ib.*, 389–96.

2334 ——— Y Reciwsantiaid a'r Wasg, 1558–1640, *ib.*, 401–11.

2335 ——— Cambro-Britanni in Anglia Nati. *ib.*, 415–18.

2336 ——— The Jesuit Library in Hereford Cathedral, *BABTPL*, 1965.

2337 ——— Llyfrgell Coleg Sant Ffrancis Xavier, Y Cwm, Llanrhyddol, *JWBS*, ix, 111–32.

2338 ——— Y llyfrau defosiynol Catholig yn Llyfrgell Llan-arth, Gwent, *JWBS*, x, 29–42.

2339 ——— Ysgol Milan. Gw. rhif 123, 79–117.

2340 ——— Ysgol Douai, *ib.*, 118–48.

2341 CLEARY, J. M.: The Catholic resistance in Wales, 1568–1678, *Blackfriars*, xxxviii, 111–25.

2342 GRUFFYDD, R. Geraint: Gwasg ddirgel yr Ogof yn Rhiwledyn, *JWBS*, ix, 1–23.

2343 ——— Argraffwyr cyntaf Cymru: gwasgau dirgel y Catholigion adeg Elisabeth. Caerdydd, 1972.

2344 LLOYD, D. Tecwyn: Alltudion o Gymru yn Rhufain, *YC*, 1961, 23–35.

2345 ——— Rome and Wales, *DL*, Winter 1952, 7–15.

2346 ——— Welsh pilgrims at Rome: 1471–1738, *Trivium*, vi, 1–16; vii, 95–106 (rhestr o enwau yn unig).

2347 LLOYD, H. W.: Welsh books printed abroad in the sixteenth and seventeenth centuries and their authors, *Cymmrodor*, iv, 25–69.

2348 PETERS, John (Ioan Pedr): Hen lyfrau y Cymry, *Traethodydd*, 1872, 90–107.

2349 ROGERS, D. M.: 'Popishe Tackwell' and early Catholic printing in Wales, *BS*, ii, 37–54.

2350 SOUTHERN, A. C.: Elizabethan recusant prose 1559–1582. London: Sands, 1950. Adol. ALLISON, A. F. a ROGERS, D. M., *Library*, vi, 1951, 48–57.

2351 WILLIAMS, W. Llewelyn: Welsh Catholics on the continent, *THSC*, 1901–2, 46–144.

2352 WILLIAMS, G. J.: Alltudion o Gymru yn yr Eidal yn yr unfed ganrif ar bymtheg, *Y Genhinen*, xix, 237–43.

(2) Llyfrau Unigol

2353 BOWEN, Geraint: Llanstephan 13 (A Manvall or Meditation), *CLlGC*, x, 51–8.

2354 —— Catecism Doway: y fersiynau Saesneg a Chymraeg, *CLlGC*, xii, 18–35.

2355 —— Lhyuran or Sacrauen o Benyd, Thomas Wiliems o Drefriw (un o weithiau defosiynol Reciwsantiaid Cymru), *CLlGC*, xiii, 300–5.

2356 —— Sallwyr Iesu a'r Reciwsantiaid, *ib.*, 86–7.

2357 —— Fersiwn Cymraeg o *Summa casuum conscientiae*, Francisco Toledo (un o weithiau llenyddol reciwsantaidd oes Elsbeth), *JWBS*, x/2, 5–35.

2358 HUGHES, Garfield H.: Darn o'r hen ffydd sy genny, *Llenor*, xxix, 61–4.

2359 JONES, Thomas: Cyssegredic Historia Severws Swlpisiws, *BBCS*, viii, 107–20. (Awgrym y golygydd yw mai gwaith un o'r gwrthddiwygwyr yw'r cyfieithiad).

2360 OWENS, B. G.: Un o lawysgrifau Cymraeg y diwygiad Catholig, *CLlGC*, i, 139–41. Gw. hefyd BOWEN, Geraint: 'Arthur ap Huw', *CLlGC*, ix, 376.

2361 PFANDER, H. G.: Dives et Pauper, *Library*, IV, xiv, 1933, 299–312.

2362 RICHARDSON, H. G.: Dives and Pauper, *Library*, IV, xv, 1934, 31–7.

(3) Awduron Unigol
Morys Clynnog

2363 BOWEN, Geraint: Ateb i *Athravaeth Gristnogavl* Morys Clynnog, *CLlGC*, vii, 388.

2364 —— *Dottrina Christiana*, Polanco ac *Athravaeth Gristnogavl*, Clynnog, *CLlGC*, xiii, 88–91.

2365 —— Morys Clynnog (1525–1580/1), *TCHSG*, xxvii, 73–97.

2366 CLYNOC, Morys: Athravaeth Gristnogavl, 1568, reproduced in facsimile and edited by L. – L. Bonaparte. London: Hon. Soc. of Cymmrodorion, 1880.

2367 GRUFFYDD, Geraint: Dau lythyr gan Owen Lewis, *LlC*, ii, 36–45. (Dangosir mai cyfieithiad yw'r *Athravaeth Gristnogavl*).

2368 HOPKINS, T. J. *a* BOWEN, Geraint: Memorandwm Morys Clynnog at y Pab Gregori XIII yn 1575, *CLlGC*, xiv, 1–34.

2369 ———— Llythyr Morys Clynnog at y Cardinal Morone, 1561, *ib.*, 497–502.

2370 WILLIAMS, Glanmor: Morris Clynnog, *CLlGC*, v, 79.

William Davies

2371 BOWEN, Geraint: Addysg William Davies, Y Merthyr, 1555–93, *CLlGC*, xv, 101.

2372 CREAN, Patrick J.: Sir William Dai. A life of the Venerable William Davies. Catholic martyr executed in North Wales at Beaumaris, 1593. Dublin: Catholic Truth Society of Ireland, 1958.

2373 CRONIN, J. M.: The matyrdom of Mr. Day or Davis, priest in Anglesey – 27th July, 1593, *St. Peter's Magazine*, 1924, 258–60.

2374 GRUFFYDD, R. Geraint: Carol santaidd ir Grawys o waith y Tad William Davies, *TCHSG*, xxviii, 37–44. Gw. hefyd ROBERTS, Rhiannon Francis: Dogfen gyfreithiol yn cyfeirio at y Tad William Davies, *ib.*, 44–6.

Robert Gwyn

2375 BOWEN, Geraint: Robert Gwyn, *TCHSG*, xv, 15–23.

2376 GWYN, Robert: Gwasanaeth y Gwŷr Newydd . . . 1580. Golygwyd gan Geraint Bowen. Caerdydd, 1970. Adol. JARVIS, Branwen, *LlC*, xi, 253–5; JONES, Thomas, *SC*, vi, 203–4.

2377 HARRIES, W. Gerallt: Robert Gwyn: ei Deulu a'i Dylwyth, *BBCS*, xxv, 425–38.

2378 MATHIAS, W. Alun: Rhai sylwadau ar Robert Gwyn, *LlC*, iii, 63–73.

Owen Lewis

2379 ANSTRUTHER, Godfrey: Owen Lewis, *The Venerable*, xxi, 274–94.

2380 BOWEN, Geraint: Dyddiad penodi Owen Lewis yn Archddiacon Hainault, *CLlGC*, x, 117.

2381 ———— Bedyddio Owen Lewis, Esgob Cassano, yn Llangadwaladr, Môn, *CLlGC*, xiii, 397.

2382 ———— Ex Libris Owen Lewis, Esgob Cassano, *ib.*, 295–6.

2383 GRUFFYDD, Geraint: Gw. rhif 2367.

Robert Owen, Plas-du

2384 BOWEN, Geraint: Apêl at y Pab ynghylch dilysrwydd *Historia Regum*, Sieffre o Fynwy (Llythyr Robert Owen i'r Fatican yn 1584) (Vat. Lat. 6194, t.323–326v), *CLlGC*, 127–46.

2385 ———— Robert Owen, [Plas-du], Canon Le Mans, *CLlGC*, xiii, 87–8.

Rhosier Smyth

2386 SMYTH, Rhosier: Theater Du Mond (Gorsedd y Byd). Golygwyd gan Thomas Parry. Caerdydd, 1930.

Richard White

2387 DAVIES, Alun: Richard White Ferthyr, *Beirniad*, ii, 38–44.

2388 PARRY-WILLIAMS, T. H. (gol.): Carolau Richard White. Gw. rhif 2199.

(ch) Llenyddiaeth y Dadeni Dysg

(1) Cyffrediuol

2389 BOWEN, D. J.: Gw. rhif 1614.

2390 BROMWICH, Rachel: William Camden and *Trioedd Ynys Prydain*, *BBCS*, xxiii, 14–17.

2391 GRIFFITH, T. Gwynfor: Avventure linguistiche del Cinquecento. Firenze: Le Monnier, 1961. Adol. DIONISOTTI, C. *Giornale storico della letteratura italiana*, cxxxviii, 451–8.

2392 ———— Italian humanism and Welsh prose, *YCS*, vi, 1–26.

2393 ———— Italy and Wales, *THSC*, 1966, 281–98.

2394 GRUFFYDD, R. Geraint: Wales and the Renaissance *yn* Wales through the ages, II, gol. A. J. Roderick. Llandybïe: Christopher Davies, 1960. 45–53.

2395 JARMAN, A. O. H.: Y ddadl ynghylch Sieffre o Fynwy, *LlC*, ii, 1–18.

2396 JONES, Bedwyr Lewis: Testunau rhethreg Cymraeg y dadeni, *TYCCh*, 930.

2397 JONES, Evan J.: Lladin a'r famiaith yng nghyfnod y dadeni, *LlC*, ix, 33–45.

2398 KENDRICK, T. D.: British antiquity. London: Methuen and Co., 1950.

2399 LEWIS, Saunders: Trem ar lenyddiaeth y Dadeni Dysg, *BAC*, 13 Medi 1939, 10.

2400 MORGAN, T. J.: Ysgrifau llenyddol. Llundain: W. Griffiths, 1951, 183–202.

2401 ROBERTS, Enid: The renaissance in the Vale of Clwyd, *FHSP*, xv, 52–63.

2402 WILLIAMS, Glanmor: Dadeni, diwygiad a diwylliant Cymru. Caerdydd, 1964.

2403 WILLIAMS, G. J.: Leland a Bale a'r traddodiad derwyddol, *LlC*, iv, 15–25.

2404 ———— Traddodiad llenyddol Dyffryn Clwyd a'r cyffiniau, *TCHSDd*, i, 20–32.

2405 —— Hanes ysgolheictod Cymraeg yng nghyfnod y dadeni, yn rhif 163, 31–81.

2406 —— The early historians of Glamorgan *yn* Glamorgan Historian, III. Cowbridge: D. Brown, 1966, 63–74.

2407 WILLIAMS, Roland: British physician-scholars of the renaissance. (1) Medicine and the humanities in Wales in the sixteenth century, *Crookes Digest*, Autumn 1954, 2–8.

(2) Awduron Unigol

Jaspar Griffith

2408 JONES, E. D.: Jaspar Griffith (Gryffyth), Warden of Ruthin (d. 1614), *CLlGC*, i, 168–70; ii, 47.

Elis Gruffudd

2409 EVANS, J. Gwenogvryn: *Reports*, i, 215–21; ii, 96–9 (Enghreifftiau o ddiddordeb E.G. yn hanes a llenyddiaeth Cymru).

2410 EVANS, Mari Davies: Astudiaeth o gyfieithiad Elis Gruffydd o rannau o *The Boke of Chyldren*, ac o *The Regiment of Lyfe*, *TYCCh*, 926.

2411 MORGAN, Prys: Elis Gruffudd of Gronant – Tudor chronicler extraordinary, *FHSP*, xxv, 9–20.

2412 TIBBOTT, Delwyn: Astudiaeth destunol ac ieithyddol (gyda geirfa) o Lysieuwr Ellis Gruffydd. *TYCCh*, 943.

2413 —— Llawysgrif Cwrtmawr I. *CLlGC*, xi, 276–83.

2414 TIBBOTT, Sarah Minwel (nee WILLIAMS): Astudiaeth destunol a gramadegol o *Castell yr Iechyd* Ellis Gruffydd, yn ei gysylltiad a'r testun Saesneg gwreiddiol. *TYCCh*, 944.

2415 —— (gol.): Castell yr Iechyd gan Elis Gruffydd. Caerdydd, 1969. Gw. hefyd rhifau 1160–70.

Humphrey Lhuyd

2416 CHOTZEN, Theodore Max: Some sidelights on Cambro-Dutch relations (with special reference to Humphrey Llwyd and Abrahamus Ortelius), *THSC*, 1937, 101–44.

2417 GRUFFYDD, Geraint: Humphrey Lhuyd a deddf cyfieithu'r Beibl i'r Gymraeg, *LlC*, iv, 114–15, 233.

2418 —— Humphrey Llwyd of Denbigh – some documents and a catalogue, *TCHSDd*, xvii, 54–107; xviii, 178–9.

2419 —— Humphrey Llwyd: Dyneiddiwr, *EA*, xxxiii, 57–74.

2420 JARMAN, A. O. H.: Ortelius a'r *De Mona Druidum Insula*, *LlC*, iii, 43.

2421 JERMAN, H. N.: Humphrey Lhuyd (1527–1568; DNB xxxiv, 2), *CLlGC*, i, 164.

2422 NORTH, F. J.: The map of Wales, *AC*, 1935, 1–69.

2423 ——— Humphrey Lhuyd's maps of England and Wales, *AC*, 1937, 11–63.

2424 WILLIAMS, Ieuan M.: Ysgolheictod hanesyddol yr unfed ganrif ar bymtheg. Humphrey Lhuyd: ei weithiau hanesyddol, *LlC*, ii, 111–24, 209–14; ei gymhellion, *ib.*, 209–14.

2425 ——— Hanesyddiaeth yng Nghymru yn yr unfed ganrif ar bymtheg, gan gyfeirio'n arbennig at Humphrey Llwyd a David Powel. *TYCCh*, 184.

William Midleton

2426 GRIFFITH, W. J.: Marwnadau i ddynion byw, *Beirniad*, i, 34–8.

2427 MIDLETON, William: Barddoniaeth neu brydyddiaeth gan Wiliam Midleton, yn ôl argraffiad 1593, gyda chasgliad o'i awdlau a'i gywyddau, golygwyd gan G. J. Williams. Caerdydd, 1930.

2427A WILLIAMS, G. Aled: Wiliam Midleton, bonheddwr, anturiwr a bardd, *TCHSDd*, xxiv, 74–116.

2428 WILLIAMS, G. J.: Wiliam Midleton a Thomas Prys, *BBCS*, xi, 113–14.

2429 ——— Wiliam Midleton (Gwilym Ganoldref), yn rhif 163, 157–70.

2430 WILLIAMS, Ifor: Protestaniaeth Wiliam Midleton, *BBCS*, viii, 242–7.

George Owen, Henllys

2431 CHARLES, B. G.: George Owen of Henllys, a Welsh Elizabethan. Aberystwyth: National Library of Wales Press, 1973.

2432 OWEN, George: The description of Penbrokshire, by George Owen of Henllys, Lord of Kemes, edited by Henry Owen. London: pr. by Charles J. Clark, 1892–1936.

Henri Perri

2433 PERRI, Henri: Egluryn ffraethineb sef dosbarth ar retoreg, un o'r saith gelfyddyd. Argraffiad cyfatebol o gopi yn Llyfrgell Genedlaethol Cymru 1595. Caerdydd, 1930. Rhagymadrodd gan G. J. Williams.

David Powel

2434 JENKINS, R. T.: David Powell, *Efrydydd*, viii, 207–11.

2435 LLOYD, John Edward: Powel's *Historie* (1584), *AC*, 1943, 96–7. Gw. hefyd: *CLlGC*, iii, 15–17.

2436 RICHARDS, Melville: Dr. David Powel, Rhiwabon, *CLlGC*, xiii, 397–8.

2437 SCHOLDERER, Victor: Powel's *Historie* (1584), *CLlGC*, iii, 17–18.

2438 WILLIAMS, Ieuan M.: Ysgolheictod hanesyddol yr unfed ganrif ar bymtheg. III. David Powel, *LlC*, ii, 214–23.

Syr John Price

2439   GRUFFYDD, R. Geraint: Yny lhyvyr hwnn (1546): the earliest Welsh printed book, *BBCS*, xxiii, 105–16.

2440   HUWS, Daniel: Gildas Prisei, *CLlGC*, xvii, 314–20.

2441   JONES, Evan D.: Llyfr amrywiaeth Syr Sion Prys, *Brycheiniog*, viii, 97–104.

2442   KER, Neil R.: Sir John Prise, *Library*, V, x, 1–24.

2443   MORGAN, F. C.: The will of Sir John Prise of Hereford, 1555, *CLlGC*, ix, 255–61.

2444   [PRYS, John]: Yny Lhyvyr hwnn . . . Dan olygiaeth John H. Davies, Bangor: Jarvis and Foster; London: J. M. Dent and Co. 1902. (Reprints of Welsh prose works, Univ. of Wales, Guild of Graduates, no. 4).

2445   WILLIAMS, Ifor: Blwyddyn Cyhoeddi 'Yn y Lhyvyr Hwnn', *JWBS*, iv, 33–9.

Edmwnd Prys

2446   ARCHESGOB CYMRU: Pedwar canmlwyddiant sefydlu Edmwnd Prys i Ffestiniog a Maentwrog, *Haul*, Hyd. 1972, 7–11.

2447   EVANS, A. Owen: Edmund Prys 1621–1921, *WO*, viii, 68–9.

2448   ——— Edmwnd Prys: Archdeacon of Merioneth, *Cymmrodor*, xxxviii, 184–8.

2449   ——— The life and work of Edmund Prys. Carmarthen: Spurrell, 1923.

2450   ——— Edmund Prys: Archdeacon of Merioneth, Priest, Preacher, Poet, *THSC*, 1922–3, 112–68.

2451   EVANS, D. Eifion: Nicander ac Edmund Prys, *JHSCW*, iii, 78–9.

2452   GRUFFYDD, W. J.: Gw. rhif 130, 94–109.

2453   HUGHES, E. A. Moelwyn: Edmund Prys, *Y Genhinen*, xvi, 129–34.

2454   JONES, D. Ambrose: Edmwnd Prys, *Haul*, 1923, 220–34.

2455   JONES, G. (Glan Menai): Traethawd bywgraphyddol a beirniadol ar Edmwnd Prys, Archddiacon Meirionydd. Conwy: R. E. Jones (d.d.).

2456   JONES, T. Gwynn: Edmwnd Prys, *Llenor*, ii, 235–64; iii, 19–31.

2457   LEVI, Thomas: Awduriaeth Salmau Cân Edmwnd Prys, *Traethodydd*, 1901, 63–7.

2458   MORRIS, Richard E.: Sallwyr Edmwnd Prys. *Traethodydd*, 1895, 449–60.

2459   MORRIS-JONES, J.: Edmwnd Prys, *Y Geninen*, xli, 57–71.

2460   OWEN, Bob: Lle geni Edmwnd Prys, *Y Genhinen*, i, 65–71.

2461   OWEN, Robert: Edmund Prys a'i gydoeswyr, *Traethodydd*, 1894, 95–106.

2462   PARRY, Thomas: Hanes llenyddiaeth Gymraeg, 161–4. Gw. rhif 152.

2463 ROBERTS, J. Wyn: Edmwnd Prys: ei fywyd a chasgliad o'i weithiau. *TYCCh*, 942.

2464 ROBERTS, T. R. (Asaph): Edmwnd Prys, Archddiacon Meirionydd. Traethawd bywgraffyddol a beirniadol. Caernarfon: arg. gan W. Gwenlyn Evans. Cyhoeddwyd gan yr awdur, 1899.

2465 SHANKLAND, T.: Edmwnd Prys or Price, *BBCS*, i, 336.

2466 WILLIAMS, G. Aled: Gw. rhif 2144.

2467 —— Edmwnd Prys, un arall o enwogion Llanwrst, *TCHSDd*, xxiii, 294–8.

2468 —— Edmwnd Prys a Beibl 1588, *BBCS*, xxvi, 37–8.

Gruffydd Robert

2469 BOWEN, Geraint: Doctor Griffith, Milan 1605, *CLlGC*, xii, 84–6.

2470 —— Cofnodiad penodi Gruffydd Robert yn Archiagon Môn yn *Registrum Reginaldi Cardinalis Poli* (1556–58) (Lambeth Palace Library), *CLlGC*, xiv, 366–7.

2471 GRIFFITH, T. Gwynfor: Italian humanism and Welsh prose, *YCS*, vi, 1–6.

2472 LEWIS, Saunders: Gruffydd Robert, yn rhif 142, 50–9.

2473 PHILLIPS, D. Rhys: Dr. Griffith Roberts: Canon of Milan. A great Welsh grammarian. Adarg. o *Pax*, 1917. 1922.

2474 ROBERT, Gruffydd: A Welsh grammar and other tracts by Griffith Roberts, Milan, 1567: a fac-simile reprint published as a supplement to the Revue Celtique, 1870–1883. Paris: F. Vieweg. [1883].

2475 ROBERT, Gruffydd: Gramadeg Cymraeg gan Gruffydd Robert: yn ôl yr argraffiad y dechreuwyd ei gyhoeddi ym Milan yn 1567. Golygwyd gan G. J. Williams. Caerdydd, 1939. Adol. LEWIS, Saunders, *BAC*, 12 Ebrill 1939, 10; 19 Ebrill 1939, 10; 26 Ebrill 1939, 10; PARRY, T., *Llenor*, xviii, 124–8.

2476 ROGERS, David: Gruffydd Robert, *LlC*, ii, 258–9.

2477 WILLIAMS, G. J.: Gruffydd Robert o Filan, *Barn*, 39, 74.

2478 —— Gruffydd Robert, yn rhif 163, 148–56.

2479 —— Gruffydd Robert, *Irisleabhear Muighe Nuadhat*, 1960, 3.

2480 WILLIAMS, Ifor: Gruffydd Robert o Filan, *Traethodydd*, 1939, 193–208.

2481 WILLIAMS, W. Llewelyn: Welsh Catholics on the Continent, *THSC*, 1901–2, 46–144. *passim*.

Rhys Amheurug

2482 HOPKINS, T. J.: Rice Merrick (Rhys Meurug) of Cottrell, *Morgannwg*, viii, 5–13.

2483 MERRICK, Rice: A Booke of Glamorganshires Antiquities . . . 1578. Edited by James Andrew Corbett. London: Dryden Press, 1887. Adol. LEWIS, D., *Cymmrodor*, ix, 190–7.

2484 WILLIAMS, G. J.: Gw. rhif 160, 203–14.

Siôn ap Howel ab Owen

2485 JONES, Bedwyr Lewis: Siôn ap Howel ap Owen, Cefn Treflaeth, *TCHSG*, xxi, 63–9; xxiii, 131.

2486 —— Siôn ap Hywel ab Owain a'r *Rhetorica ad Herennium* yn Gymraeg, *LlC*, vi, 208–18.

Siôn Dafydd Rhys

2487 GRIFFITH, T. Gwynfor: De Italica pronunciatione . . . *Italian Studies*, viii, 71–82.

2488 GRUFFYDD, R. Geraint: The life of Dr. John Davies of Brecon, *THSC*, 1971, 175–90. (The Cecil Williams Memorial Lecture).

2489 NOBLE, F.: The Radnorshire MSS of Dr. John David Rhys (Siôn Dafydd Rhys), *TRS*, xxvi, 34–9.

2490 OWEN, Hugh: Peniarth MS. 118, fos. 829–37. Introduction, transcript and translation, *Cymmrodor*, xxvii, 115–52.

2491 PARRY, T.: Siôn Dafydd Rhys, *Llenor*, ix, 157–65, 234–41; x, 35–46.

2492 —— Gramadeg Siôn Dafydd Rhys, *BBCS*, vi, 55–62, 225–31.

2493 —— Bywyd a gwaith Dr. Siôn Dafydd Rhys. *TYCCh*, 939.

2494 WILLIAMS, G. J.: Llythyr Siôn Dafydd Rhys at y beirdd, *EfC*, iv, 5–11. Gw. hefyd rhif 2201, 155–60; JARVIS, Branwen: Llythyr Siôn Dafydd Rhys at y beirdd, *LlC*, xii, 45–56.

IV. AMRYWIOL

2495 JONES, D. Gwenallt: Clod Cerdd Dafod, *LlC*, i, 186–7. (Ymdriniaeth â'r traethawd ar gerddoriaeth a ysgrifennwyd gan Siôn Conwy). Gw. hefyd JONES, Gwendraeth, *BBCS*, xxii, 23.

2496 JONES, Robert Isaac Denis: Astudiaeth feirniadol o Peniarth 168B (tt. 41a–126b). (Y testun a astudir yw 'Hanes Prydain', yn llaw'r awdur Roger Morys). *TYCCh*, 843.

2497 GRIFFITHS, John Ffrancon: Llyfr Edward ap Roger. *TYCCh*, 927.

2498 HUGHES, Garfield H.: Dysgeidiaeth Cristnoges o Ferch *yn* Astudiaethau amrywiol, 17–32. Gw. rhif 135. Gw. hefyd: Dau gyfieithiad, *Llenor*, xxvii, 63–9.

2499 JONES, Gwendraeth: Astudiaeth o *Definiad i Hennadirion*, cyfieithiad Siôn Conwy o *A summons for sleepers* gan Leonard Wright gyda rhagymadrodd, nodiadau a geirfa. *TYCCh*, 933.

2500 —— Siôn Conwy III a'i waith, *BBCS*, xxii, 16–30. Gw. hefyd: ROBERTS, Enid Pierce, Seven John Conways, *FHSP*, xviii, 61–74.

2501 LLOYD, Nesta: Cyfieithiad o ran o *De remediis fortuitorum liber* Seneca i'r Gymraeg, BBCS, xxiv, 450–8.

2502 ——Cyfieithiad o ran o colloquium *Adoloscentis et scorti* Erasmus i'r Gymraeg, *BBCS*, xxv, 32–46. Gw. hefyd: CHOTZEN, Theodore Max, Un ancien fragment des *colloques* en Gallois, *Neophilologus*, xii, 210–18.

YR AIL GANRIF AR BYMTHEG

I. CYFFREDINOL

2503 DIENW: Thomas Jones, The Almanacer, *JWBS*, i, 239–45; ii, 97–110.

2504 DODD, A. H.: Studies in Stuart Wales. Cardiff, 1952.

2505 EVANS, Albert Owen: Llenyddiaeth Cymru yn yr 17eg ganrif, *Haul*, 1927, 322–6, 356–9, 376–81.

2506 FISHER, John: The private devotions of the Welsh in former days, *TLWNS*, 1897–8, 77–117.

2507 GRUFFYDD, W. J.: Gw. rhif 129.

2508 HUGHES, Garfield H.: Cefndir meddwl yr ail ganrif ar bymtheg: rhai ystyriaethau, *EA*, xviii, 31–41.

2509 JARMAN, A. O. H.: Literature and antiquities *yn* Wales through the ages, II, 110–16. Gw. rhif 2394.

2510 JENKINS, Geraint Huw: Welsh books and religion. Ph.D. Cymru. Aberystwyth, 1974.

2511 JONES, Emyr Gwynne: Cymru a'r hen ffydd. Caerdydd, 1951. Adol. WILLIAMS, Glanmor, *Llenor*, xxx, 188–90.

2512 [JONES, R. Ambrose (Emrys ap Iwan)]: Y clasuron Cymraeg, *yn* Detholiad o erthyglau a llythyrau Emrys ap Iwan, II, gol. D. Myrddin Lloyd. [Aberystwyth]: Y Clwb Llyfrau Cymreig, 1939. Ail arg.: Llandysul: Gwasg Gomer, 1954. 19–50.

2513 ―――― Llenyddiaeth grefyddol y Cymry gynt, *ib.*, 71–83. Gw. hefyd *id. Y Geninen*, xv, 87–91.

2514 JONES, R. Tudur: Rhesymeg y Piwritaniaid, *EA*, xiii, 19–37. Adol. LEWIS, Saunders, *LlC*, i, 188–9.

2515 JONES, Thomas: Thomas Jones o Dre'r Ddôl, ac almanaciau'r cyfnod, *Haul*, 1930, 134–6, 200–2, 218–21.

2516 ―――― Almanaciau Thomas Jones, Amwythig, gw. rhif 348, 68–79.

2517 ―――― Almanaciau Thomas Jones, Amwythig, *Efrydydd*, v, Rhagfyr, 1939, 12–17; Rhagfyr, 1940, 36–41.

2518 LEWIS, Henry: Perlau benthyg: trem ar lenyddiaeth yr ail ganrif ar bymtheg, *THSC*, 1930–31, 36–61.

2519 LLOYD, Llewelyn C.: Thomas Jones, *JWBS*, iv, 337–45.

2520 MORRICE, J. C.: Wales in the seventeenth century: its literature and men of letters and action. Bangor: Jarvis and Foster, 1918.

2521 OWEN, Bob: Sion Rhydderch yr Almanaciwr, 1673–1735, *JWBS*, iii, 275–90.

2522 ———— Almanac cyntaf Sion Rhydderch, *JWBS*, iii, 347–9.

2523 PARRY, Thomas: Gw. rhif 152, pennod ix.

2524 RICHARDS, Thomas: A history of the Puritan Movement in Wales. London: National Eisteddfod Association, 1920.

2525 ———— Religious developments in Wales, 1654–1662. London: National Eisteddfod Association, 1923.

2526 ———— Wales under the Penal Code 1662–87. London: National Eisteddfod Association, 1925.

2527 ———— Wales under the Indulgence 1672–1675. London: National Eisteddfod Association, 1928.

2528 ———— Henry Maurice, Piwritan ac Annibynnwr, *Cofiadur*, 1928, 15–67.

2529 SHANKLAND, Thomas: Sir John Philipps, the Society for Promoting Christian Knowledge, and the Charity-school Movement in Wales, 1699–1737, *THSC*, 1904–5, 74–216.

2530 WILLIAMS, G. J.: Stephen Hughes a'i gyfnod, *Cofiadur*, 1926, 5–44; hefyd yn rhif 163, 171–206.

2531 ———— Hanes y llawysgrifau Cymraeg *yn* ib., 1–30.

2532 ———— Hanes ysgolheictod Cymraeg yng nghyfnod y dadeni *yn* ib., 31–81.

II. BARDDONIAETH

Y mae gwaith y beirdd caeth wedi ei restru ymysg gwaith Beirdd yr Uchelwyr yn Adran Ch.

(i) Casgliadau a Detholion

2533 [DAVIES, J. H.]: Gw. rhif 2185. Ceir yn y cyfrolau hyn rai cerddi o'r 17g.

2534 FISHER, J. (gol.): The Cefn Coch MSS. Liverpool: I. Foulkes, 1899.

2535 JONES, John (Myrddin Fardd): Gw. rhif 1388.

2536 WILLIAMS, Richard: Inedited Welsh poetry, by Powysland and other Welsh poets, *MC*, xvii, 273–6; xviii, 93–6.

(ii) Astudiaethau
(a) Cyffredinol

2537 BOWEN, Geraint: Yr Halsingod, *THSC*, 1945, 83–108. Hefyd: HUGHES, Garfield H.: *Eurgrawn*, cxxxiii, 58–63, 89–91, 126–7.

2538 DAVIES, W. T. Pennar: Baledi gwleidyddol yng nghyfnod y Chwyldro Piwritanaidd, *Cofiadur*, rhifyn 25, 1955, 3–22.

142

2539   DIENW: Caniadau'r gwrthryfel mawr, *Cymru*, xxi, 213–19.

2540   HUGHES, Garfield H.: Emynyddiaeth gynnar yr ymneilltuwyr, *LlC*, ii, 135–46.

2541   JENKINS, David: Rhai llawysgrifau barddoniaeth, *CLlGC*, i, 221–2.

2542   ——— Carolau Haf a Nadolig, *LlC*, ii, 46–54.

2543   PARRY-WILLIAMS, T. H.: Canu rhydd cynnar. Gw. rhif 2190.

2544   REES, Brinley: Dulliau'r canu rhydd 1500–1650. Gw. rhif 2192.

2545   ROBERTS, Griffiith T.: Hen gerddi duwiol, *Traethodydd*, 1951, 49–60.

2546   THOMAS, Gwyn: A study of the changes in the tradition of Welsh poetry in North Wales in the seventeenth century. *TYCCh*, 960.

2547   ——— Y portread o uchelwr ym marddoniaeth gaeth yr ail ganrif ar bymtheg, *YB*, viii, 110–29.

2548   THOMAS, Owen: Beirdd oes Cromwell, *Haul*, 1931, 133–4.

2549   T., W.: Prydyddiaeth grefyddol yr ail ganrif ar bymtheg, *Efrydydd*, 1930, 123–5.

2550   WILLIAMS, D. D. *a* GRIFFITH, Robert: Deuddeg o Feirdd y Berwyn. Cymdeithas yr Eisteddfod Genedlaethol, 1910.

2551   WILLIAMS, G. J.: Cerddi i Biwritaniaid Gwent a Morgannwg, *LlC*, i, 98–106.

(b) Beirdd Unigol

Edward Dafydd (o Drefddyn)

2552   BOWEN, Geraint: Edward Dafydd, y bardd a'r reciwsant o Drefddyn, Gwent, *CLlGC*, xiii, 400.

2553   GRUFFYDD, Geraint: Awdl wrthryfelgar gan Edward Dafydd, *LlC*, v, 155–63; viii, 65–9.

2554   ——— Cywydd, englynion a chwndidau gan Edward Dafydd o Drefddyn, *LlC*, xi, 213–38.

Edward Dafydd (o Fargam)

2555   RHYS, John: Bywyd a gwaith Edward Dafydd o Fargam a Dafydd o'r Nant . . . *TYCCh*, 956.

2556   WILLIAMS, G. J.: Traddodiad llenyddol Morgannwg, *passim*. Gw. rhif 160.

John Gruffydd

2557   WILLIAMS, W. Gilbert: Dau gywydd o waith John Gruffydd, Llanddyfnan, *TCHNM*, 1938, 50–6. Gw. hefyd rhif 2185, II. Hen Gerddi Gwleidyddol, 16–24, 41–3.

Owen Gruffydd

2558 DIENW: Owen Gruffydd Llanystumdwy, *Llenor* (OME), ii, 1895, 51–66.

2559 EDWARDS, O. M. (gol.): Gwaith Owen Gruffydd. Llanuwchllyn: Ab Owen, 1904. (Cyfres y Fil).

2560 JONES, Isaac (Alltud Eifion): Owen Gruffydd o Lanystumdwy, *Cymru*, iii, 132.

2561 OWEN, Ellis: Owen Gruffydd, *Traethodydd*, 1845, 372–6.

John Jones

2562 BOWEN, Geraint: Gwrthnebrwydd rhyng y Calfyniaed ar Cathollygiaed mewn Pynciae Ffudd, *CLlGC*, xiv, 372–6.

2563 ———— Tribannau John Jones, y Reciwsant o Frycheiniog, *LlC*, x, 70–5.

Dafydd Manuel

2564 BOWEN, D. J.: Cywydd galarnad Iwerddon, *LlC*, xi, 12.

2565 HUGHES, Garfield H.: Dafydd Manuel, *LlC*, vi, 26–35.

Edward Morris

2566 EDWARDS, O. M. (gol.): Gwaith Edward Morus. Llanuwchllyn: Ab Owen, 1904. (Cyfres y Fil).

2567 EVANS, D. Eifion: Edward Morris, *Haul*, 1947, 65–8, 80–3.

2568 HUGHES, Arthur: Cywyddau Edward Morris, *Traethodydd*, 1906, 417–21.

2569 HUGHES, Hugh (gol.): Edward Morris . . . ei achau, yn nghyda'r rhan fwyaf o'i weithiau barddonol. Liverpool: I. Foulkes, 1902.

2570 JONES, Gwenllian: Bywyd a gwaith Edward Morris, Perthi Llwydion, *TYCCh*, 949.

2571 PIERCE, Ellis (Ellis o'r Nant): Edward Morus Perthi Llwydion, *Cymru*, xxxvii, 117–20.

Huw Morys

2572 D., W. (gol.): Eos Ceiriog, sef casgliad o Bêr Ganiadau Huw Morus . . . Gwrecsam: I. Painter, 1823. (Dwy gyfrol).

2573 EDWARDS, O. M. (gol.): Gwaith Huw Morus. Llanuwchllyn: Ab Owen, [1902], (Cyfres y Fil).

2574 GRIFFITH, Richard: Cerdd i Olfur Cromwell a'i wŷr o waith Huw Morus, *Cymru*, xxi, 111.

2575 GRUFFYDD, W. J.: Y farwnad Gymraeg, *Llenor*, xviii, 96–8.

2576 JENKINS, David: Bywyd a gwaith Huw Morys (Pont-y-Meibion) 1622–1709. *TYCCh*, 948.

2577 —— Huw Morys, 'Eos Ceiriog' (1622–1709 . . .), *CLlGC*, i, 232.

2578 —— Rhai o lawysgrifau Huw Morys, *CLlGC*, vii, 138–48.

2579 JONES, John G.: Cofio Huw Morus, *Cymru*, xxxviii, 61–7.

2580 JONES, T. Gwynn: Huw Morys. Y bardd o Lyn Ceiriog: trem ar ei waith, *BAC*, 21 Rhag. 1922, 4; 28 Rhag. 1922, 3.

2581 R., M.: Huw Morus (Eos Ceiriog), *Haul*, 1902, 533–7; 1903, 42–4, 79–82, 188–91, 284–8, 329–34, 374–8, 513–27, 567–70; 1904, 37–41, 90–3.

2582 ROBERTS, T. R. (Asaph): Huw Morus (Eos Ceiriog): Ei fywyd a'i waith. Casnewydd ar Wysg: John Southall, 1902.

2583 SAMWELL, David: A sketch of the life and writings of Hugh Morris, *CRe*, 1795, 426–39.

2584 W., H. G.: Huw Morus of Pont-y-Meibion, *BG*, 1903–4, 393–4.

2585 [WILLIAMS, D. D.]: Darlith. Huw Morris, ei waith a'i amserau, *Brython*, 24 Ion. 1907, 2.

Mathew Owen, Llangar

2586 IRVINE, W. F.: Mathew Owen of Llangar (1631–79), *CLlGC*, viii, 77–80.

2587 JONES, E. D.: Ymddiddan â'r Lleuad (Cerdd gan M.O.), *Y Genhinen*, xx, 22–6.

2588 —— The Brogyntyn Welsh Manuscripts, *CLlGC*, vii, 277–82.

Ffoulke Owens

2589 JENKINS, David: Cerdd-lyfr Ffoulke Owens, *JWBS*, vi, 274–5.

George Parry

2590 BRADNEY, Joseph: George Parry, *JWBS*, iii, 13–16.

2591 DAVIES, William Ll.: Welsh metrical versions of the Psalms, *JWBS*, ii, 276–301.

Rhys Prichard

2592 BALLINGER, John: Vicar Prichard. A study in Welsh bibliography, *Cymmrodor*, xiii, 1–75.

2593 DIENW: Canwyll y Cymry, *Cymru*, xxxvi, 277–80.

2594 EDWARDS, O. M. (gol.): Gwaith yr Hen Ficer. Llanuwchllyn: Ab Owen, 1908. (Cyfres y Fil).

2595 JENKINS, John (Gwili): Ficer Pritchard a 'Channwyll y Cymry'. Aberafan: Parch. J. Evans dros Gyngrair Eglwysi Rhydd, [1913]. (Cyfres Pamffledi'r Oes).

2596 JONES, D. Gwenallt: Y Ficer Prichard a 'Canwyll y Cymry'. Caernarfon: Cwmni'r Llan a Gwasg yr Eglwys yng Nghymru, 1946. Adol. WILLIAMS, Daniel, *Eurgrawn*, cx/viii, 138–41.

2597 L., T.: Rhys Prichard, Ficer Llanymddyfri. Llundain: Cymd. y Traethodau Crefyddol, rhif 2, [18–].

2598 REES, Eiluned: A bibliographical note on early editions of Canwyll y Cymry, *JWBS*, x/2, 36–41.

2599 ROBERTS, Gomer M.: Trosiad o ganiadau'r Ficer Prichard, *JWBS*, vii, 197.

Puwiaid y Penrhyn

2600 BOWEN, Geraint: Gweithiau defosiynol Gwilym Pue, *CLlGC*, ix, 307–12.

2601 ——— *Sallwyr Iesu* a'r Reciwsantiaid (trosiadau Cymraeg o *Jesus Psalter* Richard Whytford), *CLlGC*, xiii, 86–7.

2602 ——— Gwilym Pue, 'Bardd Mair' a theulu'r Penrhyn, *EfC*, ii, 11–21.

2603 ——— Dwy gerdd gan Gwilym Pue o'r Penrhyn, *CLlGC*, xv, 107–12.

2604 ——— Carol ar y mesur tri thrawiad gan Gwilym Pue o'r Penrhyn (*c.* 1618–*c.* 1689), *CLlGC*, xvi, 97–103.

2605 JONES, Emyr Gwynne: Robert Pugh of Penrhyn Creuddyn, *TCHSG*, vii, 10–19.

Siôn Dafydd Las

2606 EDWARDS, O. M.: Siôn Dafydd Las, *Y Geninen*, viii (Gŵyl Dewi), 8–11.

2607 JONES, E. D.: The family of Nannau (Nanney), *CCHChSF*, ii, 5–15.

Wmffre Dafydd ap Ifan

2608 DIENW: Wmffre Dafydd ap Ifan, *Cymru*, xxxii, 95–6.

2609 WILLIAMS, Richard: Montgomeryshire Worthies – Wmffre Dafydd ap Ifan, *MC*, xi, 240.

III. RHYDDIAITH
(i) Detholion

2610 HUGHES, Garfield H. (gol.): Rhagymadroddion 1547–1659. Gw. rhif 2200.

2611 LEWIS, Henry (gol.): Hen Gyflwyniadau. Gw. rhif 2203.

(ii) Awduron Unigol
Charles Edwards

2612 EDWARDS, Charles: Y ffydd-ddiffuant sef hanes y ffydd Gristionogol a'i rhinwedd . . . Argraffiad cyfatebol o gopi yn Llyfrgell Salisbury (y trydydd argraffiad, 1677), gol. G. J. Williams. Caerdydd, 1936. Adol. FOSTER, Idris Ll., *Heddiw*, i, 235–8; JONES, Thomas, *Efrydydd*, ii, Mawrth 1937, 69–71.

2613 ——— Hanes y ffydd yng Nghymru. Detholiad o'r Ffydd Ddiffuant . . . gol. Hugh Bevan. Caerdydd, 1948. Adol. JONES, Thomas, *BAC*, 12 Ionawr 1949, 7.

2614 EDWARDS, Lewis: Llyfr 'Hanes y Ffydd', *Traethodydd*, 1852, 120–5. Gw. hefyd: Traethodau Llenyddol, [1867], 190–7.

2615 GRIFFITHS, G. Milwyn: A note on Charles Edwards, *CLlGC*, xii, 82.

2616 JAMES, Ivor: Charles Edwards a'i amserau, *Traethodydd*, 1886, 283–307.

2617 JONES, Bobi: Athrawiaeth hanes Charles Edwards, *YB*, vii, 72–89.

2618 LEWIS, Saunders: Charles Edwards, yn rhif 142, 60–4

2619 ——— Arddull Charles Edwards, yn rhif 143, 172–82. (*EfC*, iv, 45–52).

2620 ——— Y Ffydd Ddi-ffuant, yn rhif 143, 164–71 (*Llafar*, 1951, 7–16).

2621 MORGAN, Derec Llwyd: A critical study of the works of Charles Edwards (1628 – after 1691). *TYCCh*, 952.

2622 ——— Hanes y ffydd yng Nghymru: detholiad o'r *Ffydd Ddiffuant* . . . gan Hugh Bevan, *Barn*, 85, 23–5.

2623 ——— Defnydd Charles Edwards o ddelweddau yn *Y Ffydd Ddi-ffuant*, *YB*, iv, 46–74.

2624 ——— Dau amddiffyniad i'r ffydd, *YB*, v, 99–111.

2625 ——— Ffynonellau hanes Charles Edwards, *TCHSDd*, xviii, 83–103.

2626 ——— Charles Edwards (1628–?1691): awdur y Ffydd Ddi-Ffuant. Gw. rhif 123, 213–30.

Robert Holland

2627 DAVIES, W.Ll.: Robert Holland and William Perkins, *JWBS*, ii, 272–3.

2628 HOLLAND, Robert: Basilikon doron . . . 1604: with a bibliographical note by John Ballinger. Cardiff, 1931. Adol. WILLIAMS, G. J., *Llenor*, x, 251.

John Hughes

2629 BOWEN, Geraint: Charles Baker ac *Allwydd Paradwys*, 1670, *LlC*, iv, 180–1.

2630 ——— Allwydd neu Agoriad Paradwys i'r Cymrv (John Hughes) 1670, *THSC*, 1961, 88–160.

2631 HUGHES, John: Allwedd neu Agoriad Paradwys i'r Cymry 1670. Adargraffiad, gol. J. Fisher. Caerdydd, 1929.

2632 MORGAN, T. J.: John Hughes (1616–1686), *LlC*, i, 269.

2633 BOWEN, Geraint: Ystyriaethau Drexelius ar dragwyddoldeb, Elis Lewis, Rhydychen, 1661, *JWBS*, viii, 81–3.

Morgan Llwyd

2634 AARON, R. I.: Dylanwad Plotinus ar feddwl Cymru, *Llenor*, vii, 115–26.

2635 BEVAN, Hugh: Morgan Llwyd y llenor. Caerdydd, 1954. Adol. EVANS, E. Lewis, *LlC*, iii, 193–200; HUGHES, Garfield H., *Lleufer*, x, 3–6; LEWIS, Saunders, *EfC*, vii, 21; WILLIAMS, J. E. Caerwyn, *Traethodydd*, 1955, 97–116.

2636 —— Morgan Llwyd a'r chwyldro Piwritanaidd, *LlC*, iii, 12–23.

2637 EDWARDS, A. O.: Morgan Llwyd; proffwyd a chyfrinydd, *Traethodydd*, 1943, 121–7.

2638 EDWARDS, Lewis: Ysgrifeniadau Morgan Llwyd, yn Traethodau Llenyddol [1867], 133–52.

2639 EVANS, E. Lewis: Morgan Llwyd: ymchwil i rai o'r dylanwadau a fu arno. Lerpwl: Hugh Evans, 1930. Adol. RICHARDS, T., *Efrydydd*, vi, 313–6.

2640 —— Y dylanwadau llenyddol, crefyddol ac athronyddol ar Forgan Llwyd. *TYCCh*, 945.

2641 —— Ar lwybrau Morgan Llwyd, *Efrydydd*, vii, 73–5.

2642 —— Cyfundrefn feddyliol Morgan Llwyd, *EA*, v, 31–45.

2643 —— Morgan Llwyd (1619–59), yn rhif 123, 194–212.

2644 GRUFFYDD, W. J.: Morgan Llwyd a Llyfr y Tri Aderyn, *Cofiadur*, rhifyn 3, 1925, 4–21.

2645 HOBLEY, W.: Jacob Boehme, *Traethodydd*, 1900, 81–98, 161–83, 331–45, 409–22; 1901, 110–23, 253–62, 441–50; 1902, 181–91, 332–40; 1903, 215–24, 359–69.

2646 JONES, E. D.: The Plas Yolyn collection of Morgan Llwyd's papers, *CCHChSF*, iii, 286–95.

2647 JONES, J. W. (gol.): Coffa Morgan Llwyd. Llandysul: Gwasg Gomer, 1952.

2648 JONES, R. M.: 'Caniadau ar ôl tôn Psalm 113 Gymraeg' gan Forgan Llwyd, yn rhif 135, 33–47.

2649 LEWIS, Saunders: Morgan Llwyd, yn rhif 143, 153–63. (*EfC*, vii, 21–30).

2650 LLWYD, Morgan: Gweithiau Morgan Llwyd, I a II, goln. T. E. Ellis a J. H. Davies. Bangor: Jarvis and Foster, 1899, 1908.

2651 NUTTALL, Geoffrey F.: The Welsh Saints, 1640–1660: Walter Cradock, Vavasor Powell, Morgan Llwyd. Cardiff, 1957.

2652 OWEN, John: Morgan Llwyd, *Eurgrawn*, cxxiv, 213–17.

2653 OWEN, J. Dyfnallt: Neges cyfriniaeth Morgan Llwyd. Dolgellau: Hughes Bros., 1925.

2654 THOMAS, Gwyn: Morgan Llwyd o Gynfal, *Cofiadur*, 36, 3–25.

2655 —— Dau Lwyd o Gynfal, *YB*, v, 71–98.

2656 WILLIAMS, T.: Llyfr y Tri Aderyn: yr elfen athrawiaethol, *Traethodydd*, 1949, 86–91.

2657 —— Llyfr y Tri Aderyn: y ddameg a'r arddull, *Traethodydd*, 1949, 29–32.

2658 WILLIAMS, W. Llewelyn: Morgan Llwyd o Wynedd, *Y Geninen*, xxiii, 145–55.

John Morgan, Aberconwy

2659 DAVIES, W. Ll.: John Morgan, Matchin, and John Morgan, Aberconwy, *JWBS*, v, 110–13.

2660 JONES, J. T.: John Morgan, Ficer Aberconway, *Llenor*, xvii, 16–26.

Huw Owen, Gwenynog

2661 BOWEN, Geraint: Huw Owen, Gwenynog a Heribert Rosweyde, *JWBS*, vii, 201–3.

2662 —— Huw Owen, Gwenynog, *Y Genhinen*, v, 39–44.

2663 —— *Llyfr y Resolution* neu *Directori Christionogol* Huw Owen o Wenynog, *CLlGC*, xi, 147–51.

2663A EVANS, A. O.: Thomas á Kempis and Wales, *JWBS*, iv, 5–32. Arg. ar wahân, Carmarthen: Spurrell, 1932.

2664 JONES, D. Ambrose: Thomas a Kempis, *Haul*, 1945, 190–3.

2665 JONES, T. Llechid: Studies in Welsh book-land – Hugh Owen, Gwenynog, Môn, *JWBS*, iii, 204–19.

2666 LEWIS, Saunders: Dogfennau, I.: Huw Owen, Gwenynog, *EfC*, i, 50–2.

2667 —— Thomas á Kempis yn Gymraeg, yn rhif 143, 183–205. (*EfC*, iv, 28–44).

David Rowlands

2668 WILLIAMS, Beryl Dorothy: *Addysg i Farw* Dafydd Rowland . . . Astudiaeth destunol, hanesyddol a llenyddol. *TYCCh*, 961.

Oliver Thomas

2669 MORGAN, Merfyn: Oliver Thomas ac Evan Roberts: eu gweithiau. M.A. Cymru, 1974.

2670 [THOMAS, Oliver]: Carwr y Cymru yn annog ei genedl . . . 1631. Gyda rhagymadrodd gan Syr John Ballinger, Adargraffiad. Caerdydd, 1930. Adol. WILLIAMS, G. J., *Llenor*, ix, 250–3.

2671 W., T.: Carwr y Cymru yn annog ei genedl i brynu Beiblau, *Efrydydd*, 1930, 276–7.

Richard Vaughan

2672 BOWEN, Geraint: John Salisbury, *CLlGC*, viii, 387–98. (Gw. cywiriad yn yr eitem nesaf).

2673 —— Richard Vaughan, Bodeiliog, ac *Eglvrhad Helaeth-Lawn*, 1618, *CLlGC*, xii, 83–4.

Rowland Vaughan, Caer-gai

2674 BAYLY, Lewis: Yr ymarfer o Dduwioldeb . . . wedi ei gyfieithu i'r Gymraeg gan Rowland Vaughan, 1630. Rhagymadrodd gan Syr John Ballinger. Adargraffiad. Caerdydd, 1930. Adol. WILLIAMS, G. J., *Llenor*, ix, 250–3. Gw. hefyd: JONES, T. Llechid, *JWBS*, iii, 133–8.

2675 DAVIES, H. Islwyn: Nodyn ar awduraeth llyfr a gyfieithwyd gan Rowland Vaughan, *CLlGC*, iv, 89–90.

2676 DAVIES, W. Ll.: Rowland Vaughan, Caergai and a law-suit, *JWBS*, ii, 271.

2677 ELLIS, Megan: Cyflwyniad Rowland Vaughan, Caergai, i'w *Eikon Basilike*, *CLlGC*, i, 141–4.

2678 JONES, E. D.: Rowland Fychan o Gaergai a Brut Sieffre o Fynwy, *LlC*, iv, 228.

2679 THOMAS, Gwyn: Rowland Vaughan, yn rhif 123, 231–46.

2680 W., W.: Rowland Vaughan: a further note, *JWBS*, ii, 317–18.

(iii) Llyfrau Amrywiol
(Cyfieithiadau, etc.)

2681 BELL, H. Idris: Our Lady of Loretto, *CLlGC*, iii, 69–75; iv, 90. Gw. hefyd: REES, David A., *CLlGC*, iv, 204–5.

2682 CARUTHERS, S. W.: Catecism byr 1657, *CLlGC*, vii, 269.

2683 DAVIES, W. Ll.: Y gwir er gwaethed yw . . . 1684, *JWBS*, iv, 243–52.

2684 —— Three early Quaker books, *ib.*, 356–7.

2685 —— The first Welsh copy-book, *ib.*, 113–18.

2686 —— Welsh books attributed to Vavasor Powell, *JWBS*, ii, 272–3.

2687 DIENW: An unrecorded Welsh book dated 1629, *JWBS*, ii, 189–90.

2688 FISHER, John: The old-time Welsh school-boy's books, *JWBS*, ii, 193–201.

2689 GRUFFYDD, Geraint: Dau lyfr prin Cymraeg, *JWBS*, vii, 157–62.

2690 —— Two letters from Richard Parry of Anmer to John Wynn Edward of Bodewryd concerning the translation of certain books into Welsh, *JWBS*, viii, 39–47.

2691 GRUFFYDD, Geraint *a* HUGHES, Garfield H.: Prifannau crefydd Gristnogawl, 1658, *CLlGC*, vii, 71.

2692 HUGHES, Garfield H.: Llyfrau Emblem: rhai cysylltiadau Cymreig, *JWBS*, vi, 293–9.

2693 —— Llyfrau a llenorion y Crynwyr, *JWBS*, ix, 66–77.

2694 —— Llyfrau Samuel Pepys, *ib.*, 133–6.

2695 —— Dau gyfieithiad, *Llenor*, xxvi, 63–71.

2696 LEWIS, Aneirin: Cwnffwrdd i'r gwan Gristion (Rhydychen, 1700), *JWBS*, x, 135–43.

2697 LEWIS, Henry: Dau hen lyfr, *JWBS*, iii, 219–26.

2698 MORGAN, J. Hubert: Nodiadau llyfryddol. Gwaith Thomas Wynne y Crynwr, *ib.*, 190–9.

2699 POWEL, Daniel: Y Llyfr Plygain 1612. Adargraffiad. Caerdydd, 1931. Adol. WILLIAMS, G. J., *Llenor*, xi, 61.

2700 ROBERTS, Bryn F.: Cyfieithiad Samuel Williams o *De Excidio Brittaniae* Gildas, *CLlGC*, xiii, 269–77.

2701 RYAN, John: Seventeenth century Catholic Welsh devotional works, with special reference to the Welsh translation of the Catechism of Petrus Conisius and Robert Bellarmine's 'Summary of Christian doctrine'. *TYCCh*, 959.

IV. HYNAFIAETHWYR AC YSGOLHEIGION
William Bodwrda

2702 GRUFFYDD, Geraint: Llawysgrifau Wiliam Bodwrda o Aberdaron (a briodolwyd i John Price o Fellteyrn), *CLlGC*, viii, 349–50.

2703 IFANS, Dafydd: Bywyd a gwaith Wiliam Bodwrda. M. A. Cymru, Aberystwyth, 1974.

2704 —— Nawwyr Teilwng Plas Bodwrda, *CLlGC*, xviii, 181–6.

John Davies, Mallwyd

2705 ASHTON, Glyn M.: Cofnod gan y Dr. John Davies, *LlC*, x, 121–3.

2706 DAVIES, John: Antiquae Linguae Britannicae . . . Rudimenta. Londini: Apud Iohannem Billium, 1621. Menston: Scolar Press, 1968. (English linguistics 1500–1800 – a collection of facsimile reprints . . . no. 70).

2707 —— Antiquae Linguae Britannicae . . . et Linguae Latinae, Dictionarium Duplex. Londini: R. Young, 1632. Menston: Scolar Press, 1968. (English linguistics 1500–1800 – a collection of facsimile reprints . . . no. 99).

2708 FYNES-CLINTON, O. H.: Davies's Latin – Welsh Dictionary, *BBCS*, ii, 311–19.

2709 GRUFFYDD, R. Geraint: Richard Parry a John Davies, yn rhif 123, 175–9.

2710 JAMES, J. W.: Dr. John Davies of Mallwyd 1570–1644, *JHSCW*, i, 40–52.

2711 LEWIS, Saunders: Llyfr y Resolusion, yn rhif 143, 147–52. (*YC*, iii, 1–6).

2712 OWEN, Edward *a* JONES, G. Hartwell: The correspondence of Dr. John Davies of Mallwyd with Sir Simonds D'Ewes, *Cymmrodor*, xvii, 164–85.

2713 ROBERTS, Rhiannon Francis: Dr. John Davies o Fallwyd, *LlC*, ii, 19–35, 97–110.

2714 —— Bywyd a gwaith Dr. John Davies, Mallwyd, *TYCCh*, 957.

Lewis Dwn

2715 ASHTON, Charles: Lewis Dwn, *Y Geninen*, xii, 46–9.

2716 WILLIAMS, Richard: Montgomeryshire Worthies, *MC*, x, 198–206.

William Gambold

2717 OWENS, B. G.: The Reverend William Gambold (1672–1728), *CLlGC*, i, 228–9.

Humphrey Humphreys

2718 DAVIES, W.Ll.: Humphrey Humphreys (1648–1712), *CLlGC*, i, 162–3.

2719 WRIGHT, E. Gilbert: Bishop Humphrey Humphreys (1648–1712): a study of the literary and antiquarian movements in Wales in the XVIIth and early XVIIIth centuries. *TYCCh*, 962.

2720 —— Humphrey Humphreys, Bishop of Bangor and Hereford, *JHSCW*, ii, 72–86.

Iaco ab Dewi

2721 HUGHES, Garfield H.: Bywyd a gwaith Iaco ap Dewi. *TYCCh*, 946.

2722 —— Iaco ab Dewi: rhai ystyriaethau, *CLlGC*, iii, 51–3.

2723 —— Iaco ab Dewi 1648–1722. Caerdydd, 1953. Adol. JONES, E.D., *LlC*, iii, 55–6.

2724 PHILLIMORE, Egerton: Selections of Welsh poetry, by Iago ab Dewi, *Cymmrodor*, viii, 41–61, 173–99; ix, 1–38; x, 222–37; xi, 221–3.

Dafydd Johns, ficer Llanfair Dyffryn Clwyd

2725 HUGHES, Garfield H.: Cyfieithiad Dafydd Johns, Llanfair Dyffryn Clwyd, o 'Weddi Sant Awgwstin', *CLlGC*, vi, 295–8.

2726 JONES, Thomas: Cyfeiriad Dafydd Jones, ficer Llanfair Dyffryn Clwyd, at *Fasciculus Temporum*, *BBCS*, ix, 303–5.

2727 WILLIAMS, G. J.: *Sylwadau yn* Llythyrau at Ddafydd Jones o Drefriw, 28. Gw. rhif 2800.

John Jones, Gellilyfdy

2728 HARRIES, W. Gerallt: Copi o lyfr awdlau John Jones, Gellilyfdy, *CLlGC*, xi, 273–6.

2729 JONES, E. D.: The art of writing, *CLlGC*, v, 69–70.

2730 JONES, Nesta: Darnau yn llaw John Jones Gellilyfdy, *CLlGC*, xiv, 247–50.

2731 ——— John Jones, Gellilyfdy, *FHSP*, xxiv, 5–18.

2732 ——— Mr. Jones a Francis Tate, *THSC*, 1968, 99–109.

2733 ——— Copi ychwanegol o ddechrau Ystorya Bown De Hamtwn, *BBCS*, xxiii, 17–26.

2734 ——— Bywyd John Jones, Gellilyfdy. *TYCCh*, 950.

2735 JONES, Samuel: The lives and labours of John Jones and Robert Vaughan, scribes of the sixteenth and seventeenth centuries. *TYCCh*, 951.

2736 LLOYD (née JONES), Nesta: Welsh scholarship in the seventeenth century, with special reference to the writings of John Jones Gellilyfdy. *TYCCh*, 952.

2737 SMITH, P. *a* BEVAN-EVANS, M.: A few reflections on Gellilyfdy and the renaissance in North-Eastern Wales, *FHSP*, xxiv, 19–43.

2738 THOMAS, T. H.: Initial letters and ornaments from the MSS. of John Jones, Gellilyfdy, in the Cardiff Free Library, *The Public Library Journal, Quarterly Magazine of the Cardiff and Penarth Free Public Libraries and the Welsh Museum*, iv, 15–18, 30–2.

John Lewis, Llynwene

2739 GRIFFITHS, G. M.: John Lewis of Llynwene's defence of Geoffrey of Monmouth's 'Historia', *CLlGC*, vii, 228–34.

2740 PAYNE, Ffransis G.: John Lewis Llynwene, *Llenor*, xiv, 165–79.

2741 ——— John Lewis, Llynwene, Historian and Antiquary, *TRS*, xxx, 4–16.

Rowland Lewis

2742 ROBERTS, Rhiannon F. *a* GRUFFYDD, Geraint: Rowland Lewis o Fallwyd a'i lawysgrifau, *CLlGC*, ix, 495–6; xii, 399–400.

Edward Lhuyd

2743 DANIEL, Glyn: Edward Lhwyd, antiquary and archaeologist, *CHC*, iii, 345–59.

2744 DODD, A. H.: The early days of Edward Lhuyd, *CLlGC*, vi, 305–6.

2745 ELLIS, Richard: Some incidents in the life of Edward Lhuyd, *THSC*, 1906–7, 1–51.

2746 EMERY, Frank: Edward Lhuyd, F.R.S. Caerdydd: 1971. (Cyfres ddwyieithog Gŵyl Dewi).

2747 GUNTHER, R. T. (gol.): Life and letters of Edward Lluyd, second keeper of the Museum Ashmoleanum. Early Science at Oxford, XIV. Oxford, 1945. Adol. WILLIAMS, J. E. Caerwyn, *Lleufer*, iv, 83–8.

2748 MORRIS-JONES, J.: Edward Llwyd, *Traethodydd*, 1893, 465–75.

2749 WILLIAMS, G. J.: Edward Lhuyd, *LlC*, vi, 122–37. Gw. hefyd rhif 163, 207–31.

2750 ——— Edward Lhuyd a thraddodiad ysgolheigaidd Sir Ddinbych, *TCHSDd*, xi, 37–59.

2751 ——— Edward Lhuyd ac Iolo Morganwg. Agweddau ar hanes astudiaethau gwerin yng Nghymru. Caerdydd: Amgueddfa Genedlaethol Cymru, 1964. Adol. D. G. J., *Taliesin*, ix, 89–92.

Henry Rowlands

2752 HULBERT-POWELL, C. L.: Some notes on Henry Rowlands' Mona Antiqua Restaurata, *TCHNM*, 1953, 21–34.

2753 JONES, W. Garel: The life and works of Henry Rowlands, 1655–1723. *TYCCh*, 167.

2754 THOMAS, J. Gareth: Henry Rowlands, the Welsh Stukeley, *TCHNM*, 1958, 33–45.

2755 WRIGHT, E. Gilbert: Henry Rowlands yr Hynafiaethydd (1655–1723), *Haul*, 1951, 293–7.

Robert Vaughan

2756 JONES, E.D.: Robert Vaughan o'r Hengwrt, *CCHChSF*, i, 21–30. Gw. hefyd 109–10.

2757 PARRY, Thomas Emrys: Llythyrau Robert Vaughan Hengwrt (1592–1667). Gyda rhagymadrodd a nodiadau. *TYCCh*, 955.

William Wynne

2758 JENKINS, R. T.: William Wynne and *The History of Wales*, *BBCS*, vi, 153–9.

Y DDEUNAWFED GANRIF

Y mae'r cefndir yn gryno yn JENKINS, R. T. *Hanes Cymru yn y ddeun-awfed ganrif*, Caerdydd, 1928. (Arg. newydd 1972). Ceir cryn lawer o wybodaeth yn JONES, R. W. *Bywyd cymdeithasol Cymru yn y ddeun-awfed ganrif*, Llundain: Gwasg Gymraeg Foyle, 1931; EVANS, J. J. *Cymry Enwog y ddeunawfed ganrif*, Aberystwyth: Gwasg Aberystwyth, 1937. Y mae llawer o ffeithiau am feirdd a llenorion y ganrif yn ASHTON, Charles, rhif 121.

I. CYFFREDINOL

2759 EVANS, Catherine: Hen Almanaciau, *Cymru*, lxix, 13–16.

2760 EVANS, Lizzie Eirlys: Cysylltiad y diwygiadau crefyddol o 1730 hyd 1850 â llenyddiaeth y cyfnod. *TYCCh*, 968.

2761 HUGHES, Garfield H.: Llyfrau a llenorion y Crynwyr, *JWBS*, ix, 67–77.

2762 JONES, Brynmor: Argraffwyr Cymreig y Gororau, *JWBS*, x, 117–26.

2763 JONES, D. Ambrose: Y ddeunawfed ganrif a'r adfywiad, *Beirniad*, vii, 157–60.

2764 JONES, D. Gwenallt: Beirniadaeth lenyddol, yn rhif 2770, 189–97.

2765 ―――― Blodeugerdd o'r ddeunawfed ganrif. Caerdydd, 4 arg. diw. 1947.

2766 JONES, H. Parry: The Conway and Elwy Valleys – some literary men of the eighteenth century, *TCHSDd*, iv, 51–74.

2767 JONES, J. Ifano: Llenyddiaeth Cymru hanner ola'r ddeunawfed ganrif, *Y Geninen*, xx, 27–31, 189–94.

2768 LEWIS, Aneirin: Llyfrau Cymraeg a'u darllenwyr, 1696–1740, *EA*, xxxiv, 46–73.

2769 LEWIS, Saunders: A school of Welsh Augustans: being a study in English influences on Welsh literature during part of the eighteenth century. Wrexham: Hughes, 1924. Portway, Bath: Firecrest Publishing, 1969. Adol. WILLIAMS, G. J. *Llenor*, iii, 130.

2770 MORGAN, Dyfnallt (gol.): Gwŷr llên y ddeunawfed ganrif a'u cefndir: pedair ar hugain o sgyrsiau radio. Llandybïe: Llyfrau'r Dryw, 1966.

2771 OWEN, Bob: Yr Almanaciau: y dechrau a'r datblygu, *GG*, 7 Ion. 1929, 4–5; 14 Ion. 1929, 4–5; 28 Ion. 1929, 4; 18 Chwef. 1929, 4; 8 Ebrill 1929, 4.

2772 PARRY, Thomas: Gw. rhif 152, pennod x.

2773 PHILLIPS, D. Rhys: Pioneer printing in Wales: a bibliographical note with reference to Isaac Carter, Alban Thomas, Siôn Rhydderch and others, *TCAS*, xiii, 42–55.

2773A REES, Eiluned: An introductory survey of eighteenth century Welsh libraries, *JWBS*, x, 197–258.

2774 RICHARDS, Melville: Yr awdur a'i gyhoedd yn y ddeunawfed ganrif, *JWBS*, x/1, 13–26.

2775 WATKIN-JONES, A.: The popular literature of Wales in the eighteenth century, *BBCS*, iii, 178–96.

2776 WILIAM, Dafydd Wyn: Y wasg argraffu ym Modedern, Môn, *JWBS*, x, 259–68.

2777 WILLIAMS, G. J.: Llythyrau llenorion, *Llenor*, vi, 35–43.

2778 ——— Bywyd Cymreig Llundain yng nghyfnod Owain Myfyr, *Llenor*, xviii, 73–82, 218–32.

2779 WILLIAMS, Thomas Oswald: The literary movement in West Wales in the first half of the eighteenth century and its religious associations. *TYCCh*, 981.

II. AGWEDDAU ARBENNIG
(i) Crefydd ac Addysg
S.P.C.K.

2780 CLEMENT, Mary: Correspondence and minutes of the S.P.C.K. relating to Wales, 1699–1740. Cardiff, 1952.

2781 ——— Correspondence and records of the S.P.G. relating to Wales, 1701–1750. Cardiff, 1973.

2782 ——— The S.P.C.K. and Wales: the history of the S.P.C.K. in Wales from its foundation to the early years of the Welsh Methodist movement. London: S.P.C.K., 1954.

Thomas Charles o'r Bala

2783 JENKINS, D. E.: Life of the Rev. Thomas Charles of Bala, 3 cyfrol. Denbigh: Llywelyn Jenkins, 1908.

2784 JONES, R. Tudur: Diwylliant Thomas Charles o'r Bala, *YB*, iv, 98–115.

Griffith Jones, Llanddowror

2785 GRUFFYDD, W. J.: Griffith Jones a'i eglwys, *Llenor*, ii, 181–7.

2786 JENKINS, R. T.: Gruffydd Jones, Llanddowror. Caerdydd, 1929. (Cyfres ddwyieithog Gŵyl Dewi).

2787 JONES, D. Ambrose: Griffith Jones, Llanddowror. Wrecsam: Hughes, 1923.

(ii) Hynafiaethau ac Ysgolheictod

Gw. hefyd yr adran ar Gylch y Morrisiaid.

(a) Cyffredinol

2788 LEWIS, Ceri W.: Ysgolheictod, yn rhif 2770, 164–72.

2789 MORGAN, T. J.: Geiriadurwyr y ddeunawfed ganrif, *LlC*, ix, 3–18.

2790 WILLIAMS, G. J.: Rhai agweddau ar hanes llenyddiaeth ac ysgolheictod Cymraeg yn y ddeunawfed ganrif . . . yn rhif 163, 82–147.

(b) Unigolion

Margaret Davies

2791 DIENW: Margaret Davies o Goed Cae Du, *Cymru*, xxv, 203–4.

2792 OWEN, Bob: Margaret Davies o'r Coed Cae Du, *GG*, 6 Chwef. 1933.

2793 ——— Margaret Davies o Goed Cae Du, *HC*, 17 Ebr. 1939.

2794 WILLIAMS, G. J.: Llythyrau at Ddafydd Jones o Drefriw, 39–43. Gw. rhif 2800.

Richard Farrington

2795 OWENS, B. G.: Some unpublished material of the Reverend Richard Farrington, rector of Llangybi, *JWBS*, v, 16–32, 241–2.

2796 WILLIAMS, W. Gilbert: Y Parch. Richard Farrington, *Llenor*, xx, 142–7.

Dafydd Jones o Drefriw

2797 DIENW: Llythyr D. Ellis at Dafydd Jones o Drefriw 1 Mai 1776, *Y Geninen*, xx, 286–7.

2798 EVANS, Albert Owen: Dafydd Jones, Trefriw, 1708–1785, *JWBS*, v, 9–15.

2799 HUGHES, R. O. (Elfyn): Dafydd Jones o Drefriw, *Cymru*, xlix, 124.

2800 WILLIAMS, G. J.: Llythyrau at Dafydd Jones o Drefriw, *CLlGC*. Atodiad, cyfres 3, rhif 2, 1943. Adol. LEWIS, Saunders *BAC*, 5 Ion. 1944, 8. Gw. rhif 142, 65–8.

2801 WILLIAMS, O. Gaianydd: Dafydd Jones o Drefriw (1708–1785). Caernarfon: Cwmni'r Cyhoeddwyr Cymreig, 1907. Arg. hefyd yn *Cymru*, xxxii, 45–60, 144–7, 223–6, 280–4, 313–16; xxxiii, 49–51, 75–6, 141–6; DAVIES, J. H. *ib.*, 185–8.

Edward Jones, Bardd y Brenin

2802 ELLIS, Tecwyn: Bywyd a gwaith Edward Jones. (Bardd y Brenin). *TYCCh*, 966.

2803 ——— Bardd y Brenin, Iolo Morganwg a Derwyddiaeth, *CLlGC*, xiii, 147–56, 224–34, 356–62; xiv, 183–93, 321–9, 424–36; xv, 177–96.

2804 —— Edward Jones, Bardd y Brenin 1752–1824. Caerdydd, 1957. Adol. HUGHES, J. *BAC*, 6 Chwef. 1958, 7; PARRY, Enid *Lleufer*, xiii, 199–200.

2805 —— Edward Jones, 'The King's Bard' (1752–1824), *CCHChSF*, iv, 122–7.

2806 EVANS, T. Price: Edward Jones (Bardd y Brenin) 1752–1824, *Y Geninen*, xxviii (Gŵyl Dewi), 10–11.

2807 ROBERTS, Evan (Llandderfel): Hen Delyn (Edward Jones), *GG*, 4 Ebrill 1932, 5.

2808 —— Hen delynorion, *GG*, 6 Ion. 1934, 4.

2809 WILLIAMS, J. Lloyd: Y tri thelynor. Llundain: Cwmni Cymraeg Foyle, Cyf. [1944], 75–122.

Thomas Lloyd

2810 JONES, E. D.: Thomas Lloyd y Geiriadurwr, *CLlGC*, ix, 180–7.

William Owen-Pughe

2811 JOHNSTON, Arthur: William Owen-Pughe and the Mabinogion, *CLlGC*, x, 323–8.

2812 MORGAN, J. Hubert: Coll Gwynfa: myfyrdod lyfryddol ar gyfieithiad William Owen Pughe, *JWBS*, vi, 145–61.

2813 PARRY-WILLIAMS, Glenda: Bywyd William Owen Pughe a rhai agweddau ar ei waith. *TYCCh*, 1032.

2814 —— Yr ysgolhaig a'r broffwydes, *Traethodydd*, 1966, 24–35.

2815 PIERCE, T. Mordaf: Dr. W. Owen Pughe 1759–1835. Caernarfon: Swyddfa 'Cymru', 1914.

2816 WILLIAMS, G. J.: William Owen [Pughe], *LlC*, vii, 1–14. Gw. hefyd rhif 163, 232–52.

2817 —— Hanes cyhoeddi'r *Myvyrian Archaiology*, *JWBS*, x, 2–12.

Dr. Griffith Roberts, Dolgellau

2818 DAVIES, W. Ll.: Dr. Griffith Roberts, Dolgelley, and the Hengwrt manuscripts, *CCHChSF*, i, 119–22.

2819 JONES, G. Penrhyn: Griffith Roberts: meddyg ym Meirionnydd, *Y Genhinen*, xi, 22–8.

2820 ROBERTS, G. T.: Robin Ddu yr Ail o Fôn, *BBCS*, vi, 231–52. (am ddeunydd ar G. R. gw. 240–3).

John Thomas

2821 LLOYD, J. E.: John Thomas: a forgotten antiquary, *JWBS*, ii, 129–35. Gw. hefyd DAVIES, W. Ll. A postscript, *JWBS*, vi, 65–7.

Moses Williams

2822 DAVIES, John: Bywyd a gwaith Moses Williams 1685–1742. Caerdydd, 1937. Adol. MORGAN, T. J. *Llenor*, xvi, 248–51; PARRY, T. *THSC*, 1938, 382–3.

2823 JONES, Ambrose: Moses Williams, *Haul*, 1939, 278–80.

(iii) Y Cymdeithasau a'r Eisteddfod

2824 JENKINS, R. T. *a* RAMAGE, Helen M.: A history of the Honourable Society of Cymmrodorion, and of the Gwyneddigion and Cymreigyddion Societies (1751–1951). London: Honourable Society of Cymmrodorion, 1951 (*Cymmrodor*, 1).

2825 JONES, Helen M.: Cofnodion Cymreigyddion Llundain, *Llenor*, xvii, 227–37.

2826 LEATHART, W. Davies: The origin and progress of the Gwyneddigion Society of London. Instituted M.DCC.LXX. London: H. P. Hughes, 1831.

2827 LEWIS, Alun: The literary and philanthropic societies of the eighteenth century; their services to and influence upon Welsh literature. *TYCCh*, 974.

2828 RAMAGE, Helen: Anrhydeddus Gymdeithas y Cymmrodorion *LlC*, i, 71–8; 141–52. Gw. hefyd nodyn WILLIAMS, G. J. *ib*., 78–82.

2829 WILLIAMS, G. J.: Eisteddfodau'r Gwyneddigion, *Llenor*, xiv, 11–22; xv, 88–96.

2830 ———— Llythyrau ynglŷn ag Eisteddfodau'r Gwyneddigion ac Eisteddfod Corwen, Mai 12 a 13, 1789, *LlC*, i, 29–47, 113–25.

2831 ———— Bywyd Cymreig Llundain yng nghyfnod Owain Myfyr, *Llenor*, xviii, 73–82, 218–32.

2832 WILLIAMS, Mathew: Y Cymmrodorion a'r Gymdeithas Frenhinol, *Gwyddonydd*, ii, 64–5.

(iv) Rhyddiaith Wleidyddol

Ar y maes yn gyffredinol, EVANS, J. J., *Dylanwad y Chwyldro Ffrengig ar lenyddiaeth Cymru*. Lerpwl: Hugh Evans, 1928.

Thomas Evans (Tomos Glyn Cothi)

2833 DAVIES, D. Elwyn: Tomos Glyn Cothi, 1764–1833: ei dreial a'i dreialon, *Ymofynnydd*, lxiv, 129–42.

2834 DAVIES, D. Jacob: Deucanmlwyddiant Tomos Glyn Cothi, *Ymofynnydd*, lxiv, 88–92.

2835 DAVIES, T. Eirug: Tomos Glyn Cothi, *Ymofynnydd*, lviii, 53–6.

2836 EVANS, J. J.: Tomos Glyn Cothi, Apostol Rhyddid, *Ymofynnydd*, xxxiii, 105–11.

2837 GEORGE, Irene: Tomos Glyn Cothi, *JWBS*, iv, 105–12.

2838 JENKINS, J. Gwili: Hanfod Duw a Pherson Crist. Lerpwl: Hugh Evans, 1931, *passim*.

2839 LEWIS, Aneirin: Tomos Glyn Cothi a'r Dr. John Disney, *LlC*, vi, 219–20.

2840 O.: Y Parch. Thomas Evans (Tomos Glyn Cothi): yr Undodwr, yr emynydd, y golygydd a'r cyfieithydd, *Ymofynnydd*, xxxiii, 111–20.

2841 OWEN, G. Dynfallt: Thomas Evans (Tomos Glyn Cothi): trem ar ei fywyd. Darlith Goffa Dyfnallt. d.d., d. cyh. 1964.

2842 OWEN, John (Dyfnallt): Tomos Glyn Cothi, *Ymofynnydd*, xxxiii, 97–104.

2843 THOMAS, D. Lleufer: Cyfieithydd 'Hanes pleidiau y Byd Cristnogol' (1805), *JWBS*, ii, 323–7.

2844 WILLIAMS, G. J.: Carchariad Tomos Glyn Cothi, *LlC*, iii, 120–2.

John Jones, Glan-y-gors

2845 DIENW: Cerddi Glan y Gors, *Cymru*, xxix, 133–6.

2846 FOULKES, Isaac (Llyfrbryf): John Jones o Lanygors, *Y Geninen*, i, 275–81.

2847 [GRIFFITH, Richard] Carneddog: Gwaith Glan y Gors. Llanuwchllyn: Ab Owen, 1905. (Cyfres y Fil).

2848 JONES, Albert E. (Cynan): Jac Glan y Gors, 1766–1821, *TCHSDd*, xvi, 62–81.

2849 JONES, John (Glan-y-Gors): Seren Tan Gwmmwl a Toriad y Dydd. Arg. newydd. Liverpool: Hugh Evans, 1923.

2850 JONES, Myddleton Pennant: John Jones of Glan-y-Gors, *THSC*, 1909–10, 60–94.

2851 LEWIS, J. S.: Jack Glan y Gors, *WO*, vi, 238–9.

2852 MORGAN, J. Hubert: Traethawd beirniadol ar fywyd a gwaith John Jones, Glanygors. *TYCCh*, 976.

2853 OWEN, Bob: Jac Glanygors a'r Milisia, *Y Genhinen*, iii, 1–7.

Morgan John Rhys

2854 EVANS, J. J.: Morgan John Rhys a'i amserau. Caerdydd, 1935.

2855 GRIFFITH, John T.: Rev. Morgan John Rhys: the Welsh Baptist hero of civil and religious liberty of the eighteenth century. Lansford (Pa, UDA): Leader Job Press, 1899. Carmarthen: W. M. Evans, 1910.

2856 JENKINS, J. Gwili: Gw. rhif 2838, *passim*.

2857 JONES, Whitney R. D.: David Williams and Morgan John Rhys, *Gelligaer*, iv, 14–22.

2858 MORGAN, T. J.: Rhesymoliaeth a rhagluniaeth, *Llenor*, xiv, 98–109.

2859 WILLIAMS, Gwyn A.: Morgan John Rhys and Volney's *Ruins of the Empire*, *BBCS*, xx, 58–73.

Thomas Roberts, Llwynrhudol

2860 OWEN, Bob: Thomas Roberts, Llwynrhudol, *Y Geninen*, xl (Gŵyl Dewi), 41–5.

2861 ROBERTS, Thomas: Cwyn yn erbyn gorthrymder [1798]. Arg. newydd Caerdydd, 1928.

(v) Cylchgronau

2862 ASHTON, Charles: Gw. rhif 121, 740–4.

2863 EDWARDS, Lewis: Cyhoeddiadau cyfnodol y Cymry, *Traethodau Llenyddol*, 505–85.

2864 HUMPHREYS, E. Morgan: Y wasg Gymraeg. Lerpwl: Gwasg y Brython, 1945. 10–11.

2865 JONES, T. M.: Llenyddiaeth fy ngwlad. Treffynnon: P. M. Evans, 1893. 158–61. Am fynegai i'r gwaith hwn gw. JENKINS, G. E.: *JWBS*, vi, 90–101.

2866 PARRY, Thomas: Gw. rhif 152, 225–6. Gw. hefyd rhifau 3409–14.

III. BARDDONIAETH

(i) Cyffredinol

2867 JONES, David James: Bugeilgerddi a rhieingerddi Cymraeg y 18fed a'r 19eg ganrif. *TYCCh*, 971.

2868 LLOYD, D. Myrddin: Baledi, *Athro*, 1936, 57–60.

2869 PARRY, Thomas: Baledi'r ddeunawfed ganrif. Caerdydd, 1935. Adol. VENDRYES, J. *EC*, iv, 129–32; WILLIAMS, G. J. *Llenor*, xiv, 245–50; JONES, T. *Efrydydd*, 1936, 123–4; LEWIS, Saunders *WM*, 30 Tach. 1935; FOSTER, I. Ll.: *Brython*, 12 Rhag. 1935.

2870 ROBERTS, Enid: Hen Garolau Plygain, *THSC*, 1952, 51–70.

2871 ROWLANDS, Eurys I.: Mesurau prydyddol, yn rhif 2770, 66–74.

2872 WILLIAMS, Daniel: Beirdd y Gofeb. Llangollen: Pwyllgor Cyffredinol y Gofeb, 1951.

(ii) Casgliadau a Detholion

2873 EDWARDS, O. M.: Beirdd y Berwyn 1700–1750. Llanuwchllyn: Ab Owen, 1902. (Cyfres y Fil).

2874 ———— Beirdd y Bala, Llanuwchllyn: Ab Owen, 1911. (Cyfres y Fil).

2875 FOULKES, Isaac: Gwaith beirdd Môn: sef Lewys Morris, y Bardd Coch (Hugh Hughes) a Robin Ddu o Fôn. Liverpool: I. Foulkes, 1879.

2876 HOWELL, John: Blodau Dyfed: sef, awdlau, cywyddau, englynion, moesol a diddanol, a gyfansoddwyd gan feirdd Dyfed, yn y ganrif ddiweddaf a'r bresennol. Caerfyrddin: J. Evans, 1824.

2877 JONES, D. Gwenallt: Blodeugerdd o'r ddeunawfed ganrif. Caerdydd, 1936. Arg. newydd gyda rhagymadrodd gwahanol a rhagor o destunau, 1947. Pumed arg. 1953. Adol. WILLIAMS, G. J. *Llenor*, xvi, 53–5.

2878 PARRY-WILLIAMS, T. H.: Llawysgrif Richard Morris o gerddi. Caerdydd, 1931. (Diau fod peth o'r cynnwys yn hŷn o dipyn na'r llsgr.).

2879 ———— Hen benillion. [Aberystwyth]: Y Clwb Llyfrau Cymreig, 1940.

2880 THOMAS, David (Dafydd Ddu Eryri): Diddanwch teuluaidd: neu waith beirdd Môn. Caernarfon: L. E. Jones, 1817.

2881 THOMAS, W. Jenkyn: Penillion telyn. Caernarfon: Cwmni'r Wasg Genedlaethol, 1894.

(iii) Beirdd Unigol

Am Goronwy Owen, Evan Evans, Lewis Morris ac Edward Richard gweler yr adran arbennig ar Gylch y Morrisiaid.

David Davis

2882 DAVIS, David: Telyn Dewi, sef gwaith prydyddawl y Parch. David Davis . . . Aberystwyth: George Rees, 1927. Trydydd arg.

2883 DIENW: Dafis, Castell-hywel, *Traethodydd*, 1848, 197–212.

2884 J[ONES], R. J.: Dafis Castell Hywel, *Cymru*, xxxii, 245–52.

Thomas Edwards (Twm o'r Nant)

Gw. adran arbennig ar yr anterliwt (Rhan IV), rhifau 2968–99.

Lewis Hopcyn

2885 JAMES, Lemuel: Gw. rhif 1386, 215–342.

2886 LEWIS, H. Elvet: Lewis Hopkin (1708–1771), *Y Geninen*, xl, 215–20.

2887 PARRY, T.: Gw. rhif 2869, 120–6.

2888 WILLIAMS, G. J.: Gw. rhif 160, *passim*.

Wil Hopcyn

2889 WILLIAMS, G. J.: Wil Hopcyn a'r Ferch o Gefn Ydfa, *Llenor*, vi, 218–29; vii, 34–6.

2890 ———— Gw. rhif 160, 251–9.

Hugh Hughes (Y Bardd Coch)

2891 AUBREY, D. M. (Meilir Môn): Hugh Hughes (Y Bardd Coch), *Y Geninen*, xxii, (Gŵyl Dewi), 60–2.

Jonathan Hughes

2892 ELLIS, Robert (Cynddelw): Jonathan Hughes, *Y Geninen*, viii (Gŵyl Dewi 1890), 28.

2893 GRIFFITH, Robert (Carneddog): Rhisiart Morus a Jonathan Hughes, *Cymru*, xiii, 94–7.

2894 WILLIAMS, Daniel: Jonathan Hughes (1721–1805), yn rhif 2872, 7–64.

Robert Hughes, Neuadd-y-blawd

2895 ROBERTS, R. D.: Beirdd anadnabyddus Cymru. X. Robert Hughes, Neuadd y Blawd, Llanddeusant, Môn, *Cymru*, ii, 271–3.

Robert Hughes (Robin Ddu yr Ail o Fôn)

2896 ROBERTS, G. T.: Robin Ddu yr Ail o Fôn, *BBCS*, vi, 1–24, 231–52; vii, 260–9.

Rowland Huw

2897 EDWARDS, O. M.: Beirdd anadnabyddus Cymru. III. Rowland Huw, *Cymru*, i, 108–110, 197–8.

2898 ———— Rhif 2874, 25–39.

Edward Ifan o'r Ton Coch

2899 J., R. J.: Y bardd o Don Coch, *Y Geninen*, xxiv, 280.

2900 JENKINS, R. T.: Bardd a'i gefndir (Edward Ifan o'r Ton Coch), *THSC*, 1946–7, 97–149. Adragraffwyd ar wahân, 1949. Adol. HUGHES, Garfield H. *LlC*, i, 54–5.

2901 WILLIAMS, G. J.: Rhif 160, 245–50.

David John James

2902 CARNEDDOG: Dafydd Siôn James, *Cymru*, xv, 266–7.

2903 THOMAS, David: Beirdd anadnabyddus Cymru. XXV. David John James, Penrhyn Deudraeth, *Cymru*, v, 165.

William Jesus (Brynengan)

2904 HUGHES, Henry: Beirdd anadnabyddus Cymru. I. William Jesus, Brynengan (1745–1817), *Cymru*, i, 23. (Taid Nicander a thad Pedr Fardd).

Rhys Jones o'r Blaenau

2905 HUGHES, H. J.: Nodiadau ar rai o'r cerddi yn Blodeugerdd o'r 18fed ganrif, *Athro*, v, 1955–6, 456–61, 481–5.

2906 JENKINS, David: Rhys Jones o'r Blaenau, *CCHChSF*, i, 36–8.

Thomas Jones (Y Bardd Cloff)

2907 WILLIAMS, Daniel: Y Bardd Cloff 1768–1828, *TCHSDd*, iv, 75–83.

William Jones, Llangadfan

2908 ELLIS, Tecwyn: William Jones, Llangadfan, *LlC*, i, 174–84.

Thomas Maurice

2909 DAVIES, T. Witton: Thomas Maurice, bardd a hanesydd, *Y Geninen*, xx, 9–13, 195–8.

Morris ap Rhobert

2910 EDWARDS, Owen M.: Rhif 2873, 9–26.
2911 —— Rhif 2874, 9–13.

William Owen, Tŷ-fry

2912 DAVIES, Evan: Beirdd anadnabyddus Cymru. XXXIII. William Owen Tŷ Fry, Penrhyndeudraeth, *Cymru*, vii, 143–4.

Richard Powel

2913 ISALED: Rhisiart Powell, *Y Geninen*, x, (Gŵyl Dewi), 44–48.

Siôn Powel

2914 JONES, David Andrew: Siôn Powel, *Ffenics*, 1965, 95–99.
2915 JONES, J. T.: Siôn Powel, 1731–1767, *Y Geninen*, x, 78–89.

Michael Prichard

2916 ASIEDYDD: Michael Prichard, Llanllyfni, a'i weithiau, *Cymru*, ix, 261–4.
2917 DIENW: Michael Prichard o Lanllechid (sic) a Margaret Davies y Goetre, *Cymru*, xxv, 93–8.
2918 GRIFFITH, Richard (Carneddog): Hen ganu Nadolig (Michael Prichard), *Cymru*, xxi, 283–4.
2919 HENAFYDD: Michael Prisiart, *Y Geninen*, xxxiii, 144.
2920 HUMPHREYS, B.: Michael Prichard o Llanllyfni, *Y Geninen*, xxv, 273.
2921 RICHARDS, Gwynfryn: Michael Pri[t]chard y baledwr, *Haul*, Haf 1956, 16–21.

Ifan Thomas Rhys

2922 GRIFFITHS, J.: Beirdd anadnabyddus Cymru. XXX. Ifan Thomas Rhys, *Cymru*, vi, 154–6.
2923 WILLIAMS, Richard: Some minor Welsh poets of the Georgian era (1714–1820), *Cymmrodor*, x, 46–66.

David Richards (Dafydd Ionawr)

2924 CARNEDDOG: Er cof am Ddafydd Ionawr, *Cymru*, viii, 171–2.

2925 JONES, D. Gwenallt: Dafydd Ionawr, *Y Genhinen*, i, 135–42.

2926 TIBBOTT, Gildas: Llawysgrifau Dafydd Ionawr, *CLlGC*, vii, 156.

2927 WILLIAMS, Morris (gol.): Gwaith Dafydd Ionawr. Dolgellau: R. O. Rees, 1851. Adol. EDWARDS, Lewis *Traethodydd*, 1852, 94–103.

Wiliam Robert

2928 WILLIAMS, G. J.: Wiliam Robert o'r Ydwal, *LlC*, iii, 47–52.

David Samwell

2929 BOWEN, E. G.: David Samwell, Dafydd Ddu Feddyg. Caerdydd, 1974. (Cyfres ddwyieithog Gŵyl Dewi).

2930 DAVIES, W. Ll.: David Samwell (1751–1798): surgeon of the 'Discovery' London Welshman and poet, *THSC*, 1926–7, 70–133.

2931 ——— David Samwell: a further note, *THSC*, 1938, 257.

2932 ——— David Samwell's poem – The Padouca Hunt, *CLlGC*, ii, 142–52.

David Thomas (Dafydd Ddu Eryri)

2933 DIENW: Hen ysgolfeistri Cymru. II. Dafydd Ddu Eryri, *Cymru*, ii, 153–6.

2934 ——— Mr. J. W. Prichard, Plasybrain, *Traethodydd*, 1884, 28. (llythyr coeglyd am farw D. Ddu).

2935 ——— Biography – memoir of Mr. David Thomas (Dafydd Ddu Eryri), *CB*, iii, 426–33.

2936 ——— Cofiant am y diweddar Mr. David Thomas, *Gwyliedydd*, i, 92–3.

2937 ——— Athrylith a gweithion Dafydd Thomas o'r Waun fawr, neu Dafydd Ddu o Eryri, *Traethodydd*, 1852, 37–52.

2938 EDWARDS, Griffith (Gutyn Padarn): Dafydd Ddu Eryri, *Y Geninen*, iv. 189–90; vii, 31–4, 188–90.

2939 EVANS-JONES, Syr Cynan: Tad Beirdd Eryri: Dafydd Tomos (Dafydd Ddu Eryri), *THSC*, 1969, 7–23.

2940 GLASLYN: Llythyrau Dafydd Ddu Eryri, *Cymru*, xxviii, 247–50.

2941 GRIFFITH, D. R.: Dafydd Ddu Eryri a'i oes (1760–1822), *Y Geninen*, xl (Gŵyl Dewi, 1922), 15–19.

2942 JENKINS, D. E.: Rhif 2783, III, 117–23. (Ar gysylltiad Dafydd Ddu a Thomas Charles).

2943 LEWIS, Saunders: Yr Eisteddfod a beirniadaeth, *Llenor*, iv, 30–9.

2944 MILLWARD, E. G.: Eifionydd y beirdd, *TCHSG*, xxv, 42–65.

2945 P.: Pigion o lythyr yn cynnwys ychydig gofiant am Dafydd Ddu, *Gwyliedydd*, x, 138–9.

2946 ROBERTS, Griffith T.: Dafydd Ddu Eryri a'i gysylltiadau llenyddol. *TYCCh*, 978.

2947 WILLIAMS, Huw Llewelyn: Rhif 3729, 21–31.

Jenkin Thomas

2948 GRIFFITH, J.: Beirdd anadnabyddus Cymru. XXIV. Jenkin Thomas, *Cymru*, vii, 173–5.

John Thomas, Pentrefoelas

2949 ROBERTS, E. L.: John Thomas, Pentrefoelas, *Cymru*, xxv, 37–42.

Rhobert Wiliam, y Pandy

2950 BOWEN, D. J.: Robert William o'r Pandy Isaf, Rhiwaedog, *LlC*, ii, 56–8.

2951 EDWARDS, O. M.: Beirdd anadnabyddus Cymru. IX. Rhobert Wiliam y Pandy, *Cymru*, ii, 210–13. Gw. hefyd rhif 2874, 40–8.

(iv) Baledi

2952 DAVIES, A. Stanley: The ballads of Montgomeryshire . . . with a foreword by Erfyl Fychan. Welshpool: published by the author, 1938. Adol. LLOYD, D. Myrddin *JWBS*, v, 130–2.

2953 DAVIES, J. H.: A bibliography of Welsh ballads. London: Hon. Soc. of Cymmrodorion, 1911.

2954 JONES, John (Myrddin Fardd): Hen gerddi y Cymry, *Traethodydd*, 1886, 211–25, 270–83, 415–30; 1887, 118–27; 1888, 214–22, 427–34; 1891, 142–8, 388–96; 1892, 152–9, 459–64.

2955 LLOYD, D. Myrddin: Casgliad o hen faledi, *JWBS*, v, 93–9.

2956 PARRY, Thomas: Baledi'r ddeunawfed ganrif. Gw. rhif 2869.

2957 PETERS, John (Ioan Pedr): Hen lyfrau y Cymry, *Traethodydd*, 1872, 103–7; 1874, 53–6.

2958 THOMAS, Ben Bowen: Baledi, yn rhif 2770, 137–46.

2959 WATKIN-JONES, A.: The popular literature of Wales in the eighteenth century, *BBCS*, iii, 178–91.

IV. ANTERLIWTIAU

(i) Cyffredinol

2960 EVANS, G. G.: Yr anterliwd Gymraeg. *TYCCh*, 967.

2961 ——— Yr anterliwt Gymraeg, *LlC*, i, 83–96, 224–31.

2962 JONES, E. D.: Rhai o anterliwtiau Cwrt Mawr, *CLlGC*, x, 421–2.

2963 JONES, T. J. Rhys: Yr anterliwt Gymraeg: ei ffynonellau, ei chrefftwaith, a'i gwerth fel arwyddocâd o ddiwylliant y bobl. *TYCCh*, 973.

2964 —— Yr anterliwtiau, yn rhif 2770, 147–55.

2965 —— Welsh interlude players of the eighteenth century, *ThN*, ii/4, 62–6.

2966 SKEELE, Caroline A. J.: An unappreciated interlude-writer, *BBCS*, iii, 58–9.

2967 WATKIN-JONES, A.: The interludes of Wales in the eighteenth century, *BBCS*, iv, 103–11.

(ii) Yr Anterliwtwyr

Thomas Edwards (Twm o'r Nant)

2968 ASHTON, Glyn M.: Bywyd a gwaith Twm o'r Nant a'i le yn hanes yr anterliwt. *TYCCh*, 963.

2969 —— (gol.) Hunangofiant a llythyrau Twm o'r Nant. Caerdydd, 1948. (Llyfrau Deunaw). Adol. ROBERTS, Kate *BAC*, 9 Mawrth 1949, 7. Gw. hefyd: HARRIES, W. J. *Barn*, 12, 339–40; 15, 90–1; 16, 119–20; 17, 146–7.

2970 —— Anterliwtiau Twm o'r Nant (Pedair colofn gwladwriaeth *a* Cybydd-dod ac oferedd). Caerdydd, 1964, Adol. EVANS, G. G. *Barn*, 29, 147–8; HUGHES, Garfield H. *Taliesin*, xi, 120–4; JONES, T. J. Rhys *LlC*, viii, 240–4; ROBERTS, Kate *Lleufer*, xx, 177–9.

2971 —— Interliwt ynghylch Cain ac Abel, *BBCS*, xiii, 78–89.

2972 CALEDFRYN: Athrylith a gweithion Thomas Edwards o'r Nant, *Traethodydd*, 1852, 133–51.

2973 DAVIES, Ben: Twm o'r Nant, *Y Geninen*, xx, 66–72.

2974 DAVIES, Edward: Blynyddoedd olaf Twm o'r Nant, *Cymru*, xlviii, 221–4.

2975 DAVIES, J. H.: An unrecorded interlude by Twm o'r Nant, *JWBS*, i, 57–9. (Tri chydymaith dyn).

2976 —— A Welsh political squib of 1784, *JWBS*, iii, 17–21.

2977 DIENW: Diarhebion Twm o'r Nant, *Cymru*, xiii, 117–18.

2978 —— Twm o'r Nant, *Cymru*, xxxix, 197–201.

2979 EDWARDS, O. M. (gol.): Gwaith Twm o'r Nant. Llanuwchllyn: Ab Owen. Cyf. I, 1909; Cyf. II, 1910. (Cyfres y Fil).

2980 EVANS, Owen: Twm o'r Nant, *Cymru*, xxxiv, 209–17.

2981 FOULKES, Isaac (gol.): Gwaith Thomas Edwards (Twm o'r Nant). Liverpool, 1874. Adol. *Traethodydd*, 1875, 212–41.

2982 —— Thomas Edwards o'r Nant a'r interliwdiau, *THSC*, 1903–4, 43–57.

2983 GRIFFITH, Wyn: Twm o'r Nant (Thomas Edwards). Caerdydd, 1953. (Cyfres ddwyieithofg Gŵyl Dewi).

2984 HARRIES, W. J.: Shakespeare y Cymry a Chaerfyrddin, *CH*, iii, 40–8.

2985 HUGHES, Edward: A critical study of the writings of Thomas Edwards (Twm o'r Nant), 1737–1810. *TYCCh*, 969.

2986 JONES, Bobi: Twm o'r Nant, yn rhif 132, 47–69.

2987 JONES, Emyr Ll. (gol.): Tri Chryfion Byd . . . Anterliwt gan Twm o'r Nant. Doc Penfro: Cwmni Anterliwt Llanelli, ar ran Cymdeithas Ddrama Colegau Cymru, 1962.

2988 JONES, Idwal: Twm o'r Nant a'i dyrfa lawen, *FG*, ii/3, 57 *a* 68.

2989 JONES, J. T.: Twm o'r Nant, *Eurgrawn*, cxxx, 372–9.

2990 ——— Anterliwdwr a'i helynt wrth fyw, *FG*, iv/5, 117–8.

2991 LEWIS, Saunders: Twm o'r Nant, *BAC*, 27 Medi 1950, 8; 11 Hydref 1950, 8; 25 Hydref 1950, 8. Adarg. yn rhif 143, 280–98.

2992 REES, T. Mardy: Twm o'r Nant (1739–1810), *Y Geninen*, xxix (Gŵyl Dewi), 40–3.

2993 ROBERTS, Kate: Thomas Edwards (Twm o'r Nant), yn rhif 2270, 156–63.

2994 THOMAS, David: Twm o'r Nant a'i Feibl, *Eurgrawn*, cxxxi, 108–112, 145–9.

2995 ——— Twm o'r Nant, *Athro*, 1933, 93–5.

2996 WILLIAMS, D. D.: Twm o'r Nant. Bangor: Jarvis and Foster, 1911.

2997 ——— Twm o'r Nant, bardd yr interliwd Gymreig 1739–1810, *Beirniad*, vii, 1–10.

2998 ——— Twm o'r Nant, bardd yr interliwd Gymreig, *Efrydydd*, viii, 1932, 258–62.

2999 WILLIAMS, W. Gilbert: Twm o'r Nant fel diwygiwr, *Eurgrawn*, cxxxi, 32–4, 59–63.

Ellis Roberts (Elis y Cowper)

3000 GRIFFITH, Robert: Elis y Cowper a'i waith, *Cymru*, xxviii, 61–70.

3001 WILLIAMS, D. D. *a* GRIFFITH, Robert: Deuddeg o feirdd y Berwyn, 106–9. Gw. rhif 4357.

V. EMYNYDDIAETH

(i) Cyffredinol

Barnwyd mai doeth oedd rhoi'r emynwyr oll gyda'i gilydd yn yr adran hon, er bod rhai ohonynt yn perthyn i'r bedwaredd ganrif ar bymtheg. Ceir llawer o ddefnydd ar hanes emynau ac emynwyr, wedi ei gasglu gan y Parch. H. Elvet Lewis, ar gadw yn y Llyfrgell Genedlaethol. Gw. JONES, E. D.: A Dictionary of Welsh Hymnology, *CLlGC*, i, 95. Hefyd rhif 53.

3002 ASHTON, G. M.: Rhai o emynau'r tadau, *Y Drysorfa*, 1954, 41–4.

3003 BOWEN, Geraint: Halsingod, *THSC*, 1945, 83–108. Gw. hefyd rhif 2537.

3004 DAVIES, Morris: Emynyddiaeth y Cymry o amser Edmwnd Prys hyd y Diwygiad Methodistaidd, *Traethodydd*, 1869, 433–56.

3005 ——— Emynyddiaeth y Cymry. Gwawr y diwygiad Methodistaidd, *Traethodydd*, 1870, 63–73.

3006 EDWARDS, Wm.: Yr emyn fel ceidwad athrawiaeth, *Traethodydd*, 1955, 57–65.

3007 EVANS, D. Tecwyn: Yr emyn, *Llafar*, ii, 14–19.

3008 EVANS, Ifor L. *a* DE LLOYD, David: Mawl yr oesoedd. Caerdydd, 1951.

3009 EVANS, Roger: Emynau ac emynwyr, *Traethodydd*, 1909, 241–6, 427–33.

3010 GRIFFITH, R. D.: Hanes canu cynulleidfaol Cymru. Caerdydd, 1948. Adol. ROBERTS, Gomer M. *Llenor*, xxvii, 202–4.

3011 GRIFFITHS, G. Penar: Yr emyn Cymreig, *Diwygiwr*, lvii, 21–4.

3012 GRIFFITHS, Richard (Carneddog): Hen emynnau (sic) Gwlad, *Traethodydd*, 1911, 81–95, 194–208, 239–57.

3013 HODGES, H. A.: Flame in the Mountains: Aspects of the Welsh Free Church hymnology, *Religious Studies*, iii, 401–17.

3014 HUGHES, Garfield H.: Halsingau Dyffryn Teifi, *Eurgrawn*, cxxxiii, 58–63, 89–91.

3015 ——— Emynyddiaeth gynnar yr hen ymneilltuwyr, *LlC*, ii, 135–41.

3016 ——— Emynyddiaeth yr hen ymneilltuwyr hyd 1811, *JWBS*, viii, 84–100, 148–66.

3017 JENKINS, Evan H. (Ifan Afan): Agwedd bresennol emynyddiaeth Gymraeg. Y Bala: H. Evans, 1889.

3018 JENKINS, R. T.: Canu â'r deall, *Traethodydd*, 1949, 1–14.

3019 JONES, J. Gwilym: Yr emyn fel llenyddiaeth, *BCEC*, i/5, 113–32.

3020 JONES, J. Gwyn: Cyfieithu emynau Saesneg i'r Gymraeg, *Eurgrawn*, cxxx, 291–6.

3021 JONES, J. T. Alun: Duwinyddiaeth emynau. Y Bala: Davies ac Evans, 1908.

3022 JONES, Llewelyn: A study of the hymnology of the Methodist Revival in Wales, with particular reference to the hymns of Williams, Pantycelyn. *TYCCh*, 52.

3023 JONES, M. H.: Emynyddiaeth gynnar y ddeunawfed ganrif, *JWBS*, iii, 191–204.

3024 JONES, T. Ellis: Emynyddiaeth Cymru rhwng Ann Griffiths ac Elfed, *SG*, 1958, 42–55.

3025 JONES, J. Morgan: Beirniaid emynau, *Traethodydd*, 1915, 119–26. Gw. hefyd: EVANS, D. Tecwyn *ib.*, 193–206.

3026 JONES, Maldwyn: Yr emyn Gymraeg, *Y Drysorfa*, 1936, 295–300, 328–32, 367–71.

3027 JONES, Morgan Hugh: Eighteenth century hymn books, *CCHMC*, v, 52–8.

3028 LEWIS, H. Elvet: Brawdoliaeth yr emyn, *Lleufer*, iv, 107–8.

3029 LEWIS, T. H.: Beth yw Emyn?, *Y Genhinen*, xx, 42–3.

3030 OWEN, Bob: Emynyddiaeth yr hen ymneilltuwyr, *Tyst*, 17 Ion. 1952, 3; 24 Ion. 1952, 3; 31 Ion. 1952, 3; 7 Chwef. 1952, 3; 14 Chwef. 1952, 3; 21 Chwef. 1952, 3; 28 Chwef. 1952, 4; 6 Mawrth 1952, 4.

3031 PARRY-WILLIAMS, T. H.: Barddoniaeth yr emynau, *Brython*, 11 Chwef. 1937, 5.

3032 PHILLIPS, W. J.: Diwygiad Sankey a Moody a Chymru, *Traethodydd*, 1962, 8–15.

3033 ——— *Odlau'r Efengyl*, *Traethodydd*, 1962, 127–37. (trosiadau o emynau Sankey gan Watcyn Wyn).

3034 REES, Harding: Gwerth emynyddiaeth i ddefosiwn yr Eglwys, *SG*, 1939, 126–37.

3035 REES, T. Mardy: Cyfriniaeth emynyddiaeth Cymru, *CN*, iii, 193–5; iii, 228–30; iv, 30–2, 50–2, 76–8.

3036 RICHARDS, Melville: Casgliad o Halsingod, *CLlGC*, vi, 108.

3037 ROBERTS, Gomer M.: Nodiadau ar emynau, *Goleuad*, 6 Awst 1947, 4; 13 Awst 1947, 4; 20 Awst 1947, 4; 27 Awst 1947, 4; 3 Medi 1947, 4.

3038 ——— Nodiadau ar emynau ac emynwyr, *Goleuad*, 7 Chwef. 1951, 7; 14 Chwef. 1951, 7; 28 Chwef. 1951, 6; 14 Mawrth 1951, 6; 12 Awst 1953, 4; 26 Awst 1953, 7.

3039 ——— Hen emynau, *Goleuad*, 4 Mawrth 1959, 4; 11 Mawrth 1959, 4; 18 Mawrth 1959, 4; 25 Mawrth 1959, 4; 1 Ebr. 1959, 4; 8 Ebr. 1959, 4; 15 Ebr. 1959, 4.

3040 ——— Hen gasgliad o emynau, *Goleuad*, 2 Mawrth 1949, 4.

3041 SHANKLAND, Thomas: Awduraeth emynau, *TCHBC*, 1922, 21–30.

3042 THOMAS, Daniel John: Emynyddiaeth Cymru hyd 1740. *TYCCh*, 76.

3043 T[HOMAS], G. E.: Hen emynau rhyfedd, *Haul*, 1939, 244–6.

3044 WILLIAMS, John Henry: A study of the contribution of the Church in Wales to the development of Welsh hymnology, with special reference to the period A.D. 1740 to A.D. 1900. *TYCCh*, 86.

3045 WILLIAMS, Stephen J.: Mesurau emynau cynnar, *Dysgedydd*, 1932, 2–7.

3046 WILLIAMS, T. Hudson: Gwlad a byd yr emyn, *Traethodydd*, 1925, 1–15.

(ii) Rhai Llyfrau Emynau

3047 EVANS, Ifor L. (gol.): Blodau hyfryd: casgliad bychan o waith prif emynwyr Cymru o Edmwnd Prys hyd Ieuan Glan Geirionydd gyda rhagymadrodd a nodiadau. Caerdydd, 1945. Adol. JONES, D. Llewelyn *BAC*, 9 Ion. 1946, 7. Ceir sylwadau ar y gyfrol hon gan ROBERTS, Gomer M. *Goleuad*, 6 Chwef. 1946, 2; 20 Chwef. 1946, 2; 6 Mawrth 1946, 2.

3048 GRIFFITH, G. Wynne: Emynau'r Eglwys, *Eurgrawn*, cxxxv, 114–20 ar *Emynau'r Eglwys*, 1941.

3049 HUGHES, D. R.: Llyfr hymnau cynulleidfaoedd Cymreig Llundain, 1816, *CCHMC*, xiv, 99–101.

3050 LEWIS, Henry: Hymnau ysprydol, *JWBS*, iii, 223–6. (manylion am *Hymnau Ysprydol* . . .; a gyfansoddwyd gan David Thomas . . . a'i frawd Evan Thomas . . . Caerfyrddin 1730).

3051 [LEWIS, H. Elvet] Elfed: Emyn y Farn Fawr, *Traethodydd*, 1905, 443–7.

3052 PEATE, Iorwerth C.: Y Caniedydd, *Taliesin*, i, 60–70. (*Caniedydd yr Annibynwyr*).

3053 ROBERTS, Gomer M.: Dau lyfr emynau 1740, *Traethodydd*, 1947, 82–9.

3054 ——— Dau gasgliad o emynau, *Dysgedydd*, 1953, 184–7. (sef casgliad J.D. *Difyrwch i'r Ieuenctyd* a Thomas Phillips *Ychydig o Hymnau Efengylaidd*).

3055 ——— Swp o Ffigys, *Dysgedydd*, 1959, 202–8. (Casgliad Daniel Evans o'r Mynydd Bach).

3056 ——— Hen gasgliad o emynau 1748, *BCEC*, i/3, 73–4.

3057 WILLIAMS, H. Llewelyn: Gwerthfawrogiad llenyddol o lyfr emynau y Methodistiaid, *Traethodydd*, 1958, 105–110.

3058 WILLIAMS, William (Crwys): Barddoniaeth y Llyfr Emynau newydd, *Traethodydd*, 1929, 228–37. (Llyfr emynau y Methodistiaid Calfinaidd a Wesleaidd).

(iii) Yr Emynwyr

Ceir llawer iawn o wybodaeth am emynwyr unigol yn yr eitemau isod.

(a) Cyffredinol

3059 DAVIES, J. D.: Emynwyr Gwynedd. Y Bala: Davies ac Evans, 1905.

3060 EDWARDS, Lewis: Cyfnewidwyr hymnau, *Traethodydd*, 1850, 316–22.

3061 ELLIS, R. (Cynddelw): Yr emynwyr Cymreig, *Greal*, i, 35–6, 83–5.

3062 GRIFFITHS, W. A.: Hanes emynwyr Cymru. Caernarfon: Gwenlyn Evans, [1892].

3063 HUGHES, Garfield H.: Charles Wesley yn Gymraeg, *Eurgrawn*, cli, 202–9, 228.

3064 HUGHES, Henry: Beirdd ac emynwyr Eifionydd, *Traethodydd*, 1904, 199–212.

3065 ISAAC, Evan: Prif emynwyr Cymru. Lerpwl: Hugh Evans, 1925. Adol. JENKINS, J. Gwili *Seren Cymru*, 2 Ebrill 1926, 4–5; ROWLANDS, H. O. *Seren Cymru*, 2 Medi 1927, 7.

3066 JONES, Bedwyr Lewis: Emynwyr Bro Morganwg, *BCEC*, i/2, 26–39.

3067 JONES, Tryfan: Rhai o hen emynwyr Cymru, *Eurgrawn*, xciii, 201–7, 281–9.

3068 LEWIS, H. Elvet: The hymn-writers of Wales and their hymns, *The Cambrian*, vii, 74–8, 113–17, 139–42.

3069 ——— Emynwyr cynnar yr Annibynwyr yng Nghymru, *Cofiadur*, rhif 8–9, 1932, 3–17.

3070 ——— Emynwyr Bro Morgannwg, *JWBS*, vi, 289–92.

3071 ——— Sweet singers of Wales: a story of Welsh hymns and their authors. London: Religious Tract Society, ?1889.

3072 PROFFIT, Tudor: Emynau ac emynwyr Wesleiaidd Cymraeg, *Bathafarn*, xiv, 30–53; xv, 55–66.

3073 REES, J. Seymour (Mydyr): Arloeswyr ymysg yr Annibynwyr Cymraeg, *Tyst*, 22 Chwef. 1951, 3 – 23 Awst 1951, 3. (cyfres o erthyglau).

3074 ——— Emynwyr cynnar y Bedyddwyr yng Nghymru, *Tyst*, 2 Awst 1951, 3 – 20 Medi 1951, 3. (cyfres o erthyglau).

3075 ——— Emynwyr yr Undodiaid Cymraeg, *Tyst*, 27 Medi 1951, 3 – 1 Tach. 1951, 3. (cyfres o erthyglau).

3076 REES, Thomas: Yr emynwyr Cymreig, *Adolygydd*, 1851–2, 323–44, 475–95; 1852–3, 335–50.

3077 ROBERTS, E. P.: Emynwyr Môn, *Y Drysorfa*, 1944, 72–77, 117–20.

3078 ROBERTS, Gomer M.: Ysgrifau Mydyr ar emynwyr, *Tyst*, 24 Mai 1951, 6–7; 19 Gorff. 1951, 6; 26 Gorff. 1951, 7; 16 Awst 1951, 5; 20 Medi 1951, 10, 27 Medi 1951, 10.

3079 ——— Emynwyr Bethesda'r Fro: John Williams a Thomas William. Llandysul: Gwasg Gomer, 1967. Adol. JONES, Brynmor *BCEC*, i, 8.

3080 ——— Emynwyr Caeo, *Eurgrawn*, cxxxix, 174–8.

3081 ——— Emynwyr Dyfed, *BCEC*, i/6, 150–65.

3082 THICKENS, John: Emynau a'u hawduriaid. Llyfr Emynau y ddwy Eglwys Fethodistaidd yng Nghymru, 1927. Caernarfon: Llyfrfa'r Methodistiaid Calfinaidd, 1947. Arg. diw. 1961, gydag ychwanegiadau gan Gomer M. Roberts. Hefyd gw. JONES, T. Gwynn *CCHMC*, xxxiv, 58–9 ar awduraeth: Hoff yw'r Iesu o blant bychain.

3083 TIBBOTT, Gildas: Emynwyr gogledd Cymru hyd y flwyddyn 1800. *TYCCh*, 81.

3084 WILLIAMS, J. Price: Rhai emynwyr ail gyfnod y Diwygiad, *CCHMC*, xvii, 143–7.

(b) Emynwyr Unigol

David Charles (Hynaf)

3085 BEYNON, Tom: David Charles, Caerfyrddin (1762–1834), *Traethodydd*, 1934, 210–17.

3086 —— Darlun o David Charles a'i deulu, *CCHMC*, xxiv, 1–2.

3087 DAVIES, D. Charles: Pregethau y Parch. David Charles, Caerfyrddin, *Traethodydd*, 1896, 241–58.

3088 EVANS, D. J.: David Charles, Caerfyrddin: ei emynau, *Y Drysorfa*, 1962, 210–15.

3089 ROBERTS, Gomer M.: Rhagluniaeth Fawr y Nef, *Goleuad*, 17 Medi 1941, 4.

3090 —— David Charles ymhlith ei frodyr, *Y Drysorfa*, 1962, 207–10.

3090A WILIAM, D. Wyn: Y ddau David Charles, *BCEC*, i, 213–31.

David Charles (Ieuengaf)

3091 THICKENS, John: O! Salem fy annwyl gartrefle, *CCHMC*, xxiv, 41–9. (Cyfieithiad David Charles, ieuengaf).

Morgan Dafydd

3092 JONES, Emyr Wyn: Gw. rhif 3194.

Thomas Dafydd

3093 HUGHES, Garfield H.: Thomas Dafydd, un o emynwyr Sir Gaerfyrddin, *JWBS*, vii, 86–93.

David Davies

3094 WALTERS, D. Eurof: Emynwyr yr Annibynwyr. David Davies, Abertawe (1763–1816), *Tyst*, 21 Hyd. 1954, 4–5.

Morris Davies

3095 DIENW: Mr. Morris Davies, *Traethodydd*, 1877, 217–44.

3096 —— Emynau Mr. Morris Davies, *Traethodydd*, 1878, 369–86.

3097 WILLIAMS, J. E. Caerwyn: Morris Davies, Bangor, *CCHMC*, 1, 65–80; li, 13–23.

Evan Evans

(Ieuan Glan Geirionydd)

Gw. rhifau 3785–3800.

Benjamin Francis

3098 DAVIES, Morris: Y Parchedig Benjamin Francis, *Traethodydd*, 1877, 172–84.

Morris Griffith

3099 DAVIES, J. H.: Briwsion hanes Morris Griffith, *CCHMC*, ix, 9.

3100 ROBERTS, Griffith T.: Morris Griffith, *CCHMC*, xxxvii, 4–12.

3101 WILLIAMS, D. Ward: Emynyddiaeth Cymru, *CCHMC*, xviii, 28–30, 73–7; xix, 31–5.

Ann Griffiths

3102 ALLCHIN, A. M.: Ann Griffiths: an approach to her life and work, *THSC*, 1972/1973, 170–84.

3103 AMRYW: Canmlwyddiant Ann Griffiths, *Cymru*, xxx, 53–86.

3104 DAVIES, Morris: Cofiant Ann Griffiths, gynt o Dolwar Fechan . . . ynghyd a'i llythyrau a'i hymnau, gyda nodiadau . . . Hefyd, Traethawd ar ei hathrylith gan y Parch. W. Caledfryn Williams. Dinbych: T. Gee, 1865.

3105 [DAVIES-REES, Elizabeth Jane] (WILLIAMS) (Awen Mona): Y ddwy emynyddes, *Traethodydd*, 1911, 223–7. (= Ann Griffiths a Frances Ridley Havergal).

3106 DIENW: Hanes emynau Ann Griffiths, *Cymru*, xxx, 45–7.

3107 —— Arwyr Cymru. Gomer ac Ann Griffiths, *Cymru*, lxx, 16–17.

3108 EDWARDS, O. M. (gol.): Gwaith Ann Griffiths. Llanuwchllyn: Ab Owen, [1905]. (Cyfres y Fil).

3109 —— ac eraill: Canmlwyddiant Ann Griffiths, *Cymru*, xxx, 53–86.

3110 EVANS, D. Tecwyn: Ann Griffiths, *Eurgrawn*, cv, 95–9, 134–9, 171–2.

3111 —— Ann Griffiths, *WO*, vi, 155–8.

3112 —— Ann Griffiths (1776–1805). Dinbych: Gwasg Gee, 1955.

3113 GRIFFITHS, E.: Ann Griffiths: ei llythyrau a'i hemynau, ynghyd â byr-nodiad ar ei bywyd a'i gweithiau. Caernarfon: Llyfrfa y Cyfundeb, 1903.

3114 ——Ann Griffiths Dolwar Fechan, *Y Drysorfa*, 1903, 294–9.

3115 —— Canmlwyddiant Ann Griffiths, *Y Drysorfa*, 1905, 455–8.

3116 GRIFFITHS, William Arthur: The 150th anniversary of the death of Ann Griffiths, of Dolwar Fach, the hymn writer (1776–1805), *MC*, liii, 18–33.

3117 HUGHES, John (Pontrobert): Cofiant a llythyrau Ann Griffiths, *Traethodydd*, 1846, 420–33.

3118 JAMES, E. Wyn: Llythyr anghyhoeddedig Ann Griffiths, *CCHMC*, lvii, 34–41.

3119 JENKINS, E. H. (Ifan Afan): Dolwar Fach, *Cymru*, xlvii, 49–52.

3120 JONES, Bobi (gol.): Pedwar emynydd: Ann Griffiths, Morgan Rhys, Dafydd Jones o Gaeo, Dafydd William. Llandybïe: Llyfrau'r Dryw, 1970.

3121 ——— Cyfriniaeth Ann Griffiths, *Barn*, 100, 106–7.

3122 JONES, Francis (Abergele): Bedd Ann Griffiths, *Cymru*, xxx, 89–91.

3123 JONES, John (Llanfyllin): Ann Griffiths, *Cymru*, xxx, 13–22.

3124 JONES, J. R.: Ann Griffiths, *EA*, xiii, 38–42 (ei chyfriniaeth).

3125 ——— Ann Griffiths: ail feddyliau, *Taliesin*, xiv, 37–54.

3126 JONES, J. T.: Ann Griffiths: ei chyfnod a'i gwaith, *Y Drysorfa*, 1946, 72–6, 99–103.

3127 LEWIS, D. Morgan: Ffurf wreiddiol hymnau Ann Griffiths, *Llenor*, iii, 110–29, 172–87.

3128 ——— Ffurf wreiddiol emynau Ann Griffiths, *CCHMC*, vi, 2–7.

3129 ——— Emynau Ann Griffiths, *Goleuad*, 18 Gorff. 1928.

3130 LEWIS, H. Elvet (Elfed): Ann Griffiths: ei hanes a'i hemynau Caernarfon, d.d.

3131 LEWIS, Saunders: Troedigaeth Ann Griffiths, *SG*, liv, 69–74.

3132 ——— Ann Griffiths: arolwg llenyddol, *THSC*, 1965, 244–56.

3133 MORGAN, John: Ann Griffiths, ei gwlad a'i phobl, *Cymru*, xxx, 29–36.

3134 MORRIS, William (gol.): Cofio Ann Griffiths (1805–1955). Caernarfon: Llyfrfa'r Cyfundeb, 1955. Adol. BOWYER, Gwilym *Traethodydd*, 1956, 46–8; WILLIAMS, Ifor *Goleuad*, 12 Hyd. 1955, 5.

3135 O'FIANNACHTA, Padraig: Ann Griffiths – Iomannai Criostai, *IER*, xcii, 227–34.

3136 PRICHARD, Catherine Jane (Buddug): Ann Griffiths, *Y Geninen*, xx (Gŵyl Dewi), 52–5; xxi, 235–8.

3137 ——— Ann Griffiths, *Y Drysorfa*, 1905, 212–15.

3138 ROBERTS, G. T.: Briwsion hanes: Ann Griffiths ac 'Athrawiaeth y Drindod' Benjamin Jones, *CCHMC*, xlvi, 25–6.

3139 THOMAS, David: Mesur Ann Griffiths, *Y Cerddor*, 1931, 300–2.

3140 ——— Ann Griffiths a'i theulu, *Eurgrawn*, cli, 233–6; clii, 122–6, 147–50, 176–81, 237–40, 261–4.

3141 ——— Ann Griffiths a'i theulu. Dinbych: Gwasg Gee, 1963.

3142 ——— 'Dyma Frawd a anwyd inni', *Eurgrawn*, cxxxix, 205–7. (Damcaniaethau parthed awduraeth yr emyn).

3143 THOMAS, J. Lloyd: Troedigaeth Ann Griffiths, *Dysgedydd*, 1963, 202–8.

3144 WILLIAMS, Daniel: Teithi meddwl Ann Griffiths. Lerpwl: Hugh Evans, 1932. Adol. ROBERTS, R. Meirion. *Traethodydd*, 1933, 118–20.

3145 ——— Brenhines yr emyn Gymraeg. (Ann Griffiths 1776–1805), *BAC*, 24 Awst 1955, 5.

3146 ——— Ann Griffiths (1776–1805), *Eurgrawn*, cxlvii, 206–13.

3147 WILLIAMS, Ellen: Ann Griffiths a'i hemynau, *Cymru*, xxvi, 101–3.

3148 WILLIAMS, R. R.: The hymns of Ann Griffiths. Translated into English. Lerpwl: Hugh Evans, 1947. Adol. JONES, J. Gwyn *Lleufer*, iv, 147–8.

3149 [WILLIAMS, W.] (Nantlais): Emynau Ann Griffiths, *Y Drysorfa*, 1955, 170–4.

William Griffiths, Glandŵr

3150 WALTERS, D. Eurof: William Griffiths, Glandŵr 1777–1825, *Tyst*, 7 Hyd. 1954, 10.

Howell Harris

3151 BEYNON, Tom: Llyfr emynau o waith amryw o awduriaid, 1740, *CCHMC*, xxvi, 33–5.

3152 JONES, Llewelyn: Emynau Howell Harris, *Y Drysorfa*, 1924, 13–15.

James Hughes (Iago Trichrug)

3153 ROBERTS, Gomer M.: James Hughes (Iago Trichrug), *Traethodydd*, 1963, 105–113.

3154 T., J.: James Hughes (Iago Trichrug), 1779–1844, *Goleuad*, 1 Tach. 1944, 2.

3155 THOMAS, Daniel: Iago Trichrug, *Cymru*, lvi, 11–13, 76–9, 108, 142–3, 157–9.

John Hughes, Pontrobert

3156 GRIFFITHS, Edward (Meifod): Y Parch. John Hughes, Pontrobert, *Traethodydd*, 1890, 364–75; 1891, 97–108, 337–46.

3157 MORGAN, John: John Hughes Pontrobert ac Ann Griffiths, *Y Drysorfa*, 1898, 355–60.

3158 ROBERTS, Gomer M.: John Hughes Pontrobert, *Y Drysorfa*, 1955, 163–6.

Dafydd Jones o Gaeo

3159 DAVIES, Morris: Dafydd Jones, Caio, cyfieithydd Salmau a Hymnau y Dr. Watts, *Traethodydd*, 1871, 328–45.

3160 JONES, Bobi: Gw. rhif 3120.

3161 [JONES, J. R.] (Kilsby): Dafydd Jones o Gaeo, *Traethodydd*, 1849, 370–87.

3162 ROBERTS, Gomer M.: Y Ganfed Salm ar gân, *Goleuad*, 3 Mai 1944, 5.

3163 —— Dafydd Jones o Gaeo. Aberystwyth: Gwasg Aberystwyth, 1948. Adol. LLOYD, D. Myrddin *Llenor*, xxviii, 44–7; E[VANS], D. T[ecwyn] *Eurgrawn*, cxli, 55–6; T[HOMAS], H. *Haul*, 1948, 143–4; JONES, D. Llewelyn *BAC*, 10 Tach. 1948, 7.

3164 THOMAS, Victor: David Jones of Caio, *TCEHNSG*, iii, 1961, 213.

3165 WILLIAMS, Rhys Dafys: Dafydd Jones o Gaeo, *ib.*, 213–5.

Dafydd Jones y Garreg Wen

3166 WILLIAMS, R. Bryn: Emynydd un pennill, *Goleuad*, 2 Awst 1944, 4.

Edward Jones, Maes-y-plwm

3167 EDWARDS, Roger: Caniadau Maesyplwm, *Traethodydd*, 1857, 242–8.

3168 HOOSON, John: Maesyplwm, 1761–1836, *Y Drysorfa*, 1961, 198–202.

3169 JONES, John *a* JONES, Daniel (gol.): Cofiant y'nghyd a Gweddillion caniadau y diweddar Edward Jones o Faes y plwm. Wyddgrug: H. ac O. Jones, 1839.

3170 JONES, N. Cynhafal: Edward Jones Maes y Plwm, *Cymru*, xxv, 151–6.

3171 WILLIAMS, J. E. Caerwyn: Edward Jones, Maes-y-plwm, *TCHSDd*, x, 98–166. *Cyhoeddwyd ar wahân*, Dinbych: Gwasg Gee, 1962.

John Jones, Sir Gaerfyrddin

3172 ROBERTS, Gomer M.: Mr. John Jones, Sir Gaerfyrddin, *Goleuad*, 28 Medi 1938, 8.

Peter Jones (Pedr Fardd)

3173 [CALEDFRYN]: Athrylith a gweithiau Pedr Fardd, *Traethodydd*, 1854, 257–77.

3174 EVANS, D. Tecwyn: Pedr Fardd, *HC*, 16 Chwef. 1953, 4.

3175 JONES, Gwilym R.: Pedr Fardd – ein trydydd emynydd mawr, *Porfeydd*, vii, 35–41.

3176 LEWIS, T. C.: Emynau Pedr Fardd, *Y Drysorfa*, 1932, 418–32; 1933, 16–22, 56–8.

3177 MORRIS, J. R.: Pedr Fardd (1775–1845), *Y Drysorfa*, 1945, 167–70, 191–5.

3178 ROBERTS, O. E.: Pedr Fardd yn Lerpwl, *CCHMC*, lix, 36–56.

3179 WILLIAMS, Morris (Nicander): Pedr Fardd yn athraw ysgol, *Y Geninen*, iv, 65–6.
Gw. rhif 2904.

Richard Jones o'r Wern

3180 DIENW (gol.): Hymnau a chaniadau ysgrythyrol a duwiol o waith y diweddar Barch. Richard Jones o'r Wern, Llanrwst: Argraffwyd gan J. Jones, 1836. (Ceir llythyr: At y darllenydd gan John Elias, iii–viii).

3181 JONES-ROBERTS, Evan: Richard Jones o'r Wern. His life and work. *TYCCh*, 59.

3182 [OWEN, Richard J.] (Glaslyn): Emynau y Parch. Richard Jones o'r Wern, *Traethodydd*, 1906, 223–9.

3183 ——— Richard Jones o'r Wern, *Cymru*, vii, 41–6.

Thomas Jones, Dinbych

Gw. rhifau 3382–3395.

William Jones (Ehedydd Iâl)

3184 DAVIES, Ben: Ehedydd Iâl, *Y Geninen*, xviii, (Gŵyl Dewi), 50–5.

3185 DAVIES, E. Tegla: Ehedydd Iâl trwy lygad plentyn, *Cymru*, liv, 155–60.

3186 ——— Gyda'r blynyddoedd. Lerpwl: Hugh Evans, 1952. 43–6.

3187 FELIX, John: Trem yn ôl. Ehedydd Iâl, *Eurgrawn*, cxxii, 90–6.

3188 LLOYD, D. Tecwyn: Emyn Ehedydd Iâl, *YB*, vi, 176–95.

Thomas Lewis, Talyllychau

3189 GRIFFITHS, D. G.: Centenary of Thomas Lewis, *TCEHNSG*, i/2, 1942, 15–19.

3190 ——— I gofio'r gof o Dalyllychau, *CCHMC*, xxvii, 7–12.

3191 GRIFFITHS, G. Penar: Tomos Lewis Tal y Llychau, *Cymru*, xvi, 37–41.

3192 WILLIAMS, D. Emrys: Dau canmlwyddiant geni Thomas Lewis Talyllychau, *CCHMC*, xlv, 28–34.

Charles Marc

3193 HUGHES, Henry: Beirdd anadnabyddus. Siarl Marc, *Cymru*, i, 150–3.

3194 JONES, Emyr Wyn: 'Y Cysur i Gyd', *Traethodydd*, 1958, 122–8.

Dafydd Morys

3195 DAVIES, Morris: Morgan Rhys a Dafydd Morris, *Traethodydd*, 1872, 57–8.

3196 ROBERTS, Gomer M.: Briwsion hanes: Cân y Pererinion, 1773, *CCHMC*, xl, 44–5. (Casgliad o emynau gan Dafydd Morys).

Mary Owen

3197 REES, J. Seymour: Mary Owen, yr emynyddes, *Llenor*, xxv, 68–75.

Edward Parry, Brynbugad

3198 DAVIES, Morris: Y Parchedig George Lewis D. D.; William Lewis, Llangloffan; Edward Parry, Bryn Bugad, Llansannan; ac un neu ddau eraill, *Traethodydd*, 1874, 417–30.

3199 DAVIES, T. Brynmor: Edward Parry, Bryn Bugad. Llansannan: Llawlyfrau Llansannan, 1945.

Josiah Rees

3200 WALTERS, D. Eurof: Josiah Rees Gellionnen, 1744–1804, *Tyst*, 1 Tach. 1956, 6; 8 Tach. 1956, 4.

Jedidiah Richards

3201 WALTERS, D. Eurof: Brut yr Enwad. Jedidiah Richards, Ffaldybrenin, *Tyst*, 19 Chwefror 1953, 9.

Daniel Rowland

3202 JONES, D. J. Odwyn: Hanes a llafur llenyddol Daniel Rowland. *TYCCh*, 972.

3203 ——— Daniel Rowland, Llangeitho (1713–1790). Llandysul: Gwasg Gomer, 1938.

3204 LEWIS, D. Morgan: Lle'r Parchedig Daniel Rowland ym mysg emynwyr cyfnod 'Aleluia' Pantycelyn, *CCHMC*, xii, 65–72.

3205 R[OBERTS], G[omer] M.: Halsing o waith Daniel Rowland 1737, *CCHMC*, xxxiii, 12–16.

3206 ——— Tanysgrifwyr pregethau Cymraeg Daniel Rowland, *CCHMC*, xlv, 35–45.

3207 WILLIAMS, Peter (Pedr Hir): Brysiog drem ar Gymraeg y Parchedig Daniel Rowlands, *Y Geninen*, xxix, 57–9.

Morgan Rhys

3208 BEYNON, Tom: Morgan Rhys a chylch Cilycwm hyd at Ystrad Fflur, *CCHMC*, xx, 145–50.

3209 DAVIES, Morris: Morgan Rhys a Dafydd Morris, *Traethodydd*, 1872, 57–8.

3210 JONES, Bobi: Gw. rhif 3120.

3211 JONES, G. H.: Emynau Morgan Rhys, *Y Drysorfa*, 1931, 106–110.

3212 LEWIS, D. Morgan: Morgan Rhys a'i gyfnod, *Cofiadur*, rhif 10–11, 1934, 34–51.

3213 LEWIS, H. Elvet (gol.): Gwaith Morgan Rhys: Rhan I: Golwg o Ben Nebo, Cymdeithas Llên Cymru. Caerdydd: arg. yn breifat gan William Lewis, 1910.

3214 ROBERTS, Gomer M.: Emynau cyntaf Morgan Rhys, *Goleuad*, 16 Mai 1965, 2.

3215 —— Morgan Rhys, Llanfynydd. Caernarfon: arg. gan Lyfrfa'r Methodistiaid Calfinaidd, 1951. (Cyfres yr Emynwyr, 1).

3216 —— Llyfrau Morgan Rhys, Llanfynydd, *CCHMC*, xxxvi, 42–51.

3217 —— Dau nodyn ar Forgan Rhys, Llanfynydd, *CCHMC*, li, 59.

3218 WILLIAMS, D. D.: Ewyllys Morgan Rhys, yr emynydd, *CCHMC*, xvii, 12–18.

3219 WILLIAMS, G. O.: Morgan Rhys, yn rhif 2770, 75–82.

Azariah Shadrach

3220 DIENW: Bywyd a gweithiau Azariah Shadrach, *Beirniad*, ii, 1860–1, 215–27; iii, 1861–2, 23–40; iv, 1862–3, 161–84.

3221 JONES, E. D.: The works of Azariah Shadrach: an attempted bibliography, *JWBS*, vi, 68–9.

3222 —— Azariah Shadrach, *Cofiadur*, rhif 23, 1953, 3–17.

3223 ROBERTS, Gomer: Nodiadau llyfryddol, *JWBS*, viii, 48–51.

Ioan Thomas

3224 HUGHES, Thomas: Ioan Thomas o Landrindod, *Traethodydd*, 1868, 162–75.

John Thomas, Cwmsidan

3225 WILLIAMS, D. Emrys: John Thomas, Cwmsidan a'i gysylltiadau, *CCHMC*, xliii, 27–30.

John Thomas, Rhaeadr Gwy

3226 DAVIES, Morris: John Thomas gynt gweinidog yr Efengyl yn y Cae Bach, Llandrindod a Rhaeadr Gwy, yn Sir Faesyfed, *Traethodydd*, 1873, 314–32.

3227 ROBERTS, Gomer M.: Caniadau Sion. John Thomas Rhaeadr Gwy, *BCEC*, i/3, 65–7.

3228 WALTERS, D. Eurof: John Thomas, Rhaeadr Gwy 1730–1803, *Tyst*, 15 Gorff. 1954, 6–7; 22 Gorff. 1954, 7; 29 Gorff, 1954, 15; 5 Awst 1954, 7.

Margaret Thomas

3229 LEVI, Thomas: Margaret Thomas yr emynyddes, *Traethodydd*, 1904, 338–43.

Dafydd William, Llandeilo-fach

3230 DAVIES, Morris: Dafydd William, Llandeilo Fach, Peter Williams, a Theophilus Thomas, *Traethodydd*, 1872, 293–313.

3231 JONES, Bobi: Gw. rhif 3120.

3232 JONES, D. Gwenallt: Dafydd Wiliam, Llandeilo Fach, *CCHMC*, xxii, 115–24.

3233 LEVI, Thomas: Dafydd William, Llandeilo Fach, *Traethodydd*, 1867, 161–80.

3234 ROBERTS, Gomer M.: Dafydd William, Llandeilo Fach, *SG*, 1953, 118–27.

3235 ———— Dafydd William Llandeilo Fach. Llandysul: arg. gan J. D. Lewis, 1954. (Cyfres yr Emynwyr, 2).

3236 ———— Awduraeth 'Yn y dyfroedd mawr a'r tonnau', *BCEC*, i/3, 61.

Edward Williams (Iolo Morganwg)

Gw. rhifau 3598–3652.

John Williams (Siôn Singer)

3237 GRIFFITH, R. D.: John Williams (Siôn Singer), *TCHSG*, 1948, 93–6.

John Williams, Sain Tathan

3238 DAVIES, Morris. Gw. rhif 3246.

3239 ROBERTS, Gomer M.: John Williams, Sain Tathan, *CCHMC*, xxxv, 83–4.

3240 ———— 'Daw dydd o brysur bwyso', *Goleuad*, 5 Ion. 1949, 5–6.

3241 ———— Gw. rhif 3079.

3242 WILLIAMS, G. J.: John Williams o Sain Tathan, *LlC*, iii, 119–20.

Nathaniel Williams

3243 ROBERTS, Gomer M.: Nathaniel Williams, Llanwinio, *Goleuad*, 3 Ion. 1945, 7.

3244 ———— Emynau Nathaniel Williams, *TCHBC*, 1950, 16–21.

Robert Williams (Robert ap Gwilym Ddu)

Gw. rhifau 3972–95.

Thomas William, Bethesda'r Fro

3245 DANIEL, Walter: Thomas Williams yr emynydd, *Y Drysorfa*, 1919, 295–8.

3246 DAVIES, Morris: Thomas Williams, Bethesda a John Williams, St. Athan yn Morgannwg, *Traethodydd*, 1873, 469–81.

3247 DAVIES, William: Thomas Williams Bethesda'r Fro (1761–1844), *Y Drysorfa*, 1944, 159–64.

3248 GRIFFITH, D. R.: Thomas Williams, Bethesda'r Fro, *Traethodydd*, 1956, 65–71.

3249 ———— Thomas William, Bethesda'r Fro, *Tyst*, 12 Ebr. 1956, 8–9.

3250   JONES, J. Ellis: Emynydd Bethesda'r Fro, *Y Drysorfa*, 1964, 50–4.

3251   MORRIS, Owen: Llyfr a fu ym meddiant Thomas William, Bethesda'r Fro, *CCHMC*, liv, 62–3.

3252   REES, Thomas: Gweithiau prydyddol y Parch. Thomas Williams, Bethesda'r Fro: ynghyd a hanes ei fywyd. Abertawy: J. Edwards, 1882.

3253   ROBERTS, Gomer M.: Gw. rhif 3079.

3254   T., J.: Thomas William, Bethesda'r Fro, *Goleuad*, 22 Tach, 1944, 2.

William Williams, Pantycelyn

3255   ASHTON, G. M.: Cerdd Dafod Pantycelyn, *LlC*, vii, 62–91.

3256   BEYNON, Tom: Perganiedydd Cymru, *CCHMC*, xx, 125–31.

3257   [CHARLES, Thomas]: Buchedd a marwolaeth y Parch. William Williams o Bant y Celyn, Sir Gaerfyrddin, *Trysorfa*, ii, 443–54.

3258   DAVIES, Aneirin Talfan: Tair agwedd ar ganu Pantycelyn *yn* Gyda Gwawr y Bore. Llandybïe: Llyfrau'r Dryw, 1970. 67–85.

3259   DAVIES, Catherine Jane: The language of Williams, Pantycelyn, with special reference to vocabulary and grammatical forms. *TYCCh*, 1923.

3259A   DAVIES, D. Jacob: Dwy farn ar Bantycelyn, *Ymofynnydd*, lxi, 1961, 2–6. Gw. rhif 3329A.

3260   DAVIES, John (Gwyneddon): William Williams Pantycelyn, *TLWNS*, 1891–2, 93–111.

3261   D[AVIES], J. H.: The printed books of William Williams Pantycelyn, *CCHMC*, iii, 59–66.

3262   —— Rhestr o lyfrau gan y Parch. William Williams Pantycelyn, a argraffwyd rhwng 1744 a 1800. Caerfyrddin: W. Spurrell, 1918.

3263   DAVIES, Morris: Emynyddiaeth. VIII. Y Parchedig William Williams, Pantycelyn, a'i hymnau, *Traethodydd*, 1870, 203–21, 389–417.

3264   EDWARDS, Huw: Un o lyfrau Pantycelyn a'r cysylltiadau, *CCHMC*, xvi, 122–6, 143–8. (sef: Hosanna i Fab Dafydd neu Gasgliad o Hymnau).

3265   EDMONDES-OWEN, D.: Who was Williams Pantycelyn's tutor at Llwynllwyd?, *CCHMC*, iv, 115–20.

3266   EVANS, D. Tecwyn: Williams Pantycelyn: y llenor a'r diwinydd, *Traethodydd*, 1918, 1–19.

3267   EVANS, W. (Wil Ifan): Dau emynydd, *Y Drysorfa*, 1945, 207–11. (Pantycelyn a T. Wms. Bethesda'r Fro).

3268   GRUFFYDD, R. Geraint: Diwygiad 1762 a William Williams o Bantycelyn, *CCHMC*, liv, 68–75; lv, 4–13.

3269   GRUFFYDD, W. J.: Theomemphus, *Llenor*, i, 37–61.

3270 HUGHES, Garfield H. (gol.): Gweithiau William Williams, Pantycelyn. II. Rhyddiaith. Caerdydd, 1967. Adol. GRUFFYDD, R. Geraint *Barn*, 67, 190; JONES, E. Pryce *Taliesin*, xvii, 121-5. Gw. rhif 3320A.

3271 HUGHES, John: Williams Pantycelyn: ei emynau a phrofiad, *Traethodydd*, 1923, 129-44.

3272 [HUGHES, J. G. Moelwyn] Moelwyn: Pedair cymwynas Pantycelyn. Birkenhead: Alun a Meurig Hughes, 1922.

3273 ―――― Mr. Saunders Lewis a Williams Pantycelyn. Birkenhead: Alun a Meurig Hughes, 1928.

3274 JONES, Bedwyr Lewis: R. Williams Parry a Phantycelyn, *Traethodydd*, 1970, 270-3.

3275 JONES, Bobi: Byd Pantycelyn, *YB*, ii, 77-91.

3276 JONES, D. Gwenallt: William Williams, Pantycelyn – ei gerddi hir, yn rhif 2770, 92-101.

3277 JONES, Emyr Wyn: 'Y Cysur i Gyd', *Traethodydd*, 1958, 122-8.

3278 JONES, G. Penrhyn: Pantycelyn and the stone, *CLlGC*, ix, 251-4. (ar afiechyd angheuol Pantycelyn).

3279 JONES, Gwilym R.: Williams, bardd y seiat, *Traethodydd*, 1970, 165-72.

3280 JONES, J. Cynddylan: Williams Pantycelyn, fel bardd a diwinydd, *Traethodydd*, 1922, 1-12, 65-75.

3281 JONES, J. Gwilym: William Williams, Pantycelyn. Caerdydd, 1969. (Cyfres ddwyieithog Gŵyl Dewi). Adol. MORGAN, Derec Llwyd *Porfeydd*, Gorff./Awst 1969, 97-100; JENKINS, Geraint *Barn*, 81, 249-50.

3282 JONES, J. Gwyn: Dylanwad y Beibl ar emynau Pantycelyn, *Eurgrawn*, cxlvi, 14-18, 35-42, 59-62, 88-92, 121-3.

3283 JONES, J. R. Kilsby: Holl weithiau prydyddawl a rhyddieithol, y diweddar Barch. William Williams, Pant-y-celyn. Llundain: William Mackenzie, ?1868.

3284 JONES, Llewelyn: Aleluia gan y Parch. William Williams, Pant y Celyn. Lerpwl: Hugh Evans, 1926.

3285 ―――― Gw. rhif 3022.

3286 J[ONES], M[organ] H.: William Williams, Pantycelyn: y prif ffeithiau a dyddiadau yn hanes ei fywyd, *CCHMC*, iii, 35-9.

3287 ―――― Casgliadau argraffedig o emynau cyn Aleluia Pantycelyn (1744), *CCHMC*, xiv, 1-13.

3288 ―――― Emynyddiaeth Cymru: rhagflaenwyr Pantycelyn, *CCHMC*, xv, 25-40.

3289 JONES, N. Cynhafal: Gweithiau Williams Pant-y-Celyn, 2 gyfrol. Treffynnon: P. M. Evans, 1887, 1891.

3290 JONES, T. Gwynn: Williams Pantycelyn, *Traethodydd*, 1929, 197-204.

3291 JONES, T. R. (Clwydydd): Arwyr Cymru. XXXVII. William Williams (1717–91), *Cymru*, lxx, 71.

3292 LEVI, Thomas: Gweddillion gweithiau Williams Pantycelyn, *Traethodydd*, 1877, 439–45.

3293 LEWIS, H. Elvet: Nodiadau ieithyddol ar waith barddonol Pantycelyn, *THSC*, 1877, 82–107.

3294 LEWIS, Saunders: Williams Pantycelyn. Llundain: Foyle, 1927. Adol. Adolygydd y Faner *BAC*, 20 Rhag. 1927, 5; 27 Rhag. 1927, 5; JONES, Howell Ll. *Efrydydd*, iv, 1927–8, 222–3; EVANS, E. Keri *ib.*, 85; HUGHES, R. *Brython*, 29 Rhag. 1927, 5. Gw. rhif 3273.

3295 LLOYD, D. Myrddin: Rhai agweddau o feddwl Pantycelyn, *EA*, xxviii, 54–66.

3296 ——— William Williams, Pantycelyn – ei ryddiaith, *yn* rhif 2770, 102–9.

3297 LLOYD-JONES, J.: Mesurau Pantycelyn, *Y Drysorfa*, 1937, 6–14, 63–5, 95–7.

3298 MORGAN, Derec Llwyd: Rhyddiaith Pantycelyn, yn rhif 123. 293–317.

3299 ——— Williams Pantycelyn: sylwadau ar ystyr a diben ei waith, *YB*, viii, 130–59.

3300 MORGAN, E.: Ministerial record: or a brief account of the great progress of religion under the ministry of Rev. W. Williams, of Pantycelyn, Carmarthenshire. London: H. Hughes, 1841.

3301 MORGAN, T. J.: Iaith ffigurol emynau Pantycelyn, *YB*, vi, 98–114.

3302 MORGAN, W. (gol.): Album Williams Pantycelyn. Dowlais: W. Morgan, 1890.

3303 OWEN, Richard J. (Glaslyn): Williams Pantycelyn a Goronwy Owen, *Traethodydd*, 1905, 464–7; 1906, 5–8.

3304 PARRY-WILLIAMS, T. H.: Emynau Williams Pantycelyn, *yn* Pensynnu. Llandysul: Gwasg Gomer, 1966. 55–68.

3305 ——— William Williams Pantycelyn – ei emynau, *yn* rhif 2770, 83–91.

3306 PEATE, Iorwerth C.: Pantycelyn a Bach, *HC*, 17 Ebrill 1950, 4.

3307 PROSSER, Alwyn: Diddordebau lleyg Williams Pantycelyn, *LlC*, iii, 201–14.

3308 ——— Cyfarwyddwr priodas Williams Pantycelyn, *LlC*, v, 70–85.

3309 ——— Astudiaeth feirniadol o rai o weithiau rhyddiaith William Williams o Bantycelyn. *TYCCh*, 977.

3310 REES, Thomas: Diwinyddiaeth Williams Pantycelyn, *Beirniad*, vii, 223–31.

3311 REES, William (Gwilym Hiraethog): William Williams o Bant-y-Celyn a'i amserau, *Traethodydd*, 1846, 225–39.

3312 ——— William Williams o Bant-y-Celyn: ei gyfansoddiadau a'i athrylith, *ib.*, 364–79; 1847, 37–51.

3313 ——— William Williams o Bant-y-Celyn, unwaith eto – ei emynau a'i ganiadau, *Traethodydd*, 1847, 159–77.

3314 ROBERTS, Gomer M.: Williams Pantycelyn a'r Annibynwyr, *Y Drysorfa*, 1947, 6–11.

3315 ——— Williams piau'r canu, *Traethodydd*, 1943, 167–72.

3316 ——— Williams Pantycelyn ac Aleluja, 1744, *JWBS*, vi, 113–25.

3317 ——— Nodyn ychwanegol ar y mesurau a thonau, *ib.*, 125–8.

3318 ——— Dylanwad rhai o Fethodistiaid Lloegr ar emynau a mesurau Pant Celyn (sic), *Bathafarn*, iii, 56–62.

3319 ——— Y Pêr Ganiedydd (Pantycelyn). I. Gwasg Aberystwyth, 1949. Adol. JENKINS, R. T. *Traethodydd*, 1950, 1–7; PEATE, Iorwerth C. *Cymro*, 25 Tach. 1949, 4; LEWIS, Saunders *Fflam*, ix, 61–3.

3320 ——— Y Pêr Ganiedydd. II. Arweiniad i'w waith. Gwasg Aberystwyth, 1958. Adol. LEWIS, Aneirin *Diwinyddiaeth*, x, 51–5; WILLIAMS, J. E. Caerwyn *CCHMC*, xliv, 14–19.

3320A ——— (gol.): Gweithiau William Williams Pantycelyn. I. Golwg ar deyrnas Crist. Bywyd a marwolaeth Theomemphus. Caerdydd, 1964. Adol. LEWIS, Saunders *LlC*, viii, 102–7; *Barn*, 25, 5. Gw. rhif 3270.

3321 ——— Nodiadau llyfryddol, *JWBS*, vii, 196–200. (ar *Aleluja* Pantycelyn (1764) a *Rhai hymnau newyddion ar fesurau newyddion*).

3322 ——— Gwaith Pantycelyn: detholiad. Aberystwyth: Gwasg Aberystwyth, 1960. Adol. DAVIES, D. Jacob *BAC*, Ion. 1961, 6; JONES, Gwilym R. *BAC*, 9 Chwef. 1961, 3; MORRIS, William *Goleuad*, 1 Chwef. 1961, 2.

3323 ——— Gwerth hanesyddol rhai o farwnadau Williams Pantycelyn, *CCHMC*, xix, 12–18.

3224 ROBERTS, J. R.: Williams Pantycelyn – ceidwad yr athrawiaeth, *Traethodydd*, 1969, 143–9.

3325 ROBERTS, W.: Saunders Lewis and William Williams: notes for a revaluation, *AWR*, xv/35, Haf 1965, 18–25.

3326 ROBERTS, Rhiannon F.: Rhai o rigymau Pantycelyn, *CCHMC*, lix, 30.

3327 ROWLAND, R. D. (Anthropos): Gweledigaeth Pantycelyn, *Traethodydd*, 1918, 161–83.

3328 ROWLANDS, R. J. (Meuryn): Williams Pantycelyn fel cynganeddwr, *Y Drysorfa*, 1955, 34–7.

3329 SHANKLAND, T.: Pwy oedd athro Williams Pantycelyn yn Llwynllwyd?, *Beirniad*, viii, 13–23.

3329A SUETONIUS [Gwilym Marles]. Hanner awr gyda'r bardd o Bantycelyn, *Ymofynydd*, 1863, 53–7, 77–81, 101–6, 149–53. Gw. rhif 3259A.

3330 TIBBOTT, Gildas: Un o lythyrau anghyhoeddedig Williams Pantycelyn, *CCHMC*, xx, 131–7.

3331 WILLIAMS, D. D.: Pantycelyn yn cael llai o'i erlid na'i gydddiwygwyr – y gyfrinach, *CCHMC*, xix, 2–7.

3332 ――― Williams Pantycelyn, *CCHMC*, xxiv, 87–101.

3333 WILLIAMS, D. Emrys: Articles of agreement between Dorothy and William Williams, Pantycelyn, *CCHMC*, xliv, 40–2.

3334 WILLIAMS, T.: Theomemphus: pryddest Williams Pantycelyn, *Traethodydd*, 1959, 77–85.

3335 WILLIAMS, Waldo: Tri emynydd, yn rhif 2770, 110–20.

VI. RHYDDIAITH

(i) Llyfrau Unigol etc.

3336 HUGHES, Garfield H.: Ymadrodd gweddaidd ynghylch diwedd y byd, 1703, *JWBS*, vii, 18–23.

3337 JONES, T. Llechid: Y credadyn bucheddol, *JWBS*, iv, 20–9.

3338 LEWIS, Aneirin: Cwnffwrdd i'r gwan gristion (Rhydychen, 1700), *JWBS*, x/3, 135–43.

3339 THOMAS, R. J.: Dewi Nantbran Offeiriad, *BAC*, 31 Rhagfyr 1941, 3. (ar *Allwydd y Nef* o gasgliad Dewi Powell, offeiriad. Llundain: J. P. Coghlan, 1776.

(ii) Awduron Unigol

Lewis Anwyl

3340 DAVIES, William Ll.: Lewys Anwyl (? – 1776), *CLlGC*, iv, 96.

3341 WILLIAMS, G. J.: Rhif 2800, 43.

Edward Charles

3342 MORGAN, J. Hubert: Edward Charles (Siamas Wynedd), *Llenor*, x, 25–34.

Theophilus Evans

3343 EVANS, D. Ellis: Theophilus Evans ar hanes cynnar Prydain, *Traethodydd*, 1973, 92–113.

3344 EVANS, J. J.: Nodiadau ar *Ddrych y Prif Oesoedd, Athro*, i, 1928, 26–9, 63–4.

3345 EVANS, Theophilus: Drych y Prif Oesoedd (Second or 1740 edition), edited by Samuel J. Evans. Bangor: Jarvis and Foster, 1902

3346 ――― Drych y Prif Oesoedd, y pumed argraffiad, gyda nodiadau eglurhaol gan Bodfan. Caerfyrddin: Spurrell, 1932.

3347 —— Drych y Prif Oesoedd. Y rhan gyntaf. Golygwyd gyda rhagymadrodd gan David Thomas. Caerdydd, 1955. Ail arg. 1960. Adol. JARMAN, A. O. H. *LlC*, iii, 240.

3348 —— Drych y Prif Oesoedd. Yn ôl yr argraffiad cyntaf: 1716. Golygwyd gyda rhagymadrodd gan Garfield H. Hughes. Caerdydd, 1961. Adol. JONES, Bedwyr L. *BAC*, 26 Hyd. 1961, 7.

3349 HUGHES, Garfield H.: Drych y Prif Oesoedd (Theophilus Evans), *Barn*, 8, 244.

3350 —— Theophilus Evans a Drych y Prif Oesoedd. Llandybïe: Llyfrau'r Dryw, 1963. (Cyfres Pamffledi Llenyddol Cyfadran Addysg Aberystwyth, rhif 5).

3351 JENKINS, R. T.: Theophilus Evans a'r ymneilltuwyr. A history of modern enthusiasm, *Beirniad*, vii, 65–74. Adargraffwyd yn *Yr Apêl at Hanes*, 35–46. Gw. rhif 1175.

3352 JONES, Bedwyr Lewis: Drych y Prif Oesoedd, *Traethodydd*, 1963, 30–46.

3353 —— Theophilus Evans, yn rhif 2770, 30–46.

3354 —— Theophilus Evans, yn rhif 123, 262–75.

3355 JONES, John Gwilym: Gwerth Drych y Prif Oesoedd fel hanes, *YB*, iv, 83–97.

3356 JONES, Bobi: Drych y Prif Oesoedd, yn rhif 132, 98–107.

3357 —— Hanes seciwlar a hanes go iawn, *Barn*, 35, 312–13. Atebir ef gan JONES, Philip Henry: Ai Hanes *Hanes go iawn?*, Barn, 37, 10.

3358 LEWIS, Saunders: Drych y Prif Oesoedd, *EfC*, vi, 37–47. Adarg. yn rhif 143, 232–47.

3359 MORGAN, Prys: Yr Abbe Pezron a'r Celtiaid, *Traethodydd*, 1965, 175–84.

3360 —— Y ddau Theophilus: sylwadau ar hanesyddiaeth, *Taliesin*, xix, 36–45.

3361 MORGAN, T. J.: Nodiadau ar *Ddrych y Prif Oesoedd*, *Athro*, 1935, 23–5, 130–2.

3362 SAMUEL, David: Drych y Prif Oesoedd: ei nodweddion llenyddol. Caernarfon: Cwmni y Cyhoeddwyr Cymreig, 1909. Gw. hefyd: *Cymru*, xxxvi, 177–80, 234–6, 257–60.

3363 THOMAS, David: Ffynonellau, arddull a chymeriad gwaith llenyddol Theophilus Evans. *TYCCh*, 979.

3364 —— Cysylltiadau hanesyddol a llenyddol Theophilus Evans, *Llenor*, xviii, 46–56.

3365 —— Drych y Prif Oesoedd, *Traethodydd*, 1951, 117–25.

3366 WILLIAMS, A. H.: Theophilus Evans, Chaplain, *CLlGC*, xvi, 264–71.

Hugh Jones, Maesglasau

3367 DAVIES, Evan: Hugh Jones o Faesglasau, *Y Geninen*, i, 206–11.

3368 DAVIES, Thomas (Tegwyn): Hugh Jones, Maesglasau, *Cymru*, xxvi, 18–20.

3369 EDWARDS, O. M.: Gwaith Hugh Jones, Maesglasau. Llanuwch-llyn: Ab Owen, 1901. (Cyfres y Fil).

3370 JONES, Hugh: Cydymaith i'r Hwsmon. Golygwyd gan Henry Lewis. Caerdydd, 1949. (Llyfrau Deunaw). Adol. HUGHES, Garfield H. *Llenor*, xxix, 154–5.

Robert Jones, Rhos-lan

3371 ASHTON, Glyn M.: Llythyrau Robert Jones, Rhoslan, *CCHMC*, xl, 14–16; lviii, 82–90; lix, 12–23.

3372 DAVIES, George M. Ll.: Coffa Robert Jones, Rhoslan, *Y Drysorfa*, 1945, 234–8.

3373 DIENW: Robert Jones Rhoslan a Charles o'r Bala, *Cymru*, xiv, 47–50.

3374 ——— Breuddwyd Robert Jones, Rhoslan, *Llenor* (OME), iv, 1895, 87–96; xv, 1898, 1–192.

3375 JONES, E. J.: Robert Jones, Rhoslan, 1745–1829, *Y Drysorfa*, 1930, 269–75.

3376 JONES, Robert: Drych yr Amseroedd. Golygwyd gan Glyn M. Ashton. Caerdydd, 1958. Adol. JONES, Bedwyr L. *BAC*, 13 Tach. 1958, 7.

3377 ROBERTS, G. T.: Robert Jones, Rhoslan, 1745–1829, *CCHMC*, xli, 2–14.

3378 WILLIAMS, William Griffiths: A critical study of the writings of Robert Jones, Rhoslan. *TYCCh*, 982.

3379 WILLIAMS, J. E. Caerwyn: Robert Jones, Rhos-Lan: yr hanesydd, *TCHSG*, xxiv, 153–95.

3380 ——— Ychwaneg am Robert Jones, Rhos-Lan, *TCHSG*, xxv, 66–80.

3381 ——— Traethodyn gan Robert Jones, Rhos-Lan, *TCHSG*, xxvi, 72–4.

Thomas Jones, Dinbych

3382 HOOSON, John: Thomas Jones o Ddinbych, 1756–1820, *Y Drysorfa*, 1956, 233–8.

3383 JONES, Frank Price: Thomas Jones o Ddinbych, 1756–1820. Dinbych: Gwasg Gee, 1956. Adol. WILLIAMS, A. H. *BAC*, 12 Rhagfyr 1956, 2.

3384 ——— Anrheg i Blentyn 1816, *Y Drysorfa*, 1956, 211–16.

3385 ——— Gair yn ei amser, *TCHSDd*, v, 35–59.

3386 JONES, Glyn Penrhyn: Thomas Jones a'r Maen Tostedd, *TCHSDd*, vi, 45–52.

3387 JONES, Gwilym R.: Crefftwr o emynydd, *Y Drysorfa*, 1957, 134–7.

3388 JONES, Idwal: Thomas Jones o Ddinbych – awdur a chyhoeddwr, *JWBS*, v, 137–209.

3389 ——— (gol.): Hunangofiant y Parch. Thomas Jones, Gweinidog yr Efengyl o dref Dinbych. Gwasg Aberystwyth, 1937.

3390 JONES, Jonathan: Cofiant y Parch. Thomas Jones o Ddinbych. Dinbych: T. Gee, 1897.

3391 JONES, Kitty Idwal: Thomas Jones of Denbigh, 1756–1820, *FHSP*, xvii, 55–66.

3392 ——— Thomas Jones o Ddinbych, *CCHMC*, xxxiii, 59–71.

3393 JONES, T. Ellis: Cyfraniad diwinyddol Thomas Jones, Dinbych, *Traethodydd*, 1957, 61–8.

3394 LEWIS, Saunders: Cywydd gan Thomas Jones, Dinbych, *Llenor*, xii, 133–43.

3395 THOMAS, E.: Yr Hybarch Thomas Jones, Dinbych, *Y Drysorfa*, 1920, 292–5.

Dafydd Lewis, Llangatwg Nedd

3396 DAVIES, H. Jones: Golwg ar y byd, *Traethodydd*, 1928, 100–5.

3397 LEWIS, Aneurin: Llyfrau Cymraeg a'u darllenwyr 1696–1740, *EA*, xxxiv, 46–73. (Ar D. Lewis, 58–73).

John Morgan, Matchin

3398 CARR, Anthony D.: John Morgan, Matchin, 1688–1733, *CCHChSF*, v, 127–32.

3399 DAVIES, Wm.: Morganiaid Llangelynin, Meirion, *Haul*, 1939, 93–8, 151–6, 216–18, 254–6, 274–6.

3400 DAVIES, W. Ll.: John Morgan, Matchin, and John Morgan Aberconwy, *JWBS*, v, 110–13.

3401 LEWIS, Saunders: John Morgan, *Llenor*, i, 11–17. Adarg. yn rhif 143, 225–31.

Jeremi Owen

3402 JONES, Owen: Jeremi Owen, *Traethodydd*, 1887, 128–40, 400–12.

3403 JONES, R. Tudur: Trefniadaeth ryngeglwysig yr Annibynwyr, *Cofiadur*, rhif 21, Mawrth 1951, 3–63. (Cefndir).

3404 ——— Cofio'r Gwas, *Barn*, 12, 351. Ail gyhoeddwyd yn Ffydd yn y Ffau, 1973, 26–31.

3405 LEWIS, D. Morgan: Eglwysi Henllan a Rhydyceisiaid: Mathias Maurice a dadl Henllan, *Cofiadur*, rhif 3, Mawrth 1925, 22–40.

3406 LEWIS, Saunders: Jeremi Owen, *BAC*, 8 Tach. 1950, 8; 22 Tach. 1950, 8. Adarg. yn rhif 143, 248–58.

3407 OWEN, Jeremi: Golwg ar y beiau 1732–3, golygwyd gan R. T. Jenkins. Caerdydd, 1950. (Llyfrau Deunaw).

3408 THOMAS, R. J.: Jeremi Owen, *BAC*, 16 Gorff. 1941, 2 *a* 7.

Josiah Rees

3409 DAVIES, J. H.: Golygydd yr Eurgrawn Cymraeg, *Cymru*, xxiv, 177–80.

3410 JONES, R. Jenkin: Golygydd yr Eurgrawn Cymraeg, *Cymru*, xxiii, 122–4.

3411 ——— Eurgrawn 1770; pwy oedd y golygydd?, *Y Geninen*, xxi, 72, 216.

3412 JONES, T. Llechid: Yr Eurgrawn Cymraeg: a correction of its date, *JWBS*, iv, 358–60.

3413 PHILLIPS, D. Rhys: The Eurgrawn Cymraeg of 1770, *JWBS*, v, 49–56.

3414 WILLIAMS, G. J.: Josiah Rees a'r Eurgrawn Cymraeg (1770), *LlC*, iii, 199.

Edward Samuel

3415 EDWARDS, John: Edward Samuel: ei oes a'i waith. *TYCCh*, 965.

3416 MORGAN, Megan: Astudiaeth o'r cyfieithiadau Cymraeg o *The whole duty of man* a *Private devotions for several occasions* (Allestree) y naill gan John Langford a'r llall gan Edward Samuel, gan eu cymharu â'r gwreiddiol ac â'i gilydd. *TYCCh*, 954.

Joshua Thomas

3417 EDWARDS, O. M.: Gwaith Joshua Thomas. Llanuwchllyn: Ab Owen, 1907. (Cyfres y Fil).

3418 THOMAS, Onfel: Joshua Thomas, *Brycheiniog*, v, 51–2.

W.M. A.B.

3418A EVANS, A. O. Gw. rhif 2663A.

3419 HUWS, Daniel: W.M. A.B., *CLlGC*, xviii, 238–9.

3420 LEWIS, H. Elvet (gol.): Pattrwm y gwir Gristion o gyfieithiad W.M. A.B. Bangor: Jarvis and Foster, 1908.

3421 LEWIS, Saunders: Thomas á Kempis yn Gymraeg, yn rhif 143, 189–205. (*EfC*, iv, 28–44).

Ellis Wynne

3422 DAVIES, John: Ellis Wynne o Las Ynys, *Haul*, 1934, 227–31.

3423 ——— Elis Wyn a Glan Hafren, *Haul*, 1941, 236–9.

3424 DAVIES, W. Ll.: Editorial notes (am Ellis Wynne), *JWBS*, iv, 169–70.

3425   DIENW: Gweledigaethau y Bardd Cwsg, *Haul*, 1907, 421–30.

3426   —— Dauganmlwyddiant Ellis Wynne. Y dathlu ym mro'r Bardd Cwsg, *Brython*, 26 Gorffennaf, 1934, 5.

3427   ELLIS, J. J.: Gweledigaethau'r Bardd Cwsg, *Haul*, 1932, 311–14, 330–3, 365–6; 1933, 17–19.

3428   —— Dau can mlwyddiant Ellis Wynne, *Haul*, 1934, 166–70.

3429   ELLIS, Richard: Cyfeiriadau at Fardd Cwsg, *Cymru*, xxiv, 13–16.

3430   —— Llythyr Bardd Cwsg, *Cymru*, xxv, 136.

3431   EVANS, A. Owen: Ellis Wynne's contribution to the literature of the Church, *JWBS*, iv, 209–15.

3432   EVANS, D. Simon: Ellis Wynne, *Athro*, cyfres newydd, I, 110–12, 151–2, 203–7.

3433   EVANS, D. Tecwyn: Y Clasuron Cymreig – Gweledigaeth y Bardd Cwsg, *Eurgrawn*, 1910, 18–22.

3434   GEORGE, Irene *a* DAVIES, William Ll.: Rhai o lawysgrifau Ellis Wynne a William Wynne, *JWBS*, iv, 171–98.

3435   GRIFFITH, Richard: Cofnodlyfr Mab y Bardd Cwsg, *Cymru*, xii, 225–7.

3436   HUDSON-WILLIAMS, T.: Dante a'r Bardd Cwsg a Milton, *Efrydydd*, 1931, 71–3.

3437   HUGHES, Garfield H.: Tom Brown ac Ellis Wynne, *JWBS*, vii, 144–50.

3438   —— Gweledigaeth angeu yn y Frenhinllys Isa, *Barn*, 66, 162–4.

3439   HUGHES, T. Rowland: Y Bardd Cwsg, *Efrydydd*, x, 1934, 253–7.

3440   JONES, D. Ambrose: Hen lyfr Cymraeg (= Rheol Buchedd Sanctaidd), *Haul*, 1922, 79–81.

3441   JONES, D. Gwenallt: Y Bardd Cwsg, *Haul*, 1951, 361–9.

3442   —— Y Bardd Cwsg, *Lleufer*, vii, 109–16.

3443   —— Y Bardd Cwsg, *Llafar*, i, 73–81.

3444   JONES, J. T.: Ynglŷn ag Elis Wynne o'r Lasynys, *Athro*, 1955, 251–2, 279–80.

3445   JONES, Ll.: Emynau Elis Wynne o Lasynys, *Y Geninen*, xli, 214–24.

3446   JONES, R. M.: Angau Elis Wynne. Llandybïe: Llyfrau'r Dryw, 1968. (Cyfres Pamffledi Cyfadran Addysg Aberystwyth, 14).

3447   JONES, W. R.: Gweledigaethau y Bardd Cwsg, *Barn*, 36, 354–5; 37, 61.

3448   —— Gweledigaeth Uffern, *Barn*, 40, 113–14; 44, 227–8.

3449   LEWIS, G.: 'Hyspysiad' Ellis Wynne, *Haul*, 1909, 13–20.

3450 LEWIS, Saunders: Y Bardd Cwsc, yn rhif 143, 206–16. (*Llenor*, ii, 159–69).

3451 —— Gweledigaeth Angeu, yn rhif 143, 217–24. (*YB*, iv, 75–82).

3452 LLOYD, D. Tecwyn: Ellis Wynne, yn rhif 123, 247–60.

3453 LLOYD, John: Ellis Wynne o Las Ynys, *CCHChSF*, i, 31–5.

3454 LLOYD, Wm.: Ellis Wynne, awdur y Bardd Cwsg, *Traethodydd*, 1951, 320–36.

3455 MORGAN, T. J.: Cymru'r Bardd Cwsc, *Athro*, 1932, 96–7.

3456 —— Gweledigaeth Uffern y Bardd Cwsc, *ib.*, 126–8.

3457 —— Ei Biwritaniaeth a'i anoddefgarwch, *Athro*, 1933, 39–40.

3458 OWEN, Bob: Gwlad Ellis Wynne, *JWBS*, iv, 216–22.

3459 OWENS, B. G.: A holograph letter of Ellis Wynne, *CLlGC*, ix, 374.

3460 STERN, L. Chr.: Die visionen des Bardd Cwsc, *ZCP*, iii, 167–88.

3461 THOMAS, B. B.: Nodiad o gofnodion Plwyf Llanbedr, Ardudwy, *BBCS*, vi, 252–4.

3462 THOMAS, Gwyn: Ellis Wynne o Lasynys (1671–1734). *TYCCh*, 980.

3463 —— Ellis Wynne, y Lasynys, yn rhif 2770, 51–7.

3464 —— Ellis Wynne o'r Lasynys, *LlC*, vi, 83–96.

3465 —— Ellis Wynne o Lasynys, *CCHChSF*, vi, 137–47.

3466 —— Dychan Ellis Wynne, *YB*, i, 167–86.

3467 —— Y Bardd Cwsc a'i gefndir. Caerdydd, 1971. Adol. LEWIS, Saunders *Traethodydd*, 1972, 117–21; MORGAN, Derec Llwyd *Trivium*, viii, 156–8; HUGHES, H. J. *CCHChSF*, vi, 423–5.

3468 WILLIAMS, D. D.: Elis Wyn a Theopilus Evans, *Beirniad*, vii, 75–88.

3469 WILLIAMS, Huw Llewelyn: Gweledigaeth Cwrs y Byd, *Athro*, 1936, 121–5, 154–6.

3470 WILLIAMS, Thomas: Llyfr y Bardd Cwsc, *Traethodydd*, 1950, 35–41.

3471 WILLIAMS, William: Gweledigaetheu y Bardd Cwsc – a bibliography, *JWBS*, iv, 199–208.

3472 WYNNE, Ellis: Gweledigaethau y Bardd Cwsc. Ail argraffiad diwygiedig, gyda nodiadau eglurhaol gan D. Silvan Evans. Caerfyrddin: Spurrell, 1865.

3473 —— Gweledigaetheu y Bardd Cwsc . . . dan olygiaeth J. Morris Jones. Bangor: Jarvis and Foster, 1898.

3474 —— Gweledigaetheu y Bardd Cwsc, gyda rhagymadrodd gan Aneirin Lewis. Caerdydd, 1960.

VII. CYLCH Y MORRISIAID

(i) Y Brodyr

(a) Cyffredinol

3475 DAVIES, J. H. (gol.): The letters of Lewis, Richard, William and John Morris, of Anglesey (Morrisiaid Môn) 1728–65. Aberystwyth: Published privately by the editor, 1907, 1909. Am fynegai i'r llythyrau gw. OWEN, Hugh *TCHNM*, 1942, 48–101; 1943, 63–84; 1944, 59–149.

3476 EDWARDS, R. L.: Cartref y Morysiaid, *Cymru*, xli, 37–8.

3477 GRUFFYDD, W. J.: Y Morysiaid (The Morris Brothers). Caerdydd, 1939. (Cyfres ddwyieithog Gŵyl Dewi).

3478 HUGHES, H. J.: Nodiadau ar gerddi yn Blodeugerdd o'r 18fed ganrif, *Athro*, v, 1955–6, 512–6.

3479 HUMPHREYS, E. Morgan: Y Morysiaid, *THSC*, 1949–51, 25–37.

3480 JENKINS, R. T. *a* RAMAGE, Helen M.: The Morrises of Anglesey, yn rhif 2824, 16–44.

3481 JONES, Bedwyr Lewis: Rhyddiaith y Morrisiaid, yn rhif 123, 276–92.

3482 JONES, D. Gwenallt: Gw. rhif 2765.

3483 JONES, T. Hughes: Atodiad i lythyrau'r Morysiaid, *Llenor*, xx, 137–41.

3484 LEWIS, Saunders: Gw. rhif 2769.

3485 MORGAN, T. J.: Cylch y Morrisiaid, yn rhif 2770, 180–8.

3486 OWEN, Hugh: Additional letters of the Morrises of Anglesey (1735–1786), *Cymmrodor*, xlix, 1947–49. Adol. JARMAN, A. O. H. *Llenor*, xxvii, 188–94; id., *LlC*, i, 58–67; ROBERTS, Glyn *TCHNM*, 1950, 100–8.

3487 ————— The Morrises and the Methodists of Anglesey in the eighteenth century, *TCHNM*, 1942, 30–41.

3488 ————— Llythyrau ychwanegol Morusiaid Môn, *JWBS*, vi, 49–64.

3489 ————— The original source of the Morris letters, *TCHNM*, 1948, 119–24.

3490 OWEN, O. G. (Alafon): Morusiaid Môn, *Brython*, 1 Tach. 1906, 2; 8 Tach. 1906, 2.

3491 ROBERTS, T. R. (Asaph): Y Monwyson: Lewis Morys, Richard Morys, William Morys a Goronwy Owen. Caernarfon: T. R. Roberts, 1902.

3492 THOMAS, David: Llythrau'r Morrisiaid: cywiro dyddiad, *BBCS*, iii, 176–7.

3493 WILLIAMS, J. E. Caerwyn: Cymraeg y Morrisiaid, *Traethodydd*, 1957, 69–82, 107–21. Gw. hefyd: Llên a llafar Môn. Llangefni: Cyngor Gwlad Môn, 1963, 132–59.

3494 WILLIAMS, O. Gaianydd: Yr ysgriflyfrau a ysgrifennwyd ac a gasglwyd gan y Morrisiaid, *Traethodydd*, 1907, 329–40, 415–25; 1908, 96–105; 1909, 17–25; 1910, 282–90; 1911, 149–59.

3495 —— Goronwy Owen a'r Morrisiaid, *Traethodydd*, 1923, 1–11.

(b) Unigol
John Morris

3496 LEWIS, Frank R.: Welsh history from English archives. With some notes on John Morris and the expedition to Cartagena, 1740–1, *THSC*, 1939, 29–54.

Lewis Morris

3497 ASHTON, Glyn M.: Prydyddiaeth Tlysau yr Hen Oesoedd, *LlC*, xi, 239–49.

3498 BEVAN, H.: Lewis Morris, yn rhif 2770, 73–9.

3499 DIENW: Letters addressed by Lewis Morris (Llewelyn Ddu) to Edward Richard, of Ystrad Meurig, *Cymmrodor*, i, 135–70; ii, 47–81, 138–60.

3500 JARMAN, A. O. H.: Lewis Morris a Brut Tysilio, *LlC*, ii, 161–83.

3501 JONES, Emyr Gwynne: Llythyrau Lewis Morris at William Vaughan, Corsygedol, *LlC*, x, 3–58.

3502 LEWIS, Frank R.: Lewis Morris and the parish of Llanbadarn Fawr Cardiganshire, 1755, *AC*, 1938, 15–30.

3503 —— Lewis Morris the Bibliophile, *JWBS*, v, 67–83.

3504 OWEN, Hugh: The life and works of Lewis Morris (Llewelyn Ddu o Fôn) 1701–1765, *Anglesey Antiquarian Society and Field Club*, 1951. Adol. JONES, E. Gwynne *TCHNM*, 1952, 71–4.

3505 PRICHARD, J. W.: Llewelyn Ddu o Fôn, *Y Geninen*, xii, 205.

3506 ROBINSON, A. H. W.: Lewis Morris – an early Welsh hydrographer, *TCHNM*, 1968, 38–48. Cyhoeddwyd gyntaf yn *Journal of the Institute of Navigation*, XI.

3507 THOMAS, D. Lleufer: Lewis Morris in Cardiganshire, *Cymmrodor*, xv, 1–87.

3508 WILLIAMS, D. D.: Lewis Morris (1700–1765), *Beirniad*, viii, 39–51.

Richard Morris

3509 JONES, E. D.: Thomas Richards, Coychurch, and Richard Morris, *CLlGC*, viii, 114–15.

3510 JONES, H. Pierce: An S.P.C.K. activity in eighteenth century Anglesey, *TCHNM*, 1963, 16–42. (dosbarthu *Beibl Richard Morris* ym 1746).

3511 PARRY-WILLIAMS, T. H. (gol.): Llawysgrif Richard Morris o gerddi. Caerdydd, 1931.

3512 ROBERTS, Rhiannon : Richard Morris yn Rhydychen, 1769, *CLlGC*, ix, 109.

William Morris

3513 WILLIAMS, G. J.: Llythyr Siani Tre Ifan, *Llenor*, xix, 91–6.

(ii) Evan Evans (Ieuan Fardd)

3514 EDWARDS, O. M.: Gwaith Ieuan Brydydd Hir. Llanuwchllyn, 1912. (Cyfres y Fil).

3515 EVANS, D. Silvan (gol.): Gwaith y Parchedig Evan Evans (Ieuan Brydydd Hir). Caernarfon: H. Humphreys, 1876.

3516 JAMES, Jenkin: Ieuan Brydydd Hir, 1731–1789, *Traethodydd*, 1913, 193–213.

3517 JONES, Alun Watkin *a* WILLIAMS, G. J.: Ieuan Fardd a'r Esgob Percy, *Llenor*, viii, 26–37.

3518 JONES, D. Ambrose: Ieuan Brydydd Hir, *Beirniad*, v, 96–104. Adarg. yn: Nodion llenyddol. Caerfyrddin: W. Spurrell, 1920, 23 ff.

3519 JONES, D. Gwenallt: Thomas Percy a Ieuan Fardd, *LlC*, v, 26–32.

3520 JONES, E. D.: Evan Evans (Ieuan Brydydd Hir) at Manafon, *CLlGC*, x, 418.

3521 JONES, John Gwilym: Edward Richard ac Evan Evans (Ieuan Fardd), yn rhif 2770, 121–8.

3522 JONES, T. Gwynn: Ieuan Brydydd Hir: ei ddylanwad ar lenydd-iaeth Lloegr, *BAC*, 10 Ion. 1924, 5.

3523 JONES, W. Lewis: Gray a'r Prydydd Hir, *Beirniad*, ii, 1–11.

3524 LEWIS, Aneirin: Evan Evans (Ieuan Fardd) 1731–1788: hanes ei fywyd a'i gysylltiadau llenyddol. *TYCCh*, 975.

3525 ——— Llythyrau Evan Evans (Ieuan Fardd) at Ddafydd Jones o Drefriw, *LlC*, i, 239–58.

3526 ——— Ieuan Fardd a'r gwaith o gyhoeddi hen lenyddiaeth Cymru, *JWBS*, v, 120–47.

3527 ——— Dafydd Richards, Llanegwad, *LlC*, iii, 43–5.

3528 ——— (gol.): The correspondence of Thomas Percy and Evan Evans. Baton Rouge, La: Louisiana State University Press, 1957. (The Percy letters, vol. 5). Adol. JONES, D. Gwenallt *LlC*, v, 26–32.

3529 ——— Ieuan Fardd a'r llenorion Saesneg, *LlC*, vii, 172–92.

3530 LLOYD, D. Myrddin: Ieuan Fardd a rhamantiaeth, *Llenor*, viii, 139–45.

3531 OWEN, Annie *a* WILLIAMS, Stephen J.: Astudio llenyddiaeth: y Lecture Expliquee. ix. Llys Ifor Hael, *Athro*, 1939, 295–7.

(iii) Goronwy Owen

3532 CARR, Glenda: Goronwy Owen, *TCHNM*, 1969–70, 137–63.

3533 DAVIES, Aneirin Talfan: Goronwy'r bardd a'r offeiriad, *yn* Gyda gwawr y bore. Llandybïe: Christopher Davies, 1970. 157–67.

3534 DAVIES, John (Gwyneddon): Gwehelyth Goronwy Owen, *Y Geninen*, xvi, 71–2. (Nodyn ar rai o ddisgynyddion G.O.).

3535 DAVIES, J. H.: Goronwy Owen and the Cymmrodorion Society, *THSC*, 1922–3, Suppl. 28–36.

3536 —— The Rev. Edward Owen of Warrington and Goronwy Owen, *ib.*, 49–79.

3537 —— (gol.): The letters of Goronwy Owen (1723–1769). Cardiff: William Lewis, 1924.

3538 EDWARDS, O. M.: Gwaith Goronwy Owen, 2 gyfrol. Llanuwch-llyn: Ab Owen, 1902. (Cyfres y Fil).

3539 EVANS, David (gol.): Price Davies, Rector of Blisland Parish: two letters, 1763, 1765 . . . Further notes on the Rev. Price Davies by J. Melville Jennings. *The Virginia Magazine of History and Biography*, vol. 79, April 1971. Adarg. yn *FHSP*, xxiv, 68–78.

3540 ISALED: Goronwy Owen, *Y Geninen*, vii, 244–7.

3541 FOULKES, Isaac (gol.): Holl waith barddonol Goronwy Owen. Liverpool: I. Foulkes, 1878. Wythfed argraffiad 1924.

3542 GRUFFYDD, W. J. (gol.): Cywyddau Goronwy Owen. With an introduction, notes and vocabulary. Newport: Southall, 1907.

3543 HUGHES, H. J.: Nodiadau ar gerddi yn Blodeugerdd o'r 18fed ganrif, *Athro*, v, 1955–6, 423–6, 569–74, 607–11, 636–9.

3544 JARMAN, A. O. H.: Cofnod am Oronwy Owen yn 1757, *LlC*, i, 185–6.

3545 JONES, Bedwyr Lewis: Goronwy Owen, *YB*, ii, 92–108.

3546 —— Goronwy Owen a Sir Ddinbych, *TCHSDd*, xviii, 168–74.

3547 —— Tri ychwanegiad at destun llythyrau Goronwy Owen at William Morris, *TCHNM*, 1969–70, 239–42.

3548 —— Beth oedd gwaith Gronw'r Eurych? *BBCS*, xxiv, 56–8.

3549 —— Goronwy Owen, 1723–69, *THSC*, 1971, 16–44.

3550 JONES, Bobi: Goronwy Owen. Gw. rhif 2770, 129–36.

3551 JONES, D.: Goronwy Owen, *Y Geninen*, xxxi (Gŵyl Dewi), 16–18.

3552 JONES, Edward *a* WILLIAMS, Owen (gol.): Gronoviana. Gwaith y Parch. Goronwy Owen, M.A., ei farddoniaeth a'i ohebiaeth: at yr hyn y rhagddodwyd hanes ei fywyd: ynghyd a sylwadau ar ei athrylith a'i gynnyrchion llenyddol. Llanrwst: J. Jones, 1860.

3553 JONES, E. D.: Ordeinio Goronwy Owen yn offeiriad, *CLlGC*, ix, 109–110.

3554 JONES, Islwyn: Blodeugerdd o'r ddeunawfed ganrif. (Nodiadau ar beth o waith Goronwy Owen), *Barn*, 60, 317–8; 62, 53–4; 63, 80–1; 65, 135–6; 68, 217–8.

3555 JONES, John Gwilym: Goronwy Owen's Virginian adventure: his life, poetry and literary opinions, with a translation of his Virginian letters. Williamsburg, Virginia: The Botetourt Bibliographical Society, 1969.

3556 JONES, J. Gwyn: Goronwy Owen, *Eurgrawn*, cxxii, 325–8, 391–5.

3557 JONES, J. T.: Goronwy Owen, *Athro*, 1933, 125–9.

3558 JONES, Robert (gol.): The poetical works of the Rev. Goronwy Owen (Goronwy Ddu o Fôn) with his life and correspondence. Edited, with notes, critical and explanatory . . . in two volumes. London: Longmans, Green, 1876.

3559 JONES, T. Gwynn: Goronwy Owain ac eraill, *Traethodydd*, 1925, 65–82.

3560 LEWIS, H. Isgaer: Goronwy Owen a Morusiaid Môn, *Y Geninen*, xx, 115–18; xxi, 121–3.

3561 LEWIS, Saunders: Goronwy, *THSC*, 1922–3, suppl., 7–27. Adarg. yn rhif 143, 259–275.

3562 —————— Yr Eisteddfod a beirniadaeth lenyddol, *Llenor*, iv, 30–9.

3563 LLOYD, Isaac (Glan Rhyddallt): Goronwy'r Alltud. Lerpwl: Gwasg y Brython, 1947. Adol. OWEN, Bob *Lleufer*, iii, 106; JARMAN, A. O. H. *BAC*, 30 Gorff. 1947, 7.

3564 MORRIS-JONES, John: Goronwy Owen, *THSC*, 1922–3, suppl. 3–6.

3565 —————— (gol.) Llythyrau Goronwy Owen. Liverpool: Isaac Foulkes, 1893.

3566 PARRY, Thomas: Goronwy Owen, *Eurgrawn*, cxxxvii, 184–9.

3567 ROBERTS, Griffith T.: Goronwy Owen, *Eurgrawn*, clxi, 88–95, 119–28.

3568 ROBERTS, J. H.: Goronwy Owen, *TCHNM*, 1923, 65–80.

3569 ROBERTS, Kate: Elin Goronwy Owen, *Y Genhinen*, xviii, 10–12.

3570 ROWLAND, R. D. (Anthropos): Rhyddiaith Goronwy Owain, *Traethodydd*, 1910, 114–22.

3571 SENEX: Goronwy Owen a drudaniaeth, *Y Geninen*, xxxviii, 224.

3572 SHANKLAND, Thomas: Cymdeithas y Cymmrodorion a Goronwy Owen I, *Llenor*, iii, 226–31.

3573 —————— Goronwy Owen, *BBCS*, i, 337–8.

3574 —————— Dau Canmlwyddiant geni Goronwy Owen, *Y Geninen*, xli, 34–49.

3575 —————— Goronwy Owen, *Beirniad*, iv, 1–20, 148–50, 266–79; v, 105–23, 174–90, 238–51; vi, 27–34, 177–93, 261–72.

3576 THOMAS, Ben Bowen: Goronwy Owen and the College of William and Mary, *Cymmrodor*, xliii, 19–36.

3577 —————— Goronwy Owen: Rector of St. Andrew's, Brunswick County, Virginia, 1760–69, *Cymmrodor*, xliv, 113–25.

3578 WILLIAMS, D.: Goronwy Owen, *Y Geninen*, xxii, 144. (Gofyn ynghylch ffynhonnell y pedair llinell, Cyfyd fal ŷd o fol âr etc).

3579 WILLIAMS, J. E. Caerwyn: Goronwy Owen yn 1757, *Traethodydd*, 1957, 145–50.

3580 WILLIAMS, W. D.: Goronwy Owen. Caerdydd, 1951. (Cyfres ddwyieithog Gŵyl Dewi).

(iv) Edward Richard

3581 DONALDSON, M. C.: Edward Richard of Ystrad Meurig, *Ceredigion*, v, 239–46.

3582 EDWARDS, O. M.: Gwaith Edward Richard. Llanuwchllyn: Ab Owen, 1912.

3583 ELLIS, Tecwyn: Nodyn ar Edward Richard, Ystradmeurig a'i waith llenyddol, *Llenor*, xxvii, 173–82.

3584 EVANS, D. Emrys: Edward Richard, *Beirniad*, viii, 252–62.

3585 JENKINS, Joseph: Edward Richard, Ystrad Meurig, *Eurgrawn*, cxvi, 390–5.

3586 JONES, John Gwilym: Gw. rhif 3521.

3587 MORGAN, J. Myfenydd: Edward Rhisiart, Ystrad Meurig, *Cymru*, iii, 207–8; iv, 105–7.

3588 OSBORNE-JONES, D. G.: Edward Richard of Ystrad Meurig. With the story of his school and its associations under its successive masters 1734–1934. Carmarthen: W. Spurrell, 1934.

3589 SAMUEL, David: Nodyn am bennill anorffenedig yn yr ail fugeilgerdd, *Y Geninen*, xiii, 184.

3590 ——— Ein hathrofeydd a'n hysgolion. VI. Ystrad Meurig, *Cymru*, iv, 45–9. Atodiad gan D. Davies, *ib.*, 127.

3591 WILLIAMS, D. D.: Edward Richard, Ystrad Meurig (1714–1777): bardd y Fugeilgerdd a seren fore addysg ganolraddol yng Nghymru, *Y Geninen*, xxxvi (Gŵyl Dewi), 10–12.

3592 WILLIAMS, Richard: Some minor poets of the Georgian era (1714–1820), *Cymmrodor*, x, 46–66.

(v) William Wynn, Llangynhafal

3593 HUGHES, H. J.: Nodiadau ar gerddi yn Blodeugerdd o'r 18fed ganrif, *Athro*, v, 1955–6, 544–9.

3594 HUGHES, R. Gwilym: William Wynn Llangynhafal, *LlC*, i, 22–8.

3595 ——— Bywyd a gwaith William Wynn, Llangynhafal. *TYCCh*, 970.

3596 JONES, E. D.: Two poems from Maesyneuadd MSS, *CCHChSF*, v, 257–9.

3597 OWEN, Bob: Maesyneuadd, *CCHChSF*, iv, 75–9.

VIII. EDWARD WILLIAMS (IOLO MORGANWG)

3598 AP NICHOLAS, Islwyn: Iolo Morganwg, bard of liberty. London: Foyle, 1945.

3599 ASHTON, G. M.: Some annotations by Iolo Morganwg, *JWBS*, vii, 24–5.

3600 BOWEN, Euros: Creu ar gynghanedd *yn* Ysgrifennu creadigol (Darlithiau Taliesin), gol. Geraint Bow.n. Llandysul: Gwasg Gomer, 1972, 118–9 ar fesurau neu ansoddau Iolo.

3601 DAVIES, Cledlyn: Iolo Morganwg, *Y Geninen*, xl, 7–9.

3602 DIENW: Some unpublished remains of Iolo Morganwg, *Cymmrodor*, iii, 117–25.

3603 —— Caneuon cynnar Iolo Morganwg. I. Llanofer MS. C.12. Cân a gant Iolo Morganwg 1768. Cainc dyfnder y nos neu Morfa Rhuddlan, *Llenor*, i, 266; ii, 52.

3604 —— Iolo Morganwg: Yr undodwr a'r emynydd, *Ymofynnydd*, xxvii, 64–74.

3605 —— Hanes Iolo Morganwg: y bardd, yr hynafiaethydd a'r anianydd Cymreig. Caernarfon: Humphreys, (d.d.).

3606 DAVIES, Aneirin Talfan: Crwydro Bro Morgannwg. I. Llandybïe: Christopher Davies, 1972. 155–6.

3607 EDWARDS, William: Iolo Morganwg ac oes rhamant, *Ymofynnydd*, xxvii, 45–51.

3608 ELLIS, Tecwyn: Bardd y Brenin, Iolo Morganwg a Derwyddiaeth, *CLlGC*, xiii, 147–56, 224–34, 356–62; xiv, 183–91, 321–7, 424–36; xv, 177–96.

3609 —— Ymweliadau Iolo Morganwg â Meirionnydd, *CCHChSF*, v, 239–50.

3610 EMRYS-JONES, A.: The life and works of Edward Williams (Iolo Morganwg), the bard of Glamorgan, *Manchester Quarterly*, Gorff. 1889. Arg. hefyd ar wahân, 1889.

3611 EVANS, John J.: Iolo Morganwg a'r Chwyldro Ffrengig, *Ymofynnydd*, xxvii, 53–60.

3612 EVANS, T. C. (Cadrawd): Gwaith Iolo Morganwg. Llanuwchllyn: Ab Owen, 1913. (Cyfres y Fil).

3613 EVANS, William (Wil Ifan): Llyfr emynau Iolo Morganwg, *Western Mail*, 20 Mawrth 1940.

3614 FLETCHER, J. Kyrle: Iolo Morganwg's list of subscribers, *JWBS*, vi, 39–41.

3615 GRIFFITHS, J.: Neges gymdeithasol Iolo Morgannwg, *Y Geninen*, xl, 202–10.

3616 IOAN DDU: Gorsedd y Beirdd: A oes sail i'r grediniaeth yn nghylch ei henafiaeth, ei hawdurdod, a phurdeb ei hathrawiaeth? *Y Geninen*, vi, 46–50.

3617 JAMES, Lemuel (J. Hopkin): The Llanover MSS., Iolo Morganwg's transcripts, *JWBS*, i, 180–3.

3618 JONES, T. Gwynn: Cyfnod Iolo, *Ymofynnydd*, xxvii, 42–5.

3619 LEWIS, Ceri W.: Iolo Morganwg, yn rhif 2770, 207–15.

3620 MORRIS-JONES, John: Gorsedd Beirdd Ynys Prydain, *Cymru*, x, 21–9, 133–40, 153–61, 197–204, 293–9.

3621 —— Derwyddiaeth Gorsedd y Beirdd, *Beirniad*, i, 66–72.

3622 NICHOLAS, W. Rhys: Iolo Morganwg a'i emynau, *BCEC*, i/2, 14–25.

3623 PARRY, Thomas: Barddoniaeth Dafydd ab Gwilym, 1789, *JWBS*, viii, 189–99. (Ar gysylltiad Iolo â'r llyfr).

3624 PENAR: Iolo Morgannwg (sic), *Cymru*, vii, 213–20.

3625 PHILLIPS, W. J.: Iolo Morganwg and the Rees family of Gelligron, *CLlGC*, xiv, 227–36.

3626 ROBERTS, Gomer M.: A letter from Thomas Charles to Iolo Morganwg, *CCHMC*, xlvii, 41–3.

3627 SHANKLAND, Thomas: Hanes dechreuad Gorsedd Beirdd Ynys Prydain, *Llenor*, iii, 94–102.

3628 STEPHENS, T.: Iolo Morganwg, *Ymofynydd*, v, 77–82, 125–30, 149–53, 182–7, 197–203, 221–6, 245–50, 269–75; vi, 9–13, 29–35.

3629 —— Stephens o Ferthyr ar y nod cyfrin, *Ymofynydd*, vi, 253–8, 269–75; vii, 8–14.

3630 THOMAS, T. D.: Bywgraffiad Iolo Morganwg, B.B.D. Caerfyrddin: arg. gan M. Jones, 1857.

3631 WARING, Elijah: Recollections and anecdotes of Edward Williams, the bard of Glamorgan; or, Iolo Morganwg. London: Charles Gilpin, 1850.

3632 WILLIAMS, Elizabeth: Iolo Morganwg in Denbighshire. Extracts from his itinerary in 1799, *TCHSDd*, xvi, 82–99.

3633 WILLIAMS, G. J.: Cywyddau Cynnar Iolo Morganwg, *Beirniad*, viii, 75–91.

3634 —— Cywyddau'r ychwanegiad at waith Dafydd ap Gwilym, *Beirniad*, viii, 151–71.

3635 —— Iolo Morganwg, Mr. Llew Williams and Dafydd ap Gwilym, *Western Mail*, 19 Awst 1919.

3636 —— Rhys Goch ap Rhiccert, *Beirniad*, viii, 211–26, 260. Gw. hefyd DAVIES, J. H.: *Hen Ganiadau Serch* rhif 2185. WILLIAMS, Ifor *Beirniad*, iii, 230–44.

3637 —— An indictment of Iolo. A reply to Mr. Llewelyn Williams, *Western Mail*, 10 Medi 1921.

3638 —— Yr Eisteddfod a'r Orsedd, *Llenor*, i, 131–8.

3639 —— Owain Myfyr, *ib.*, 252–61.

3640 —— Gorsedd Beirdd Ynys Prydain, *Llenor*, iii, 162–71.

3641 —— Gorsedd y Beirdd a'r Seiri Rhyddion, *LlC*, vii, 213–6.

3642 —— Gw. rhif 1746.

3643 —— Iolo Morganwg, *Ymofynnydd*, xxvii, Mawrth 1927, 61–3.

3644 —— Llythyrau llenorion, *Llenor*, vi, 35–43.

3645 —— Iolo Morganwg, *Llenor*, xv, 223–31.

3646 —— Carchariad Tomos Glyn Cothi, *LlC*, iii, 120–2.

3647 —— Iolo Morganwg – Y gyfrol gyntaf, Caerdydd, 1956. Adol. PEATE, Iorwerth C. *Gwerin*, i, 93–5; LEWIS, Henry, *Morgannwg*, i, 61–2; RAMAGE, Helen M. *Lleufer*, xii, 159–64.

3648 —— Cywyddau'r chwanegiad, *LlC*, iv, 229–30.

3649 —— Iolo Morganwg. Annual Lecture of BBC in Wales. London: BBC, 1963.

3650 —— Gw. rhif 2751.

3651 —— Brut Aberpergwm, Stewart Williams' Glamorgan Historian IV. Cowbridge: D. Brown, 1966. 205–20.

3652 WRIGHT, Herbert G.: The relations of the Welsh bard Iolo Morganwg with Dr. Johnson, Cowper and Southey, *RES*, viii, 129–38.

Y BEDWAREDD GANRIF AR BYMTHEG

Ceir cefndir hanesyddol hanner cyntaf y ganrif yn JENKINS, R. T.: *Hanes Cymru yn y bedwaredd ganrif ar bymtheg*. Caerdydd, 1933. Ar yr ail hanner gweler JONES, T. Gwynn: *Cofiant Thomas Gee*. Dinbych: Gee a'i Fab, 1913. Pwysig hefyd yw GRUFFYDD, W. J.: *Rhagarweiniad i'r bedwaredd ganrif ar bymtheg, Llenor*, xiii, 194–204; xiv, 182–92; xv, 115–122, 134–44. Dylid hefyd ymgynghori â *A Bibliography of the history of Wales*. Section K.

I. CYFFREDINOL

3653 ASHTON, Charles: Gw. rhif 121.

3654 ASHTON, G. M.: A description of Welsh literature, 1800–1810. *TYCCh*, 983.

3655 EVANS, Elizabeth Mary: Dylanwadau Ffrengig ar lenyddiaeth Gymreig y bedwaredd ganrif ar bymtheg. *TYCCh*, 992.

3656 JENKINS, R. T.: Canrif ar ei phraw, *Efrydydd*, vii, 148–53.

3657 JONES, D. Ambrose: Llenyddiaeth a llenorion Cymreig y bedwaredd ganrif ar bymtheg. Lerpwl: Hugh Evans, 1922.

3658 JONES, D. Gwenallt: Rhwng dau gyfnod, yn rhif 3665, 9–17.

3659 —— Y tair ysgol, *YB*, i, 40–64.

3660 JONES, David John: The social aspects of the rise and decay of literary culture in Mold and Holywell, 1820–1900. *TYCCh*, 1002.

3661 JONES, Iorwen Myfanwy: Merched llên Cymru o 1850 i 1914. *TYCCh*, 1007.

3662 JONES, John Thomas: Rhetoric in Welsh oratory and poetry 1789–1840. *TYCCh*, 1009.

3663 JONES, T. Gwynn: Llenyddiaeth Gymraeg y bedwaredd ganrif ar bymtheg. Caernarfon: Cwmni'r Wasg Genedlaethol Gymreig, 1920.

3664 —— Chwarter canrif o lenyddiaeth Cymru, *Y Geninen*, xxvi, 7–16. (sef chwarter olaf y 19g.)

3665 MORGAN, Dyfnallt (gol.): Gwŷr llên y bedwaredd ganrif ar bymtheg a'u cefndir. Llandybïe: Llyfrau'r Dryw, 1968.

3666 MYRDDIN FARDD (gol.): Adgof uwch anghof: llythyrau lluaws o brif enwogion Cymru, hen a diweddar. Pen-y-groes: G. Lewis, 1883.

3667 PARRY, Thomas: Literary movements of the nineteenth century, *yn* Wales through the ages II, 162–7. Gw. rhif 2394.

3668 —— Sir Gaernarfon a llenyddiaeth Gymraeg, *TCHSG*, 1941, 43–71.

3669 —— Gw. rhif 152, penodau xi, xii, xiii. Gw. hefyd rhif 143, pennod vii.

3670 ROBERTS, J. Meirion: Cipdrem ar lenyddiaeth y ganrif ddiwethaf, *Traethodydd*, 1922, 36–47.

3671 THOMAS, Jane: The social nexus of Welsh literature 1789–1840. *TYCCh*, 1029.

II. AGWEDDAU ARBENNIG

(i) Crefydd a Llenyddiaeth

3672 DAVIES, Evan (Trefriw): Perthynas y Methodistiaid Calfinaidd a llenyddiaeth Gymraeg, *Y Geninen*, xxv, 60–5, 171–5.

3673 EVANS, D. Eifion: Yr Eglwys wladol, yn rhif 3665, 129–39.

3674 GRIFFITH, D.: Perthynas yr Annibynwyr a llenyddiaeth. III. Y bedwaredd ganrif ar bymtheg, *Y Geninen*, xiii, 167–73.

3675 HUGHES, J. (Glanystwyth): Perthynas Methodistiaeth Wesleyaidd a llenyddiaeth Gymreig, *Y Geninen*, xiv, 30–5.

3676 JONES, Bedwyr Lewis: Yr hen bersoniaid llengar. Penarth: Gwasg yr Eglwys yng Nghymru, 1963.

3677 —— Yr offeiriaid llengar, yn rhif 3665, 42–53.

3678 JONES, Griffith (Glan Menai): Perthynas yr Eglwys a llenyddiaeth Gymreig. III. Y bedwaredd ganrif ar bymtheg, *Y Geninen*, xv, 34–6, 125–9.

3679 JONES, R. Tudur: Agweddau ar ddiwylliant ymneilltuwyr (1800–50), *THSC*, 1963, 171–89.

3680 —— Anghydffurfiaeth, yn rhif 3665, 119–28.

3681 —— Diwylliant colegau ymneilltuol y bedwaredd ganrif ar bymtheg, *YB*, v, 112–49. Gw. hefyd Rhyddiaith grefyddol y bedwaredd ganrif ar bymtheg, yn rhif 123, 318–53.

3682 LEVI, Thomas: Dylanwad yr Ysgol Sabothol ar lenyddiaeth Cymru, *Traethodydd*, 1904, 14–20.

3683 THOMAS, Valmai: Pregethau'r bedwaredd ganrif ar bymtheg o safbwynt eu gwerth llenyddol. *TYCCh*, 1030.

3684 —— Pregethu a phregethau, yn rhif 3665, 140–50.

3685 WILLIAMS, H. Cernyw: Perthynas y Bedyddwyr a llenyddiaeth Gymreig, *Y Geninen*, xiii, 224–33.

3686 WILLIAMS, John Price: Cyfraniad Methodistiaeth Galfinaidd i lenyddiaeth Gymraeg o 1811 hyd 1964. *TYCCh*, 1038.

(ii) Gwleidyddiaeth a Llenyddiaeth

3687 EVANS, J. J.: Dylanwad y chwyldro Ffrengig ar lenyddiaeth Cymru. *TYCCh*, 993.

3688 ——— Dylanwad y chwyldro Ffrengig ar lenyddiaeth Cymru. Lerpwl: Hugh Evans, 1928.

3689 JONES, Frank Price: Gwleidyddiaeth, yn rhif 3665, 96–106.

3690 WILLIAMS, John J.: Political elements in Welsh literature, 1788–1840. *TYCCh*, 1034.

(iii) Addysg

3691 WILLIAMS, Jac L.: Addysg, yn rhif 3665, tt. 107–18. Gw. y cyfeiriadau yn *A bibliography of the history of Wales*, Section K, IV.

(iv) Y Wasg

3692 ASHTON, Charles: Rhif 121, tt. 736–44.

3693 BASSETT, Thomas: Braslun o hanes Hughes a'i Fab, cyhoeddwyr, Wrecsam, sef atodiad i'r *Journal of the Welsh Bibliographical Society*. Croesoswallt: argraffwyd dros Gymdeithas Lyfryddol Cymru gan Woodall, Minshall, Thomas a'u Cwmni, 1946.

3694 BOWEN, T. L.: Reesiaid y Tonn a Gwasg Llanymddyfri, *JWBS*, x, 269–76.

3695 DAVIES, D. E. J.: Astudiaeth gyffredinol o'r *Ymofynydd* fel cylchgrawn enwadol y mudiad Undodaidd yng Nghymru o 1847 hyd 1900. *TYCCh*, 747.

3696 DAVIES, John (Gwyneddon): Llenyddiaeth newyddiadurol Cymru, *Traethodydd*, 1884, 172–93.

3697 EVANS, Catherine: The rise and progress of the periodical press in Wales up to 1860. *TYCCh*, 748.

3698 HUMPHREYS, E. Morgan: Y wasg Gymraeg. Lerpwl: Gwasg y Brython, 1945. (Cyfres Pobun, rhif iii).

3699 JENKINS, David: Braslun o hanes argraffu yn Sir Aberteifi, *JWBS*, vii, 174–91.

3700 JENKINS, R. T.: Y papur newydd Cymraeg cyntaf, *Efrydydd*, Medi, 1934, 309–14.

3701 JONES, Bedwyr Lewis: *Y Sylwedydd*, 1831, a gwasg Enoch Jones, Llannerch-y-medd, *TCHNM*, 1965, 44–6.

3702 JONES, Brinley: References to Welshmen in *The Critic* (1843–1863). Abertawe: Gwasg John Penry, 1962.

3703 JONES, Ifano: Printing and printers in Wales and Monmouthshire. Gw. rhif 98.

3704 JONES, Lizzie Mary: Hanes llenyddol *Y Gwyliedydd* (1822–1837) gyda mynegai i'w gynnwys. *TYCCh*, 749.

3705 JONES, Richard: Gwaith argraffwyr Machynlleth o 1789 ymlaen. Gw. rhif 100.

3706 JONES, T. M.: Gw. rhif 2865.

3707 KNOX, R. Buick: Wales and *Y Goleuad* (1869–1969): a survey to mark the centenary of *Y Goleuad* in 1969. Caernarfon: C. M. Book Agency, 1969.

3708 MILLWARD, E. G.: Cymhellion cyhoeddwyr yn y XIX ganrif, yn rhif 135, 67–83.

3709 RICHARDS, T.: Cylchgronau Cymraeg, *Efrydydd*, ix, 69–73.

3710 ROBERTS, Gomer M.: Argraffwyr Aberteifi, *JWBS*, x, 42–6. Gw. JENKINS, David, rhif 3699.

3711 ——— Nodiadau ar rai cylchgronau, *JWBS*, vii, 163–6. (Cywiro JONES, T. M. rhif 2865).

3712 WILLIAMS, G. J.: Cyhoeddi llyfrau Cymraeg yn y bedwaredd ganrif ar bymtheg, *JWBS*, ix, 152–61.

3713 ——— Y wasg Gymraeg ddoe a heddiw. Y Bala: Llyfrau'r Faner, 1970.

3714 WILLIAMS, Roger Jones: Astudiaeth o hanes cyhoeddi *Y Gwyddoniadur Cymreig* (1856–1879; 1889–1897) ac o'i gynnwys. *TYCCh*, 1636.

3715 ——— Hanes cyhoeddi *Y Gwyddoniadur Cymreig*, *LlC*, ix, 135–65.

3716 ——— Thomas Gee a'r *Gwyddoniadur*, *TCHSDd*, xxii, 209–35.

3716A ——— Rhai sylwadau ar gynnwys y Gwyddoniadur Cymreig, *LlC*, xii, 92–116.

III. BARDDONIAETH

(i) Cyffredinol

3717 ASHTON, G. M.: Prydyddiaeth addysgiadol (1800–1810), *Y Drysorfa*, 1954, 264–6.

3718 ——— Canu ysgafn, *Y Drysorfa*, 1958, 263–6.

3719 DAVIES, D.: Barddoniaeth cywair, *Cymru*, 1, 169–71.

3720 G[RIFFITH], D. (Bethel): Beirdd a barddoniaeth Gymraeg y bedwaredd ganrif ar bymtheg, *Traethodydd*, 1900, 266–83; 1902, 408–26; 1903, 282–301, 426–40.

3721 GRIFFITH, W. A.: Yr arwrgerdd Gymreig, *THSC*, 1904–5, 37–56.

3722 HUGHES, Gwilym Rees: Y feirniadaeth lenyddol newydd-glasurol rhwng 1788 a 1841, *Taliesin*, 28, 51–69.

3723 JONES, Bedwyr L.: Rhamantiaeth yr Ysgol Ramantaidd a Thelynegol, *YB*, vii, 104–114.

3724 JONES, D. Gwenallt: Baledwyr y bedwaredd ganrif ar bymtheg, *Lleufer*, xv, 25–8. (Adol. ar *Drych y Baledwr* gan Ben Bowen Thomas. Gwasg Aberystwyth, 1958).

3725 —— Yr ysgol delynegol. Rhif 3665, 88–95.

3726 —— Y tair ysgol, *YB*, i, 40–64.

3727 LLOYD, Henry (Ab Hevin): Beirdd Cymru yn y bedwaredd ganrif ar bymtheg, *TG*, 12 Medi 1912, 2; 16 Ion. 1913, 2.

3728 TILSLEY, Gwilym R.: Barddoniaeth Cymru yn y ganrif ddiwethaf, *Eurgrawn*, cxlix, 181–4.

3729 WILLIAMS, Huw Llewelyn: Safonau beirniadu barddoniaeth yng Nghymru yn y bedwaredd ganrif ar bymtheg. Llundain: Cwmni Cymraeg Foyle, d.d.

(ii) Beirdd ardaloedd arbennig
Cwmaman a Chwmtawe

3730 MORGAN, T. J.: Beirdd eisteddfodol Cwmaman a Chwmtawe, *JWBS*, ix, 162–85.

Dyfed

3731 DAVIES, J. Hathren: Beirdd Dyfed 1800–1900, *Cymru*, xxxviii, 165–7, 229–30, 277–80, 317–20; xxxix, 34–6, 85–7, 143–6, 237–43, 272–4; xl, 143–4, 177–9, 237–40, 287–8, 317–19; xli, 33–4, 139–40, 179–80, 259–60; xlii, 81–4, 179–80, 267, 323–4; xliii, 33–4, 89–90.

Eifionydd

3732 JONES, Owen: Gwŷr Eifionydd, *Cymru*, lv, 43–4, 171–2; lvi, 47–8.

3733 JONES, T. Lloyd (gol.): Coffa beirdd y Lon Goed. Llandebïe: Llyfrau'r Dryw, 1951.

3734 ROWLANDS, E. D.: Prif-feirdd Eifionydd, eu hanes yn syml ynghyd â detholion cymwys i blant o'u gwaith. Caernarfon: Cwmni y Cyhoeddwyr Cymreig, 1914.

3735 TRYFANWY, J. R.: Beirdd Eifionydd, *Cymru*, xiv, 165–70

3736 WILLIAMS, G. P.: Beirdd Eifionydd, *Cymru*, xlii, 61–73.

Llangollen

3737 WILLIAMS, Daniel: Beirdd y Gofeb. Jonathan Hughes, Taliesin o Eifion, Gwilym Ceiriog. Llangollen: Pwyllgor Cyffredinol y Gofeb, 1951.

Rhymni

3738 DAVIES, D. W.: Beirdd a llenorion Rhymni, *Cymru*, lv, 67–71, 121–5, 155–8.

(iii) Detholion

3739 GRUFFYDD, W. J. (gol.): Y Flodeugerdd Gymraeg. Caerdydd, 1931.

3740 JONES, Bedwyr L. (gol.): Blodeugerdd o'r bedwaredd ganrif ar bymtheg. Aberystwyth: Cymdeithas Lyfrau Ceredigion, 1965. Adol. MORGAN, T. J. *Barn*, 35, 32–5.

3741 —— Cywiriadau ac ychwanegiadau i Blodeugerdd o'r XIX ganrif, *Barn*, 79, 193–4.

3742 JONES, W. Lewis (gol.): Caniadau Cymru. Bangor: Jarvis and Foster, 1897.

3743 PARRY, Thomas (gol.): The Oxford Book of Welsh verse. Gw. rhif 154.

(iv) Beirdd Unigol
(a) Y Prif Feirdd
William Ambrose (Emrys)

3744 EVANS, Hugh: Emrys, *Cymru*, xxviii, 49–59, 137, 165–9.

3745 HUMPHREYS, D.: Emrys, 1813–1873, *Eurgrawn*, cxlix, 153–8.

3746 JONES, Edmund D.: Emrys, *Cymru*, viii, 238–41.

3747 MORGAN, Mary Margaret: Gweithiau llenyddol y Parch. William Ambrose Porthmadog (Emrys). *TYCCh*, 1018.

3748 NICHOLSON, W.: Adgofion am Emrys, *Y Geninen*, xv (Gŵyl Dewi), 8–10.

3749 ROWLAND, R. D. (Anthropos): Bardd y Ceinion, *Traethodydd*, 1919, 129–38.

John Blackwell (Alun)

3750 ANWYL, Edward: Alun, *Y Geninen*, xxxii (Gŵyl Dewi), 1–5.

3751 DAVIES, E. Tegla: Gyda'r hwyr, 134–5. Gw. rhif 3924 (Awduraeth 'Abaty Tintern').

3752 DAVIES, J. Breese: Traethawd beirniadol ar Alun a'i weithiau, *Cymru*, lxvi, 140–2, 172–4; lxvii, 20–4, 49–52.

3753 EDWARDS, O. M. (gol.): Gwaith Alun. Llanuwchllyn: Ab Owen, (Cyfres y Fil).

3754 EDWARDS, Griffith (Gutyn Padarn) (gol.): Ceinion Alun; . . . yn rhagflaenedig a bywgraffiad a beirniadaeth ar ei ysgrifeniadau . . . Rhuthyn: Isaac Clarke, 1851.

3755 FOULKES, Isaac: Gwaith barddonol John Blackwell (Alun). Liverpool: Isaac Foulkes, 1879.

3756 GUEST, Gwendoline: Bywyd a gwaith John Blackwell (Alun) 1797–1840. *TYCCh*, 998.

3757 IOLO CARNARVON (gol.): Alun, sef barddoniaeth rydd John Blackwell. Gyda rhagymadrodd. Liverpool: Isaac Foulkes, 1898. (Cyfres y Clasuron Cymraeg, III).

3758 —— Alun, *Y Geninen*, xix (Gŵyl Dewi), 36–41.

3759 JONES, D. Ambrose: Alun, *Y Geninen*, xxx (Gŵyl Dewi), 25–9.

3760 —— Alun, *Beirniad*, vii, 32–43.

3761 JONES, D. Gwenallt: Alun, *LlC*, i, 209–19.

3762 JONES, William Rees: A comparative study of the nature poetry of Ieuan Glan Geirionydd, Alun, Islwyn and Ceiriog. *TYCCh*, 1014.

Richard Davies (Tafolog)

3763 ADAMS, D.: Tafolog, *Y Geninen*, xxii, 83–7.

3764 DAVIES, D. Cunllo: Tafolog, *Cymru*, xxxvi, 159–64.

3765 DAVIES, Evan: Tafolog, *Cymru*, xxvi, 201–7, 295–300.

3766 —— Rhagoriaethau Tafolog, *Cymru*, xxvii, 186–8, 201–3.

3767 —— Bywyd ac athrylith Tafolog, *Y Geninen*, xxii, 136–40, 189–94, 242–5; xxiii, 168–71.

3768 OWEN, O. G. (Alafon): Barddoniaeth Tafolog, *Traethodydd*, 1910, 1–11. Gw. hefyd rhifau 4072, –3.

Richard Davies (Mynyddog)

3769 DAVIES, Richard (Tafolog): Mynyddog, *Y Geninen*, vii (Gŵyl Dewi), 4–11.

3770 DIENW: Arwyr Cymru. XXV. Mynyddog (1833–1873), *Cymru*, lxix, 100.

3771 HUMPHREYS, E. Vaughan: Cynnyg Cyntaf Mynyddog, *Cymru*, xxxviii, 69–75; Ail Gynnyg Mynyddog, *ib*., 231–6; Trydydd Cynnyg Mynyddog, *ib*., 309–12.

3772 JAFFRENNOU, F. J.: Byron, Hugo, Mynyddog, *Cymru*, xiv, 110, 174, 241–3.

3773 PEATE, Iorwerth C.: Mynyddog, *Llenor*, xii, 90–6.

3774 ROBERTS, T. R. (Asaph): Mynyddog: ei fywyd a'i waith. Dinbych: Gee a'i Fab, 1909.

3775 TEGWYN: Mynyddog, *Cymru*, xxviii, 213–4.

Walter Davies (Gwallter Mechain)

3776 CYFFIN: Rev. Walter Davies (Gwallter Mechain), *BG*, 1876, 87–8, 92, 103, 107, 112–3, 122, 128, 320–1.

3777 DIENW: Athrylith a gweithiau y Parch. Walter Davies, M.A. (Gwallter Mechain), *Beirniad*, ix, 1868, 49–84.

3778 EVANS, D. Silvan (gol.): Gwaith y Parch. Walter Davies, A. C. (Gwallter Mechain). 3 cyfrol. Caerfyrddin: Spurrell; Llundain: Simpkin, Marshall, 1868.

3779 OWEN, John Thomas: Gwallter Mechain: ei hanes, ei waith a'i safonau. *TYCCh*, 1019.

3780 WILLIAMS, Huw Llewelyn: Y safon draddodiadol. 2. Gwallter Mechain, yn rhif 3729, 32–40.

Daniel Evans (Daniel Ddu o Geredigion)

3781 DAVIES, Ben: Barddoniaeth Daniel Ddu o Geredigion, *Y Geninen*, xix (Gwyl Dewi), 10–17.

3782 HOWELL, J. M.: Daniel Ddu o Geredigion, *Cymru*, xvii, 205–6.

3783 JONES, A. Emrys: Daniel Ddu o Geredigion, *Cymru*, xvi, 183–7.

3784 WILLIAMS, G. J.: Daniel Ddu o Geredigion a'i gyfnod, *Llenor*, v, 48–59.

Evan Evans (Ieuan Glan Geirionydd)

3785 ASAPH: Emynau Glan Geirionydd, *Y Geninen*, xxxvii (Gŵyl Dewi), 42–5.

3786 CRAFNANT: Ieuan Glan Geirionydd, *Y Geninen*, ix (Gŵyl Dewi), 37–40.

3787 DAVIES, G. Gerallt: Geirionydd. Cyfrol Goffa Ieuan Glan Geirionydd, *TCHSG*, xxiv, 239–47.

3788 EDWARDS, O. M. (gol.): Gwaith Ieuan Glan Geirionydd. Llanuwchllyn: Ab Owen, 1908. (Cyfres y Fil).

3789 EVANS, D. Eifion: Ieuan Glan Geirionydd, *Haul*, 1947, 8–13.

3790 ISAAC, Evan: Ieuan Glan Geirionydd, *Beirniad*, vi, 158–70.

3791 JONES, Ambrose: Emynau ac emynwyr, *Haul*, 1934, 87–8.

3792 JONES, T. O. (Tryfan): Ieuan Glan Geirionnydd, *Y Geninen*, xliii, 108–12.

3793 JONES, William Rees: Gw. rhif 3762.

3794 LEWIS, Saunders: Detholion o waith Ieuan Glan Geirionydd Caerdydd, 1931.

3795 OWEN, O. G. (Alafon): Ieuan Glan Geirionnydd, *TLWNS*, 1892–3, 25–43.

3796 PARRY, Richard (Gwalchmai) (gol.): Geirionydd: cyfansoddiadau barddonol, cerddorol a rhyddieithol . . . Ruthin, I. Clarke, 1862.

3797 ROBERTS, Gwylfa: Beddau Gwynedd. V. Ieuan Glan Geirionydd, *Cymru*, x, 104–9.

3798 ROWLAND, R. D. (Anthropos): Adgof am Ieuan Glan Geirionydd, *Cymru*, x, 124–5.

3799 THOMAS, Arthur A. (Anellydd): Ieuan Glan Geirionydd fel bardd ac emynydd, *Y Geninen*, xxi, 186–95.

3800 WILLIAMS, T. Hevin: Ieuan Glan Geirionydd fel emynydd, *Traethodydd*, 1930, 163–8.

John Evans (I. D. Ffraid)

3801 DIENW: Y wasg: adolygiad ar *Coll Gwynfa*, cyfieithiad o *Paradise Lost*, gan John Evans (I. D. Ffraid), *Y Drysorfa*, 1865, 338–40, 418–20. Gw. hefyd *HC*, 13 Mai 1865, 3.

3802 EDWARDS, Lewis: Coll Gwynfa *yn* Traethodau llenyddol. Wrexham: R. Hughes a'i Fab, [1867], 71–79.

3803 ROBERTS, Wilbert Lloyd: Bywyd a gwaith John Evans (I. D. Fraid). *TYCCh*, 1027.

3804 WILLIAMS, R. Herbert: Y Traethiadur: sef y gelfyddyd o ddarllen a llefaru yn synwyrol. Caernarfon: H. Humphreys, 1868, 152–72, sef llythyrau yn *Y Geninen* i ddangos camsyniadau I. D. Ffraid. Gw. *BAC*, 24 Chwef. 1869, 13; 10 Mawrth 1869, 13; 17 Mawrth 1869, 13; 24 Mawrth 1869, 13.

John Ceiriog Hughes

3805 DAVIES, John: Cronfa o adgofion. Salford: J. Roberts, 1891.

3806 ───── Ceiriog a'i feirniaid, *Y Drysorfa*, 1938, 391–7, 429–33, 455–9.

3807 DIENW: Pererindod i gartref Ceiriog. Dathlu canmlwyddiant geni'r bardd, *Brython*, 29 Medi 1932, 5 a 7.

3808 ───── Arwyr Cymru. XI. Ceiriog (1832–1887), *Cymru*, lxviii, 109.

3809 ───── O bapurau Ceiriog, *Cymru*, xxii, 87–8.

3810 ───── Chwith atgof . . . (am Mrs. Ceiriog Hughes), *Brython*, 10 Medi 1931, 7.

3811 ───── Rhoi Ceiriog yn ei le, *Brython*, 1 Hyd. 1936, 2.

3812 E., J.: Mr. Tom Parry a Cheiriog, *Brython*, 15 Hyd. 1936, 4 a 5. (Caed llythyrau ar y pwnc hwn hyd 12 Tach. 1936).

3813 FOULKES, Isaac (Llyfrbryf): John Ceiriog Hughes: ei fywyd, ei athrylith a'i waith. Liverpool: I. Foulkes, 1887.

3814 GRUFFYDD, W. J.: Ceiriog: y ddarlith Gymraeg a draddodwyd ar yr 28ain o Chwefror 1939. Y Gorfforaeth Ddarlledu Brydeinig, 1939.

3815 HUMPHREYS, E. Morgan: Dau fardd gwerin, *Traethodydd*, 1909, 107–113.

3816 HUMPHREYS, E. Vaughan: Lle Ceiriog ymysg beirdd Cymru, *Cymru*, xxxiii, 213–20, 265–73.

3817 JONES, Bobi: Ceiriog: y bardd di-synnwyr, *Lleufer*, xiv, 81–4.

3818 JONES, D. Gwenallt: Ceiriog, *LlC*, i, 12–21.

3819 ───── Ceiriog, yn rhif 3665, 199–213.

3820 JONES, William Rees: Gw. rhif 3762.

3821 LEWIS, H. Elvet: Athrylith John Ceiriog Hughes. Liverpool: Isaac Foulkes, 1899.

3822 LEWIS, Lewis (Llew Llwyfo): Bywyd ac athrylith Ceiriog, *Y Geninen*, v, 148–55, 221–3; vi, 22–30, 69–82.

3823 LEWIS, Saunders: Yr artist yn Philistia. I. Ceiriog. Gwasg Aberystwyth, 1929. Adol. GRUFFYDD, W. J. *Llenor*, viii, 255–6; HUMPHREYS, E. Morgan *GG*, 9 Rhag. 1929, 4; LLOYD, D. Myrddin *Brython*, 29 Hyd. 1936, 5.

3824 LLOYD-JONES, J. (gol.): Caneuon Ceiriog. Detholiad. Gwasg Gregynog, 1925.

3825 MORGAN, T. J.: Cymhellion llenyddol *yn* Ysgrifau llenyddol. Llundain: W. Griffiths, 1951. 45–54.

3826 OWEN, C. E. Vaughan: A letter from Ceiriog to Nicholas Bennett, *MC*, liv, 38–9.

3827 OWEN, J. Dyfnallt: Natur ym marddoniaeth Ceiriog, *Y Geninen*, xli, 140–50.

3828 OWEN, John: Ceiriog, *TG*, 26 Awst 1909, 3; 2 Medi 1909, 3; 9 Medi 1909, 3; 16 Medi 1909, 3.

3829 PARRY, G. Tecwyn: Ceiriog, *Traethodydd*, 1888, 417–26.

3830 —— Ceiriog fel bardd cynghaneddol, *Cymru*, xli, 85–93.

3831 PARRY, R. Williams: Angerdd beirdd Cymru, *Beirniad*, i, 164–70.

3832 —— Ceiriog – bardd heb ei debyg, *FG*, iii, 93–4, –6. Ailgyhoeddwyd y ddwy erthygl yn rhif 5289, 15–23, 108–117.

3833 PEATE, Iorwerth C.: Munudau gyda'r beirdd – 1. Ceiriog, *Eurgrawn*, cxxxviii, 118–32.

3834 PHILLIPS, T. M.: Hanner awr gyda Cheiriog, *Efrydydd*, i, Mawrth 1921, 62.

3835 ROBERTS, Evan: Ceiriog, y dyn fel yr oedd, *FG*, iii, 69.

3836 SHANKLAND, T.: Ceiriog yn ei berthynas a'i oes *Beirniad*, iii, 57–63.

3837 WILLIAMS, Ionawryn: Byr-hanes Cymry Manceinion. Salford: J. Roberts, 1896.

3838 WILLIAMS, J. Ceulanydd: Athrylith Ceiriog Hughes: ynghyd â byrgofiant. Wrexham: Hughes. d.d.

John Jones (Talhaiarn)

3839 DAVIES, J. Glyn: Burns ac Ingoldsby yn Gymraeg: tri darn gan John Jones (Talhaiarn). Wrecsam: Hughes, 1931.

3840 DIENW: Eisteddfod Treforris (sic), *Haul*, 1854, 369–72. (Tal. yn beirniadu yno).

3841 —— Awdl Talhaiarn, *Beirniad*, v, 1864, 325–44.

3842 FOULKES, Isaac: Talhaiarn, *Y Geninen*, vi, 282–7.

3843 JAMES, Hannah Jane: Talhaiarn. *TYCCh*, 1001.

3844 JONES, D. Gwenallt: Talhaiarn, *Y Gangell*, rhifyn xv, 3–8.

3845 JONES, Ifano: Talhaiarn: an appreciation, *Nationalist*, ii/14, 7–12.

3846 —— Talhaiarn, *TLWNS*, 1909–10, 67–70.

3847 JONES, T. Gwynn (gol.): Talhaiarn: detholiad o gerddi. Gwasg Aberystwyth, 1930.

3848 LLOYD, Dewi M.: Talhaiarn, yn rhif 3665, 54–65.

3849 —— Llawysgrif hynod awdl Y Greadigaeth, *Barn*, 80; *Y Gwrandawr*, v.

3850 —— Bywyd a gwaith Talhaiarn. *TYCCh*, 1013.

3851 MYNYDDOG: Talhaiarn, *Y Geninen*, vi (Gŵyl Dewi), 51–3.

3852 PRICE, Evan: Rhai o hen Eisteddfodau'r Fenni, *Y Geninen*, xxxi, 200–3.

3853 ROBERTS, W. Wilson: Talhaiarn, *Cymru*, xxxi, 250–1.

3854 ROWLAND, R. D. (Anthropos) (gol.): Caneuon Talhaiarn, gyda rhagdraeth. Caernarfon: Cwmni'r Wasg Genedlaethol Gymreig, 1902.

3855 WILLIAMS, Ellis Wynne: Talhaearn's last year, *TCHSDd*, v, 127–30. Hefyd: VEYSEY, Geoffrey: Talhaearn's last year, *TCHSDd*, xii, 189–90.

David Owen (Dewi Wyn o Eifion)

3856 ALAFON: Bardd y Gaerwen, *Y Geninen*, xxix (Gŵyl Dewi), 5–9.

3857 [CALEDFRYN]: Athrylith a gweithiau Mr. Dafydd Owen (Dewi Wyn), *Traethodydd*, 1853, 9–33, 186–207.

3858 CYNDDELW (gol.): Blodau Arfon: sef gwaith yr anfarwol fardd Dewi Wyn . . . hefyd, Attodiad helaeth yn cynwys y gweddill o gyfansoddiadau y bardd, nad oeddynt yn yr argraffiad cyntaf. Caernarfon: Humphreys, 1869.

3859 DIENW: Dewi Wyn o Eifion a'i ohebwyr, *Beirniad*, xiv, 1873, 313–24.

3860 ―――― Dewi Wyn o Eifion, *Llenor* (OME), v, 1896, 48–60; Dewi Wyn a'i feirniaid, *ib.*, ix, 1897, 17–32; Blynyddoedd olaf Dewi Wyn, *ib.*, xii, 1897, 33–6; Lle Dewi Wyn ymysg beirdd Cymru, *ib.*, 67–96.

3861 [EBEN FARDD]: Athrylith ac ysgrifeniadau Dewi Wyn, *Traethodydd*, 1845, 356–64.

3862 GRUFFYDD, W. J.: Dewi Wyn o Eifion, *Llenor*, iv, 9–24.

3863 WILLIAMS, Stephen J.: Robert ap Gwilym Ddu a Dewi Wyn o Eifion, yn rhif 3665, 18–30.

3864 WILLIAMS, W. Gilbert: Dewi Wyn, yn rhif 3733, 20–25.

John Robert Pryse (Golyddan)

3865 BASSETT, Huldah Charles: Golyddan: ei fywyd a'i weithiau, gyda chyfeiriad arbennig at yr arwrgerdd Gymraeg. *TYCCh*, 984.

3866 ELLIS, Hugh: Bywyd Golyddan, *Cymru*, xii, 16–20;

3867 ―――― Caniadau lleiaf Golyddan, *ib.*, 136–40;

3868 ―――― Caniadau mwyaf Golyddan, *ib.*, 172–6;

3869 ―――― Llythyrau Golyddan, *ib.*, 238–9;

3870 ―――― Lle Golyddan mewn llenyddiaeth, *ib.*, 245–7.

3871 LLOYD, D. Tecwyn: Golyddan ac *Angau*, LlC, iv, 39–51, 90–113. Adarg. yn Safle'r gerbydres. Llandysul: Gwasg Gomer, 1970. 44–97.

3872 PRYSE, Robert John (Gweirydd ap Rhys): Berhanes Golyddan: sef John Robert Pryse, *Y Geninen*, viii (Gŵyl Dewi), 55–7; viii, 200–2; xii, 197–200.

William Rees (Gwilym Hiraethog)

3873 CADVAN: Hiraethog, *Y Geninen*, xxv, 263–6.

3874 DAVIES, Thomas Eirug: Cyfraniad Dr. William Rees (Gwilym Hiraethog) i fywyd a llên ei gyfnod. *TYCCh*, 988.

3875 GRIFFITH, D.: Gw. rhif 4000.

3876 PARRY, Richard (Gwalchmai): Arwrgerdd Hiraethog, *Traethodydd*, 1862, 166–76.

3877 REES, William (Gwilym Hiraethog): Llythyrau 'rhen ffarmwr, gol. E. Morgan Humphreys. Caerdydd, 1939. (Llyfrau Deunaw).

3878 —— Helyntion bywyd hen deiliwr, gol. Dafydd Jenkins. Aberystwyth: Y Clwb Llyfrau Cymreig, 1940. (Ceir trafodaeth ar nofelau Cymraeg cynnar yn y rhagymadrodd).

3879 WILLIAMS, Huw Llewelyn: Y gwrthryfel. 3. Hiraethog (1802–1883). Rhif 3729, 85–8.

Edward Roberts (Iorwerth Glan Aled)

3880 ELLIS, Robert (Cynddelw): Iorwerth Glan Aled, *Bedyddiwr*, 1865, 114.

3881 JONES, D. Gwenallt: Iorwerth Glan Aled, *LlC*, iii, 74–81.

3882 —— 'Palestina' gan Iorwerth Glan Aled, *ib.*, 129–38.

3883 —— (gol.): Iorwerth Glan Aled: detholiad o gerddi byrion. Caerdydd, 1955. (Llyfrau Deunaw).

3884 JONES, Derwyn: Bywyd a gwaith Iorwerth Glan Aled. *TYCCh*, 1003.

3885 —— Edward Roberts (Iorwerth Glan Aled) 1819–1867, *TCHBC*, 1956, 41–61; 1957, 15–43.

3886 —— Iorwerth Glan Aled ac Eisteddfod Dinbych, 1860, *TCHSDd*, ix, 94–113.

3887 —— Iorwerth Glan Aled a'r farddoniaeth aruchel, *EA*, xxv, 43–60.

3888 —— Ffynonellau *Y Llenor Diwylliedig* gan Iorwerth Glan Aled, *YB*, vii, 90–103.

3889 MYRDDIN FARDD (gol.): Gw. rhif 3666, 301–29, am lythyrau Iorwerth Glan Aled at Eben Fardd.

3890 ROBERTS, Edward (Iorwerth Glan Aled): Gwaith barddonol Iorwerth Glan Aled, gyda byr-gofiant gan ei nai, Edward Jones, Pwllheli. Liverpool: arg. gan Isaac Foulkes, 1890. Adol. ROWLANDS, H. O. *SG*, 1895, 162–7.

3891 SHANKLAND, T.: Iorwerth Glan Aled, *Y Geninen*, xxxv (Gŵyl Dewi), 59–62.

3892 CYNFAEN: Eben Fardd fel bardd darluniadol, *Y Geninen*, iii, 36–41; iv, 32–6.

3893 DIENW: Llythyrau Gwilym Hiraethog at Eben Fardd, *Cymru*, xxiv, 51–4.

3894 ——— Awdl y flwyddyn, *Cymru*, xxx, 317–20.

3895 FOULKES, Edward: Eben Fardd, *TLWNS*, 1890–91, 68–83.

3896 GRIFFITH, D.: Gw. rhif 4000.

3897 GRUFFYDD, W. J.: Eben Fardd, *Llenor*, v, 137–48, 245–55.

3898 HUMPHREYS, D.: Eben Fardd, *Eurgrawn*, cxliii, 290–4.

3899 JONES, Derwyn: Yr arwrgerdd, yn rhif 3665, 234–44.

3900 MILLWARD, E. G.: Bywyd a gwaith Eben Fardd. *TYCCh*, 1017.

3901 ——— Cofiant a marwnad Robert Williams, *JWBS*, viii, 222–3.

3902 ——— Eben Fardd fel beirniad, *LlC*, iii, 162–87.

3903 ——— Geni'r epig Gymraeg, *LlC*, iv, 59–79.

3904 ——— Dyddiadur y dyn sur, *LlC*, v, 136–42.

3905 ——— Casgliad newydd o lythyrau at Eben Fardd, *CLlGC*, xiii, 48–56.

3906 ——— Gweithgarwch emynyddol Eben Fardd, *JWBS*, ix, 137–41.

3907 ——— Eifionydd y beirdd, *TCHSG*, xxv, 42–65.

3908 ——— Detholion o ddyddiadur Eben Fardd. Caerdydd, 1968. Adol. EVANS, Meredydd *Taliesin*, xvii, 38–48.

3909 ——— Eben Fardd, yn rhif 3665, 31–41.

3909A ———Eben Fardd a Samuel Prideaux Tregelles, *CLlGC*, vii, 344–6.

3910 MYRDDIN FARDD: Llythyrau oddi wrth Eben Fardd ac ato yn rhif 3666, *passim*.

3911 PRICHARD, J.: Half an hour with Eben Fardd, *W*(OME), ii, 172–6.

3912 ROWLANDS, E. D.: Eben Fardd fel ysgolfeistr, *Y Geninen*, xlii, 109–112, 149–60, 221–4; xliv, 21–6, 83–6, 151–6, 212–3.

3913 ——— Prif-feirdd Eifionydd. Gw. rhif 3734.

3914 TUDUR, Hywel: Adgofion am Eben fardd, ac eraill, *Y Geninen*, xix, 240–6. Golygwyd a chyhoeddwyd *Gweithiau Barddonol Eben Fardd* gan Hywel Tudur a William Jones [?1873].

3915 WILLIAMS, Huw Llewelyn: Y safon bersonol. 2. Eben Fardd (1802–1863), yn rhif 3729, 109–113.

William Thomas (Islwyn)

3916 AARON, R. I.: Dylanwad Plotinus ar feddwl Cymru, *Llenor,* vii, 115–26.

3917 ―――― Athroniaeth Islwyn, *SG,* 1924, 257–71.

3918 ―――― Islwyn, *Llenor,* viii, 38–55.

3919 ASHTON, Glyn M.: Islwyn a'r Eisteddfod, *LlC,* ix, 177–99.

3920 ―――― Islwyn a thorri cyhoeddiadau, *CCHMC,* lii, 81–4.

3921 BEVAN, Hugh: Islwyn: bardd y ffin, *EA,* xxi, 16–23.

3922 ―――― Dychymyg Islwyn. Darlith Goffa Islwyn. Caerdydd, 1965.

3923 DAVIES, D. (Ton Ystrad): Islwyn, *Cymru,* x, 57–70, 165–73.

3924 DAVIES, E. Tegla: A thithau Islwyn? *yn* Gyda'r hwyr. Lerpwl: Gwasg y Brython, 1957. 130–40. (Awduraeth 'Seren Heddwch'). Gw. hefyd JONES, Derwyn, *BAC,* 30 Mai 1957, 5. (Yn y golofn 'Led-led Cymru').

3925 DAVIES, W.: Islwyn, *TG,* 19 Ion. 1911, 3.

3926 DEWI WYN O EYSLLT: Athrylith Islwyn, *Y Geninen,* v (Gŵyl Dewi), 24–41.

3927 DIENW: Arwyr Cymru. XXIII. Islwyn (1832–1878), *Cymru,* lxix, 68–70.

3928 ―――― Islwyn, *Cyfaill yr Aelwyd a'r Frythones,* Mai 1892, 149–56; Mehefin 1892, 197–201.

3929 DYFED: Oriau gydag Islwyn. Gwrecsam: Hughes, 1901.

3930 ―――― Ystorm Islwyn, *Y Drysorfa,* 1901, 436–40, 490–5, 534–8; 1902, 26–30, 109–14, 154–9.

3931 EDWARDS, O. M. (gol.): Gwaith barddonol Islwyn (1832–1878). Gwrecsam: arg. dros Owen M. Edwards gan Hughes a'i Fab, 1897.

3932 ―――― Islwyn. Llyfrau Urdd y Delyn, 1897.

3933 ELPHIN: IV. Y Bardd Newydd: Islwyn, *Y Geninen,* xiv, 67–78.

3934 GRUFFYDD, W. J.: Islwyn: Y Storm, *Llenor,* ii, 65–85.

3935 ―――― Islwyn. (Darlith Goffa Islwyn.) Caerdydd, 1942.

3936 HOBLEY, W.: Yr elfen gyfriniol ym marddoniaeth Islwyn, *Y Geninen,* xxvi (Gŵyl Dewi), 23–6.

3937 HOWELL, J. M.: Neillduolion Islwyn, *Cymru,* x, 90–5.

3938 HUGHES, Moelwyn: Islwyn, *Y Drysorfa,* 1932, 296–302.

3939 HUMPHREYS, E. Vaughan: Islwyn, *Traethodydd,* 1911, 329–37.

3940 ―――― Englynion, cywyddau ac awdlau Islwyn, *Traethodydd,* 1911, 407–29.

3941 ―――― Marwnadau Islwyn, *Y Drysorfa,* 1917, 16–20.

3942 JOB, J. T.: Canmlwyddiant geni Islwyn, *Y Drysorfa,* 1932, 303–6.

3943 JONES, D. Gwenallt: Bywyd a gwaith Islwyn. Lerpwl: Gwasg y Brython, 1948. (Cyfres Pobun).

3944 —— Y Storm: dwy gerdd gan Islwyn. Darlith goffa Islwyn. Caerdydd, 1954. Adol. LLEWELYN-WILLIAMS, Alun *BAC*, 11 Awst 1954, 7.

3945 —— Y ddwy Storm, *Efrydydd*, viii/3, Gwanwyn 1943, 15–21.

3946 JONES, J. Cynddylan: Islwyn, *Y Drysorfa*, 1932, 293–5.

3947 JONES, John Owen: Islwyn, *Y Geninen*, x, 215–17; xi (Gŵyl Dewi), 61–4.

3948 JONES, J. T. (gol.): Islwyn: detholiad o'i farddoniaeth. Wrecsam: Hughes, 1932. (Llyfrau'r Ford Gron, rhif 20).

3949 JONES, William Rees: Gw. rhif 3762.

3950 LEWIS, H. Elvet: Islwyn, *TLWNS*, 1888–89, 17–29.

3951 LEWIS, Saunders: Thema Storm Islwyn, *LlC*, iv, 185–95.

3952 LEWIS, T. C.: Sŵn *Y Storm*, *Y Drysorfa*, 1940, 108–112.

3953 PARRY-WILLIAMS, T. H.: Islwyn 1832–1878, *WO*, vi, 72–4.

3954 —— Islwyn: detholiad o'i farddoniaeth. Caerdydd, 1948. (Llyfrau Deunaw).

3955 THOMAS, Cynwyd: Bywyd ac athrylith Islwyn, *Y Geninen*, xx, (Gŵyl Dewi), 30–2; xx, 183–8; xxi, 53–6, 126–7.

3956 —— Islwyn a barddoniaeth Cymru yng nghyfnod Victoria, *Traethodydd*, 1905, 435–42.

3957 THOMAS, T.: Crist ym marddoniaeth Islwyn, *Traethodydd*, 1917, 211–22.

3958 WALTERS, Meurig: Astudiaeth destunol a beirniadol o *Storm* Islwyn. *TYCCh*, 1031.

3959 —— Y Storm, *YB*, i, 89–116.

3960 —— Trosiadau Islwyn, *YB*, ii, 123–55.

3961 —— Caniadau gan Islwyn, *YB*, iii, 39–85.

3962 —— Islwyn, yn rhif 3665, 214–23.

3963 —— Bywyd Islwyn, *Traethodydd*, 1969, 26–38.

3964 WILLIAMS, J. E. Caerwyn: Islwyn, *Llenor*, xxviii, 225–45.

3965 WILLIAMS, Wyn: Islwyn a rhamantiaeth, *Traethodydd*, 1907, 341–8.

3966 —— Islwyn, *YO*, ii, 177–9, 187–90, 203–4, 228–9.

3967 WILLIAMS, W. Glynfab: Islwyn a minnau, *Y Drysorfa*, 1941, 14–18.

Morris Williams (Nicander)

3968 ELIS WYN O WYRFAI: Cofiant Nicander (Y Parch. Morris Williams, A.C.), *Y Geninen*, ii, 91–5, 252–4; v, 73–6.

3969 EVANS, D. Eifion: Nicander ac Edmwnd Prys, *JHSCW*, iii, 78–89.

3970 —— Braslun o fywyd a gwaith Nicander gydag ymdriniaeth arbennig ar ei farddoniaeth a'i feirniadaeth lenyddol. *TYCCh*, 990.

3971 —— Y Parch. Morris Williams, M.A. (Nicander), *Haul*, Haf 1955, 23–7; Hyd. 1955, 13–20; Gaeaf 1955–6, 14–18; Gwanwyn 1956, 7–13; Haf 1956, 9–13; Gaeaf 1956–7, 6–10.

3971A JONES, Bedwyr Lewis: Nicander yr emynydd, *BCEC*, i, 196–201. Gw. rhif 2904.

Robert Williams (Robert ap Gwilym Ddu)

3972 [CALEDFRYN]: Athrylith a gweithiau Mr. Robert Williams, *Traethodydd*, 1952, 325–46.

3973 EVANS, Robert (Cybi): Lloffion yr Ardd. Barddoniaeth anghy-hoeddedig Robert ap Gwilym Ddu y Bardd Teuluaidd ynghyd a rhagarweiniad gan y Parch. Owen Davies Caernarfon. Pwllheli: R. Jones, 1911.

3974 —— Robert ap Gwilym Ddu. Y Bardd Teuluaidd, *Traethodydd*, 1909, 156–9; 1910, 219–21.

3975 —— Robert ap Gwilym Ddu, *Cymru*, xxxi, 90–2.

3976 HUGHES, Henry: Canmlwyddiant Capel y Beirdd Eifionydd, *Traethodydd*, 1922, 133–44.

3977 HUGHES, H. J.: Robert ap Gwilym Ddu (1766–1850), *BI*, Ion. 1962, 2.

3978 JONES, Bedwyr Lewis: Gw. rhif 3740. Rhagymadrodd, xx–xxii.

3979 JONES, Derwyn: Barddoniaeth Robert ap Gwilym Ddu, *BI*, Mehefin 1961, 3.

3980 —— Robert ap Gwilym Ddu: ei deulu a'i gysylltiadau llenyddol, *TCHSG*, xxiv, 196–216. Hefyd: HUGHES, D. G. Lloyd: Robert ap Gwilym Ddu, *TCHSG*, xxv, 117.

3981 JONES, D. Gwenallt: Dau o feirdd Eifionydd. 1. Canu Robert ap Gwilym Ddu, *BAC*, 5 Gorff. 1950, 3.

3982 JONES, T. Gwynn: Rhobert ap Gwilym Ddu, *Cymru*, xxxv, 153–6.

3983 LEWIS, Saunders: Robert ap Gwilym Ddu, *BAC*, 5 Gorff. 1950, 8.

3984 MORRIS, William: Robert ap Gwilym Ddu, yn rhif 3733, 26–34.

3985 NICHOLAS, J.: Dau fardd crefyddol (Robert ap Gwilym Ddu a Gwyndaf Llanuwchllyn), *Y Genhinen*, xx, 27–30.

3986 OWEN, Dafydd: Y flodeugerdd Gymraeg. 138. Ber Ennyd Einioes (Robert ap Gwilym Ddu), *Barn*, 100, 134.

3987 PARRY, Harri G.: Robert ap Gwilym Ddu – bardd y Groes, *CE*, Haf 1957, 1–8.

3988 PARRY, Thomas: Gw. rhif 153, 78–80.

3989 PARRY-WILLIAMS, T. H.: Robert ap Gwilym Ddu, yn rhif 3733, 35–7.

3990 ROBERTS, Griffith T.: Robert ap Gwilym Ddu, *Eurgrawn*, cxlii, 99–103.

3991 ROBERTS, John: Robert ap Gwilym Ddu, yn rhif 3733, 39–43.

3992 ROWLANDS, E. D.: Gw. rhif 3734, 9–20.

3993 WILLIAMS, Stephen J. (gol.): Robert ap Gwilym Ddu: detholion o'i weithiau. Caerdydd, 1948. (Llyfrau Deunaw).

3994 ――― Robert ap Gwilym Ddu a Dewi Wyn o Eiffon. Rhif 3665, 18–30.

3995 WILLIAMS, W.: Athrylith a gweithiau Mr. Robert Williams (Robert ap Gwilym Ddu), *Traethodydd*, 1852, 325–46.

William Williams (Caledfryn)

3996 DARLLENWR BARDDONIAETH: Caledfryn fel marwnadwr, *Haul*, 1847, 91–4.

3997 DIENW: Caledfryn, *Cymru*, xlv, 173–7.

3998 EDWARDS, Owen M. (gol.): Gwaith Caledfryn. Llanuwchllyn: Ab Owen, 1913. (Cyfres y Fil).

3999 GRIFFITH, D.: Beirdd a barddoniaeth y bedwaredd ganrif ar bymtheg, *Traethodydd*, 1900, 384–7.

4000 ――― Athrylith Hiraethog, Eben Fardd a Chaledfryn, *Cofnodion a Chyfansoddiadau Buddugol Eisteddfod Gwrecsam 1888*, gol. Vincent Evans, 1889, 330–91.

4001 GRIFFITHS, W. A. (Abertawe): Hanes emynwyr Cymru. Carnarvon: W. Gwenlyn Evans, [1892], 173–5.

4002 HUGHES, Gwilym Rees: Bywyd Caledfryn a'i weithgarwch fel gŵr cyhoeddus. *TYCCh*, 100. Gw. hefyd *LlC*, xii, 61–91.

4003 ――― Caledfryn a helyntion Connexion Sir Gaerfyrddin 1836–1844, *Cofiadur*, rhifyn 30, 1960, 3–63.

4004 ――― Caledfryn fel golygydd, *Cofiadur*, rhifyn 35, 1966, 34–56.
4005 JONES, Evan (Ieuan Ionawr): Adgofion am Caledfryn, *Darlunydd*, ii/1, 7; ii/2, 15.

4006 LEWIS, H. Elfed: Prif nod athrylith Caledfryn, *Y Geninen*, vii (Gŵyl Dewi), 17–21.

4007 OLIVER, Henry: Caledfryn yn y Groes, *Y Geninen*, xxiv, 172–6.

4008 OWEN, Bob: Cymru a mudiad heddwch 1814–1824, *Y Geninen*, xliii, 201–10.

4009 OWEN, Richard (Glaslyn): Adgofion henafgwr. Caledfryn, *Cymru*, xxi, 155–9.

4010 PHILLIPS, E. (Trefîn): Caledfryn, *Cofiadur*, rhifyn 25, 1955, 29–42.

4011 ROBERTS, Thomas (Scorpion): Cofiant Caledfryn, wedi ei ysgrifennu ganddo ef ei hun, dan olygiaeth Spinther. Y Bala: Evans, 1887.

4012 ROWLAND, R. D. (Anthropos): Dau fardd a dau gyfnod, *Traethodydd*, 1924, 65–72.

4013 WILLIAMS, Huw Llewelyn: Gw. rhif 3729, 40–59.

4014 ――― Safonau beirniadaeth Caledfryn, yn rhif 3665, 78–87.

4015 WILLIAMS, William (Creuddynfab): Y barddoniadur Cymreig; sef sylwadau beirniadol ar weithiau ac athrylith prif-feirdd y dywysogaeth. Caerfyrddin: arg. gan A. Williams, 1855. 1–78 ar Galedfryn: y bardd a'r beirniad.

4016 WILLIAMS, William: Caledfryn, *Cymru*, 1, 211–15.

William Williams (Creuddynfab)

4017 DERFEL, R. J.: Gohebiaethau. Creuddynfab, *Y Geninen*, xiv, 80.

4018 EDWARDS, Hywel Teifi: Bywyd a gwaith William Williams – Creuddynfab. *TYCCh*, 989.

4019 —— Safonau beirniadaeth Creuddynfab, yn rhif 3665, 187–98.

4020 ELLIS, Robert (Cynddelw): Tafol y beirdd: sef traethawd yn egluro deddfau mydryddol barddoniaeth Gymreig o'r cynoesoedd hyd yn awr . . . Gyda rhagdraith gan Aneurin Jones. Llangollen: arg. yn Argraffdy y Bedyddwyr gan William Williams, 1850. (Yn y rhagdraith, v–xviii, sylwir ar safonau llenyddol cyfnod Creuddynfab a'r ysgol newydd).

4021 JONES, D. Gwenallt: Ceiriog, *LlC*, i, 12–21.

4022 LEWIS, Saunders: Rhif 3823, 21–31.

4023 LLEW LLWYFO: Bywyd ac athrylith Ceiriog. II, *Y Geninen*, v, 221–4.

4024 WILLIAMS, Huw Llewelyn: Gw. rhif 3729, 114–36.

(b) Beirdd Eraill

Ni ellir rhoi triniaeth fanwl a chyflawn i feirdd niferus y ganrif mewn llyfryddiaeth fel hon, ac felly fe gynhwysir yn y dosbarth hwn rai beirdd oedd yn dra adnabyddus yn eu dydd ond nad oes i'w gwaith lawer o werth parhaol. Rhoir cyfeiriadau moel at ffynonellau sy'n rhoi rhywfaint o olau ar eu bywyd a'u gwaith. Ceir enwau bron bawb ohonynt yn *Y Bywgraffiadur*, ac amryw gan Charles Ashton yn ei *Hanes Llenyddiaeth Gymreig* (rhif 121). Rhoes T. Gwynn Jones restr faith o enwau ar ddiwedd *Llenyddiaeth Gymraeg y bedwaredd ganrif ar bymtheg* (rhif 3663). Y mae yn rhifyn Gŵyl Dewi *Y Geninen* rhwng 1887 a 1922 lawer o erthyglau ar feirdd a llenorion, a bu cyfres ar 'Feirdd Anadnabyddus Cymru' yn y cylchgrawn *Cymru*, cyfrolau i–vii, xi–xiii, xxiii. Y mae cofiannau i lawer o'r gwŷr hyn, ac fel rheol fe ddywedir hynny yn *Y Bywgraffiadur*, ac ni farnwyd fod angen eu crybwyll yn y rhestr isod. Cofier nad yw'r rhestr yn dihysbyddu'r enwau o lawer iawn; ni cheir ynddi ond y gwŷr hynny y dywedwyd rhywbeth o bwys amdanynt, a hynny mewn ffynonellau gweddol hawdd cael gafael arnynt.

4025 John Davies (Ossian Gwent) – *Cymru*, xxxviii, 319; *Y Geninen*, x (Gŵyl Dewi), 33.

4026 John Davies (Taliesin Hiraethog) – ROBERTS, Enid Pierce: Taliesin Hiraethog, detholion o'i weithiau. Caerdydd, 1950. (Llyfrau Deunaw); *Cymru*, xxxvi, 327; *Y Geninen*, xii, 244.

4027 Thomas Davies (Dewi Wyn o Esyllt) – *Y Geninen*, ix (Gŵyl Dewi), 49; x, 12.

4028 Robert Ellis (Cynddelw) – *Y Geninen*, viii, 127; Gŵyl Dewi, 11; ix, 204, 257; Gŵyl Dewi, 54; xliii, 23; *Cymru*, xxiv, 5; lviii, 157; *Traethodydd*, 1876, 49.

4029 David Griffith (Clwydfardd) – *Y Geninen*, xiv (Gŵyl Dewi), 7, 37.

4030 John Owen Griffith (Ioan Arfon) – *Y Geninen*, iii, 8.

4031 Hugh Hughes (Huw Derfel) – *Y Geninen*, xi (Gŵyl Dewi), 19.

4032 John Henry Hughes (Ieuan o Leyn) – *Y Geninen*, x (Gŵyl Dewi), 5; *Llenor* (OME), 1895, i, 51; iv, 47.

4033 Evan Jones (Ieuan Gwynedd) – JONES, S. J.: Ieuan Gwynedd, ei fywyd a'i waith, *TYCCh*, 1013; ROBERTS, T. (gol.): Gweithiau barddonol Ieuan Gwynedd. Dolgellau: R. O. Rees, 1876; REES, Brinley: Ieuan Gwynedd, detholiad o'i ryddiaith. Caerdydd, 1957. (Llyfrau Deunaw). *Cymru*, xl, 81; *Y Geninen*, xxxviii, 113, 217; xxxix (Gŵyl Dewi), 1.

4034 John Emlyn Jones (Ioan Emlyn) – *Cymru*, lvi, 25, 84, 90; *Y Geninen*, vi (Gŵyl Dewi), 24; xxxviii (Gŵyl Dewi), 1.

4035 Peter Jones (Pedr Fardd) – *Traethodydd*, 1854, 257; *Y Drysorfa* 1945, 167, 191. Gw. hefyd rhifau 3173–9.

4036 Richard Jones (Gwyndaf Eryri) – *Cymru*, xxiii, 167; *Y Geninen*, i, 55.

4037 Thomas Jones (Glan Alun) – *Y Geninen*, iv, 108; *Dysgedydd*, 1879, 16.

4038 William Ellis Jones (Cawrdaf) – *Y Geninen*, xv, 43.

4039 Lewis William Lewis (Llew Llwyfo) – *Y Geninen*, xix, 161; xx (Gŵyl Dewi), 48; *Traethodydd*, 1910, 465; 1911, 1; *Barn*, 17, 131; 18, 164.

4040 Ellis Owen, Cefnymeysydd – *Y Geninen*, vi, 210.

4041 Richard Parry (Gwalchmai) – *Cymru*, xiii, 139.

4042 Catherine Jane Prichard (Buddug) – *Cymru*, xxxix, 221–4.

4043 Evan Pritchard (Ieuan Lleyn) – *TCHSG*, xxvi, 53.

4044 Sarah Jane Rees (Cranogwen) – *Cymru*, li, 86, 140; *YM*, xii, 56.

4045 David Roberts (Dewi Havhesp) – JONES, T. Gwynn (gol.): Oriau'r awen. Gwasg y Bala, 1927; *Y Geninen*, xiv (Gŵyl Dewi), 52.

4046 William John Roberts (Gwilym Cowlyd) – DAVIES, Gerallt: Bywyd a gwaith Gwilym Cowlyd, *TYCCh*, 986; Id., Bywyd Gwilym Cowlyd, *LlC*, vii, 15.

4047 John Thomas (Siôn Wyn o Eifion) – *Y Geninen*, xxiv (Gŵyl Dewi), 62; *CLlGC*, xi, 152; *TCHSG*, xxviii, 60.

4048 Robert Thomas (Ap Vychan) – WILLIAMS, William: Ap Vychan, ei fywyd a'i waith a'i gysylltiadau llenyddol. *TYCCh*, 1037. WILLIAMS, W. Lliedi (gol.): Hunangofiant ac ysgrifau Ap Vychan. Caerdydd, 1948. (Llyfrau Deunaw); *Cymru*, xxiv, 133, 162, 257, 317; xxv, 321.

4049 Griffith Williams (Gutyn Peris) – *Y Geninen*, xxx, 144; *CLlGC*, xiii, 398; *TCHSG*, xxii, 81.

4050 John Williams (Ioan Madog) – *Y Geninen*, xiv (Gŵyl Dewi), 27; *Cymru*, x, 229; *Cymmrodor*, xlii, 148.

4051 Rowland Williams (Hwfa Mon) – *Traethodydd*, 1865, 143; 1884, 252; *Y Geninen*, xxiv (Gŵyl Dewi), 39.

4052 Watkin H. Williams (Watcyn Wyn) – PHILLIPS, W. J.: Astudiaeth o waith Watcyn Wyn. *TYCCh*, 1021; *Cymru*, xxxi, 245; *Y Geninen*, xxiv (Gŵyl Dewi), 43; xxvi, 278; xxviii (Gŵyl Dewi), 32; *Diwygiwr*, lxxi, 5; *JWBS*, vi, 129 (llyfryddiaeth).

(v) Y Bardd Newydd

Cyffredinol

4053 ADAMS, David: Y bardd fel proffwyd, *TLWNS*, 1898–9, 33–47.

4054 CADWALLON: Rhai syniadau am farddoniaeth, *Y Geninen*, xxxii, 112–6.

4055 DAVIES, John: Y bardd Cymreig a deffroad llafur, *Y Geninen*, xxvi, 261–3.

4056 EVANS, W. Eilir: Barddoniaeth Gymraeg y dyddiau hyn, *Y Geninen*, xxi, 59–63.

4057 GRUFFYDD, W. J.: Eisteddfod Genedlaethol Bangor 1902. Yr Awdl, Y Bryddest, a'r Telynegion Ail-oreu. Caernarfon: Swyddfa'r 'Genedl' (d.d.) 53–5.

4058 GRIFFITHS, R. A. (Elphin): Y bardd newydd, *Y Geninen*, xiii, 262–8; xiv, 67–78.

4059 HUMPHREYS, E. Morgan: Neges y beirdd, *Traethodydd*, 1906, 422–31.

4060 HUWS, Rhys J.: Y bardd newydd, *Y Geninen*, xiv, 9–11.

4061 JENKINS, John Gwili: Gair dros y bardd newydd, *Y Geninen*, xx, 264–6.

4062 ——— Swydd y beirniad, *Y Geninen*, xxi, 145–50.

4063 ——— Barddoniaeth, beth yw?, *Y Geninen*, xxiv, 265–7; xxv, 113–7, 186–8.

4064 LLOYD, D. Tecwyn: Y bardd newydd gynt. Gw. rhif 3871, 28–43.

4065 LLYWELYN-WILLIAMS, Alun: Y bardd newydd, yn rhif 3665, 268–77.

4066 MORRIS-JONES, Huw: Y gelfyddyd lenyddol yng Nghymru. Lerpwl: Gwasg y Brython, 1957.

4067 MORRIS-JONES, John: Swydd y bardd, *Traethodydd*, 1902, 464–71.

4068 PARRY, Thomas: Y Bardd, *yn* Gwili, Cofiant a phregethau, gan E. Cefni Jones. Llandysul: Gwasg Gomer, 1937. 247–57.

4069 ———— Y bardd newydd newydd, *Traethodydd*, 1939, 169–78.

4070 ROBERTS, J. J.: Athroniaeth a barddoniaeth, *Traethodydd*, 1909, 127–42.

4071 ROBERTS, R. Gwylfa: Gogwyddiadau y farddoniaeth Gymreig heddiw, *Y Geninen*, xxii, 270–3.

4072 TAFOLOG: Barddoniaeth a beirdd, *Y Geninen*, ii, 48–57.

4073 ———— Barddoniaeth: ei natur a'i dyben, *Y Geninen*, xv, 112–15, 170–4.

4074 THOMAS, Ffion Mai: Y bardd newydd, *Eurgrawn*, cxxxvii, 201–7.

(vi) Llenyddiaeth Y Wladfa

(a) Cefndir

4075 BOWEN, Emrys: The exiles: where the Welsh have gone?, *LW*, Jan. 1965, 5–7.

4076 ———— Passage to Patagonia, *LW*, Feb. 1965, 5–6.

4077 ———— The Welsh in Patagonia, 1865–1965: a study in historical geography, *GJ*, cxxxii, 1966, 16–31.

4078 DAVIES, Nan: Ymweliad â'r Wladfa: rhai argraffiadau, *Yr Enfys*, rhif 67, Mai 1965, 7–8.

4079 ELIS O'R NANT: Y Wladfa Batagonaidd, *BAC*, 31 Mawrth 1909, 11; 5 Mai 1909, 5.

4080 JONES, R. Gerallt: Cymry Patagonia *yn* Yn frawd i'r eos druan ac ysgrifau eraill. Gw. rhif 4437.

4081 JONES, Valmai: Dyfodol y Wladfa, *Yr Enfys*, rhif 67, Mai 1965, 9–10.

4082 LEWIS, Saunders: Cymry Patagonia, yn rhif 142, 93–9.

4083 WILLIAMS, Glyn: Diwylliant y Wladfa, *Barn*, 56, 199 a 201.

4084 ———— Welsh contributions to the exploration in Patagonia, *GJ*, cxxxv/2, June 1969, 213–27.

4085 ———— The Welsh in Patagonia – a demographic note, *Lochlann*, iv, 235–42.

4086 WILLIAMS, R. Bryn: Gwladfa Patagonia. The Welsh Colony in Patagonia, 1865–1965. Caerdydd, 1965. (Cyfres ddwyieithog Gŵyl Dewi).

4087 ———— Cymry Patagonia. Gwasg Aberystwyth, 1942. Adol. LEWIS, Saunders *BAC*, 13 Ion. 1943. Adarg. yn rhif 142, 93–9.

4088 ———— Crwydro Patagonia. Llandybïe: Llyfrau'r Dryw, 1960.

4089 —— Y Wladfa. Caerdydd, 1962. Adol. JONES, I. G. *Taliesin*, v, 69–72; WILLIAMS, David *CHC*, i, 447–9.

4090 —— Rhai ymfudwyr o Feirionnydd i'r Wladfa, *CCHChSF*, v, 51–7.

4091 —— Y gwir arloeswyr, *Yr Enfys*, rhif 67, Mai 1965, 17–18.

4092 —— Dau arloeswr Gwladfa Patagonia, *TCHSG*, xxvii, 130–8.

(b) Llenyddiaeth

4093 GEORGE, W. R. P. (gol.): Gyfaill hoff: detholiad o lythyrau Eluned Morgan, gyda rhagymadrodd a nodiadau. Llandysul: Gwasg Gomer, 1972. Adol. LEWIS, Saunders *Taliesin*, xxv, 5–11.

4094 IFANS, Dafydd: Syniadau crefyddol Eluned Morgan, *Traethodydd*, 1973, 274–85.

4095 LEWIS, Saunders: Eluned Morgan, yn rhif 142, 84–92.

4096 WILLIAMS, R. Bryn: Llenyddiaeth Gymraeg y Wladfa. *TYCCh*, 1036.

4097 —— Lloffion o'r Wladfa. Dinbych: Gwasg Gee, 1944. (Llyfrau Pawb).

4098 —— Eluned Morgan. Bywgraffiad a detholiad. [Abertystwyth]: Y Clwb Llyfrau Cymreig, 1948.

4099 —— Rhyddiaith y Wladfa. Dinbych: Gwasg Gee, 1949.

4100 —— Awen Ariannin. Llandybïe: Llyfrau'r Dryw, 1960.

IV. RHYDDIAITH
(i) Cyffredinol

4101 ASHTON, G. M.: Rhyddiaith ddadleuol y Bedyddwyr, *TCHBC*, 1960, 14–41.

4102 GRIFFITHS, Betty Gwenllian: Agweddau ar ryddiaith ddisgrifiadol Gymraeg y 19 ganrif. *TYCCh*, 997.

4103 HARRIES, William John: Astudiaeth o'r cofiant Cymraeg yn hanner cyntaf y bedwaredd ganrif ar bymtheg o safbwynt llenyddol. *TYCCh*, 999.

4104 JONES, Emyr Gwynne: Cofiannau, yn rhif 3665, 175–86.

4105 LEWIS, Saunders: Y cofiant Cymraeg, *THSC*, 1935, 157–73. Adarg. yn rhif 143.

(ii) Awduron Unigol
R. J. Derfel

4106 DAVIES, J. Breese: R. J. Derfel, *yn* Ysgrifau John Breese Davies. Lerpwl: Gwasg y Brython, 1949. 39–49.

4107 JONES, D. Gwenallt (gol.): Detholiad o ryddiaith Gymraeg R. J. Derfel, gyda rhagymadrodd. I, II. Y Clwb Llyfrau Cymreig, 1945.

4108 NICHOLAS, T. E.: R. J. Derfel: y gwrthryfelwr Cymreig, *Y Geninen*, xxxii (Gŵyl Dewi), 59–62.

Lewis Edwards

4109 DAVIES, H. Islwyn: Y Dr. Lewis Edwards a diwinyddiaeth, *Traethodydd*, 1945, 5–14; Dr. Lewis Edwards a diwinyddiaeth Caergrawnt, *ib.*, 31–42; Y Dr. Lewis Edwards a beirniadaeth Feiblaidd, *ib.*, 120–8.

4110 DIENW: Dr. Edwards a'r achos Saisnigol, *BAC*, 14 Gorph. 1880, 13; 28 Gorph. 1880, 1.

4111 EDWARDS, G. A.: Athrofa'r Bala. Y Bala: Gwasg y Bala, 1937.

4112 EDWARDS, Lewis: Adgofion . . . – fy athrawon, *Goleuad*, 11 Medi 1875, 9–10.

4113 EDWARDS, Thomas Charles: Bywyd a llythyrau y diweddar Barch. Lewis Edwards. Liverpool: Isaac Foulkes, 1901.

4114 EVANS, Trebor Lloyd: Bywyd a gwaith Dr. Lewis Edwards. *TYCCh*, 995.

4115 ——— Lewis Edwards: ei fywyd a'i waith. Abertawe: Gwasg John Penry, 1967.

4116 ——— Lewis Edwards ac athroniaeth, *EA*, xiv, 29–36.

4117 ——— Lewis Edwards, yn rhif 123, 367–80.

4118 HOBLEY, William: Adgofion am y Dr. Lewis Edwards, *Y Drysorfa*, 1906, 22–5, 68–71, 119–26, 178–83, 219–24, 267–71.

4119 HUGHES, Benjamin: Atgofion am Dr. Lewis Edwards, Bala, a Dr. John Parry, Bala, *Y Drysorfa*, 1897, 485–93.

4120 JENKINS, R. T.: Dylanwad Lewis Edwards ar feddwl Cymru, *Traethodydd*, 1931, 193–206. Adarg. yn Ymyl y Ddalen. Wrecsam: Hughes, 1957, 190–207.

4121 JONES, D. Gwenallt: Y Dr. Lewis Edwards fel beirniad llenyddol a bardd, *Traethodydd*, 1945, 15–28.

4122 JONES, T. Gwynn: Rhif 4148, 86–104.

4123 LEWIS, E. Glyn: Y ddau draddodiad, *EA*, xxiii, 26–35.

4124 LEWIS, Saunders: Cwrs y byd, *BAC*, 2 Mawrth 1949, 8.

4125 LLYWELYN-WILLIAMS, Alun: Lewis Edwards ac urddas cenedl, *YB*, ii, 109–22.

4126 OWEN, O. G.: Doctor Edwards y Bala, *Y Drysorfa*, 1909, 433–8.

4127 ROBERTS, R. Gwylfa (gol.): Barddoniaeth y Dr. Lewis Edwards, *yn* Gweithiau llenyddol Rhys J. Huws. Llanelli: J. Davies, 1932. 38–50.

4128 WILLIAMS, Huw Llewelyn: Y safon bersonol, yn rhif 3729, 89–109.

4129 ——— Safon lenyddol Y *Traethodydd* (1845–1854), *Traethodydd*, 1945, 168–74.

Roger Edwards

4130 ELLIS, Griffith: Y Parchedig Roger Edwards, D.D., *Y Geninen*, iv, 217–21; v, 28–33.

4131 JONES, Gwilym Thomas: Bywyd a gwaith Roger Edwards o'r Wyddgrug. *TYCCh*, 1006.

4132 JENKINS, Dafydd: Rhif 3878, xxiv–v; xlii–iii.

Owen Wynne Jones (Glasynys)

4133 DAVIES, Richard (Mynyddog): Glasynys, *Y Geninen*, vi, (Gŵyl Dewi), 72–3.

4134 LEWIS, Lewis W. (Llew Llwyfo): Bywyd ac athrylith Glasynys, *Y Geninen*, v (Gŵyl Dewi), 1–12.

4135 LEWIS, Saunders: Straeon Glasynys. [Aberystwyth]: Y Clwb Llyfrau Cymreig, 1943.

4136 MORGAN, Enid: Y gymdeithas ddelfrydol: breuddwyd Glasynys, *Haul*, Hydref 1970, 24–7.

4137 OWEN, O. G. (Alavon): Glasynys fel bardd, *Y Geninen*, xv (Gŵyl Dewi), 58–64.

4138 OWEN, Richard (Glaslyn): Adgofion am Glasynys, *Cymru*, vi, 44–9.

4139 ROBERTS, Kate: Glasynys, yn rhif 3665, 66–77.

R. Ambrose Jones (Emrys ap Iwan)

4140 DAVIES, J. Breese: Emrys ap Iwan: ei berthynas â'i oes, *Eurgrawn*, cxiv, 270–6.

4141 DIENW: Arwyr Cymru. XIV. Emrys ap Iwan (1851–1906), *Cymru*, lxviii, 139.

4142 ―――― Marwolaeth Emrys ap Iwan, *BAC*, 10 Ion. 1906, 5.

4143 GWILYM BENLLYS: Rhai o'm hatgofion amdano, *Brython*, 2 Hyd. 1924, 7.

4144 HOOSON, John: Emrys ap Iwan, *Traethodydd*, 1951, 156–64.

4145 HUGHES, H. O.: Emrys ap Iwan, *Y Geninen*, xxiv, 133–40.

4146 JENKINS, R. T.: Emrys ap Iwan, *Efrydydd*, Ion. 1925, 90–4. Adarg. *yn* Yr apêl at hanes, 90–7. Gw. rhif 1175.

4147 JONES, Bobi: Arddull Emrys ap Iwan, *Llenor*, xxix, 123–31.

4148 JONES, T. Gwynn: Emrys ap Iwan . . . Cofiant. Caernarfon: Cwmni'r Cyhoeddwyr Cymreig, 1912. Gw. hefyd LLOYD, D. Myrddin *CLlGC*, i, 53–4 am ychwanegiadau at y rhestr o'i gyhoeddiadau ar ddiwedd y Cofiant.

4149 LEWIS, Saunders: Emrys ap Iwan, yn rhif 142, 74–83.

4150 ―――― Emrys ap Iwan yn 1881, *BAC*, 11 Ebr. 1951, 8. Adarg. yn rhif 143, 371–6.

4151 —— Homilïau Emrys ap Iwan, *BAC*, 9 Mai 1951, 8; 23 Mai 1951, 8. Adarg. yn rhif 143, 377–86.

4152 LLOYD, D. Myrddin (gol.): Detholiad o erthyglau a llythyrau Emrys ap Iwan. I. Gwlatgar, cymdeithasol a hanesiol. [Aberystwyth]: Y Clwb Llyfrau Cymreig, 1937.

4153 —— (gol.): Detholiad o erthyglau a llythyrau Emrys ap Iwan. II. Llenyddol, ieithyddol. [Aberystwyth]: Y Clwb Llyfrau Cymreig, 1939. Adol. LEWIS, Saunders *BAC*, 8 Mawrth 1939, 12; 15 Mawrth 1939, 10. Ail. arg. 1964. Adol. THOMAS, Gwyn *Barn*, 30, 174–5.

4154 —— (gol.): Detholiad o erthyglau a llythyrau Emrys ap Iwan. III. Crefyddol. [Aberystwyth]: Y Clwb Llyfrau Cymreig, 1940. Adol. LEWIS, Saunders *BAC*, 25 Rhag. 1940, 3.

4155 —— Cymru ac Ewrop, *EA*, xxvii, 3–13.

4156 MORGAN, Enid R.: Henry Irving ac Emrys ap Iwan, *Haul*, Gwanwyn 1970, 24–30.

4157 OWEN, John *a* ROBERTS, O. Madoc (gol.): Pregethau gan y diweddar Barch. R. Ambrose Jones (Emrys ap Iwan). Caernarfon: Llyfrfa'r Methodistiaid Calfinaidd, d.d.

4158 PEATE, Iorwerth C.: Emrys ap Iwan *yn* Ym Mhob Pen . . . Gwasg Aberystwyth, 1948. 26–31. Adol. JONES, R. Tudur *Fflam*, rhifyn 7, 53–6.

4159 ROBERTS, Ezra (gol.): Homilïau, gan y Diweddar Barch. R. Ambrose Jones (Emrys ap Iwan). I. Dinbych: Gee, 1906. Ail arg. 1907.

4160 —— Homilïau, gan y Diweddar Barch. R. Ambrose Jones (Emrys ap Iwan). II. Dinbych: Gee, 1909.

4161 ROBERTS, E. Wyn: Y Parch. R. Ambrose Jones (Emrys ap Iwan), *Y Drysorfa*, 1906, 263–6.

4162 ROBERTS, J. J. (Iolo Caernarfon): Cofiannau cyfiawnion, mewn rhyddiaith a barddoniaeth. Caernarfon: Cwmni y Cyhoeddwyr Cymreig ?1906, 66–7.

4163 WILLIAMS, R.: Atgofion amdano. Ei nodweddion a'i bregethau, *BAC*, 6 Meh. 1933, 6.

Edward Matthews

4164 LEWIS, Henry: Morgannwg Matthews Ewenni. Caerdydd, 1953.

4165 LEWIS, Lodwig: Y Parch. Edward Mathews, *YM*, ii, 90–2.

4166 LEWIS, Saunders: Y cofiant Cymraeg, *THSC*, 1933–35, 169–70.

Daniel Owen

(a) Cyffredinol

4167 BEYNON, Tom: Daniel Owen, 1836–1895, *CCHMC*, xxi, 69–70.

4168 DAVIES, D. R.: Dau gwmni drama a Rhys Lewis, *Llenor*, xxx, 83–9.

4169 DAVIES, E. Tegla: Daniel Owen, *Y Drysorfa*, 1936, 247–50; 287–91.

4170 ———— Daniel Owen *yn* Cymru'n Galw, detholiad o sgyrsiau radio Cymraeg. Gwasg Aberystwyth, 1938. 44–8.

4171 ———— Daniel Owen, *Y Drysorfa*, 1944, 204–8.

4172 ———— Daniel Owen, *Eurgrawn*, cxxxviii, 206–10.

4173 ———— Y wraig o'r Wyddgrug, *yn* Gyda'r Hwyr. Lerpwl: Hugh Evans, 1957. 122–9.

4174 ———— Y bachgen Daniel, *Eurgrawn*, cxlvii, 206–10.

4175 DAVIES, J. Breese: Daniel Owen, *Eurgrawn*, cxvii, 303–6, 331–5, 373–7, 423–7, 468–70; cxviii, 90–2, 140–5, 172–6, 217–21, 259–63.

4176 DIENW: Hen lythyrau Daniel Owen, *Brython*, 15 Ebr. 1909, 7.

4177 DIENW: Hen lythyrau Daniel Owen at y Llyfrbryf . . . Chwefror 16, 1893, *Brython*, 6 Mai 1909, 5.

4178 ———— Arwyr Cymru. XXII. Daniel Owen (1836–1895), *Cymru*, lxix, 68.

4179 ———— Canmlwyddiant geni Daniel Owen . . . atgofion, *Brython*, 30 Gorff. 1936, 5 a 7.

4180 EDWARDS, Ellis: Cymdeithion Daniel Owen, *Cymru*, xxii, 29–30.

4181 EDWARDS, O. M.: Cymru Byw. II. Daniel Owen, *Cymru*, ii, 217–19.

4182 ———— Daniel Owen, *W*(OME), ii, 544–5.

4183 ———— Llenyddiaeth Gymreig, *Cymru*, xi, 282.

4184 ———— Beirniadaeth, *Cymru*, xlv, 197–8.

4185 ELIS, Islwyn Ffowc: Y nofelydd a'i gymdeithas, *Taliesin*, i, 78–88.

4186 EVANS, Trebor Lloyd: Tonic Daniel Owen i bregethwr, *Dysgedydd*, 1953, 68–70.

4187 ———— Daniel Owen a'r saint, *ib.*, 85–7.

4188 FOSTER, Idris Ll.: Mawredd Daniel Owen, *Brython*, 30 Gorff. 1936, 5.

4189 FOULKES, Isaac: Daniel Owen y nofelydd: bywgraphiad. Liverpool: I. Foulkes, 1903.

4190 FRANCIS, Edward: Dawn Daniel Owen, *FG*, ii, 215–16.

4191 HOBLEY, William: Ymddiddan rhwng Daniel Owen a gweinidog ifanc, *Y Geninen*, xxii, 233–7.

4192 ISAAC, Evan: Oriau gyda Daniel Owen, *Eurgrawn*, cxi, 9–13, 55–9, 96–8.

4193 JARMAN, A. O. H.: Daniel Owen – crewr y nofel Gymraeg, *Brython*, 30 Gorff. 1936, 5.

4194 JONES, D. Gwenallt: Daniel Owen, *Efrydydd*, ii, Hyd. 1936, 286–95.

4195 ——— Nofelau cylchgronol Daniel Owen, *LlC*, iv, 1–14.

4196 JONES, Eifion Lloyd: Daniel Owen, *Ffenics*, Haf 1971, 3–11.

4197 JONES, Isaac: Cymdeithion Daniel Owen, *Cymru*, xxii, 102–5, 169–72, 274–6, 325–9.

4198 JONES, J. H.: Daniel Owen, personol ac amgylchiadol gan mwyaf, *Y Drysorfa*, 1936, 337–43.

4199 JONES, John Gwilym: Y nofel, *Taliesin*, xv, 50–62.

4200 ——— Daniel Owen: astudiaeth. Dinbych: Gwasg Gee, 1970. Adol. EDWARDS, Hywel Teifi *Barn*, 107, 329–30; J., *Barn*, 104, 233–4; LLOYD, D. Tecwyn *Y Genhinen*, xxi, 150–1.

4201 JONES, J. T.: Athrylith Daniel Owen, *Eurgrawn*, cxxii, 288–93.

4202 JONES, R. Gerallt: Ansawdd y seiliau: rhai sylwadau ar nofelau Cymraeg y ganrif ddiwethaf, *Taliesin*, xiii, 38–52, Gw. hefyd rhif 4436, 9–28.

4203 ——— Daniel Owen. Llandybïe: Llyfau'r Dryw, 1963. (Cyfres Pamffledi Llenyddol Cyfadran Addysg Aberystwyth, I). Adol. ROBERTS, Kate *BAC*, 7 Mawrth 1963, 7.

4204 JONES, T. Gwynn: Daniel Owen 1836–1895. Caerdydd, 1936. (Cyfres Ddwyieithog Gŵyl Dewi).

4205 JONES, T. M.: Daniel Owen: ei waith, *Traethodydd*, 1905, 341–54.

4206 ——— Daniel Owen: ei athrylith, *ib.*, 410–18.

4207 ——— Cymru enwog: Daniel Owen y nofelydd, *YM*, iii, 102–4.

4208 JONES, T. R.: Daniel Owen, *Traethodydd*, 1904, 417–27.

4209 JONES, T. Rees: Daniel Owen fel pregethwr, *Y Geninen*, xxiii, (Gŵyl Dewi), 15–16.

4210 JONES, William Margam: Daniel Owen, the Welsh novelist: his work and genius, The Study of Nature and other essays. Merthyr Tydfil: Joseph Williams, 1905.

4211 LEWIS, J. (Ap Gwalia): Papyr a ddarllenwyd i Gymmrodorion Aberdar, *TG*, 15 Mai 1913, 3; 22 Mai 1913, 3; 29 Mai 1913, 3.

4212 LEWIS, Saunders: Daniel Owen. Gwasg Aberystwyth, 1936. Adol. Adolygydd *BAC*, 28 Ebrill 1936, 6; DAVIES, E. Tegla *Eurgrawn*, cxxviii, 184–7; GRUFFYDD, W. J.: Daniel Owen a Mr. Saunders Lewis, *yn* Y Tro Olaf ac ysgrifau eraill, 1939, 157–65; id., *Llenor*, xv, 56–60; JONES, D. Gwenallt *Efrydydd*, ii, Hyd. 1936, 286–95; LLOYD, D. Myrddin *Brython*, 29 Hyd. 1936, 5.

4213 LLOYD, D. Tecwyn: Daniel Owen ar y llwyfan, 1909–1937, *LlC*, x, 56–69.

4214 MACWYES Y LLYN: Rhan o erthygl ar: Y Nofel Gymreig, *Cymru*, xl, 202–4.

4215 MILLWARD, E. G.: Llythyr Daniel Owen at yr Athro Ellis Edwards, *LlC*, x, 220–2.

4215A ——— Daniel Owen: Artist yn Philistia, yn rhif 123, 345–66.

4216 MORGAN, J. J.: Canmlwyddiant Daniel Owen. Hanes Daniel Owen/The life of Daniel Owen. Published by the Mold Centenary Committee, 1936.

4217 MORGAN, John: Daniel Owen (adgofion a myfyrion amdano), *Traethodydd*, 1906, 23–8, 184–92, 241–52, 345–50.

4218 MORGAN, T. J.: Byd ac Eglwys Daniel Owen, *Llenor*, xxv, 33–48.

4219 ————— Dau deyrngarwch Daniel Owen, *Barn*, 70, Y Gwrandawr, I–III.

4220 OLIER, Youenn: Ur romantour Kembraek en naontekvet kantved: Daniel Owen, *Al Liamm* (Tir na n-Og), rhif 103, Mawrth-Ebrill 1964, 142–55.

4221 OWEN, Daniel: Hunangofiant, *Trysorfa y Plant*, 1892, 169–71, 204–6.

4222 OWEN, John (West Kirby): Rhai o gyfeillion Daniel Owen, *Y Drysorfa*, 1927, 163–5, 212–15.

4223 OWEN, John: Argraffiad coffhaol. Cofiant Daniel Owen ynghyd a sylwadau ar ei ysgrifeniadau. Wrexham: Hughes, 1899.

4224 ————— Daniel Owen, *Cymru*, x, 70–4.

4225 ————— Cofgolofn Daniel Owen, *Cymru*, xxii, 53–6.

4226 OWEN, Thomas: Daniel Owen: heretic, *Ymofynnydd*, 1, 195–206.

4227 PARRY, Thomas: Daniel Owen, *Efrydydd*, i/3, Mawrth 1936, 151–7.

4228 ————— Rhif 152, 277–8.

4229 ROBERTS, J. Meirion: Dickens a Daniel Owen, *Traethodydd*, 1909, 222–8.

4230 ROBERTS, Griffith T.: Daniel Owen, *Eurgrawn*, cxlix, 174–5, 197–201, 238–42, 262–6, 289–93.

4231 ROBERTS, O. Caerwyn: Rwy'n cofio Daniel Owen, *Y Drysorfa*, 1951, 275–6.

4232 ROWLAND, R. D. (Anthropos): Daniel Owen, *Y Geninen*, xiv, 24–30.

4233 THOMAS, Jennie: Atgofion fy nhad amdano, *Brython*, 30 Gorff. 1936, 5.

4234 Y WEINYDDIAETH ADDYSG: Daniel Owen, Famous Welshmen. Caerdydd, 1944. 124–6.

4235 WILLIAMS, J. J.: Daniel Owen, *Traethodydd*, 1936, 129–39.

4236 WILLIAMS, T. Ceiriog: Daniel in his den, *Country Quest*, iv/4, 47–50. Hefyd, Yr hen Ddaniel, Hughes a'i Fab, 1975.

4237 WILLIAMS, T. Oswald: Daniel Owen, *Ymofynnydd*, xxxvi, 85–90.

(b) Ei Weithiau Unigol

Deng noswaith yn y Black Lion

4238 JONES, Bedwyr Lewis: Deng noswaith yn y Black Lion Daniel Owen, *LlC*, viii, 84–6; a nodyn gan MILLWARD, E. G. ib., 87.

Enoc Huws

4239 DAVIES, E. Curig: Daniel Owen: Profedigaethau Enoc Huws (Talfyriad). Llandybïe: Llyfrau'r Dryw, 1967. Adol. JONES, Philip Wyn *BAC*, 14 Rhagfyr 1967, 7.

4240 DAVIES, John: Enoc Huws, *Barn*, 114, 164; 115, 191–2.

4241 JONES, Dafydd Glyn: Enoc Huws a hunan-dwyll, *YB*, iii, 289–314.

4242 J., M. P.: Enoc Huws, *Barn*, 19, 205; 20, 231–2.

4243 JONES, John Gwilym: Enoc Huws, *YB*, ii, 12–24.

4244 JONES, T. Gwynn (gol.): Profedigaethau Enoc Hughes. Argraffiad newydd wedi ei olygu. Wrecsam: Hughes, 1939. Adol. GRUFF-YDD, W. J. *Llenor*, xviii, 122–4.

4245 MILLWARD, E. G.: Enoc Huws, *Barn*, 50, 52–3; 51, 81; 52, 99–100; 54, 155–6.

4246 MORGAN, T. J.: Enoc Huws: nofel y dirywiad, *Llenor*, xxvii, 6–19.

4247 ROGERS, W. M.: Enoc Huws, *Athro*, xvii, 217–21.

Rhys Lewis

4248 BEVAN, Hugh: Rhys Lewis, *Barn*, 4, 191; 5, 215–16.

4249 DAVIES, W. Beynon: Rhagarweiniad i Rys Lewis Daniel Owen, *Athro*, ix, 183–7.

4250 EDWARDS, O. M.: Cymeriadau Rhys Lewis, *Cymru*, xlv, 205–7, 247–51.

4251 JONES, Bobi: Rhys Lewis, yn rhif 132, 108–20.

4252 JONES, R. Gerallt: Rhys Lewis, yn rhif 4436, 29–47.

4253 PARRY, Thomas (gol.): Hunangofiant Rhys Lewis. Argraffiad newydd wedi ei ddiwygio. Caerdydd: Hughes, 1948. Adol. ROBERTS, Kate *BAC*, 9 Chwef. 1949, 7.

4254 ROBERTS, Kate: Rhys Lewis, nofel deffroad y gweithiwr Cymreig, *BAC*, 20 Rhag. 1950, 5.

4255 WILLIAMS, W. Gilbert: Mary Lewis ac eraill, *Y Drysorfa*, 1952, 15–17.

Gwen Tomos

4256 DAVIES, W. Beynon: Gwen Tomos: nofel y gornestau, *YB*, v, 150–62.

4257 JONES, R. Gerallt: Gwen Tomos, *Barn*, 12, 367; 17, 144–5; 18, 175–6; 19, 202–3. Gw. hefyd rhif 4436, 48–61.

4258 LLOYD, D. Tecwyn: Gwen Tomos: nofel yr encil, *Traethodydd*, 1964, 165–77. Adarg. yn Safle'r gerbydres, 13–27. Gw. rhif 3871.

4259 PARRY, T. (gol.): Gwen Tomos . . . Arg. newydd wedi ei ddiwygio. Wrecsam: Hughes, 1937. Adol. GRUFFYDD, W. J. *Llenor*, xviii, 122–4.

Y Siswrn

4260 DIENW (gol.): Y Siswrn: sef detholion prudd a dyddanol, newydd a hen o weithiau Daniel Owen. Lerpwl: Gwasg y Brython, 1937. Adol. JENKINS, D. *Heddiw*, iii/9, 268 a 272; ROBERTS, Elvet *TN*, rhif 11, 19–20.

Straeon y Pentan

4261 JONES, T. Gwynn (gol.): Selections from Straeon y Pentan (Daniel Owen). Edited with notes and glossary. Wrexham: Hughes, 1910.

4262 HUGHES, Beti: Straeon y Pentan (Daniel Owen), *Barn*, 7, 217–19.

David Owen (Brutus)

4263 DAVIES, D. Melvin: Hanes bywyd Brutus (David Owen, 1795–1866) ynghyd ag astudiaeth o'i gofiannau. *TYCCh*, 986.

4264 ——— Hynt a helynt Brutus y dychanwr (David Owen, 1795–1866), *JHSCW*, xii, 55–68; xiii, 74–84; xiv, 77–87; xv, 54–63.

4265 GLASWYN: Notable men of Wales. Brutus, *RD*, iii, 385–405.

4266 JONES, James Rhys (Kilsby): Brutus, *Traethodydd*, 1867, 213–27, 421–8.

4267 JONES, Thomas (gol.): Wil Brydydd y Coed, gan David Owen (Brutus). Golygwyd gyda rhagymadrodd a geirfa. Caerdydd, 1949.

4268 ——— (gol.): Bugeiliaid Epynt, gan David Owen (Brutus). Caerdydd, 1950.

4269 ——— Brutus, yn rhif 348, 80–6.

William Rees (Gwilym Hiraethog)

Gw. rhifau 3873–9.

Samuel Roberts, Llanbrynmair

4270 CHALMERS, W.: A forgotten pioneer, *BPHS*, rhif 43, 1948.

4271 DAVIES, D. S.: S. R., *Y Geninen*, x, 99–102, 207–10.

4272 DIENW: Arwyr Cymru, S. R. (1800–1885), *Cymru*, lxviii, 170.

4273 EDWARDS, O. M. (gol.): Gwaith Samuel Roberts. Llanuwchllyn: Ab Owen, 1906. (Cyfres y Fil).

4274 JONES, Evan: S. R., *Y Geninen*, xv (Gŵyl Dewi), 45–6; xv, 108–111, 174–8; xvi, 27–30, 79–82; xvii, 50–3, 198–202, 292.

4275 [OWEN, Richard] (Glaslyn): S. R., *Cymru*, xxx, 293–7.

4276 PEATE, Iorwerth C.: Beirniadaeth ar astudiaeth feirniadol o fywyd a gwaith Samuel Roberts, Llanbrynmair *yn* Beirniadaethau Eisteddfod Genedlaethol Machynlleth, 1937, 176–81.

4277 ——— Samuel Roberts a heddwch, *yn* Ym mhob pen, 129–42. Gw. rhif 4158.

4278 ——— (gol.): Cilhaul ac ysgrifau eraill Samuel Roberts, Llan-brynmair. Caerdydd, 1951. (Llyfrau Deunaw).

4279 ROBERTS, J. Meirion: Ffrind fy maboed – S. R., *Cymru*, lxii, 183–5.

4280 WILLIAMS, Glanmor: Samuel Roberts Llanbrynmair. Caerdydd, 1950. (Cyfres ddwyieithog Gŵyl Dewi).

W. Llewelyn Williams

4281 AMRYW: Rhifyn Coffa Llewelyn Williams, *Heddiw*, iv/i.

4281A HUMPHREYS, E. Morgan: W. Llewelyn Williams, *yn* Gwŷr enwog gynt, II, Gwasg Aberystwyth, 1953. 62–70.

4282 JONES, Thomas: Llewelyn Williams, *yn* Mân us, 87–95. Gw. rhif 348.

V. YSGOLHEICTOD
(i) Cyffredinol

4283 WILLIAMS, G. J.: Hanes cyhoeddi'r *Myvyrian Archaiology*, *JWBS*, x, 2–12.

4284 WILLIAMS, Roger J.: Hanes cyhoeddi *Y Gwyddoniadur Cymreig*, *JWBS*, xi, 54–67.

(ii) Ysgolheigion Unigol
Thomas Edwards (Caerfallwch)

4285 JONES, Elwyn L.: Thomas Edwards (Caerfallwch) (1779–1858), *Taliesin*, xxii, 46–51.

4286 ——— Bywyd a gwaith Thomas Edwards (Caerfallwch). *TYCCh*, 1004.

Daniel Silvan Evans

4287 HUGHES, R. E.: Aspects of Welsh lexicography in the nineteenth century with special reference to the contribution of Daniel Silvan Evans. *TYCCh*, 772.

4288 JONES, Morgan D.: Geiriadur Cymraeg Silvan Evans, *JWBS*, viii, 24–38, 64–80.

4289 ——— Daniel Silvan Evans: ei gysylltiadau llenyddol a'i waith, gan fanylu ar ei gyfraniad i ysgolheictod Cymraeg. *TYCCh*, 1010.

4290 JONES, T. Gwynn: Cofiant Thomas Gee. Dinbych: Gee, 1913. 107–19.

4291 MORGAN, J. Myvenydd: Y Canghellor Silvan Evans a'i wasanaeth i lenyddiaeth Gymraeg, *Y Geninen*, xxx (Gŵyl Dewi), 7–10; xxxi (Gŵyl Dewi), 50–2; xxxii (Gŵyl Dewi), 38–41; xxxiii, 125–8.

4292 RICHARDS, T.: Dinbych a'r wasg Gymraeg, *THSC*, 1939, 137–9.

4293 ROBERTS, Enid Pierce: Silvan Evans a'r Sgolor Mawr, *Yr Haul a'r Gangell*, Hyd. 1957, 5–10.

4294 SAMUEL, D.: Ymweliad â Llanwrin, *Cymru*, iii, 12–16, 144.

4295 —— Cymry Byw. IV. Y Canon Silvan Evans, B.D., *ib.*, 81–2.

4296 —— Silvaniana, *Y Geninen*, xxiii, 15–22.

Gw. rhagor o gyfeiriadau yn *Y Bywgraffiadur*.

John Peter (Ioan Pedr)

4297 JENKINS, R. T.: John Peter (Ioan Pedr), 1833–1877, *JWBS*, iv, 137–68.

4298 RHYS, John: The Rev. John Peter. F.G.S. (Ioan Pedr), *Cymmrodor*, i, 130–4.

Thomas Price (Carnhuanawc)

4299 FOULKES, Edward: Carnhuanawc, hanesydd Cymru, *Y Geninen*, xii (Gŵyl Dewi), 17–22.

4300 JONES, T. Gwynn: Carnhuanawc and others, *WO*, x, 38–40, 70–3.

4301 WILLIAMS, Stephen J.: Carnhuanawc – eisteddfodwr ac ysgolhaig, *THSC*, 1954, 18–30.

Robert John Pryse (Gweirydd ap Rhys)

4302 LEWIS, Lewis W. (Llew Llwyfo): Gweirydd ap Rhys, *Y Geninen*, viii (Gŵyl Dewi), 25–8; viii, 119–23.

4303 RICHARDS, Tom: Gweirydd ap Rhys, *Llenor*, xv, 97–102.

4304 —— Dinbych a'r Wasg Gymraeg, *THSC*, 1939, 136–9 (ar berthynas Gweirydd a Gee).

4305 ROBERTS, Enid Pierce: Gweirydd ap Rhys, ei fywyd a'i waith. *TYCCh*, 1025.

4306 —— Detholion o hunangofiant Gweirydd ap Rhys. [Aberystwyth]: Y Clwb Llyfrau Cymraeg, 1949.

4307 —— Gweithgarwch llenyddol Gweirydd ap Rhys (1807–1889), *Traethodydd*, 1947, 61–9.

4308 WILLIAMS, Stephen J.: Gweirydd ap Rhys (1807–89) a Thomas Stephens (1821–75), yn rhif 3665, 224–33.

William Rowlands (Gwilym Lleyn)

Gw. rhif 70.

4309 [PARRY, Henry *a* DAVIES, Morris]: Gwilym Lleyn a llyfryddiaeth y Cymry, *Traethodydd*, 1870, 163–75.

John Rhŷs

4310 AMRYW: The late Right. Hon. Sir John Rhys, P.C., D.Litt., Ll.D.: appreciations by some of his friends and fellow workers, *THSC*, 1914–15, 195–249.

4311 MORRIS-JONES, John: Sir John Rhŷs, *PBA*, xi, 187–212.

4312 PARRY-WILLIAMS, T. H.: John Rhŷs 1840–1915. Caerdydd, 1954. (Cyfres ddwyieithog Gŵyl Dewi).

Thomas Stephens

4313 GWERNYFED: Mr. Thomas Stephens, *Ymofynydd*, Meh. 1895, 121–6.

4314 STEPHENS, Thomas: Literature of the Kymry. Gw. rhif 158.

4315 THOMAS, J. Ll.: Canmlwyddiant geni Thomas Stephens, *Y Geninen*, xxxix, 113–16.

4316 WALTERS, Havard: *The Literature of the Kymry*, *LlC*, x, 231–40.

4317 WILLIAMS, Stephen J.: Gw. rhif 3665, 224–33.

John Williams ab Ithel

4318 JONES, Griffith John: Bywyd a gwaith John Williams ab Ithel. *TYCCh*, 1005.

4319 —— John Williams Ab Ithel, *Traethodydd*, 1968, 49–61, 113–27.

4320 KENWARD, James: Ab Ithel: an account of the life and writings of the Rev. John Williams Ab Ithel. Tenby: R. Mason, 1871.

4321 [ROBERTS, Ellis] (Ellis Wyn o Wyrfai): Bywyd ac athrylith y Parch. John Williams, M.A. (Ab Ithel), *Y Geninen*, i, 180–5.

4322 WILLIAMS, G. J.: Ab Ithel, yn rhif 163, 253–77.
(Cyhoeddwyd gyntaf yn *Llenor*, xii, 216–30; xiii, 88–100).

4323 WILLIAMS, J. H.: Ab Ithel, *Haul*, Gaeaf 1962, 24–7.

VI. CYMDEITHAS DAFYDD AP GWILYM

4324 [EDWARDS, O. M.]: Cymdeithas Dafydd ab Gwilym, *Cymru*, xxvi, 88, 144.

4325 HUGHES, T. Rowland: Cymdeithas Dafydd ap Gwilym, Rhydychen, *Llenor*, x, 91–100.

4326 JONES, J. Morris: Er cof, *Cymru*, lx, 7–11. (gwaith O.M.E. ynglŷn â'r *Dafydd*).

4327 LLATAI'R LLYN: Rhydychain. Cymdeithas Dafydd ap Gwilym, *Goleuad*, 22 Mai 1886, 10.

4328 MEYER, K.: Anerchiad eisteddfodol, *BAC*, 10 Ion. 1912, 11.

4329 OWEN, John: Cymdeithas Dafydd ab Gwilym. Cofnodion cyntaf Owen Edwards, *Cymru*, lx, 131–2.

4330 R.: Cymry yn y colegau: Rhydychain, *CF*, i, 238–41.

4331 WILLIAMS, J. E. Caerwyn: Cymdeithas Dafydd ap Gwilym, Mai 1886 – Mehefin 1888, yn rhif 135, 137–81.

4332 WILLIAMS, W. Llewelyn: Atgof am Archdderwydd, *Cymru*, lx, 25–27.

VII. CERDDI A BALEDI
i. Cyffredinol

4333 DAVIES, A. Stanley: The ballads of Montgomeryshire: life in the eighteenth century. Welshpool: Published by the author, 1938. Adol. LLOYD, D. Myrddin *JWBS*, v, 130–2.

4334 DIENW: Cerddi gwlad y gân: llyfr yn cynnwys dros 200 o ganeuon Cymraeg. Caernarfon: H. Humphreys, d.d.

4335 DIENW: Cerddi Cymru: casgliad o ganeuon Cymreig hen a diweddar, I, II. Caernarfon: Cwmni y Cyhoeddwyr Cymreig, Swyddfa 'Cymru', d.d.

4336 DIENW: Baledau a baledwyr, *Cymru*, xxvii, 165–70, 213–18, 269–73.

4337 DIENW: Cerddi Cymru: casgliad o ganeuon Cymreig, ynghyda hanes baledau a baledwyr Cymru gan David Samuel. I, II. Caernarfon: Cwmni y Cyhoeddwyr Cymreig, d.d. Yr un detholiad â rhif 4335.

4338 GWAENFAB: Casgliad o chwe ugain a deg o gerddi hen a diweddar . . . yn nghyd a nodiadau rhagarweiniol ar hen faledwyr a baledi Cymru. Bala: H. Evans, [1917].

4339 GWILYM COWLYD: Cerddi Eryri: sef casgliad o oreuon cerddi poblogaidd Cymru. Llanrwst: Arg. gan W. J. Roberts, 1887.

4340 GWYNIONYDD: Hen faledwyr Dyfed, hanner cant a thrigain mlynedd yn ôl, *Y Geninen*, ix, 285–6.

4341 JONES, R. W.: Wayside entertainers in the nineteenth century, *MC*, xlvii, 121–8.

4342 JONES, T. Gwynn: Y baledi, *BAC*, 13 Tach. 1915, 1; 11 Rhag. 1915, 1.

4343 PHILLIPS, D. Rhys: The Welsh ballad-singer, *JWBS*, v, 263–5.

4344 THOMAS, Ben Bowen: Baledi Morgannwg. Caerdydd, 1951. (Llyfrau deunaw).

4345 —— Drych y baledwr. Gwasg Aberystwyth, 1958.

4346 —— Y faled daflennol yng Nghymru yn y XIX ganrif, *Lleufer*, x, 168–74.

4347 —— Rhestr o faledi rhai o brif faledwyr Cymru yn y bedwaredd ganrif ar bymtheg, *JWBS*, vii, 49–85. Gw. hefyd LEWIS, Idwal *ib.*, 151–6; viii, 104–5.

ii. Y baledwyr
Anhysbys

4348 PRITCHARD, John: Canwr cerddi, *Cymru*, xiv, 170.

Dafydd Jones, Llanybydder

4349 DIENW: Dafydd Jones (Deio'r Cantwr) 1803–1868, *Cymru*, xl, 237–8.

Deio Dywyll

4350 MORRIS, E. B.: Beirdd gwlad – Deio Dywyll, *Cymru*, xxix, 158.

Dic Dywyll

4351 CADRAWD: (Nathan Dyfed), *Cymru*, li, 122. (Stori am Dic Dywyll).

4352 DIWRIG: (am farw Dic Dywyll), *CAF*, Gorff. 1892, 238.

4353 G., B.: Hen faledwyr, *CAF*, Awst 1892, 281–3.

Abel Jones (Bardd Crwst)

4354 EVANS, Owen: Ffair y blodau, *Cymru*, xxii, 301–4.

4355 THOMAS, J.: Llanrwst, *Cymru*, xxviii, 311.

Owen Griffiths (Owain Meirion)

4356 BENNET, N.: (Ywain Meirion a Dic Dywyll), *CAF*, Ebrill 1892, 121.

4357 WILLIAMS, D. D. *a* GRIFFITH, Robert: Deuddeg o feirdd y Berwyn. Liverpool: Hugh Evans, 1910. 110–13.

4358 WILLIAMS, R.: Owain Meirion, *Y Geninen*, xix, 312.

iii Cerddi unigol

Y Blotyn Du

4359 A., W. E.: The story of Y Blotyn Du, *JWBS*, i, 42–8.

4360 WHITTINGTON, John: Can y Blotyn Du, *BAC*, 11 Mawrth 1916, 6.

4361 WIL Y SAER: Can y Blotyn Du, *BAC*, 1 Ebrill 1916, 6. Gw. hefyd rhif 2878, tt. xcvi–viii.

Dedwyddwch y nef

4362 D., W.: Hen falad, *BAC*, 26 Chwef. 1916, 6.

Yr Eneth Amddifad

4363 EVANS, J. G.: Yr eneth amddifad, *BAC*, 1 Ebrill 1916, 6.

4364 FOX, A. R.: Yr eneth amddifad, *BAC*, 11 Mawrth 1916, 6.

4365 PUGH, Thomas: Yr eneth amddifad, *BAC*, 26 Chwef. 1916, 6.

Y Mochyn Du

4366 CARNEDD MEIBION OWAIN: At olygydd y Faner, *BAC*, 1 Ion. 1916, 11.

4367 CYMRO: Cân y mochyn du, *ib.*, 11.

4368 GIBBY, B.: Awduraeth cân y mochyn du, *BAC*, 25 Rhag. 1915, 11.

4369 JENKINS, D. E.: Cân y mochyn du, *BAC*, 8 Ion. 1916, 14.

4370 RICHARDS, D.: Cân y mochyn du, *BAC*, 8 Ion. 1916, 14.

4371 ROBERTS, E. Gwernol: Cân y mochyn du, *BAC*, 25 Rhag. 1915, 11.

YR UGEINFED GANRIF

I. CYFFREDINOL

4372 ANTHROPOS: Gogwydd presennol llenyddiaeth Gymraeg, *Cymru*, xxiv, 209–14.

4373 BELL, H. Idris: The Welsh literary renascence of the twentieth century, *PBA*, xxxix, 139–61.

4374 —— The twentieth century *yn* A history of Welsh literature, 374–501. Gw. rhif 152.

4375 BEVAN, Hugh: Rhagymadrodd *yn* Cerddi diweddar Cymru, gol. H. Meurig Evans. Llandybïe: Llyfrau'r Dryw, 1962.

4376 BEVAN, Hugh *a* LLOYD, D. Myrddin: Beirniadaeth lenyddol. Llandybïe: Llyfrau'r Dryw, 1962. (Cyfres yr Academi, 2).

4377 BOWEN, Euros: Y syniad am ddyn ym marddoniaeth Cymru yn y cyfnod diweddar, *WA*, viii, 74–93.

4378 —— Barddoniaeth dywyll, *Taliesin*, x, 23–40.

4379 —— Plwc y gynghanedd, *Taliesin*, xi, 50–62.

4380 —— Trafod cerddi, *Taliesin*, ix, 28–42.

4381 BOWEN, Geraint (gol.): Ysgrifennu creadigol. Llandysul: Gwasg Gomer, 1972.

4382 DAVIES, Aneirin Talfan: Etifeddiaeth dda *yn* Munudau gyda'r beirdd. Llandybïe: Llyfrau'r Dryw, 1954. 41–55.

4383 —— (gol.): Gwŷr Llên: ysgrifau beirniadol ar weithiau deuddeg gŵr llên cyfoes ynghyd â'u darluniau. Llundain: W. Griffiths a'i Frodyr, 1948.

4384 —— Sylwadau. Gwasg Aberystwyth, 1951.

4385 DAVIES, Pennar: Y ganrif hon yn ein barddoniaeth, *YB*, iv, 188–97.

4386 —— The poet's predicament, *WA*, vii, 32–43.

4387 —— Llenyddiaeth yng Nghymru yn yr ugeinfed ganrif, *Traethodydd*, 1972, 156–70.

4388 —— Literature in Wales in the twentieth century *yn* Literature in Celtic countries. Taliesin Congress lectures, edited by J. E. Caerwyn Williams. Cardiff, 1971.

4389 DIENW: Llyfrau Cymraeg 1968. *Arolwg* 1968.

4390 EDWARDS, J. M.: Rhai sylwadau ar farddoniaeth ddiweddar, *YB*, viii, 261–76.

4391 ———— Lle'r bardd gwlad ym mywyd Cymru heddiw, *Llafar*, haf 1954, 55–9.

4392 ———— Barddoniaeth ddiweddar Cymru, *Y Genhinen*, v, 129–35.

4393 ———— Tueddiadau barddoniaeth ddiweddar, *Barn*, 9, 258.

4394 ELIS, Islwyn Ffowc: Llyfrau'r flwyddyn, *DdG*, Rhagfyr 1956, 2, 4.

4395 ELLIS, Mary: Arolwg o lenyddiaeth Gymraeg 1971. *Arolwg* 1971, 27–32.

4396 EVANS, D. Tecwyn: Beirniadaeth lenyddol yng Nghymru, *Eurgrawn*, cxv, 309–13, 343–7.

4397 GRIFFITHS, G. Heini: Y syniad o genedl yn llenyddiaeth Gymraeg yr ugeinfed ganrif. M.A. Cymru, Aberystwyth, 1974.

4398 GRIFFITHS, J. Gwyn: Afflatus divinus, *Taliesin*, ii, 35–43.

4399 ———— I ganol y frwydr. Llandybïe: Llyfrau'r Dryw, 1970.

4400 GWYNN, Harri: Argraffiadau Adolygydd, *Taliesin*, xii, 63–7.

4401 HUGHES, H. J.: Gwerthfawrogi llenyddiaeth. Caerdydd, 1959.

4402 ILLTYD: Y dyddiadur, *Y Genhinen*, xxii, 107–11.

4403 JONES, Bedwyr Lewis: Y llenor a'i iaith, *Taliesin*, xii, 29–39.

4404 JONES, Bobi: Rhyddiaith wedi'r rhyfel: rhagymadrodd, *Barn*, 58, 250–1.

4405 ———— Rhyddiaith heb henaint, *Barn*, 74, 40–1.

4406 ———— Diweddglo, *Barn*, 93, 234–5.

4407 ———— Rhagymadrodd i'r ganrif hon, *Barn*, 106, 282–3.

4408 ———— Y grefft o gymysgu ffigurau, *Y Genhinen*, xiii, 9–13.

4409 ———— Arolwg barddoniaeth 1945–1965, *Barn*, 39, 75.

4410 ———— Hen gerddi newydd, *Barn*, 53, 114–5.

4411 ———— Canrif o'n llenyddiaeth, *BAC*, 27 Mehefin 1957, 3.

4412 ———— Moderniaeth mewn llenyddiaeth Gymraeg, *Barn*, 119, 290–1; 121, 18–19; 122, 60–2.

4413 ———— Beirniadaeth lenyddol wedi'r rhyfel: mathau o feirniadaeth, *Barn*, 79, 180–2.

4414 ———— Dau feirniad sagrafennaidd, *Barn*, 80, 234–6. (Gwenallt ac A. Talfan Davies).

4415 ———— Tri beirniad seciwlar, *Barn*, 82, 266–7. (H. Bevan, A. Llywelyn-Williams a T. J. Morgan).

4416 ———— Haneswyr ein llên, *Barn*, 83, 288–9. (G. J. Williams a Thomas Parry).

4417 ———— Beirniadaeth lenyddol gyfoes, *Lleufer*, xxv, 3–10.

4418 JONES, Dafydd Glyn: Llyfrau a llenyddiaeth 1964–65, *Arolwg* 1965, 5–15.

4419 —— Llyfrau a llenyddiaeth Gymraeg 1965–66, *Arolwg* 1966, 26–36.

4420 —— Llyfrau a llenyddiaeth Gymraeg 1966–67, *Arolwg* 1967, 47–57.

4421 —— Some recent trends in Welsh literature *yn* Literature in Celtic countries. Gw. rhif 4388.

4422 —— Tueddiadau yn ein llên ddiweddar, *Traethodydd*, 1972, 171–86.

4423 —— Prif gynhyrchion y Fflint, *Barn*, 84, 320–1.

4424 —— Welsh poetry since the war, *PW*, iii/2, 3–16.

4425 —— Welsh poetry since 1945 *yn* Triskel One, essays on Welsh and Anglo-Welsh literature, ed. Sam Adams and Gwilym Rees Hughes. Swansea and Llandybïe, 1971, 43–64.

4426 JONES, D. Gwenallt: Myth a symbol yn y llenyddiaeth fodern, *EA*, xxvi, 3–12.

4427 —— Rhai tueddiadau ym meirniadaeth lenyddol Cymru yn y ganrif hon, *WA*, i, 46–55.

4428 JONES, D. James: Rhai tueddiadau ym marddoniaeth ddiweddar Cymru, *Traethodydd*, 1955, 75–87.

4429 —— Ein beirdd heddiw, *Traethodydd*, 1955, 145–55.

4430 —— Crefydd Cymru a'i beirdd, *Traethodydd*, 1960, 163–80.

4431 JONES, John Gwilym: Moderniaeth mewn barddoniaeth, *YB*, v, 167–80.

4432 —— Beth yw llenyddiaeth? *YB*, vi, 283–312.

4433 —— Ein hetifeddiaeth – iaith a llenyddiaeth, *BAC*, 15 Awst 1956, 5.

4434 —— Cyfoethogwyr ein hetifeddiaeth lenyddol. *Traethodydd*, 1965, 164–77.

4435 JONES, R. Gerallt: The literary revival of the twentieth century. Llandybïe: Christopher Davies, 1967.

4436 —— Ansawdd y seiliau ac ysgrifau eraill. Llandysul: Gwasg Gomer, 1972.

4437 —— Yn frawd i'r eos druan ac ysgrifau eraill, 1961.

4438 —— Welsh literature in the twentieth century, *PW*, ii/1, 5–11.

4439 —— Young Welsh poets, *PW*, viii/2, 17–31.

4440 —— Llenyddiaeth yn y byd cyfoes, *Barn*, 28, 115–6.

4441 —— Tom Parry a'r llwynog, *Y Genhinen*, xxi, 175–7. (Trafod sylwadau Dr. Thomas Parry yn Eisteddfod Genedlaethol Bangor, 1971).

4442 JONES, R. M.: Llenyddiaeth Gymraeg 1936–1972. Llandybïe: Christopher Davies, 1975. (Erthyglau Bobi Jones yn *Barn* wedi eu helaethu).

4443 JONES, T. Gwynn: Beirniadaeth *yn* Beirniadaeth a myfyrdod. Wrecsam: Hughes, 1935, 13–18.

4444 —— Barddoniaeth a rhyfel, *BAC*, 5 Mehefin 1915, 1.

4445 —— Llenyddiaeth Gymraeg ddiweddar, *Traethodydd*, 1919, 193–9.

4446 LEWIS, Hywel D.: Y farddoniaeth dywyll, *Y Drysorfa*, 1946, 167–8.

4447 —— Y bardd a'r athronydd, *Llenor*, xv, 145–55.

4448 LEWIS, Saunders: An introduction to contemporary Welsh literature. Wrexham: Hughes, 1926. (Traethodau'r deyrnas. English series, No. 1).

4449 —— Dyfodol llenyddiaeth, *BAC*, 7 Mehefin 1950, 8.

4450 —— Cyflwr ein llenyddiaeth, *BAC*, 24 Mai 1939, 10.

4451 LLOYD, D. Myrddin: Barddoniaeth y ganrif hon, *Athro*, vii, 1934, 184–5; viii, 1935, 26–30.

4452 LLOYD, D. Tecwyn: Erthyglau beirniadol. [Aberystwyth]: Y Clwb Llyfrau Cymreig, 1946. Adol. DAVIES, W. T. Pennar *BAC*, 8 Ion. 1947, 9.

4453 —— Llenyddiaeth cyni a rhyfel, *YB*, iv, 153–87.

4454 LLYWELYN-WILLIAMS, Alun: Canu crefydd yr ugeinfed ganrif, *Traethodydd*, 1952, 161–72.

4455 —— Barddoniaeth mewn oes ddiwydiannol, *Llenor*, xiv, 23–34.

4456 —— Y llenor a'i gymdeithas. Y Gorfforaeth Ddarlledu Brydeinig, 1966. (Darlith flynyddol y BBC yng Nghymru).

4457 —— Nes na'r hanesydd? Ysgrifau llenyddol. Dinbych: Gwasg Gee, 1967.

4458 —— Bywgraffiad fel creadigaeth lenyddol, yn rhif 4381, 139–55.

4459 MEILS, Gareth: Yr Artist a'r chwyldro, *TDd*, rhif 14, [2–4].

4460 MORGAN, Derec Llwyd: Y beirniaid a beirdd tywyll, *Barn*, 34, 294.

4461 —— Anghytuno â Meils, *TDd*, rhif 15, [9–11].

4462 MORGAN, Gerald: The future of Welsh literature, *AWR*, xiv/34, 47–51. (Ymateb i PEATE, Iorwerth C., rhif 4477).

4463 MORGAN, J. Hubert: Rhai tueddiadau ym meirniadaeth lenyddol Cymru, *Llenor*, iv, 149–69.

4464 MORGAN, T. J.: Dim hiwmor heb iechyd, *Llafar*, Gŵyl Dewi, 1956, 37–40.

4465 —— Dechrau'r ganrif, *YB*, iv, 116–52.

4466 MORRIS-JONES, Huw: Y gelfyddyd lenyddol yng Nghymru. Lerpwl: Gwasg y Brython, 1957. Adol. DAVIES, A. Talfan *Y Genhinen*, vii, 135–9; LEWIS, E. Glyn *EA*, xxi, 40–4.

4467 PAGE, L. Alun: Thema crefydd a'r adwaith llenyddol iddi: rhai goblygiadau mewn llenyddiaeth Gymraeg heddiw, *Dysgedydd*, 1965, 213–20.

4468 PARRY, Thomas: Llenyddiaeth Gymraeg 1900–45. Lerpwl: Gwasg y Brython, 1945. (Cyfres Pobun, rhif viii).

4469 —— Rhyddiaith y fedal, *Barn*, 11, 321–3.

4470 —— Llenyddiaeth a barddoniaeth Cymru heddiw. III. Camp vers libre – ei ffurf a'i rithm, *Brython*, 6 Mehefin 1935, 5.

4471 —— Coegfeddalwch mewn barddoniaeth, *Brython*, 23 Rhagfyr 1937, 5.

4472 PARRY-WILLIAMS, T. H.: Y bardd yn ei weithdy: ysgyrsiau gyda beirdd. Lerpwl: Gwasg y Brython, 1948. (Y beirdd yw T. Gwynn Jones, W. J. Gruffydd, D. Gwenallt Jones, Wil Ifan, Gwilym R. Jones).

4473 —— Elfennau barddoniaeth. Caerdydd, 1935.

4474 PEATE, Iorwerth C.: Cyflwr barddoniaeth yng Nghymru, *Y Genhinen*, i, 11–16. Atebir yr erthygl gan THOMAS, Enoch, *ib.*, 82–4.

4475 —— Llenyddiaeth a barddoniaeth Cymru heddiw. IV. Barddoniaeth a bywyd, *Brython*, 4 Gorff. 1935, 5.

4476 —— Natur barddoniaeth, *YB*, ii, 25–35.

4477 —— Dyfodol ein llenyddiaeth: llenyddiaeth Gymraeg mewn 'cymdeithas ddwyieithog'. Llandybïe: Llyfrau'r Dryw, 1962. (Cyfres yr Academi, 3).

4478 —— Llenyddiaeth Gymraeg heddiw, *Efrydydd*, iv, 1927–8, 149–51.

4479 PRICHARD, Caradog: Barddoniaeth heb gorff, heb enaid, heb lais, *Brython*, 17 Mawrth 1932, 5.

4480 REES, D. Ben: Pymtheg o wŷr llên yr ugeinfed ganrif. Pontypridd a Lerpwl: Cyhoeddiadau Modern Cymreig, 1972.

4481 REESE, W. H.: Llenyddiaeth a barddoniaeth Cymru heddiw. II. Y bardd a'i gyfnod, *Brython*, 23 Mai 1935, 5; 9 Ion. 1936, 5.

4482 RICHARDS, W. Leslie: Barddoniaeth dywyll, *Taliesin*, xii, 68–73.

4483 ROBERTS, E. P.: Tueddiadau diweddar mewn llenyddiaeth Gymreig yn eu perthynas a chrefydd, *Traethodydd*, 1926, 80–91.

4484 ROBERTS, Kate: Problemau llenorion Cymraeg, *BAC*, 19 Hyd. 1949, 4.

4485 ROWLANDS, John: A oes safon i feirniadaeth? *BAC*, 3 Mawrth 1960, 3. Atebiad gan EDWARDS, Emyr *BAC*, 14 Ebrill 1960, 3.

4486 ROWLANDS, R. J. (Meuryn): Beirniadaeth lenyddol yng Nghymru, *Eurgrawn*, cxxi, 361–4, 409–12, 459–62.

4487 ROWLANDS, R. J. *a* EVANS, D. Tecwyn: Beirniadaeth lenyddol yng Nghymru, *THSC*, 1921–2, 83–107.

241

4488 THOMAS, Dafydd Elis: Llunio estheteg newydd, *Ffenics*, 1967, 35–53.

4489 WILLIAMS, G. J.: Beirniadaeth lenyddol, *Taliesin*, xxiv, 25–30.

4490 WILLIAMS, J. E. Caerwyn: Trobwynt mewn barddoniaeth, *Traethodydd*, 1941, 83–7.

4491 WILLIAMS, Llew G.: Llenyddiaeth Gymraeg ddiweddar, *BAC*, 17 Medi 1921, 8; 24 Medi 1921, 8; 8 Hyd. 1921, 9; 22 Hyd. 1921, 9.

II. ADFYWIAD DECHRAU'R GANRIF

Rhwng Awst 1910 a Mai 1911 bu dadlau cyson yn y wasg rhwng cefnogwyr yr ysgol newydd o feirdd, fel J. Morris-Jones, T. Gwynn Jones, W. J. Gruffydd, R. Silyn Roberts, Eifion Wyn, Elphin, Wyn Williams ac Elfed, a phleidwyr yr hen, fel Dyfed a Phedrog. Ar 25 Awst 1910 ymddangosodd erthygl flaen yn *Y Brython*, 'Y beirdd newydd yn beirniadu'r hen', a dechreuodd y dadlau yn fuan wedyn. Yr oedd tair cainc yn y dorch ar y cychwyn, sef hynafiaeth Gorsedd y Beirdd, teilyngdod barddoniaeth J. Morris-Jones (yn wyneb ymosodiad Marchant Williams, rhif 4513 isod), a safonau'r ysgol newydd, ond daeth y pwnc olaf yn fuan yn brif destun y drafodaeth. Bu amryw yn ysgrifennu, a phob un o amddiffynwyr yr ysgol newydd yn galw ei hun yn Facwy, ac un yn Oxoniensis. Yr unig un a ysgrifennodd o dan ei enw priodol oedd W. J. Gruffydd. Daeth aelodau Bord Gron Ceridwen i'r ffrwgwd hefyd, ond er gwaethaf eu henwau, nid oes fawr o le i gredu mai merched oeddynt hwy. Ni ellir cynnwys mewn llyfryddiaeth fel hon gyfeiriadau manwl at bob un o'r erthyglau yn y ddadl hon. Gw. hefyd rhif 5384, 94–100.

4492 BORD GRON CERIDWEN (Rhiannon, Esyllt, Gwenhwyfar, Branwen, Luned, Myfanwy): *Brython*, o 22 Rhagfyr 1910 ymlaen.

4493 DAVIES, E. Tegla: [Y macwyaid], *Traethodydd*, 1966, 54–5; Gyda'r blynyddoedd. Lerpwl: Gwasg y Brython, 1952. 144–6.

4494 DAVIES, T. Huws: Some tendencies in modern Welsh literature, *Wales* (JHE) v, 67–70; 129–32, 198–201.

4495 GRUFFYDD, W. J.: Gorau awen gwirionedd, *Y Geninen*, xxi, 67–9.

4496 HUMPHREYS, E. Morgan: Neges y beirdd, *Traethodydd*, 1906, 422–31.

4497 ―――― Y ddau ddeffroad, *Traethodydd*, 1910, 401–6.

4498 JENKINS, J. Gwili: Swydd y beirniad, *Y Geninen*, xxi, 145–50.

4499 ―――― Barddoniaeth: beth yw? *Y Geninen*, xxiv, 265–7; xxv, 113–7, 186–8.

4500 JONES, J. Gwilym: Barddoniaeth gynnar W. J. Gruffydd, *YB*, i, 65–8.

4501 JONES, T. Gwynn: Modern Welsh literature, *WO*, i, 19–22.

4502 ―――― Yn ôl at natur, *BAC*, 10 Gorff, 1915, 1.

4503 JONES, W. Hughes (Elidir Sais): At the foot of Eryri: a book about poetry in Wales. Bangor: Jarvis and Foster, 1912.

4504 JONES, W. R.: Rhai sylwadau ar ramantiaeth, *Y Genhinen*, xix, 201–3, 248–50.

4505 LLYWELYN-WILLIAMS, Alun: Y nos, y niwl a'r ynys: agweddau ar y profiad rhamantaidd yng Nghymru, 1890–1914. Caerdydd, 1960. Adol. BEVAN, Hugh *Traethodydd*, 1962, 74–81; BOWEN, Euros *BAC*, 23 Mawrth 1961, 7; 30 Mawrth 1961, 7; 6 Ebrill 1961, 3; JONES, D. Gwenallt *Taliesin*, ii, 107–35; PEATE, Iorwerth C. *LlC*, vi, 21–5; THOMAS, Gwyn *THSC*, 1962, 168–70.

4506 MACWYAID (Macwy Clwyd, Macwy'r Llwyn, Macwy Pendew, Macwy'r Tes, Macwy Wyre, Macwy'r Anial, Macwy'r Nant, Macwy'r Môr, Oxoniensis): *Brython*, o 29 Medi 1910 yn rheolaidd hyd Fai 1911, ac yn ysbeidiol wedyn. Gw. MORGAN, Dyfnallt: Rhyw hanner ieuenctid (rhif 5384), 94–6; WILLIAMS, J. E. Caerwyn: *Traethodydd*, 1975, 330–9.

4507 MORRIS-JONES, J.: Swydd y bardd, *Traethodydd*, 1902, 464–71.

4508 OWEN, J. Dyfnallt: Y mudiad rhamant ym marddoniaeth ddiweddar Cymru *yn* Rhamant a Rhyddid. [Aberystwyth]: Y Clwb Llyfrau Cymraeg, 1952. 28–33.

4509 ——— O ramantiaeth i realaeth *yn* Ar y twr. Abertawe: Llyfrfa'r Annibynwyr Cymraeg, 1953.

4510 ——— Y mudiad rhamantaidd yn llên Cymru, *ib*., 85–9.

4511 PARRY, R. Williams: Angerdd beirdd Cymru, *Beirniad*, i, 164–70. Adarg. yn rhif 5289.

4512 THOMAS, David: Silyn (Robert Silyn Roberts). Lerpwl: Gwasg y Brython, 1956. (26–40 ar ei farddoniaeth gynnar).

4513 [WILLIAMS, T. Marchant]: Caniadau gan J. Morris Jones, *Nationalist*, i/10, 26–30.

4514 ——— The new school of Welsh poets, *Nationalist*, iv/33, 5–16.

4515 ——— The poetry of the new school, *Nationalist*, iv/34, 11–22.

III. AWDURON UNIGOL

Bu'n fwriad unwaith gynnwys adolygiadau ar lyfrau ysgrifenwyr y ganrif, ond barnwyd y byddai hynny'n chwyddo'r gwaith yn afresymol. Fe welir ychydig o eithriadau, lle tybiwyd fod adolygiad neu ysgrif adolygiadol yn bwysig.

W. Ambrose Bebb

4516 CLARK, Leonard: Ambrose Bebb, *AWR*, xvii/40, 25–30.

4517 DIENW: A tribute to a founder-member, *WN*, June 1955, 2.

4518 JARMAN, A. O. H.: W. Ambrose Bebb, *Y Genhinen*, vi, 87–90.

4519 JONES, R. Gerallt: Ail ystyried: 1. Ambrose Bebb *yn* Yn frawd i'r eos druan, 74–6. Gw. rhif 4437.

4520 LEWIS, Saunders: Llenor yr Hôtel Britannique *yn* Gallica: essays presented to J. Haywood Thomas by colleagues, pupils and friends. Cardiff, 1969. 267–71.

4521 LEWIS, T. H.: Cyfraniad W. Ambrose Bebb i lên Cymru, *Y Genhinen*, xxi, 65–9.

R. G. Berry

4522 BERRY, Dwynwen: R. G. Berry, *Ffenics*, haf 1974, 49–52.

4523 DIENW: R. G. Berry, *Dysgedydd*, 1945, 45.

4524 EDWARDS, Cenwyn: Darganfod ei hunan, *Llwyfan*, iii, 27–8.

4525 GRUFFYDD, W. J.: Nodiadau'r golygydd, *Llenor*, xxiii, 49–51.

4526 MORGAN, T. J.: R. G. Berry, *YB*, i, 9–39.

4527 MORRIS, Gwilym: Berry Gwaelod-y-garth, *Llwyfan*, iii, 24–6.

4528 OWEN, J. Dyfnallt: Y diweddar Barch. R. G. Berry, M.A., *Tyst*, 25 Ion. 1945, 6.

4529 WILLIAMS, G. J.: Y diweddar Barch. R. G. Berry, *Tyst*, 12 Ebrill 1945, 6–7.

Euros Bowen

4530 BOWEN, Euros: Euros Bowen yn ateb cwestiynau'r golygydd, *YB*, vi, 257–82.

4531 DAVIES, John: 'Dail' Euros Bowen, *Barn*, 113, 138.

4532 DIENW: 'Gaeafwynt', *Barn*, 121, 34.

4533 DIENW: Presenting Euros Bowen, *Mabon* (S), i/2, 15–21.

4534 EDWARDS, J. M.: 'Difodiant' (pryddest y goron yng Nghaerffili, 1950), *BAC*, 11 Ebrill 1951, 3; 18 Ebrill 1951, 3.

4535 ——— Barddoniaeth *Elfennau* Euros Bowen, *Traethodydd*, 1973, 177–85.

4536 FITZGERALD, John: 'Gaeafwynt' Euros Bowen, *Barn*, 59, 293–4.

4537 HUGHES, Donald: 'Brain' Euros Bowen, *Barn*, 87, 83.

4538 JONES, Bobi: Orig gydag Euros, *Barn*, 45, 244–5.

4539 JONES, Derwyn: Gŵr Gwâdd: Euros Bowen, *Arloeswr*, 4, haf 1958, 25–33.

4540 JONES, R. Gerallt: Euros Bowen, yn rhif 4436, 117–23.

4541 MORGAN, Derec Llwyd: Cerddi diweddar Cymru, *Barn*, 23, 329 ('Y ddraenen ddu').

4542 ——— Cerddi diweddar Cymru, *Barn*, 48, 336–7. ('Dail').

4543 NICHOLAS, James: Cerddi Euros Bowen, *Traethodydd*, 1959, 122–38.

4544 THOMAS, Dafydd Elis: The poetry of Euros Bowen, *PW*, v/3, 5–11. Gw. hefyd *Triskel One*. 179–85. Gw. rhif 4425.

4545 THOMAS, Gwyn: Holi Euros Bowen, *Mabon* (C), i/1, 14–23.

E. Tegla Davies

Ceir rhestr o lyfrau'r awdur yn rhif 4553, 136–7.

4546 CEPHAS: Tegla Davies, *Brython*, 21 Medi 1911, 4; 28 Medi, 5.

4547 CLWYDYDD: Y Cymry amlwg: E. Tegla Davies, *Brython*, 30 Hydref 1913, 4.

4548 DAVIES, Aneirin Talfan: Nid dioglyd mo Tegla, *Barn*, 37, 21.

4549 DAVIES, Arfor Tegla: Rhagair, yn rhif 4553.

4550 DAVIES, Pennar: Tegla a'i feirniaid, *Eurgrawn*, cxlvi, 180–2.

4551 DAVIES, R. W.: Y pregethwr, yn rhif 4553, 29–43.

4552 DIENW: Prifysgol Cymru: hanes y graddio ym Mangor, *Brython*, 24 Gorff. 1924, 5.

4553 ELIS, Islwyn Ffowc (gol.): Edward Tegla Davies: llenor a phroffwyd. Lerpwl: Gwasg y Brython, 1956.

4554 ———— Ysgrifau proffwyd, *ib.*, 106–35.

4555 ———— Cofio Tegla, *Taliesin*, xvi, 40–5.

4556 ———— Fe gadwodd anesmwythyd y dyn ifanc, *DdG*, Tachwedd 1967, 7.

4557 ELLIS, Robert: E. Tegla Davies *yn* Lleisiau ddoe a heddiw. Llandybïe: Llyfrau'r Dryw, 1961.

4558 EVANS, D. Tecwyn: Ei gyfraniad i'w gyfundeb, yn rhif 4553, 18–28.

4559 GRUFFYDD, W. J.: Nodiad arbennig ar Mr. Tegla Davies, *Llenor*, xx, 148–51.

4560 JONES, Bobi: Rhyddiaith wedi'r rhyfel: y Tegla diweddar, *Barn*, 61, 8–9.

4561 JONES, T. Gwynn: Tegla Davies, *Eurgrawn*, cxxvii, 95–101.

4562 LLOYD, D. Tecwyn: Chwyldro Tegla, *Y Genhinen*, xviii, 32–41.

4563 ———— Y nofelydd, yn rhif 4553, 84–105.

4564 ———— O Tomi i Sam, *yn* Safle'r gerbydres, 164–176. Gw. rhif 3871.

4565 OWEN, Dyddgu: Llenor y plant, yn rhif 4553, 57–83.

4566 ———— Tegla, *TCHSDd*, xx, 205–16.

4567 ROBERTS, Mathew J.: Tegla, *Eurgrawn*, clx, 159–64.

4568 ROGERS, W. M.: Gŵr Pen y Bryn, *Athro*, xviii, 146–8.

4569 RUDDOCK, Gilbert: Gŵr Pen y Bryn, *Barn*, 47, 314–5; 48, 339–40; 49, 23.

4570 THOMAS, David: Atgofion cyfaill, yn rhif 4553, 44–56.

Pennar Davies

4571 DAVIES, Pennar: Ysgrif ddi-deitl ar ei gefndir a'i waith *yn* Artists in Wales, gol. Meic Stephens. Llandysul: Gwasg Gomer, 1971. 120–9.

4572 ———— Y daith o Aberpennar dlawd, *Barn*, 77, Y Gwrandawr, VI–VII.

4573 ——— Gwilym Rees Hughes yn holi Pennar Davies, *Barn*, 127. 288–9.

4574 DAVIES, Pennar, GRIFFITHS, J. Gwyn: Dylanwad Cylch Cadwgan adeg y rhyfel, *Barn*, 80, y Gwrandawr, II–IV.

4575 DAVIES, Pennar, GRIFFITHS, J. Gwyn, WILLIAMS, Rhydwen: Aduniad Cylch Cadwgan, *Barn*, 101, y Gwrandawr, IV–V.

4576 GRIFFITHS, J. Gwyn: Pennar Davies: more than a poeta doctus *yn* Triskel Two, 111–27.

4577 JONES, Bobi: Dwy alwad Pennar, *Barn*, 51, 64–5.

4578 ——— En una noche oscura, *Barn*, 73, 8–10.

4579 JONES, R. Gerallt: Canu cyfoes? yn rhif 4436, 133–4.

4580 WILLIAMS, Waldo: Awen Euros ac awen Pennar, *Lleufer*, xvii, 163–8.

T. Glynne Davies

4581 JONES, Bobi: Y cynfardd: T. Glynne Davies, *Barn*, 44, 218–9.

Marion Eames

4582 EAMES, Marion: Sgwrs, *Barn*, 100, 125.

4583 ——— Victor John yn holi Marion Eames, *Barn*, 122, 50–1.

4584 ——— Nofel hanes i oleuo heddiw: Lenna Pritchard Jones yn holi Marion Eames, *LlLl*, 12, 21–4.

J. M. Edwards

4585 JONES, Bobi: Creu diwyneb J. M. Edwards, *Barn*, 50, 42–3.

4586 MORGAN, Derec Llwyd: 'Y gawod eira', *Barn*, 23, 329.

4587 ROWLANDS, Dafydd: 'Y gawod eira', *Barn*, 79, 195.

4588 ——— 'Ffosil', *Barn*, 80, 221.

O. M. Edwards

4589 AMRYW: [Teyrngedau i O. M. Edwards], *Brython*, 20 Mai 1920, 5; 27 Mai, 1; 3 Mehefin, 5.

4590 AMRYW: [Atgofion cyfeillion], *Cymru*, lx, 1–64.

4591 DANIEL, D. R.: O waled atgo, *Cymru*, lx, 53–6, 77–9, 116–9, 142–4, 161–4, 211–3.

4592 DAVIES, Alfred T. (gol.): O. M. (Sir Owen M. Edwards): a memoir. Cardiff and Wrexham: Hughes, 1946.

4593 DAVIES, E. Tegla: Syr Owen M. Edwards, *Eurgrawn*, cxxxix, 262–70, 295–300.

4594 DAVIES, J. Breese: Rhai o deithi O. M. Edwards, *Eurgrawn*, cxiv, 94–6, 136–9, 192–5.

4595 DAVIES, J. H.: Atgofion, *Cymru*, lx, 22–4.

4596 DIENW: Arwyr Cymru. VI. Syr O. M. Edwards, *Cymru*, lxviii, 53–4.

4597 EVANS, D. Tecwyn: Golygydd Cymru'r Plant, *Cymru*, lx, 16–20.

4598 —— Atgofion am Syr Owen M. Edwards, *Eurgrawn*, cxxix, 110–14.

4599 —— Syr Owen Edwards a bywyd Cymru, *Eurgrawn*, cxl, 254–7.

4600 EVANS, H. Meurig: Yn y wlad (O. M. Edwards), *Barn*, 2, 53–4; 3, 88.

4601 GRUFFYDD, W. J.: Owen Morgan Edwards: cofiant, Cyfrol i, 1858–1883. Aberystwyth: Ab Owen, 1937.

4602 HUGHES, T. Rowland: Cymdeithas Dafydd ap Gwilym, Rhydychen, *Llenor*, x, 91–100.

4603 IFANS, Glyn: Clych Atgof (O. M. Edwards), *Barn*, 76, 108; 77, 136; 78, 163.

4604 JENKINS, R. T.: Owen Edwards, *Llenor*, ix, 6–21. Adarg. yn Ymyl y ddalen. Wrecsam: Hughes, 1957. 25–42.

4605 JONES, Bobi: O. M. Edwards, yn rhif 132, 121–6.

4606 JONES, Gwilym Arthur: Bywyd a gwaith Owen Morgan Edwards (1858–1920). Aberystwyth: Cwmni Urdd Gobaith Cymru, 1958.

4607 JONES, J. Puleston: Syr Owen Edwards, *Y Geninen*, xxxviii, 189–90; xxxix, 7–15. Gw. hefyd JONES, R. W.: Ysgrifau Puleston. Bala: Robert Evans, 1926.

4608 JONES, R. Gerallt: Owen M. Edwards. Llandybïe: Llyfrau'r Dryw, 1962. (Cyfres pamffledi llenyddol Cyfadran Addysg Aberystwyth – 3). Gw. hefyd rhif 4436, 173–92.

4609 JONES, R. W.: Y Parchedig John Puleston Jones, M.A., D.D. Caernarfon: Argraffdy'r Methodistiaid Calfinaidd, [1929]. (Penodau iii a iv yn bennaf).

4610 JONES, Thomas: Dyddiadau cyhoeddi *O'r Bala i Geneva, Tro yn Eidal*, *JWBS*, ix, 78–82.

4611 —— Teithio'r Cyfandir: detholion o *O'r Bala i Geneva, Tro yn yr Eidal* a *Tro yn Llydaw*. Wrecsam: Hughes, 1960.

4612 LEWIS, Saunders: Owen M. Edwards *yn* Triwyr Penllyn, gol. Gwynedd Pierce, Caerdydd: Plaid Cymru, 1956.

4613 LLOYD, D. Tecwyn: Nodyn ar y Cymru Coch, *JWBS*, x, 27–8.

4614 —— Hanes masnachol rhai o gyhoeddiadau Syr O. M. Edwards, *CLlGC*, xv, 55–71.

4615 —— Clych Atgof (O. M. Edwards), *Barn*, 101, 160–2; 102, 187–8; 103, 215–6; 104, 243–4.

4616 LLOYD, Wynne Ll.: Owen M. Edwards *yn* Pioneers of Welsh education, gol. Charles Gittins. Swansea: Faculty of Education, University College, 1964. 83–100.

4617 LLYWELYN-WILLIAMS, Alun: Owen M. Edwards: hanesydd a llenor, *Traethodydd*, 1959, 1–16. Adarg. yn rhif 4457, 11–28.

4618 —— Sir Owen M. Edwards, *OB*, xxi, 40–7.

4619 MILLWARD, E. G.: O. M. Edwards a Michael D. Jones, *YB*, v, 163–6.

4620 MORGAN, Catrin Puw: Athro ar daith, *Arloeswr*, v, 5–12.

4621 MORGAN, T. J.: Owen M. Edwards, *YB*, iii, 86–100.

4622 MORRIS, Richard: Syr O. M. Edwards yn ei gysylltiadau crefyddol, *Cymru*, lx, 31–4.

4623 MORRIS-JONES, John: Er Cof, *Cymru*, lx, 7–11.

4624 PARRY, Thomas: Gw. rhif 152, 288–91.

4625 REES, Mati: Cartrefi Cymru, *Barn*, 59, 293; 60, 316–7; 61, 25–6; 62, 54; 63, 81–2.

4626 THOMAS, David: Direidi O. M. Edwards, *Eurgrawn*, cxxxvi, 53–7.

4627 WILLIAMS, Jac L.: Owen Morgan Edwards 1858–1920. Aberystwyth: The O. M. Edwards centenery committee, 1959.

4628 WILLIAMS, J. E. Caerwyn: Gweledigaeth Owen Morgan Edwards, *Taliesin*, iv, 5–29.

4629 WILLIAMS, Ward: Yr Athro MacCallum a Syr O. M. Edwards, *Cymru*, lxx, 129–30.

4630 —— Syr O. M. Edwards fel llythyrwr, *Cymru*, lxxii, 18–9, 52–3.

4631 WILLIAMS, W. Llewelyn: Atgof am Archdderwydd, *Cymru*, lx, 25–7.

4632 —— Owen Morgan Edwards, *Wales* (JHE), ii, 199–201.

Islwyn Ffowc Elis

4633 BROWN, J. P.: Islwyn Ffowc Elis, *AWR*, ix/24, 30–8.

4634 CARR, Glenda: Cysgod y cryman, *Barn*, 83, 304–5; 84, 330–1; 85, 25–6.

4635 ELIS, Islwyn Ffowc: Ysgrif ddi-deitl *yn* Artists in Wales, 143–58. Gw. rhif 4571.

4636 EVANS, Ina Lloyd: Cysgod y cryman, *Barn*, 23, 329–30; 24, 355; 26, 59.

4637 HUGHES, Lilian: Pe bawn i'n wybedyn (I. Ff. Elis): arddull a saernïaeth yr ysgrif, *YB*, vii, 266–75.

4638 IFANS, Glyn: Cyn oeri'r gwaed, *Barn*, 47, 312–3; 48, 335.

4639 JOHN, Victor: Arddull Islwyn Ffowc Elis, *Barn*, 71, 301–2.

4640 —— Themâu Cyn oeri'r gwaed, *Barn*, 30, 179–80; 31, 206; 32, 235.

4641 JONES, Bobi: Ffarwel i Leifior, *Barn*, 65, 122–3.

4642 JONES, J. Maxwell (Jr.): Islwyn Ffowc Elis. Welsh writers today series. Philadelphia, 1970.

4643 MORGAN, Derec Llwyd: Cysgod y cryman, *Barn*, 30, 179–80; 31, 206; 32, 235.

4644 THOMAS, Gwyn: Cyn oeri'r gwaed, *YB*, vii, 249–65.

Ellis Evans (Hedd Wyn)

4645 DIENW: [Llythyr o Ffrainc], *GG*, 3 Chwef. 1930, 4.

4646 DIENW: Y cadeirfardd yn ei fedd, *Brython*, 13 Medi 1917, 5.

4647 DIENW: Hedd Wyn a'i gadair ddu: teyrnged Trawsfynydd, *Brython*, 20 Medi 1917, 2.

4648 DIENW: Arwyr Cymru: Hedd Wyn, *Cymru*, lxviii, 7–8.

4649 DIENW: Cerddi'r bugail, *Brython*, 29 Awst 1918, 1–2.

4650 DIENW: The Hedd Wyn memorial, *WO*, v, 156.

4651 DYFED: Beirniadaeth ar awdl y gadair, 'Yr arwr', *CEG*, 1917, 18–27.

4652 EVANS, Vincent: Hedd Wyn a'r gadair wag, *ib.*, 41–2.

4653 GLYN MYFYR: Hedd Wyn, *Brython*, 17 Gorff. 1930, 6.

4654 GRIFFITH, J. H.: Y gwynt ym marddoniaeth Hedd Wyn, *Y Drysorfa*, 1935, 50–4.

4655 GRUFFYDD, W. J.: Y tro olaf ac ysgrifau eraill. [Aberystwyth]: Y Clwb Llyfrau Cymreig, 1939. 179–82.

4656 JONES, A. E. (Cynan): Yr allwedd i awdl 'Yr Arwr' Hedd Wyn, *Lleufer*, ii, 2–6.

4657 JONES, Derwyn: Rhai sylwadau ar farddoniaeth Hedd Wyn, *YB*, vi, 197–231.

4658 ——— Llawysgrifau Hedd Wyn, *Barn*, 80, y Gwrandawr, v.

4659 JONES, John: Hedd Wyn a Thrawsfynydd, *Y Drysorfa*, 1943, 54–6.

4660 JONES, J. T.: Barddoniaeth Hedd Wyn, *Cymru*, lxiv, 130–3.

4661 ——— Hedd Wyn: y mystic, *Cymru*, lxv, 34–7.

4662 JONES, T. Gwynn: Beirniadaeth ar awdl y gadair, 'Yr Arwr', *CEG*, 1917, 1–9.

4663 ——— Nodiadau ar yr awdl, *ib.*, 38–40.

4664 LLYWELYN-WILLIAMS, Alun: Hedd Wyn: ei ddawn fel telynegwr, *BAC*, 29 Mawrth 1932, 6.

4665 MORRIS, John: Rhagor am Hedd Wyn, *Brython*, 4 Hydref 1917, 4.

4666 MORRIS, J. R.: Allwedd i awdl 'Yr Arwr', *BAC*, 12 Mehefin 1946, 5. (Anghytuno â Chynan. Gw. rhif 4656).

4667 MORRIS, William (gol.): Cerddi'r bugail, gan Hedd Wyn. Wrecsam: Hughes, 1931. Adol. GRUFFYDD, W. J. *Llenor*, x, 186–8.

4668 —— Hedd Wyn. Caernarfon: Llyfrfa'r Methodistiaid Calfinaidd, 1969.

4669 MORRIS-JONES, J.: Beirniadaeth ar awdl y gadair, 'Ystrad Fflur', *CEG*, 1916, 1–4.

4670 OWEN, J. Dyfnallt: Hedd Wyn, *Y Geninen*, xxxvi, 51–5; Gŵyl Dewi, 15–17.

4671 PARRY, R. Williams: Hedd Wyn y bardd, yn rhif 5289, 52–4.

4672 PARRY-WILLIAMS, T. H.: Hedd Wyn, *Eurgrawn*, cxxxvi, 279–82.

4673 PUGH, Meira: Hedd Wyn, y bardd nad â'n hen, *FG*, iii, 45–6.

4674 RICHARDS, J. D.: Hedd Wyn, *Y Geninen*, xxxvi, 56–9; Gŵyl Dewi, 17–23.

4675 WILLIAMS, J. Iorwerth: Barddoniaeth Hedd Wyn, *Llenor*, iv, 81–95.

4676 WILLIAMS, J. J.: Beirniadaeth ar awdl y gadair, 'Ystrad Fflur', *CEG*, 1916, 4–7.

4677 —— Beirniadaeth ar awdl y gadair, 'Yr arwr', *CEG*, 1917, 9–18.

4678 —— (gol.): Cerddi'r bugail: cyfrol goffa Hedd Wyn. Caerdydd: William Lewis, 1918.

W. J. Gruffydd

Am restr o weithiau'r awdur gw. rhif 4707.

4679 AMRYW: Cyfrol goffa'r golygydd, *Llenor*, 1955.

4680 AMRYW: Rhifyn arbennig W. J. Gruffydd, *TN*, 12, 1–27.

4681 BEVAN, Hugh: Syniadau beirniadol W. J. Gruffydd a T. Gwynn Jones, *LlC*, ix, 19–32.

4682 BOWEN, Euros: Oes aur y delyneg, *Haul*, haf 1955, 19–22.

4683 CYNAN: Yr eisteddfod, yn rhif 4679, 57–64.

4684 DAVIES, Pennar: Gyda Men yng ngwlad barddoniaeth – cerddi llencyndod W. J. Gruffydd, *Fflam*, i, 2–6.

4685 —— Gwelodd hwn harddwch, *Y Genhinen*, v, 66–71.

4686 DIENW: Welsh profile: W. J. Gruffydd, *WR*, v/1, 33–5.

4687 DIENW: Dyrchafiad arall i Gymro, *WO*, ii, 245.

4688 DIENW: Mr. W. J. Griffith: ei waith llenyddol etc., *GG*, 19 Hydref 1931, 4.

4689 DIENW: Potted biographies – Professor W. J. Gruffydd, M.P., *Wales* (KRh), rhifyn 4, 102.

4690 ECKLEY, Geraint Lewis: Rhai agweddau ar feirniadaeth lenyddol W. J. Gruffydd, *TYCCh*, 1038.

4691 EDWARDS, Hywel: Cerddi W. J. Gruffydd yn *OBWV*, *Barn*, 77, 137–8.

4692 EVANS, E. Lewis: Yr athro, yn rhif, 4679, 28–37.

4693 EVANS, Meredydd: Cyfriniaeth a W. J. Gruffydd, *Taliesin*, xxi, 53–71.

4694 FELIX, J. Wesley: Barddoniaeth delynegol Cymru heddiw, *Y Geninen*, xli, 232–44.

4695 GRUFFYDD, W. J.: Ateb y llednais yn ôl ei ledneisrwydd, *Brython*, 25 Mawrth 1920, 4. (Trafod ei ganonau wrth ddethol *Blodeuglwm o Englynion*).

4696 ———— Rhagymadrodd i Ynys yr hud a chaneuon eraill. Caerdydd: Y Cwmni Cyhoeddi Addysgol, 1923.

4697 ———— Rhagymadrodd i Y Flodeugerdd Gymraeg. Caerdydd, 1931.

4698 ———— Hen Atgofion. Gwasg Aberystwyth, 1936; *Llenor*, xv, 179–88; xvi, 77–87; xvii, 6–15; xx, 63–8.

4699 JENKINS, R. T.: Golygydd 'y Llenor', yn rhif 4679, 38–50.

4700 JONES, Bedwyr Lewis: Barddoniaeth W. J. Gruffydd, *Barn*, 41, 142–3; 42, 171–3.

4701 JONES, Bobi: W. J. Gruffydd, yn rhif 132, 127–35.

4702 JONES, H. Parry: W. J. Gruffydd, *Y Genhinen*, v, 1–5.

4703 ———— Atgofion am Gaernarfon a Rhydychen, yn rhif 4679, 4–13.

4704 JONES, J. Gwilym: Barddoniaeth gynnar W. J. Gruffydd, *YB*, i, 65–88.

4705 ———— Hunangofiant fel llenyddiaeth, *YB*, iii, 127–42. (Sylwadau ar *Hen Atgofion*).

4706 LEWIS, Henry: Coleg Caerdydd a'r Brifysgol, yn rhif 4679, 14–20.

4707 LEWIS, Idwal: W. J. Gruffydd: llyfryddiaeth, *JWBS*, viii, 208–19.

4708 LEWIS, Saunders: Barddoniaeth Mr. W. J. Gruffydd, *Llenor*, ii, 23–9.

4709 LLOYD, D. Tecwyn: Llenyddiaeth cyni a rhyfel 1914–1939, *YB*, iv, 153–87.

4710 LLYWELYN-WILLIAMS, Alun: W. J. Gruffydd, yn rhif 4383, 1–22.

4711 ———— Cerddi diweddar W. J. Gruffydd, *Traethodydd*, 1966, 108–17.

4712 MORGAN, T. J.: W. J. Gruffydd. [Cardiff]: University of Wales Press on behalf of the Welsh Arts Council, 1970.

4713 ———— Rhai o'i syniadau, yn rhif 4679, 72–92.

4714 MORRIS, Rhys Hopkin: Gwleidyddiaeth, yn rhif 4679, 65–71.

4715 PARRY, R. Williams: W. J. Gruffydd, yn rhif 5289, 37–41.

4716 PARRY-WILLIAMS, T. H.: W. J. Gruffydd, yn rhif 4472, 17–25.

4717 PEATE, Iorwerth C.: W. J. Gruffydd. Llandybïe: Llyfrau'r Dryw, 1966. (Cyfres pamffledi llenyddol Cyfadran Addysg Aberystwyth, 12).

4718 —— Y cyfaill, yn rhif 4679, 51–6.

4719 ROBERTS, E. P.: Tueddiadau diweddar mewn llenyddiaeth Gymraeg yn ei pherthynas â chrefydd, *Traethodydd*, 1926, 80–91.

4720 WILLIAMS, Llew G.: The poetry of W. J. Gruffydd, *WO*, vi, 120–3.

4721 WILLIAMS, R. Môn: Siom *Blodeuglwm o englynion*, *Brython*, 8 Ebrill 1920, 4. Ateb gan GRUFFYDD, W. J. a JONES, T. Gwynn *Brython*, 22 Ebrill 1920, 3–4. Gwrthateb *Brython*, 29 Ebrill 1920, 4.

4722 WILLIAMS, Stephen J.: Yr athro, yn rhif 4679, 21–27.

I. D. Hooson

4723 DAVIES, Aneirin Talfan: Y gân a'r gyfraith, yn rhif 4384, 97–9.

4724 GRUFFYDD, R. Geraint: Nodyn ar un o themâu I. D. Hooson, *YB*, iii, 315–9.

4725 JONES, Gwilym R.: Hooson: bardd y 'gwyn Sabbathau', *YB*, vi, 239–44.

4726 JONES, W. R.: Bywyd a gwaith I. D. Hooson. Cyngor yr Eisteddfod Genedlaethol, 1954.

4727 PHILLIPS, W.: Bywyd a gwaith I. D. Hooson, *Traethodydd*, 1955, 132–6.

4728 ROWLANDS, John: Y gwin a cherddi eraill, *Barn*, 96, 329–30; 97, 23–4; 98, 52–3.

T. Rowland Hughes

4729 BEVAN, Hugh: Nofelau T. Rowland Hughes, *Llenor*, xxix, 10–19

4730 CARR, Glenda: O law i law, *Barn*, 86, 52–3; 87, 80–1; 88, 107–8.

4731 DAVIES, Aneirin Talfan: Y dewraf o'n hawduron, *Taliesin*, iii, 5–32.

4732 DAVIES, John: William Jones, *Barn*, 96, 330–1.

4733 JONES, Bobi: Pum pwdin Nadolig, *Barn*, 64, 92–3.

4734 OWEN, Emyr Hywel: Peth o gefndir Chwalfa, *Lleufer*, viii, 159–66.

4735 —— Rhagor o gefndir Chwalfa, *Lleufer*, xiv, 119–24.

4736 —— Cyn y Chwalfa ac wedyn, *Lleufer*, xix, 55–60.

4737 PARRY, T. Emrys: William Jones, *Barn*, 11, 337–8; 12, 364; 13, 22.

4738 —— Chwalfa, *Barn*, 36, 353–4; 37, 22–3; 39, 89; 40, 116–7.

4739 —— T. Rowland Hughes (1903–1949), *YB*, i, 138–66.

4740 —— Nodyn ar thema O law i law, *YB*, vi, 245–56.

4741 REES, Edward: T. Rowland Hughes: Cofiant. Llandysul: Gwasg Gomer, 1968.

4742 ROBERTS, Kate: O law i law, *Barn*, i, 17–8; 2, 53; 3, 87; 4, 118–9; 6, 188.

4743 ROLANT, Eurys: Nofel *Chwalfa, Y Genhinen*, xvi, 179–85.

4744 RUCK, Richard: T. Rowland Hughes and his five novels, *AWR*, ix/24, 22–9.

4745 THOMAS, Gwyn: William Jones, *Barn*, 53, 128–9; 54, 156–7; 55, 185–6; 56, 215.

R. T. Jenkins

Am restr o weithiau'r awdur gw. rhifau 4756, –7.

4746 ELLIS, T. I.: R. T. *Barn*, 87, 65.

4747 ———— Y ddau yn eu tymor, *Taliesin*, xx, 57–9.

4748 HOWELLS, Iorwerth: Atgofion am Gaerdydd R. T., *Taliesin*, xx, 63–72.

4749 JENKINS, Dafydd: Maitland Cymru, *Traethodydd*, 1970, 98–109.

4750 JONES, E. D.: Robert Thomas Jenkins, *THSC*, 1969, 346–9.

4751 JONES, Emyr Gwynne: Obituary: Robert Thomas Jenkins (1881–1969), *CHC*, 5, 305–7.

4752 JONES, J. Gwilym: R. T. Jenkins, y llenor, *Traethodydd*, 1970, 83–8.

4753 JONES, R. Tudur: R. T. Jenkins, yr hanesydd eglwysig, *Traethodydd*, 1970, 89–97.

4754 LLYWELYN-WILLIAMS, Alun: R. T. Jenkins ac addysg oedolion, *Lleufer*, xxv, 3–5.

4755 ———— R. T. Jenkins, *Traethodydd*, 1970, 63–75.

4756 ———— Llyfryddiaeth R. T. Jenkins, *JWBS*, x, 47–55.

4757 NUTTALL, Geoffrey F.: Dr. R. T. Jenkins' articles in the Dictionary of Welsh Biography, *JWBS*, x, 178–93.

4758 PARRY, Thomas: Hanesydd a llenor, *Barn*, 89, y Gwrandawr, 4.

4759 ———— R. T. Jenkins: yr ysgolhaig a'r llenor, *Traethodydd*, 1970, 76–82.

4760 PHILLIPS, Rhiain: Casglu ffyrdd, *Barn*, 108, 354–5; 109, 25; 110, 52.

4761 ROBERTS, Gomer M.: Diolch am y fraint, *Taliesin*, xx, 60–2.

4762 RHYS, D. Meurig: R. T. Jenkins, yn rhif 4383, 25–39.

4763 WILLIAMS, Glanmor: R. T., *Taliesin*, xxi, 13–25.

4764 WILLIAMS, J. Gwyn: Robert Thomas Jenkins (1881–1969), *TCHSG*, xxxi, 5–11.

A. E. Jones (Cynan)

4765 AMRYW: Rhifyn cofio Cynan, *Llwyfan*, 5.

4766 CYNAN: Stori anfon y nico, yn rhif 4765, 31–2.

4767 DAVIES, D. R.: Y sensor drama yn ugain oed, *Crynhoad*, 18, 11–14.

4768 DAVIES, Huw: Yr hogyn o Bwllheli, yn rhif 4765, 10–11.

4769 GWYNDAF: Cynan a Gorsedd y Beirdd, yn rhif 4765, 2.

4770 HUGHES, Donald: 'Ystrad Fflur', *Barn*, 89, 136.

4771 JONES, Bedwyr Lewis: Y beirniad, yn rhif 4765, 28–9.

4772 JONES, Edgar: A war poet, *WO*, ix, 40–2.

4773 JONES, Huw Pierce: Dwy ddrama, yn rhif 4765, 23–4.

4774 JONES, Richard: Yr athro, yn rhif 4765, 16–18.

4775 LLYWELYN-WILLIAMS, Alun: The poetry of Cynan, *PW*, ix/1, 5–13.

4776 ——— Y bardd, yn rhif 4765, 12–14.

4777 MORRIS, William: Y cerddi eisteddfodol, yn rhif 4765, 7–9.

4778 REES, J. Roderick: 'Ystrad Fflur', *Barn*, 37, 23.

4779 ROBERTS, Eric Wynne: Yr actor a'r cynhyrchydd, yn rhif 4765, 22–3.

4780 ROBERTS, Ernest: Syr Cynan Evans Jones, *Barn*, 89, 118.

4781 ——— Y gweinyddwr, yn rhif 4765, 5.

4782 ROBERTS, Wilbert Lloyd: Cynan = yr eisteddfod, *Barn*, 89, y Gwrandawr, 4.

4783 ROWLANDS, Dafydd: Salaam Cynan, *Barn*, 115, 194.

4784 WILLIAMS, J. Ellis: Y ddau Gynan, yn rhif 4765, 19.

Bobi Jones

4785 DAVIES, Bryan Martin: The poetry of Bobi Jones, *PW*, viii/1, 3–16.

4786 DAVIES, Pennar: Cerddi diweddar Dr. Bobi Jones, *Y Genhinen*, xvii, 15–19.

4787 JONES, Bobi: Gwilym Rees Hughes yn holi Bobi Jones, *Barn*, 128, 344–5.

4788 ——— Bobi Jones ganddo ef ei hun, *Crynhoad*, 10, 45–6.

4789 JONES, R. Gerallt: Gŵr gwâdd: Bobi Jones, *Arloeswr*, 7, 23–9.

4790 MORGAN, Derec Llwyd: Defnydd Mr. Bobi Jones o ddelweddau, *Taliesin*, x, 89–95.

4791 WILLIAMS, Waldo: Canu Bobi Jones, *Lleufer*, xiii, 180–6.

D. Gwenallt Jones

Ceir rhestr o weithiau'r bardd yn rhif 4817.

4792 AMRYW: Rhifyn coffa, *Traethodydd*, Ebrill, 1969.

4793 BEVAN, Hugh: 'Pantycelyn' a 'Colomennod', *Traethodydd*, 1969, 57–63.

4794 BREWER, George: Gwenallt, *Traethodydd*, 1964, 68–91.

4795 DAVIES, Aneirin Talfan: Ar ymyl y ddalen, *Barn*, 98, 32–3.

4796 —— Eples y Ffydd *yn* Sylwadau, 73–82. Gw. rhif 4384.

4797 DAVIES, Pennar: D. Gwenallt Jones *yn* Gwŷr llên, 41–70, Gw. rhif 4383.

4798 —— Barddoniaeth D. Gwenallt Jones, *Lleufer*, ii, 111–5.

4799 —— Gwenallt, bardd y ffydd, *Y Genhinen*, xix, 143–5.

4800 EDWARDS, Hywel T.: Cerddi Gwenallt yn OBWV, *Barn*, 85, 26; 86, 54.

4801 —— Eples, *Barn*, 110, 54; 111, 81; 112, 106–7; 113, 136–7.

4802 EDWARDS, Trefor: Ysgubau'r Awen, *Barn*, 49, 25–6.

4803 EDWARDS, W. J.: Gwenallt yn Rhydypennau, *Taliesin*, xviii, 43–8.

4804 ENOCH, Ifor: Argraffiadau, *Traethodydd*, 1969, 107–11.

4805 GEORGE, W. R. P.: Gwyliau olaf Gwenallt, *Taliesin*, xxiv, 104–14.

4806 GOL. LLAIS Y LLI: Sgwrs gyda Gwenallt, *Courier*, 9 Rhag. 1961.

4807 GRUFFYDD, R. Geraint: 'Jezebel ac Elias', *Traethodydd*, 1969, 76–83.

4808 HUGHES, Donald: 'Cymru', *Barn*, 91, 194.

4809 HUGHES, Garfield: Gwenallt, *Eurgrawn*, clxi, 50–7.

4810 —— Atgofion, *Traethodydd*, 1969, 112–16.

4811 HUGHES, H. J.: Cynhysgaeth Gwenallt, *Taliesin*, xviii, 8–16.

4812 JOHN, Victor: Eples, *Barn*, 125, 225–6; 126, 269–70; 127, 321–2.

4813 JONES, Bobi: Nesu at Gwenallt, *Barn*, 48, 323.

4814 —— Y twrch trwyth, *Traethodydd*, 1968, 108–12.

4815 —— 'Y Gristnogaeth', *Traethodydd*, 1969, 70–5.

4816 JONES, E. P.: Atgofion am Gwenallt, *Taliesin*, xxv, 137–40.

4817 JONES, Glyn Lewis: Llyfryddiaeth Ceredigion 1600–1964, ii, 549; atodiad 1964–68, 137. (Rhestr o weithiau Gwenallt).

4818 LEWIS, Saunders: Plasau'r Brenin, *Traethodydd*, 1969, 54–6.

4819 —— 'Y Sant' *Llenor*, vii, 217–30.

4820 LLOYD, D. Myrddin: Gwenallt: atgofion cyfeillion, *Barn*, 77, y Gwrandawr, II.

4821 LLOYD, D. Tecwyn: Gwaith Gwenallt, *Y Cardi*, Awst 1968, 5–11. Adarg. yn Safle'r gerbydres, 177–90. Gw. rhif 3871.

4822 MEREDITH, J. E.: Argraffiadau, *Traethodydd*, 1969, 102–6.

4823 —— Gwenallt, bardd crefyddol. Llandysul: Gwasg Gomer, 1974.

4824 MORGAN, Derec Llwyd: 'Promethews', *Traethodydd*, 1969, 84–9.

4825 MORGAN, Dyfnallt: D. Gwenallt Jones. [Cardiff]: University of Wales Press on behalf of the Welsh Arts Council, 1972.

4826 —— Atgofion, *Traethodydd*, 1969, 116–20.

4827 MORGAN, T. J.: Plasau'r Brenin, *Llenor*, xiii, 171–8.

4828 —— Cefndir Gwenallt, *Traethodydd*, 1969, 97–101.

4829 PAGE, Alun: Valiant for truth: some comments on part of the elegy 'John Edward Daniel' by Gwenallt, *AWR*, xix/43, 32–43.

4830 PARRY, T. Emrys: Cerddi'r fro ddiwydiannol, *Traethodydd*, 1969, 64–9.

4831 —— Ystyried Ysgubau'r Awen, *YB*, iv, 228–65.

4832 PARRY, Thomas: Teyrnged ar ran coleg a chenedl, *Traethodydd*, 1969, 93–6.

4833 PARRY-WILLIAMS, T. H. (gol.): Y bardd yn ei weithdy, 26–36. Gw. rhif 4472.

4834 REES, J. Roderick: Cymru – Gwenallt, *Barn*, 37, 23.

4835 RICHARDS, W. Leslie: Atgofion, *Traethodydd*, 1969, 120–3.

4836 ROBERTS, Brynley F.: Atgofion, *Traethodydd*, 1969, 123–6.

4837 ROBERTS, G. J.: Trem ar farddoniaeth Gwenallt, *Haul*, 1952, 438–42.

4838 ROBERTS, Kate: Gwenallt: atgofion cyfeillion, *Barn*, 77, y Gwrandawr, I–II.

4839 ROWLANDS, Dafydd: Sir Gaerfyrddin – D. Gwenallt Jones, *Barn*, 77, 136–7.

4840 THOMAS, Gwyn: D. Gwenallt Jones, *PW*, iv/3, 5–10.

4841 THOMAS, Ned: Gwenallt *yn* The Welsh extremist: a culture in crisis. London: Victor Gollancz, 1971. 40–51.

4842 WILLIAMS, D. J.: Gair o goffa am Gwenallt a'i gefndir, *Barn*, 75, 59–60.

4843 WILLIAMS, H. Llewelyn: Ar daith gyda Gwenallt, *Traethodydd*, 1955, 13–20.

4844 WILLIAMS, W. D. Cynwil: Eistedd wrth draed Gwenallt, *BAC*, 2 Ionawr 1969, 1, 4.

4845 WILLIAMS, Roger: Myfyrdod – Gwenallt, *Barn*, 115, 190.

Dic Jones

4846 JONES, Bobi: Y norm, *Barn*, 40, 100.

4847 —— Y bardd gwlad, *Barn*, 41, 100.

4848 ROBERTS, W.: Reflections on Aberafan's winning awdl, *AWR*, xvi, 140–2.

Gwilym R. Jones

4849 DAVIES, Bryan Martin: The poetry of Gwilym R. Jones, *PW*, ix/3, 22–31.

4850 ROWLANDS, Dafydd: Salm i'r creaduriaid, *Barn*, 78, 165.

J. Gwilym Jones

Ceir rhestr o weithiau'r awdur yn rhif 4851, 157–60, gan Bedwyr L. Jones a Merfyn Morgan.

4851 AMRYW: John Gwilym Jones: Cyfrol deyrnged. Golygwyd gan Gwyn Thomas. Llandybïe: Christopher Davies, 1974.

4852 CYNAN: Y goeden eirin, *Lleufer*, iii, 64–8.

4853 DAFIS, D. T.: John Gwilym Jones – cynhyrchydd, *Dyfodol*, Chwefror 1972, 5.

4854 DAVIES, Aneirin Talfan: Y goeden eirin, yn rhif 4384, 100–3.

4855 DIENW: John Gwilym Jones, Portreadau'r Faner, 24–5.

4856 EVANS, R. Alun, FFRED, Alun, OGWEN, John, *a* WILLIAMS, Wenna: Cynhyrchydd dramâu, yn rhif 4851, 31–46.

4857 GRUFFYDD, R. Geraint: 'Hanes rhyw Gymro' yn rhif 4851, 56–68.

4858 HUGHES, Gwilym T.: Y ddrama, *LW*, xviii/9, 8–9. (Sylwadau ar 'Hanes rhyw Gymro').

4859 HUMPHREYS, Emyr: Nodyn ar natur sgwrs, yn rhif 4851, 49–55.

4860 JONES, Bobi: Hanes rhyw ddramodydd, *Barn*, 89, 120–2.

4861 ────── Easily Freudened, *Barn*, 67, 178–9.

4862 ────── Daniel Owen yn 1971, *Barn*, 104, 233–4.

4863 JONES, J. Gwilym: Holi John Gwilym Jones, *Mabon* (C), iii, 12–18.

4864 ────── Sgwrs rhwng Gwilym R. Jones a John Gwilym Jones, *Arloeswr*, Sulgwyn 1958.

4865 ────── Ymddiddan â Saunders Lewis yn rhif 5678, 64–77.

4866 ────── Ysgrifennu drama, *Lleufer*, xv, 15–19.

4867 ────── Fy ngwirionedd bach i ydy hwn, *Barn*, 125, y Gwrandawr, VI–VII. (Ateb cwestiynau gan Dafydd Elis Thomas).

4868 ────── Capel ac ysgol: darlith flynyddol Llyfrgell Pen-y-groes. Llyfrgell Sir Gaernarfon, 1970.

4869 ────── Atgofion, cyfrol 1. Gwasg Tŷ ar y graig, 1972. 86–119.

4870 JONES, R. Gerallt: Moesoldeb a'r ddrama – John Gwilym Jones, yn rhif 4437, 50–4.

4871 JONES, R. Gwynedd: 'Hanes rhyw Gymro', *Dysgedydd*, cxlviii, 7–12.

4872 LEWIS, Saunders: Beirniadaeth ar 'Diofal yw dim' yn *CEG*, Dinbych 1939, 215–6.

4873 ────── Rhagair, 'Y tad a'r mab', drama gan John Gwilym Jones. Aberystwyth: Gwasg y glêr, 1963. Arg. newydd Llandysul: Gwasg Gomer, 1970.

4874 MORGAN, Derec Llwyd: Mr. J. Gwilym Jones a Williams Pantycelyn, *Porfeydd*, i, 97–100.

4875 —— 'Y dewis' a 'Y goeden eirin', yn rhif 4851, 86–112.

4876 MORGAN, Enid: Pedair drama, *HG*, hydref 1972, 35–40.

4877 MORGAN, Gerald: 'Hanes rhyw Gymro', *Lleufer*, xxi, 59–62.

4878 MORGAN, T. J.: Beirniadaeth y nofel, *CEG*, Dinbych 1939, 160–8.

4879 PAGE, L. Alun: Gwin newydd a hen gostrelau, *Barn*, 29, 144.

4880 PARRY, Thomas: John Gwilym Jones a'r ddrama Gymraeg yng Ngholeg Bangor, *Llwyfan*, 6, 3–6.

4881 —— Gair gan gyfaill, yn rhif 4851, 7–15.

4882 RICHARDS, Melville: Araith i gyflwyno J.G.J. am radd doethur, yn rhif 4851, 1–2.

4883 ROBERTS, Alan Lloyd: Tudalen y portreadau, *Dyfodol*, 7 Rhagfyr 1970, 8.

4884 ROBERTS, Alwyn: Athro ysgol, yn rhif 4851, 16–20.

4885 ROWLANDS, John: Dwy ddrama, *Barn*, 16, 117–8; 17, 145–6; 18, 177; 19, 203–4.

4886 —— Agweddau ar waith John Gwilym Jones, *YB*, iii, 217–41.

4887 —— 'Rhyfedd y'n gwnaed', yn rhif 4851, 69–85.

4888 WILLIAMS, J. E. Caerwyn: Beirniadaeth lenyddol John Gwilym Jones, yn rhif 4851, 113–56.

4889 WILLIAMS, J. Ellis: John Gwilym Jones *yn* Tri dramaydd cyfoes. Dinbych: Gwasg Gee, 1961. 59–90.

R. Gerallt Jones

4890 JONES, Bobi: Y calypswr: R. Gerallt Jones, *Barn*, 47, 296–7.

4891 JONES, R. Gerallt: Gwilym Rees Hughes yn holi R. Gerallt Jones, *Barn*, 125, 193–5.

Rhiannon Davies Jones

4892 ELIS, Islwyn Ffowc: Hen lyfr cownt arall, *Taliesin*, xi, 105–6.

4893 JONES, Rhiannon Davies: Y dylanwadau a fu arni, *YB*, iii, 242–52.

4894 —— Lleian Llan Llŷr, *Barn*, 66, 165–6.

4895 ROBERTS, Kate: Lleian Llan Llŷr, *Barn*, 59, 292–3.

4896 THOMAS, Beryl: Lleian Llan Llŷr, *Barn*, 62, 51–2; 63, 79; 64, 107.

T. Gwynn Jones

Am lyfryddiaeth yr awdur gw. rhif 5019.

4897 AARON, R. I.: Nodiadau T. Gwynn Jones ar *Caniadau*, yn rhif 4899, 118–25.

4898 AMRYW: A great Welshman. Symposium of tributes from Idris Bell, J. Ellis Williams, T. E. Nicholas, Keidrych Rhys, W. J. Rees, D. Gwenallt Jones, Dilys Cadwaladr, D. Tecwyn Lloyd, Idris Cox. Published by the Welsh Committee of the Communist Party, d.d.

4899 AMRYW: Rhifyn Coffa Thomas Gwynn Jones, *Llenor*, xxviii, rhif 2.

4900 AMRYW: Canmlwyddiant geni T. Gwynn Jones, *Traethodydd*, Ionawr 1971.

4901 AP GWYNN, Arthur: Thomas Gwynn Jones, *Taliesin*, xix, 120–5. (Ychwanegiadau at y manylion yn rhif 4899, 54–5).

4902 ——— T. Gwynn Jones, *Efrydydd*, i, 1950, 11–16.

4903 ——— T. Gwynn Jones a David de Lloyd, yn rhif 4900, 12–24.

4904 ——— I Aberystwyth draw, *Taliesin*, xxiv, 11–24.

4905 AP GWYNN, Llywelyn: Thomas Gwynn Jones a chelfyddyd, yn rhif 4900, 25–6.

4906 BACHELLERY, E.: Nécrologie: Thomas Gwynn Jones, *EC*, v, 411–4.

4907 BEBB, W. Ambrose: T. Gwynn Jones: y troeon olaf, *Y Genhinen*, ii, 1–7.

4908 BELL, David: T. Gwynn Jones: a personal recollection, *DL*, i/3, 5–10.

4909 BELL, H. Idris: Tad Awen, *Llenor*, viii, 100–16. (Trafod cyfieithiad yr *Iliad*).

4910 ——— A history of Welsh literature, 382–90; 482–3. Gw. rhif 152.

4911 ——— T. Gwynn Jones fel cyfieithydd, yn rhif 4899, 141–52.

4912 BEVAN, Hugh: Syniadau beirniadol W. J. Gruffydd a T. Gwynn Jones, *LlC*, ix, 19–32.

4913 ——— Defnyddio chwedlau, yn rhif 4900, 33–41.

4914 ——— Beirniadaeth lenyddol, 10–12. Gw. rhif 4376.

4915 BOWEN, D. J.: 'Madog', *LlC*, vi, 110–1.

4916 BOWEN, Euros: Golwg ar farddoniaeth T. Gwynn Jones, yn rhif 4900, 85–91.

4917 BOWEN, Geraint: T. Gwynn Jones, yn rhif 4383, 71–99.

4918 BRANWEN (o Ford Gron Ceridwen): Trafod 'Ymadawiad Arthur', *Brython*, 9 Chwef. 1911, 7.

4919 BRYNFAB: 'Pro Patria', *TG*, 15 Mai 1913, 3.

4920 CLWYDYDD: T. Gwynn Jones, *Brython*, 5 Meh. 1913, 3.

4921 DANIEL, Catrin: T. Gwynn Jones – bardd hiraeth, *Arloeswr*, rhif 7, 32–5.

4922 DAVIES, Aneirin Talfan: Ef a erys yfory, yn rhif 4382, 77–94.

4923 DAVIES, E. Tegla: Beirdd y byd. III. T. Gwynn Jones, *Eurgrawn*, cv, 301–7.

4924 ——— Er cof: Thomas Gwynn Jones, *Eurgrawn*, cxli, 115–8.

4925 ——— Atgofion, yn rhif 4899, 96–108.

4926 ——— Y dwymyn: hanes llyfr. *Eurgrawn*, cxxxvii, 303–12.

4927 DAVIES, J. Kitchener: Beirdd i'r theatr, *Lleufer*, vi, 59–64.

4928 DAVIES, Pennar: Diwinyddiaeth T. Gwynn Jones, *Tyst*, 6 Gorff. 1950, 6–7; 13 Gorff. 6–7; 20 Gorff. 6–7; 27 Gorff. 6–7.

4929 DAVIES, T. Eirug: Ddoe a Heddiw, *Dysgedydd*, 1949, 109–12.

4930 DAVIES, W. Beynon: Y gamp oedd ymhobman o'i gwmpas, *Llenor*, xxx, 26–36.

4931 —— Adleisiau, yn rhif 4900, 71–6.

4932 —— T. Gwynn Jones. Llandybïe: Llyfrau'r Dryw, 1962. (Cyfres Pamffledi Llenyddol Cyfadran Addysg Aberystwyth, 2).

4933 —— Thomas Gwynn Jones. [Cardiff]: University of Wales Press on behalf of the Welsh Arts Council, 1970.

4934 —— T. Gwynn Jones: rhai atgofion, *Barn*, 110, 38–9.

4935 DEIO'R RHYD: Ai 'Pobun' oedd uchaf bwynt y ddrama Gymraeg?, *CG*, i, 48–52.

4936 EAMES, William: Atgofion, yn rhif 4899, 75–82.

4937 EDWARDS, D. Miall: Dysgeidiaeth yr Athro T. Gwynn Jones, *Llenor*, xii, 11–22.

4938 EDWARDS, Hywel Teifi: Cerddi T. Gwynn Jones yn *OBWV*, *Barn*, 76, 109–10.

4939 EDWARDS, J. M.: Tueddiadau barddoniaeth ddiweddar, *Barn*, 9, 258, 277; 10, 300–1.

4940 EILIAN, John: Atgofion, yn rhif 4899, 113–7.

4941 EVANS, D. Emrys: Y clasuron yng Nghymru. Y Gorfforaeth Ddarlledu Brydeinig, 1952. (Darlith flynyddol y BBC yng Nghymru).

4942 EVANS, E. Gwyn: Hen athro, *Y Drysorfa*, 1954, 169–72.

4943 EVANS, E. Lewis *ac eraill:* T. Gwynn Jones, *Efrydydd*, i, 1950, 10–15.

4944 EVANS, Gwilym: T. Gwynn Jones: y cymydog, *Traethodydd*, 1973, 186–90.

4945 EVANS, H. Meurig: T. Gwynn Jones, *Barn*, 11, 338–9.

4946 —— 'Tir na n–og', *Barn*, 12, 366–7.

4947 —— 'Anatiomaros', *Barn*, 13, 24–5.

4948 —— 'Argoed', *Barn*, 14, 61–2.

4949 —— 'Madog', *Barn*, 16, 118–9; 17, 143–4.

4950 EVANS, Trebor Lloyd: Goethe: y diddordeb Cymreig ym mhrifardd yr Almaen, *Dysgedydd*, 1949, 265–70.

4951 GRIFFITH, R. A. (Elphin): Eisteddfod Genedlaethol Bangor: y farddoniaeth a'i beirniadaeth, *Cymmrodor*, xvi, 140–54.

4952 GRUFFYDD, W. J.: Thomas Gwynn Jones, *THSC*, 1952, 42–6.

4953 —— Atgofion, yn rhif 4899, 68–74.

4954 HIGHAM, R. B.: Gwlad y beirdd. III. T. Gwynn Jones, *Athro*, vi, 346–9.

4955 HUGHES, Donald: 'Rhos y pererinion', *Barn*, 89, 136.

4956 HUGHES, D. R.: Anrhydeddu'r prifardd T. Gwynn Jones, *Eurgrawn*, cxxxvi, 337–41.

4957 HUMPHREYS, E. Morgan: A Welsh poet: Thomas Gwynn Jones, *Britain Today*, July 1949, 19–22.

4958 —— Atgofion, yn rhif 4899, 83–91.

4959 —— T. Gwynn Jones, *THSC*, 1952, 46–50.

4960 —— Thomas Gwynn Jones *yn* Gwŷr enwog gynt. I [Aberystwyth]: Y Clwb Llyfrau Cymraeg, 1950, 132–43.

4961 JENKINS, David: Caniadau Gregynog, yn rhif 4900, 28–32.

4962 —— Thomas Gwynn Jones: cofiant. Dinbych: Gwasg Gee, 1973.

4963 JONES, Bobi: 'Y nef a fu', *Barn*, 109, 11–12.

4964 —— Cerddi hir T. Gwynn Jones, yn rhif 4900, 48–57.

4965 JONES, D. Gwenallt: Fy marn i ar waith fy athro, *FG*, iv, 247, 264.

4966 —— Teyrnged disgybl i'w athro, *BAC*, 16 Mawrth 1949, 5.

4967 JONES, D. James: Teyrnged, *Y Drysorfa*, 1949, 124–8.

4968 JONES, F. Wynn: Yng nghwmni Gwynn Jones, yn rhif 4900, 3–11.

4969 JONES, Gwenan: T. Gwynn Jones, *Efrydydd*, i, 1950, 10.

4970 JONES, Gwilym R.: Barddoniaeth ddiweddar T. Gwynn Jones, *Lleufer*, ii, 6–11.

4971 JONES, Herman: Y soned Gymraeg hyd 1900, 137–44. Gw. rhif 5661.

4972 JONES, J. Gwilym: T. Gwynn Jones, R. W. Parry a W. B. Yeats, *YB*, viii, 226–39.

4973 JONES, J. W.: Thomas Gwynn Jones: atgofion chwarelwr, *Eurgrawn*, cxli, 153–6, 186–7.

4974 JONES, R. Gerallt: W. B. Yeats, *Barn*, 33, 244.

4975 JONES, W. R.: Thomas Gwynn Jones: rhai syniadau, *Barn*, 110. 39–40.

4976 LEWIS, D. H.: David J. de Lloyd, *Y Genhinen*, vi, 167–72.

4977 LEWIS, Saunders: The critical writings of T. Gwynn Jones, *WO*, xx, 265–7, 288–90.

4978 —— Swyddogaeth celfyddyd, *Traethodydd*, 1934, 65–70.

4979 —— Dr. T. Gwynn Jones, *BAC*, 2 Awst 1944, 1.

4980 —— Thomas Gwynn Jones, *Aelwyd*, ix, 52–3.

4981 —— *Morte d'Arthur* a'r *Passing of Arthur*, yn rhif 4900, 42–7.

4982 LLOYD, O. M.: T. Gwynn Jones, *Llanw*, i/4, 1–3.

4983 LLYWELYN: Pro Patria, *TG*, 1 Mai 1913, 6.

4984 LLYWELYN-WILLIAMS, Alun: Seiliau'r vers libre, yn rhif 4457, 71–90.

4985 ——— T. Gwynn Jones: gorchest y bardd, *THSC*, 1971, 119–27.

4986 MATHIAS, Herbert: Canmlwyddiant T. Gwynn Jones, *Ymofynnydd*, lxxii, 12–14.

4987 MORGAN, A. Parry: Llafar gwlad a'r iaith glasurol, *Y Genhinen*, vi, 179–82. (Y ddychangerdd 'Jini').

4988 MORGAN, Derec Llwyd: Barddoniaeth T. Gwynn Jones: astudiaeth. Llandysul: Gwasg Gomer, 1972.

4989 ——— The poetry of T. Gwynn Jones, *PW*, vi/4, 6–12.

4990 ——— T. Gwynn Jones: canu'r 'chwerwder pur' *YB*, ii, 200–28. Gw. hefyd HUGHES, Garfield H. *Traethodydd*, 1968, 45–8.

4991 ——— Y ffin rhwng byw a marw, yn rhif 4900, 77–84.

4992 ——— 'Ystrad Fflur', *Barn*, 27, 89–90.

4993 MORGAN, Dewi: Atgofion, yn rhif 4899, 92–5.

4994 MORGAN, T. J.: Yr elfen feirniadol ym marddoniaeth T. Gwynn Jones, yn rhif 4899, 153–64.

4995 MYFANWY (o Ford Gron Ceridwen): Trafod 'Gwlad y bryniau', *Brython*, 2 Chwef. 1911, 5.

4996 OFINNACHTA, Padraig: Litriocht na Breataine. Bige II. T. Gwynn Jones, *Comhar*, Iml. 19, Aimh 8, 8–14.

4997 PARRY, R. Williams: Awdlau'r ugeinfed ganrif, *BAC*, 12 Medi 1933, 6.

4998 PARRY, Thomas: Awdl 'Gwlad y bryniau', *Athro*, v, 123–5; ix, 217–20.

4999 ——— Nodiadau ar awdl 'Ymadawiad Arthur', *Athro*, viii, 194–7.

5000 ——— 'Ymadawiad Arthur', 1902, 1910, 1926, yn rhif 4899, 125–34.

5001 PARRY-WILLIAMS, T. H.: Y bardd yn ei weithdy, 11–16. Gw. rhif 4472.

5002 PEATE, Iorwerth C.: Atgofion, yn rhif 4899, 108–13.

5003 ——— Gwlad hud, *Efrydydd*, ii, 1926–7, 78–81.

5004 PHILLIPS, William: Cyffelybiaethau T. Gwynn Jones, *Traethodydd*, 1959, 105–12.

5005 RICHARDS, Brinley: T. Gwynn Jones, *Y Genhinen*, xxi, 11–16. Adarg. yn Hamddena. Abertawe: Gwasg John Penry, 1972. 143–51.

5006 ROBERTS, Griffith T.: Emyn Gosber, *Eurgrawn*, clxii, 98.

5007 ——— T. Gwynn Jones, *Eurgrawn*, clxiv, 152–62.

5008 ROWLANDS, John: 'Cynddilig', yn rhif 4900, 58–70.

5009 THOMAS, David: Nodiadau'r golygydd, *Lleufer*, xiv, 105–7.

5010 ——— O fewn cylch y geiriadur: yr Athro T. Gwynn Jones, *Eurgrawn*, cxxii, 16–20, 48–52.

5011 ——— Sylwadau ar gerddi gan Gwynn Jones a gyhoeddwyd yn *Llafar*, i, 1953, *Lleufer*, ix, 206–7.

5012 ——— Cofio Thomas Gwynn Jones, *Eurgrawn*, cli, 9–12.

5013 VISSER, G. J.: 'The passing of Arthur' and 'Ymadawiad Arthur', *Neophilologus*, xxii, 46–51.

5014 WILLIAMS, G. J.: Llyfrau rhan olaf 1936, *TN*, 7, 15. (Sylwadau ar Astudiaethau).

5015 WILLIAMS, Gwyn: Cân y medd . . . translation and commentary, *Planet*, i, 42–5.

5016 WILLIAMS, Huw Llewelyn: T. Gwynn Jones, *Traethodydd*, 1950, 110–14.

5017 WILLIAMS, J. Ellis: T. Gwynn Jones, *Y Genhinen*, xxii, 186–7.

5018 WILLIAMS, Llew G.: The poetry of T. Gwynn Jones, *WO*, vi 231–4, 257–60.

5019 WILLIAMS, Owen: A bibliography of Thomas Gwynn Jones. Wrexham: 1938. Atodiad gan THOMAS, David: Atodiad i Bibliography of Thomas Gwynn Jones. Conwy: R. E. Jones, 1956.

5020 WILLIAMS, Stephen J.: Y gynghanedd a chanu rhydd T. Gwynn Jones, yn rhif 4899, 134–40.

5021 WILLIAMS, T. P.: Faust, *Traethodydd*, 1950, 27–34.

5022 WILLIAMS, Wenna: Delweddau T. Gwynn Jones, *TYCCh*, 1044.

5023 ——— Cerddi mawr T. Gwynn Jones fel delweddau, *YB*, iii, 101–26.

5024 ——— Delwedd 'y baradwys goll' yng nghanu T. Gwynn Jones, *YB*, iv, 210–27.

5025 ——— 'Broseliawnd' T. Gwynn Jones, *YB*, vii, 115–22.

H. Elvet Lewis (Elfed)

Ceir rhestr o weithiau'r awdur yn rhif 5031.

5026 BERRY, Sidney M.: Dr. Elvet Lewis, *Tyst*, 17 Rhag, 1953. 6; 24 Rhag., 6.

5027 DAVIES, Ben: Elfed y pregethwr, *Y Genhinen*, iv, 177–82.

5028 DAVIES, D. Eddie: Emynau Elfed, *LT*, Ion. 1954, 6–8.

5029 DAVIES, E. Curig: Elfed, 1860–1953, *TyP*, atodiad i gyfrol 118, Awst 1954.

5030 ——— Elfed (1860–1953). Llanelli: Gwasg John Penri, 1954.

5031 DAVIES, M. B. *ac eraill*: H. Elvet Lewis (Elfed): a bibliography, *JWBS*, viii, 7–23, 106.

5032 DAVIES, Pennar: Elfed y bardd, *Dysgedydd*, 1954, 72–4.

5033 DIENW: Elfed – y patriarch fachgen, *Tyst*, 24 Rhag. 1953, 7.

5034　EVANS, D. Tecwyn: Elfed – y ffigur cenedlaethol, *Dysgedydd*, 1954, 57–9.

5035　EVANS, Emrys: Teyrnged, *Tyst*, 24 Rhag. 1953, 6.

5036　EVANS, Janet: Elfed a'r eisteddfod, *LT*, Ion. 1954, 11–12.

5037　EVANS, William (Wil Ifan): Elfed y bardd, *Tyst*, 24 Rhag. 1953, 5.

5038　――― H. Elfed Lewis, yn rhif 4383, 103–18.

5039　JENKINS, Dan: Cerddi ysgol Llanycrwys . . . ynghyd a hanes plwyf Llanycrwys. Llandysul: Gwasg Gomer, 1934.

5040　JENKINS, Emlyn G.: Elfed – ei hanes, *Dysgedydd*, 1954, 60–5.

5041　――― Cofiant Elfed. Gwasg Aberystwyth, 1957.

5042　JONES, A. E. (Cynan): Teyrnged ar ran yr Eisteddfod a'r Orsedd, *Tyst*, 24 Rhag. 1953, 5.

5043　JONES, D. Gwenallt: Elfed: bardd dwy genhedlaeth, *Llafar*, Gŵyl Ddewi, 1956, 7–19.

5044　JONES, E. Cefni: Teyrnged Undeb Bedyddwyr Cymru, *Tyst*, 24 Rhag. 1953, 7.

5045　JONES, E. D.: Rev. Howell Elvet Lewis, *JWBS*, viii, 1–3.

5046　J[ONES], I[orwerth]: Rhagor ynghylch Elfed, *Dysgedydd*, 1954, 66–7.

5047　JONES, R. J.: Elfed a'r genhadaeth Gristnogol, *Tyst*, 24 Rhag. 1953, 7.

5048　LEWIS, Henry: Y caniedydd cynulleidfaol newydd, *Llenor*, i, 26–36 *passim*.

5049　LEWIS, H. Elvet: Atgofion a lledgofion, *Dysgedydd*, 1930, 7–10, 34–8, 87–91, 113–7, 145–50, 177–82, 201–5, 239–41, 271–6, 340–5, 361–6.

5050　――― Pa sut yr wyf yn gwneud fy ngwaith, *Dysgedydd*, 1889, 19–22.

5051　LEWIS, J. D. Vernon: Elfed fel emynydd, *Dysgedydd*, 1954, 68–71.

5052　OWEN, Dafydd: Dr. Elfed Lewis a'i waith, *TYCCh*, 65.

5053　――― Elfed a'i waith. Abertawe: Undeb yr Annibynwyr Cymraeg, d.d.

5054　――― Emynyddiaeth Elfed a'i gyfnod, *Barn*, 65, y Gwrandawr, VI–VII.

5055　OWEN, W. T.: Teyrnged, *LT*, Ion. 1954, 3–5.

5056　PARRY, Emyr Wynn: Howell Elfed Lewis. London: Independent Press, 1958.

5057　PARRY, Thomas: Elfed, *HC*, 25 Hyd. 1954, 9.

5058　――― Barddoniaeth Elfed, *Y Genhinen*, iv, 156–62.

5059　PEATE, Iorwerth C.: Emynau Elfed, *Tyst*, 12 Medi 1957, 7.

5060　REES, B. J.: Elfed fel gweinidog, *LT*, Ion 1954, 5–6.

5061 REES, Gwilym: Elfed fel pregethwr, *Dysgedydd*, 1954, 75–80.

5062 ROBERTS, J. W. *a* WILLIAMS, H. R.: Teyrnged Eglwys Bresbyteraidd Cymru, *Tyst*, 24 Rhag. 1953, 7.

5063 STEPHENS, J. Oliver: Elfed a cholegau'r enwad, *ib.*, 6.

5064 THOMAS, J. R.: Elfed fel gweinidog, *Dysgedydd*, 1954, 81–4.

5065 WILLIAMS, W. Crwys: Elfed: atgof a theyrnged, *Y Genhinen*, iv, 129–35.

5066 WILLIAMS, J. Cecil: Elfed, *Tyst*, 24 Rhag. 1953, 6.

Saunders Lewis

Ceir rhestr o rai o weithiau'r awdur yn rhif 5068, 359–61, a rhestr lawnach yn rhif 5069, 211–30.

(i) Cyffredinol

5067 AMRYW: Saunders Lewis: ei feddwl a'i waith, gol. Pennar Davies. Dinbych: Gwasg Gee, 1950.

5068 AMRYW: Presenting Saunders Lewis, ed. Alun R. Jones and Gwyn Thomas, Cardiff. 1973.

5069 AMRYW: Saunders Lewis, gol. D. Tecwyn Lloyd, G. Rees Hughes. Llandybïe: Christopher Davies, 1975.

5070 DANIEL, Catherine: Saunders Lewis, Ewropead, yn rhif 5067, 32–42.

5071 DAVIES, Aneirin Talfan: Plant y dincod *yn* Y tir diffaith. Dinbych: Gwasg Gee, 1946. 9–17.

5072 DAVIES, J. Barrett: Saunders Lewis, Cristion a beirniad, yn rhif 5067, 78–89.

5073 DAVIES, Pennar: Yr Ewropead mwyaf yn ein llên, *DdG*, Medi 1951, 3.

5074 DIENW: Mr. Saunders Lewis yn ymddeol, *BAC*, 11 Gorff. 1957, 1.

5075 DIENW: Welsh profile. 4. Saunders Lewis, *WR*, v/4, 258–63.

5076 ——— Portread – Saunders Lewis, *BAC*, 16 Ion. 1957, 3. Adarg. yn Portreadau'r Faner. Gwasg Gee, d.d.

5077 GRIFFITHS, J. Gwyn: Saunders Lewis, yn rhif 4383, 121–41.

5078 HUMPHREYS, Emyr: Outline of a necessary figure, yn rhif 5068, 6–13.

5079 JARVIS, Branwen: Saunders Lewis, apostol patriarchaeth, *YB*, viii, 296–311.

5080 JONES, P. Mansell: Sketches for a portrait, yn rhif 5067, 18–27.

5081 LEWIS, Saunders: By way of apology, *DL*, gaeaf 1955, 10–14.

5082 ——— Maurice Barres, prif lenor Ffrainc; cysylltiad â'i genedl, *BAC*, 24 Ion. 1924, 5.

5083 ―――― Dylanwadau – mewn ymgom ag Aneirin Talfan Davies, *Taliesin*, ii, 5–18.

5084 ―――― Treiswyr sy'n ei chipio hi, *Barn*, 74, y Gwrandawr, I–III. (Sgwrs â Meirion Edwards).

5085 MILES, Gareth: A personal view, yn rhif 5068, 14–19.

5086 REES, Alwyn D.: Mr. Saunders Lewis a'r brifysgol, *Barn*, 23, 308–9. Gw. hefyd LEWIS, Saunders: *Barn*, 21, 243–4. EVANS, Emrys: *Barn*, 22, 299.

5087 THOMAS, Ned: Saunders Lewis *yn* The Welsh extremist, 52–63. Gw. rhif 4841.

5088 TUDOR, Stephen O.: Trwy'r drych – Mr. Saunders Lewis, *Brython*, 9 Tach. 1933, 1.

5089 WILLIAMS, D. J.: Y ddau ddewis, yn rhif 5067, 7–17.

5090 ―――― Saunders Lewis – a man of destiny, yn rhif 5068, 3–5.

5091 WYNNE, R. O. F.: Saunders Lewis, yn rhif 5067, 28–31.

(ii) Ei farddoniaeth

5091A DAVIES, Ceri: Marwnad Syr John Edward Lloyd a Fyrsil, *LlC*, xii, 57–60.

5092 DAVIES, John: 'Difiau dyrchafael', *Barn*, 113, 138.

5093 DAVIES, Pennar: The poetry of Saunders Lewis, *PW*, v/1, 5–8.

5094 EDWARDS, Hywel: Cerddi Saunders Lewis yn *OBWV*, *Barn*, 84, 331–2.

5095 GRUFFYDD, R. Geraint: 'Mair Fadlen' *yn* Llên doe a heddiw. Dinbych: Gwasg Gee, 1964. (Astudiaethau Bangor – 1). Gol. J. E. Caerwyn Williams. 43–50.

5096 JONES, Bobi: Chwarteri Saunders Lewis, *Barn*, 52, 90–1.

5097 JONES, D. Gwenallt: Barddoniaeth Saunders Lewis, yn rhif 5067, 65–77.

5098 JONES, Eifion Lloyd: 'Dychwelyd' gan Saunders Lewis, *Dyfodol*, 7 Rhag. 1970, 7.

5099 THOMAS, Gwyn: His poetry, yn rhif 5068, 106–11.

(iii) Ei ryddiaith

5100 DAVIES, Pennar: Merch Gwern Hywel, *Barn*, 51, 79–80.

5101 JONES, Bedwyr L.: Rhamant hanesiol Saunders Lewis, *Barn*, 23, 322–3.

5102 JONES, Bobi: Hen nain Saunders Lewis, *Barn*, 66, 146–8. (Y nofel, Merch Gwern Hywel).

5103 JONES, Dafydd Glyn: Merch Gwern Hywel, *Barn*, 56, 212–15.

5104 JONES, Frank Price: Dyddiadur Daniel, *BAC*, 7 Mai 1964, 5. (ar Merch Gwern Hywel).

5105 ROBERTS, Gomer M.: Merch Gwern Hywel, *Barn*, 47, 311–12.

5106 ROBERTS, Kate: Rhyddiaith Saunders Lewis, yn rhif 5067, 52–64.

5107 ROWLANDS, John: Nofelau Saunders Lewis, *YB*, v, 204–33.

5108 WILLIAMS, D. E.: Merch Gwern Hywel, *Dysgedydd*, 1965, 105–6.

(iv) Ei feirniadaeth

5109 DAVIES, Pennar: His criticism, yn rhif 5068, 93–105.

5110 ———— Clasuriaeth, rhamantiaeth a serch, yn rhif 5067, 163–75.

5111 EDWARDS, J. M.: Saunders Lewis a barddoniaeth fodern, *BAC*, 3 Ion. 1951, 3. (Ateb i sylwadau S.L. yn *BAC*, 20 Hyd. 1950, 8).

5112 GRUFFYDD, W. J.: Daniel Owen a Mr. Saunders Lewis, *yn Y tro olaf ac ysgrifau eraill,* 157–65. Gw. rhif 4655.

5113 JACKSON, Rice: Beirniaid llenyddol Cymru, *Brython*, 25 Ion. 1934, 5.

5114 JONES, Bobi: Beirniadaeth lenyddol wedi'r rhyfel – Pab ein llên, *Barn*, 80, 206–7.

5115 PARRY, R. Williams: Beirniadaeth fodern, *BAC*, 21 Chwef. 1932, 6. Adarg. yn rhif 5289, 130–8.

5116 WILLIAMS, G. J.: Cyfraniad Saunders Lewis fel ysgolhaig Cymraeg, yn rhif 5067, 121–36.

(v) Ei ddramâu
(a) Cyffredinol

5117 DAVIES, J. Kitchener: Saunders Lewis a'r ddrama Gymraeg, yn rhif 5067, 90–120.

5118 DAVIES, Pennar: Saunders Lewis: morality playwright, *Triskel Two*, 26–41.

5119 EDWARDS, Emyr: Saunders Lewis the dramatist, *Wales* (KRh), ii, 39–42.

5120 GRIFFITHS, Bruce: His theatre, yn rhif 5068, 79–92.

5121 HUMPHREYS, Emyr: Ysgrifennu cyfoes yng Nghymru: y ddrama, *Lleufer*, xviii, 61–8.

5122 JONES, Bobi: Triawd y Gymru gyfoes, *Barn*, 88, 98–9. (Buchedd Garmon, Problemau Prifysgol, Yn y trên).

5123 ———— Drama wedi'r rhyfel – dramâu Saunders Lewis, *Barn*, 85, 10–11.

5124 ———— Drama wedi'r rhyfel – ABC Ewrop, *Barn*, 87, 66–7.

5125 ———— Tair gwraig Saunders Lewis, *Barn*, 86, 41–3.

5126 ———— Saunders Lewis y dramodydd, *BAC*, 29 Rhag. 1954, 3; 5 Ion. 1955, 3; 12 Ion., 3; 19 Ion. 3; 26 Ion. 3; 2 Chwef. 3; 9 Chwef., 3; 16 Chwef., 3.

5127 JONES, Dafydd Glyn: Saunders Lewis fel dramodydd, *TYCCh*, 1039.

5128 —— Pedair drama boliticaidd, *Ffenics*, Gwanwyn 1962, 16–28.

5129 —— Saunders Lewis a thraddodiad y ddrama Gymraeg, *Llwyfan*, 9, 1–12.

5130 —— Theatr, drama a llenyddiaeth, *BAC*, 15, 29 Awst 1963; 5 Medi, 3.

5131 JONES, Geraint Vaughan: Saunders Lewis, Morgan, a Sartre a thynged yr ugeinfed ganrif, *Barn*, 47, 304–5; 48, 326.

5132 LLYWELYN-WILLIAMS, Alun: Dramodydd delfryd urddas, *Drama*, Haf 1960, 4–6.

5133 WILLIAMS, J. Ellis: Saunders Lewis, *yn* Tri dramaydd cyfoes, 9–57. Gw. rhif 4889.

(b) Rhai dramâu unigol

Amlyn ac Amig

5134 WYNNE, R. O. F.: 'Amlyn ac Amig': an appreciation, *DL*, Winter 1954, 41–4.

Blodeuwedd

5135 JONES, Dafydd Glyn: Agwedd ar thema 'Blodeuwedd', *YB*, vii, 209–34.

Brad

5136 DAVIES, Eic: 'Brad' Saunders Lewis, *Lleufer*, xv, 29–32.

5137 JONES, Dafydd Glyn: 'Brad', *Barn*, 68, 219–22. Adarg. yn *Barn*, 133, 46–8; 138, 279–81.

5138 JONES, G. L.: Dwy ddrama gyfoes: cymhariaeth rhwng 'Brad' gan Saunders Lewis a 'Y Ficer' gan Rolf Hochhuth, *EA*, xxvii, 38–46.

5139 J., I.: Dyddlyfr y Dysgedydd, *Dysgedydd*, 1958, 259–61. (Sylwadau ar Brad).

5140 MORGAN, Prys: Cefndir hanesyddol Brad, *YB*, v, 234–53.

Branwen

5141 DAVIES, Aneirin Talfan: Ar ymyl y ddalen, *Barn*, 102, 169–70. (Ar y ddrama 'Branwen').

Cyrnol Chabert

5142 JONES, Dafydd Glyn: Atgyfodiad y cyrnol, *Llwyfan*, 4, 6–9. ('Cyrnol Chabert').

Cymru Fydd

5143 DAVIES, Aneirin Talfan: Ar ymyl y ddalen, *Barn*, 63, 61–2. (Nodiad ar 'Cymru Fydd'). Adarg. yn Gyda gwawr y bore. Llandybïe: Llyfrau'r Dryw, 1970. 125–8.

5144 JONES, Dafydd Glyn: Dramâu'r eisteddfod, *BAC*, 7 Medi 1967, 6; 14 Medi, 6. (Sylwadau ar 'Cymru Fydd').

5145 JONES, J. R.: 'Cymru Fydd' a'r seicolegwyr, *Llwyfan*, 1, 5.

5146 ────── 'Cymru Fydd', *Barn*, 75, 65.

Esther

5147 DIENW: Yr Iddew a'r Cymro Cyffredin, *AN*, 2, 14. (Ar 'Esther' Saunders Lewis a *Y Cymro Cyffredin* Tom Richards).

5148 GRIFFITHS, Bruce: 'Esther' – Saunders Lewis a Racine, *Ffenics*, Gwanwyn 1963, 93–100.

5149 JONES, Huw Pierce: 'Esther', *Haul*, Haf 1959, 28–30.

5150 MORGAN, Gerald: 'Esther', *Barn*, 41, 143–4; 42, 170; 43, 201–2. Adarg. yn *Barn*, 134, 96–7; 135, 146.

Gymerwch chi sigaret?

5151 DANIEL, Catherine: Mr. Saunders Lewis's new play at the Llangefni Little Theatre, *DL*, vi/18, 31–6.

5152 DIENW: Pa ots am bropaganda? *Dysgedydd*, 1956, 8–9.

5153 FITZGERALD, John: Gymerch chi sigaret? *Barn*, 1, 16–17; 2, 56–7; 3, 89–90; 4, 119.

5154 HUGH, R. L.: Gymerwch chi bibellaid o Babyddiaeth? *Tyst*, 12 Rhag. 1955.

5155 JONES, Dafydd Glyn: Theatr, drama a llenyddiaeth, *BAC*, 5 Medi 1968, 3.

5156 LEWIS, Saunders: Nodyn ar y ddrama, *RT*, 14 Hydref 1965.

Problemau Prifysgol

5157 JONES, Dafydd Glyn: Gw. rhif 5155.

Siwan

5158 EDWARDS, Emyr: 'Siwan', *Barn*, 43, 199–200; 44, 229–30.

5159 JONES, Geraint Wyn: 'Siwan', *Taliesin*, viii, 30–51.

5160 JONES, R. Gerallt: 'Siwan'. Llandybïe: Llyfrau'r Dryw, 1966. (Cyfres Pamffledi Llenyddol Cyfadran Addysg Aberystwyth – 10). Gw. hefyd rhif 4436, 193–222.

5161 LEWIS, Saunders: Cyflwyniad i 'Siwan', *Y Gragen*, 1971.

5162 LLYWELYN-WILLIAMS, Alun: Rhodd enbyd yw bywyd i bawb, *Traethodydd*, 1956, 72–83. Adarg. yn rhif 4457, 123–37.

5163 ROBERTS, Kate: 'Siwan' yng ngŵyl ddrama Garthewin, *BAC*, 25 Awst 1954, 1.

5164 ROWLANDS, John: Sylwadau ar 'Siwan' Saunders Lewis, *YB*, viii, 277–95.

Yn y trên

5165 LLOYD, D. Tecwyn: Sylwadau ar 'Yn y trên', *yn* Safle'r gerbydres ac ysgrifau eraill. Llandysul: Gwasg Gomer, 1970. 124–5.

(vi) Ei wleidyddiaeth

5166 BEBB, W. Ambrose: Saunders Lewis, llywydd y Blaid Genedlaethol er 1926, *DdG*, Mawrth 1933, 3.

5167 JENKINS, Dafydd: Tân yn Llŷn: hanes brwydr gorsaf awyr Penyberth. Gwasg Aberystwyth, 1937.

5168 JONES, Bobi: The curse of the world, *Barn*, 84, 323–5.

5169 JONES, Dafydd Glyn: His politics, yn rhif 5068, 23–78.

5170 JONES, Gwenan: Yr ysbrydol yn gyntaf, yn rhif 5067, 153–62.

5171 JONES, Gwilym R.: Saunders Lewis 'Cwrs y byd', yn rhif 5067, 147–52.

5172 JONES, J. E.: Tros Gymru. Abertawe: Gwasg John Penry. *passim*.

5173 ——— Saunders Lewis fel gwleidydd ymarferol, yn rhif 5067, 137–46.

5174 LLOYD, D. Myrddin: Syniadau gwleidyddol Saunders Lewis, yn rhif 5067, 43–51.

J. Lloyd-Jones

5175 BACHELLERY, E.: Nécrologie: J. Lloyd-Jones, *EC*, vii, 482–3.

5176 PARRY, Thomas: J. Lloyd-Jones, *Y Genhinen*, vi, 83–6.

5177 WILLIAMS, J. E. Caerwyn: Yr Athro J. Lloyd-Jones, *Traethodydd*, 1956, 97–102.

Alun Llywelyn-Williams

5178 JONES, Bobi: Alun Llywelyn-Williams, *Barn*, 49, 10–11.

5179 JONES, Dafydd Glyn: The poetry of Alun Llywelyn-Williams, *PW*, vii/1, 14–24.

5180 LLYWELYN-WILLIAMS, Alun: Gwanwyn yn y ddinas: darn o hunangofiant. Dinbych: Gwasg Gee, 1975.

5181 ——— Ysgrif ddi-deitl *yn* Artists in Wales, gol. Meic Stephens. Llandysul: Gomer Press, 1973. 165–80.

5182 THOMAS, Gwyn (gol.): Holi Alun Llywelyn-Williams, *Mabon* (C), i/4, 13–21.

5183 WILLIAMS, J. E. Caerwyn (gol.): Sgwrs rhwng Alun Llywelyn-Williams a Bedwyr Lewis Jones, *YB*, i, 117–25.

Dyfnallt Morgan

5184 LLOYD, D. Tecwyn: Barddoniaeth Dyfnallt Morgan, *Taliesin*, xxiv, 77–92.

Eluned Morgan

5185 DAVIES, Aneirin Talfan: Ar ymyl y ddalen, *Barn*, 119, 289. (Sylwadau ar lythyrau).

5186 GEORGE, W. R. P. (gol.): Gyfaill hoff: detholiad o lythyrau Eluned Morgan, gyda rhagymadrodd a nodiadau. Llandysul: Gwasg Gomer, 1972. Gw. hefyd rhif 4094.

5187 LEWIS, Saunders: Eluned Morgan *yn* Ysgrifau dydd Mercher, 84–92. Gw. rhif 142.

5188 —— Gyfaill hoff, *Taliesin*, xxv, 5–11.

5189 WILLIAMS, R. Bryn: Eluned Morgan: bywgraffiad a detholiad. Aberystwyth: Y Clwb Llyfrau Cymreig, 1948.

5190 —— Llythyrau Eluned, *Y Genhinen*, xxii, 188–9.

J. Morris-Jones

Gw. hefyd Rhan II, yn arbennig rhifau 4498, 4507, –13.

5191 DAVIES, E. Tegla: Beirdd y dydd. IV. John Morris Jones, *Eurgrawn*, cv, 3–5.

5192 DAVIES, Gwen E.: Atgofion am Syr John Morris-Jones, *Y Genhinen*, xii, 73–5.

5193 DIENW: Enwogion Cymru. XVI. J. Morris Jones, *LW*, 14 Ion. 1905, 1–2.

5194 —— Dynion i'r oes – Proff. J. Morris Jones, *YO*, i, 181–4.

5195 —— Tyrfa'n cofháu Syr John Morris-Jones, *Cymro*, 19 Gorff. 1933, 6.

5196 EDWARDS, Hywel Teifi: Cerddi J. Morris-Jones yn *OBWV*, *Barn*, 71, 305–6; 72, 331–2; 73, 24–6.

5197 EVANS, E. Vincent *ac eraill:* Syr John Morris-Jones, *Brython*, 25 Ebrill 1929, 4–5; 9 Mai, 5. (Teyrngedau ac ysgrifau coffa).

5198 EVANS, Gwilym J.: Lle John Morris-Jones yn yr adfywiad llenyddol o 1886, *TYCCh*, 992.

5199 EVANS, James: John Morris-Jones a'r eisteddfod, *WM*, 10 Gorff. 1934.

5200 GEORGE, D. Lloyd: Cofio Cymro, *GG*, 2 Medi 1935, 5.

5201 GRUFFYDD, W. J.: Representative Welshmen. X. John Morris Jones, *Wales* (JHE), ii, 647–50.

5202 —— Nodiadau'r golygydd, *Llenor*, viii, 65–8. Adarg. yn rhif 4655, 140–8.

5203 GRUFFYDD, W. J. *a* WILLIAMS, Ifor: Dadorchuddio cerflun: yr athro a'r gramadegydd, *GG*, 31 Gorff. 1933, 5.

5204 HUDSON-WILLIAMS, T.: Omar Khayyam, *Llafar*, v, 46–8.

5205 HUGHES, Gwilym Rees: Syr John Morris-Jones fel arolygwr ysgolion? *LlC*, ix, 234–8.

5206 HUGHES, Thomas: Sir John Morris Jones: giant intellect and great heart. Wales' national schoolmaster. Great Welshmen of modern days. Cardiff: *Western Mail*, 1931, 86–93.

5207 HUMPHREYS, E. Morgan: Marw ffigiwr cenedlaethol: trem ar ei yrfa, *GG*, 22 Ebr. 1929, 4.

5208 ———— Syr John Morris-Jones, *yn* Gwŷr enwog gynt, II, 49–61. Gw. rhif 4282.

5209 JARMAN, A. O. H.: Syr John Morris-Jones fel ysgolhaig, *Lleufer*, xxi, 3–5.

5210 JENKINS, David: The Gregynog Omar Khayyam, *CLlGC*, xvii, 51–87.

5211 JONES, D. Gwenallt: John Morris-Jones yn gwawdio Mamon, *FG*, ii, 238.

5212 JONES, J. Gwilym: Syr John Morris-Jones, y bardd, *Barn*, 27, 5.

5213 JONES, J. Morgan: John Morris-Jones, *Efrydydd*, v, 1929, 227–8.

5214 JONES, J. T.: Syr John Morris-Jones, *Y Genhinen*, xv, 299–307.

5215 JONES, T. Gwynn: John Morris-Jones *yn* Cymeriadau. Wrecsam: Hughes, 1933, 89–102.

5216 JONES-JONES, J.: Jottings: I. John Morris-Jones, *Wales* (OME), iii, 322–5.

5217 LEWIS, Saunders: 'Y Sant', *Llenor*, vii, 217–30.

5218 LLAFAR BID LAFAR: The conspiracy against the Gorsedd, *Nationalist*, iv, 33–43.

5219 LLOYD, D. Myrddin: Beirniadaeth eisteddfodol John Morris-Jones, *Athro*, vii, 1934, 183–4.

5220 ———— Barddoniaeth y ganrif hon: sêr bore, *Athro*, vii, 1934, 77–8.

5221 LLOYD, J. E., LEWIS, Henry *a* JONES, Dora Herbert: Sir John Morris-Jones: appreciations, *WO*, xvi, 134–8.

5222 LLOYD-JONES, J.: Syr John Morris-Jones, *Traethodydd*, 1929, 136–41, Gw. hefyd *Cymmrodor*, xl, 265–75.

5223 LLYWELYN-WILLIAMS, Alun: Priodol iaith y prydydd, *EA*, xix, 1–21, Adarg. yn rhif 4457, 91–7.

5224 MORRIS-JONES, John: Braslun o hanes ei fywyd ganddo ef ei hun, *THSC*, 1919–20, 153–5.

5225 PARRY, Thomas: John Morris-Jones, yn rhif 152, 286–8.

5226 ———— John Morris-Jones (1864–1929). Caerdydd, 1958. (Cyfres ddwyieithog Gŵyl Dewi).

5227 —— John Morris-Jones, yr ysgolhaig, *Barn*, 27, 68–9.

5228 PEATE, Iorwerth C.: Munudau gyda'r beirdd – III. Syr John Morris-Jones, *Eurgrawn*, cxxxviii, 165–9.

5229 PRICHARD, Caradog: Ar achlysur dadorchuddio cofeb i John Morris-Jones, *WM*, 25 Gorff. 1933.

5230 REES, J. Machreth: Y ddau Omar: Omar Edward Fitzgerald ac Omar John Morris Jones, *Y Geninen*, xxvi, 113–6.

5231 ROBERTS, J. H.: Syr John Morris-Jones: atgofion cynnar, *Eurgrawn*, cxlii, 147–51.

5232 ROBERTS, Kate: Atgofion am Syr John Morris-Jones, *Barn*, 22, 279–80.

5233 ROBERTS. O. Madoc: Syr John Morris-Jones, *Eurgrawn*, cxxi, 186–9.

5234 ROWLANDS, Eurys I.: Beirniadaeth lenyddol Syr John Morris-Jones, *Y Genhinen*, ii, 23–30.

5235 SHANKLAND, T.: Ein beirdd a'n llenorion. VI. Yr Athro J. Morris-Jones, M.A., *YM*, ix, 88–90.

5236 THOMAS, David: Miwsig geiriau, *Eurgrawn*, cxx, 422–4.

5237 TILSLEY, Gwilym R.: Beirdd ein canrif – 1. Syr John Morris-Jones, *Eurgrawn*, cxlix, 227–32.

5238 VALENTINE, Lewis: Nodiadau'r Golygydd, *SG*, lvii, 1–5.

5239 WILLIAMS, Ifor: Syr John Morris-Jones, *Traethodydd*, 1929, 142–9.

5240 WILLIAMS, J. E. Caerwyn: Syr John Morris-Jones – y cefndir a'r cyfnod cynnar, *THSC*, 1965, 167–206; 1966, 16–72.

5241 —— Cymdeithas Dafydd ap Gwilym, yn rhif 135, 137–81.

T. E. Nicholas

5242 DAVIES, D. Jacob: Niclas – y Marcsydd mwyn, *Cyffro*, Haf 1971, 19–21; *Ymofynnydd*, lxxiii, 6–8.

5243 DERFEL: Niclas y Glais, bardd y werin yn 90 mlwydd oed, *BAC*, 30 Hyd. 1969, 3.

5244 HUGHES, Donald: 'Gobaith', *Barn*, 89, 137.

5245 JONES, Albert Wynne: Niclas y Glais, *Eurgrawn*, clxiii, 174–7.

5246 LEWIS, D. Glyn: Cofio cyfaill cywir, *Ymofynnydd*, lxxiii, 8–10.

5247 LLOYD, D. Tecwyn: T. E. Nicholas, yn rhif 4383, 143–63.

5248 PEATE, Iorwerth C.: Awen T. E. Nicholas *yn* Ym mhob pen. Gwasg Aberystwyth, 1948. 90–4.

5249 REES, D. Ben: Gŵr gwâdd: T. E. Nicholas, *Aneurin*, i/3, 45–7.

5250 WILLIAMS, Hywel D.: Atgofion am Niclas y Glais, *Cyffro*, Haf 1971, 16–17.

5251 WILLIAMS, John Roose: T. E. Nicholas – Niclas Glais: the people's poet, *Cyffro*, Gaeaf 1970, 45–7.

5252 ——— T. E. Nicholas, bardd gwrthryfel, *ib.*, 48–50.

J. Dyfnallt Owen

5253 DAVIES, Ben: Dyfnallt, *Dysgedydd*, cxxxvii, 38–40.

5254 DAVIES, Pennar: Dyfnallt, *Dysgedydd*, cxxxiii, 108–12.

5255 GRIFFITHS, J. Gwyn: Ysgrifau Dyfnallt, *ib.*, 25–7.

5256 JONES, E. D.: John Dyfnallt Owen: y dyn a'r cenedlgarwr, *DdG*, Mawrth 1957, 1, 5.

5257 JONES, T. Geraint: Bywyd a gwaith John Dyfnallt Owen (1873–1956). M.A. Cymru, Caerdydd, 1973.

5258 ——— Llyfryddiaeth y Parch J. Dyfnallt Owen, *JWBS*, xi, 120–8.

5259 RICHARDS, Brinley: Dyfnallt fel bardd, *Dysgedydd*, cxxxvii, 34–8·

R. Williams Parry

5260 AMRYW: Atgofion ei wraig a rhai o'i gyfeillion, *Barn*, 60, y Gwrandawr, I–IV.

5261 ARLLECHWEDD: Trafod Cerddi'r gaeaf, *BAC*, 3 Ion. 1963, 3; 10 Ion., 3; 17 Ion., 3; 31 Ion., 3; 14 Chwef., 7; 21 Mawrth, 3; 11 Ebrill, 7; 23 Mai, 3.

5262 BEN FARDD: Cofio cyfaill, *BAC*, 25 Ion. 1956, 5.

5263 BEVAN, Hugh: Cerddi'r gaeaf, *Traethodydd*, 1953, 97–117.

5264 BOWEN, Euros: Y syniad am ddyn ym marddoniaeth Cymru yn y cyfnod diweddar, *WA*, viii, 74–93.

5265 DAVIES, Aneirin Talfan: Ymyl y ddalen, *Barn*, 56, 193. (Nodyn ar 'Propaganda'r prydydd').

5266 ——— Cerddi'r gaeaf *yn* Munudau gyda'r beirdd, 97–117. Gw. rhif 4382.

5267 DAVIES, John, DAVIES, Lewis Hywel, JONES, Dafydd Glyn, OWEN, Parry *a* WILLIAMS, J. O.: Symposiwm ar arwyddocâd y gwynt ym marddoniaeth Williams Parry, *Taliesin*, xii, 59–62.

5268 DAVIES, Pennar: Boed anwybod yn anobaith: Robert Williams Parry yn yr oes atomig, *Lleufer*, viii, 4–10.

5269 DAVIES, William: Dyfed fel cynganeddwr: ei gymharu â Mr. Williams Parry *BAC* 2 Hyd. 1924 5.

5270 EDWARDS, Hywel Teifi: Cerddi R. Williams Parry yn *OBWV*, *Barn*, 79, 192–3.

5271 EILIAN, John: Robert Williams Parry *yn* Gwŷr Llên, 167–86. Gw. rhif 4383.

5272 ELIDIR SAIS: Awdl y gadair, *Brython*, 22 Medi 1910, 1.

5273 ELLIS, A. Cadnant: Cofio R. Williams Parry, *Meirionnydd*, gwanwyn 1956.

5274 EVANS, Gwilym: Atgofion, *Llafar*, haf 1956, 71–3.

5275 ——— Atgofion am R. Williams Parry, *Eurgrawn*, cxlix, 32–6, 62–6.

5276 EVANS, Gwilym J.: Datblygiad bardd, *Llenor*, xi, 69–80.

5277 G., M.: Cerddi'r gaeaf, *Barn*, 1, 18–19; 4, 119–21.

5278 GRUFFYDD, W. J.: Cerddi Mr. Williams Parry, *Llenor*, iii, 213–8.

5279 ——— Cerddi'r gaeaf, *Llafar*, haf 1953, 11–17.

5280 HEALY, Desmond: Cerddi'r gaeaf, *Barn*, 20, 232–3.

5281 HUGHES, Donald: 'Rhyfeddodau'r wawr' R. Williams Parry, *Barn*, 87, 53; 'Clychau'r gog', *Barn*, 88, 81–2.

5282 HUGHES, Huw: Yr oriau gofir a gefais, *Eurgrawn*, cl, 125–31, 142–9.

5283 HUGHES, T. Rowland: Bardd yr haf a'r gaeaf, *Efrydydd*, viii, 1931–2, 315–9; ix, 1932–3, 39–40.

5284 HUWS, Blodwen: Atgofion am R. Williams Parry, *BAC*, 18 Ion. 1956, 5.

5285 JONES, Bedwyr Lewis: Awdl 'John Bunyan' R. Williams Parry, *LlC*, ix, 240–1.

5286 ——— Englynion y beddau gan R. Williams Parry, *Haul*, haf 1971, 33–5.

5287 ——— Soned gynharaf R. Williams Parry, *Y Genhinen*, xxi, 185–7.

5288 ——— R. Williams Parry (1884–1956). Cardiff: University of Wales Press on behalf of the Welsh Arts Council, 1972.

5289 ——— (gol.): Rhyddiaith R. Williams Parry. Dinbych: Gwasg Gee, 1974.

5290 JONES, Bobi: Dafydd ap Gwilym ac R. Williams Parry, *YB*, iv, 27–46.

5291 JONES, Charles: Atgofion, *Llafar*, haf 1956, 67–71.

5292 JONES, D. Glyn: Welsh poetry since the war, *PW*, iii/2, 3–16.

5293 JONES, D. Gwenallt: Barddoniaeth gynnar R. Williams Parry, *LlC*, iv, 196–207.

5294 ——— Cerddi'r gaeaf, *BAC*, 18 Chwef. 1953, 7; 25 Chwef., 7.

5295 ——— R. Williams Parry, *Y Genhinen*, vi, 71–8.

5296 JONES, D. Llewelyn: Ein beirdd heddiw, *Traethodydd*, 1955, 145–55.

5297 ——— Hawl ac ateb, *Eurgrawn*, cxlviii, 277–9. (Trafod awdl yr Hwyaden).

5298 JONES, Edgar: Some aspects of modern Welsh poetry, *WO*, iv, 97–103.

5299 JONES, John Aelod: 'I'r addfwyn rhowch orweddfa', *Cymro*, 12 Ion. 1956, 5.

5300 JONES, J. Gwilym: Cyfoethogwyr ein hetifeddiaeth lenyddol, *Traethodydd*, 1965, 164–77.

5301 —— Nodyn ar gyfeiriadaeth, gyda sylw arbennig i ddefnydd R. Williams Parry ohono, *Traethodydd*, 1968, 1–11.

5302 —— Gw. rhif 4972.

5303 —— Rhagymadrodd i R. Williams Parry: Yr Haf a cherddi eraill. Gwasg y Bala, arg. newydd, 1956.

5304 JONES, J. T.: R. Williams Parry a'i soned, *BAC*, 28 Ion. 1972, 6.

5305 JONES, R. Gerallt: R. Williams Parry, y bardd rhamantaidd, *Arloeswr*, viii, 13–23.

5306 —— R. Williams Parry, yn rhif 4436, 73–102.

5307 —— The poetry of R. Williams Parry, *PW*, v/4, 5–13. Gw. hefyd *Triskel One*, 65–74.

5308 —— Yr Haf a cherddi eraill, *Barn*, 63, 107–9; 64, 136–7; 65, 161–2; 66, 192–3.

5309 JONES, T. Gwynn: The literary outlook in Wales, *WO*, vii, 87–90.

5310 LEWIS, Saunders: Barddoniaeth Mr. R. Williams Parry, *Llenor*, i, 139–48.

5311 —— R. Williams Parry, bardd trasiedi bywyd, *Barn*, 113, y Gwrandawr, III.

5312 LLOYD, D. Tecwyn: R. Williams Parry. Llandybïe: Llyfrau'r Dryw, 1967. (Cyfres Pamffledi Llenyddol Cyfadran Addysg Aberystwyth, 7).

5313 —— R. Williams Parry, *yn* Safle'r gerbydres, 143–63. Gw. rhif 3871.

5314 LLYWELYN-WILLIAMS, Alun: Priodol iaith y prydydd, *EA*, xix, 1–21. Adarg. yn rhif 4457.

5315 —— Robert Williams Parry: er cof, *Llafar*, Gŵyl Ddewi 1956, 3–6.

5316 —— Y broses greadigol: dwy soned gan R. Williams Parry, *YB*, viii, 240–9.

5317 MIGNEDD: Ysgrif goffa, *BAC*, 11 Ion. 1956, 4.

5318 MORGAN, Derec Llwyd: 'Tylluanod', *Barn*, 25, 26; 'Y llwynog', *Barn*, 50, 53.

5319 MORGAN, Prys: Manylder cyfewin R. Williams Parry, *Y Genhinen*, xxii, 31–3.

5320 PARRY, Thomas: Megis seren wib, *Taliesin*, xxiii, 49–56.

5321 —— Enaid digymar heb gefnydd, *Traethodydd*, 1972, 141–55.

5322 PARRY, T. Emrys: Twf cerddi a swydd y bardd, *YB*, ii, 168–99.

5323 —— 'Cysur henaint' R. Williams Parry, *YB*, iii, 194–201.

5324 —— Sylwadau ar fydryddiaith, cystrawen a chywreinrwydd crefft rhai o sonedau R. Williams Parry, *YB*, v, 183–203.

5325 —— Syniadau beirniadol R. Williams Parry, *YB*, vii, 121–44.

5326 —— Astudiaeth feirniadol o farddoniaeth R. Williams Parry, *TYCCh*, 1042.

5327 —— Barddoniaeth Robert Williams Parry: astudiaeth feirniadol. Dinbych: Gwasg Gee, 1973. Adol. PARRY, T. *Y Faner*, 28 Medi 1973.

5328 PARRY-WILLIAMS, T. H.: Colli Robert Williams Parry *yn* Myfyrdodau. Gwasg Aberystwyth, 1957. 65–8.

5329 PHILLIPS, William: Cyffelybiaethau R. Williams Parry, *Traethodydd*, 1960, 85–91.

5330 REES, John Roderick: 'Rhyfeddodau'r wawr', *Barn*, 36, 355.

5331 RICHARDS, Thomas: Teithiau gyda bardd, *Llafar*, haf 1956, 58–63.

5332 RICHARDS, W. Leslie: Bardd yr haf a'r gaeaf, *WA*, v, 99–106.

5333 ROBERTS, E. Jones: Yr haf a cherddi eraill, *Cymru*, lxviii, 123–7.

5334 ROBERTS, Hywel D.: Prifardd y dyffryn – R. Williams Parry. Llyfrgell Sir Gaernarfon, 1974. (Darlith flynyddol llyfrgell Pen-y-groes, 1973–74).

5335 ROBERTS, Kate: Y bardd a'r cyfaill, *BAC*, 11 Ion. 1956, 5.

5336 —— Ledled Cymru, *BAC*, 18 Ion. 1956, 4. (Ar ryddiaith R.W.P.).

5337 ROBERTS, T. Lloyd: Teyrnged disgybl, *Cymro*, 12 Ion. 1956, 10.

5338 ROWLANDS, Dafydd: Y ceiliog ffesant, *Barn*, 78, 165.

5339 —— Cerddi'r gaeaf, *Barn*, 122, 79–80; A. E. Housman, *Barn*, 125, 229–30; 'Eifionydd', *Barn*, 127, 323–4.

5340 S.: Yr haf a cherddi eraill, *Athro*, i, 1928, 30–2, 65–7, 98.

5341 TILSLEY, Gwilym R.: Barddoniaeth R. Williams Parry, *Eurgrawn*, cxlviii, 197–202.

5342 THOMAS, Enoch: Yr haf a cherddi eraill, *Barn*, 2, 54–5; 3, 88–9; 5, 155–6; 6, 188–9; 7, 219; 9, 273–4.

5343 THOMAS, Gwyn: Yr haf a'r gaeaf, *YB*, iii, 143–93.

5344 THOMAS, Stafford: Williams Parry a finnau, *HC*, 23 Ion. 1956, 6.

5345 WIL IFAN: R. Williams Parry, *Y Genhinen*, vi, 79–82.

5346 WILLIAMS, Emrys Llewelyn: Cofio bardd yr haf, *Y Genhinen*, xiv, 70–2.

5347 —— Atgofion am R. Williams Parry, *BAC*, 25 Ion, 1956, 3.

5348 WILLIAMS, Huw Llewelyn: Atgofion, *Llafar*, haf 1956, 73–5.

5349 —— R. Williams Parry, *Y Drysorfa*, 1956, 62–6.

5350 WILLIAMS, J. E. Caerwyn: Barddoniaeth y Dr. R. Williams Parry, *Traethodydd*, 1952, 145–60.

5351 WILLIAMS, J. O.: Robert Williams Parry, *Y Genhinen*, vi, 65–70.

5352 WILLIAMS, R. Bryn: Rhai atgofion am R. Williams Parry, *Taliesin*, xx, 110–17.

T. H. Parry-Williams

Ceir rhestr o weithiau'r awdur yn rhif 5353, 139–55 gan David Jenkins. Gw. hefyd rhif 5384, [19].

5353 AMRYW: Cyfrol deyrnged Syr Thomas Parry-Williams, wedi ei golygu gan Idris Foster. Llys yr Eisteddfod Genedlaethol, 1967. Hefyd *Traethodydd*, Hyd. 1975, rhifyn coffa; *PW*, x, i.

5354 BOWEN, Euros: Oes aur y delyneg, *Haul*, haf 1955, 19–22.

5355 CYNAN: Llywydd llys yr eisteddfod genedlaethol, yn rhif 5353, 133–8.

5356 DAVIES, Cassie: Aberystwyth 1914–19, yn rhif 5353, 109–13.

5357 DAVIES, J. Breese: Yr ysgrif, *Eurgrawn*, cxxiii, 53–7.

5358 DIENW: Arwr eisteddfod Gwrecsam, *BAC*, 26 Medi 1912, 2.

5359 DIENW: Coleg Aberystwyth: y gadair Geltaidd, *BAC*, 27 Medi 1919, 6.

5360 EDWARDS, Hywel: Y cerddi yn *OBWV*, *Barn*, 80, 221–2.

5361 EDWARDS, Goronwy: Rhydychen 1909–11, yn rhif 5353, 105–9.

5362 EVANS, Gwilym J.: Cerddi a rhigymau ac ysgrifau T. H. Parry-Williams, *Llenor*, xv, 103–14.

5363 GRUFFYDD, R. Geraint: Dwy gerdd, *YB*, vii, 160–6.

5364 GWYNDAF: Aberystwyth 1932–5, yn rhif 5353, 122–5.

5365 HUGHES, Donald: '1904' a 'Dychwelyd', *Barn*, 92, 218–9.

5366 JONES, Bobi: T. H. Parry-Williams, yn rhif 132, 85–97.

5367 JONES, Dafydd Glyn: Agweddau ar waith T. H. Parry-Williams a Samuel Beckett, *YB*, ii, 271–301.

5368 JONES, E. D.: Aberystwyth 1923–6, yn rhif 5353, 117–22.

5369 JONES, Islwyn: Aberystwyth 1949–52, *ib.*, 126–9.

5370 JONES, J. Gwilym: Yr ysgrifau, *ib.*, 42–8.

5371 JONES, J. Gwyn: Athroniaeth cerddi'r Athro T. H. Parry-Williams, *Efrydydd*, viii, 1931–2, 29–32.

5372 JONES, J. Tysul: Myfyrdodau (T. H. Parry-Williams), *Barn*, 63, 78–9; 64, 109–10; 66, 164–5.

5373 ——— Aberystwyth 1920–3, yn rhif 5353, 113–6.

5374 JONES, R. Gerallt: Barddoniaeth Thomas Parry-Williams, *Barn*, 132, 550–2.

5375 ——— The poetry of Thomas Parry-Williams, *Triskel Two*, 62–87.

5376 JONES, Thomas: Yr ysgolhaig, yn rhif 5353, 85–95.

5377 LEWIS, Saunders: T. H. Parry-Williams: gwerthfawrogiad, *Llafar*, haf 1955, 3–14. Adarg. gyda pheth talfyrru yn rhif 5353, 96–104.

5378 LLOYD, D. Myrddin: Y beirniad llenyddol, yn rhif 5353, 73–84.

5379 LLOYD, D. Tecwyn: T. H. Parry-Williams, *Barn*, 58, 248.

5380 LLOYD, Dewi: Cerddi T. H. Parry-Williams, *Barn*, 52, 101–2.

5381 LLYWELYN-WILLIAMS, Alun: Bardd y rhigymau a'r sonedau, yn rhif 5353, 26–41.

5382 MILLWARD, E. G.: Anfarwol nwyd, *YB*, viii, 250–60. (Trafod ('Y Ddinas').

5383 MORGAN, Dyfnallt: Casgliad o gerddi ac ysgrifau T. H. Parry-Williams rhwng 1907 a 1928, ac astudiaeth o deithi meddwl yr awdur yn y cyfnod hwnnw, *TYCCh*, 1040.

5384 ——— Rhyw hanner ieuenctid: astudiaeth o gerddi ac ysgrifau T. H. Parry-Williams rhwng 1907 a 1928. Abertawe: Gwasg John Penry, 1971.

5385 MORGAN, T. J.: Yr adnoddau llenyddol, yn rhif 5353, 49–72.

5386 ——— T. H. Parry-Williams, yn rhif 4383, 187–211.

5387 PARRY-WILLIAMS, T. H.: Syr Thomas Parry-Williams yn ateb cwestiynau'r golygydd, *YB*, vii, 145–159.

5388 ROWLANDS, John: Wêr-an-têr: agwedd ar waith T. H. Parry-Williams, *YB*, vii, 167–83.

5389 TILSLEY, Gwilym R.: Cerddi'r eisteddfod, yn rhif 5353, 13–25.

5390 THOMAS, W. E.: Dau fardd, *Taliesin*, vi, 29–47; vii, 57–71. (T.H.P.W. a Baudelaire).

5391 THOMAS, W. J.: Llenyddiaeth Gymraeg ddiweddar a chrefydd, *Traethodydd*, 1938, 157–64.

5392 WILLIAMS, J. E. Caerwyn: Bardd myfyrdod *yn* Llên doe a heddiw, 63–88. Gw. rhif 5095.

5393 ——— The poetry of T. H. Parry-Williams, *PW*, vi/1, 5–13.

5394 WILLIAMS, Jonah Wyn: Rhigymau yr Athro T. H. Parry-Williams, *Y Genhinen*, v, 108–9.

5395 WILLIAMS, Roger: 'Hon', *Barn*, 115, 190.

Iorwerth C. Peate

5396 DAVIES, Aneirin Talfan: Y deyrnas goll *yn* Sylwadau, 83–92. Gw. rhif 4384.

5397 JONES, R. Gerallt: Canu chwarter canrif, yn rhif 4436, 130–2.

5398 MORGAN, Dyfnallt: Cerddi chwarter canrif, *Barn*, 37, 24; 38, 58–9; 39, 87; 40, 115–16.

5399 PEATE, Iorwerth C.: Ateb cwestiynau, *Barn*, 135, 108–9.

5400 REES, J. Roderick: 'Y sampler', *Barn*, 38, 59.

Caradog Prichard

5401 ASHTON, Glyn: Cynghanedd Caradog Prichard, *Lleufer*, xix, 63–6.

5402 EVANS, Elsbeth: Barddoniaeth Mr. Caradog Prichard, *Llenor*, xxi, 113–25; xxii, 19–35.

5403 GRUFFYDD, W. J.: Sylwadau ar y bryddest 'Penyd', *Llenor*, vii, 189–92.

5404 JONES, Bobi: Eiddo y cyfryw rai, *Barn*, 69, 234–6. (Sylwadau ar Un nos olau leuad).

5405 JONES, R. Gerallt: Canu cyfoes, yn rhif 4436, 133.

5406 LEWIS, Saunders: 'Y briodas': dehongliad, *Llenor*, vi, 206–12.

Kate Roberts

Ceir rhestr ddethol o gyhoeddiadau'r awdur yn rhif 5407, 209–24, gan David Jenkins.

5407 AMRYW: Kate Roberts: cyfrol deyrnged, wedi ei golygu ar ran yr Academi Gymreig gan Bobi Jones. Dinbych. Gwasg Gee, 1969.

5408 DAVIES, Aneirin Talfan: Nofelydd a bardd *yn* Gyda gwawr y bore. Llandybïe: Llyfrau'r Dryw, 1970. 129–33.

5409 DAVIES, Cassie: Cenedlaetholreg, yn rhif 5407, 199–205.

5410 DAVIES, John: Traed mewn cyffion, *Barn*, 109, 216; 110, 52–3; 111, 80.

5411 DAVIES, Pennar: The short stories of Kate Roberts, *Triskel One*, 11–26.

5412 ENOCH, M. David: Tywyll heno a'r seiceiatryddion, *Barn*, 97, 9–11. (Ateb i Gwilym O. Roberts, gw. rhif 5451).

5413 GRIFFITHS, Bruce: Prynu dol, *Y Genhinen*, xx, 105–9.

5414 HUGHES, Mathonwy: Atgofion cydweithiwr, yn rhif 5407, 195–9.

5415 HUMPHREYS, Emyr: Traed mewn cyffion, *ib.*, 51–60.

5416 ISAAC, Nora: Kate Roberts a byd plant, *ib.*, 41–50.

5417 JENKINS, Dafydd: Kate Roberts, nofelydd, *Lleufer*, xiii, 83–8.

5418 JONES, Bobi: Y frenhines ddioddefus, *Traethodydd*, 1964, 145–54. (Ar Stryd y glep a Y byw sy'n cysgu).

5419 ——— Rhyddiaith wedi'r rhyfel: Kate Roberts, *Barn*, 59, 276–7.

5420 ——— Nofelau Kate Roberts, *Barn*, 60, 306–7.

5421 ——— Storïau byrion Kate Roberts, *Barn*, 62, 38–9.

5422 JONES, Dafydd Glyn: Tegwch y bore, yn rhif 5407, 122–41.

5423 ——— Gobaith a storïau eraill, *Barn*, 129, 404–5.

5424 JONES, D. Gwenallt: Y ddwy wraig, yn rhif 5407, 142–66.

5425 JONES, Derwyn: Kate Roberts, *Arloeswr*, iii, 18–28.

5426 JONES, Dewi Lloyd: Kate Roberts, *Eurgrawn*, cxxx, 462–7.

5427 JONES, Eluned Ellis: Disgrifiadau a chymariaethau trawiadol, priod-ddulliau, geiriau ac ymadroddion tafodieithol Arfon, o lyfrau'r Dr. Kate Roberts, *AA*, 7, 15–29.

5428 JONES, Geraint Wyn: Y cefndir yn storïau Kate Roberts, *Lleufer*, xix, 189–93.

5429 ———— Tywyll heno: astudiaeth o'r gwewyr enaid modern, *YB*, vii, 184–208.

5430 JONES, Gwilym R.: Kate Roberts a'r *Faner*, yn rhif 5407, 192–4.

5431 JONES, J. Gwilym: Y byw sy'n cysgu, *ib.*, 111–21.

5432 ———— Tywyll heno, *Barn*, 5, 150–1.

5433 JONES, R. Gerallt: An introduction to the work of Kate Roberts, *AWR*, ix/24, 10–21.

5434 JONES, Rhiannon Davies: Dwy nofel fer (Stryd y glep a Tywyll heno), yn rhif 5407, 79–94.

5435 LEWIS, Alun T.: Crefft y storïau byrion, *ib.*, 61–78.

5436 LEWIS, Saunders: Celfyddyd Miss Kate Roberts, *BAC*, 3 Gorff. 1924, 5.

5437 ———— Cwrs y byd, *BAC*, 1 Meh. 1949, 8. (Ar Stryd y glep).

5438 LLOYD, D. Myrddin: Kate Roberts, yn rhif 4383, 213–29.

5439 LLYWELYN-WILLIAMS, Alun: Arfon Kate Roberts, yn rhif 5407, 14–23.

5440 MILLWARD, E. G.: Te yn y grug, *Barn*, 18, 177–8; 19, 204–5; 20, 234.

5441 MORGAN, Derec Llwyd: Storïau newydd Kate Roberts, *Y Genhinen*, xxiii, 163–6.

5442 ———— Dr. Kate Roberts, *Planet*, ii, 55–9.

5443 ———— Traed mewn cyffion, *Barn*, 115, 192–4.

5444 ———— Tywyll heno, *Barn*, 136, 191–3.

5445 ———— Kate Roberts. Cardiff: University of Wales Press on behalf of the Welsh Arts Council, 1974.

5446 MORGAN, T. J.: Nodiadau ar arddull, yn rhif 5407, 167–81.

5447 OWEN, Dyddgu: Plant Kate Roberts, *Barn*, 39, 82.

5448 PHILLIPS, William: Iaith Te yn y grug, *BAC*, 30 Gorff. 1959, 6.

5449 REES, Winifred: Cyd-athrawes, yn rhif 5407, 188–91.

5450 ROBERTS, Eigra Lewis: Y lôn wen, *ib.*, 24–40.

5451 ROBERTS, Gwilym O.: Tywyll heno o safbwynt seiceiatreg, *Barn*, 95, 297–9. Gw. ENOCH, M. D., rhif 5412.

5452 ROBERTS, Kate: Kate Roberts yn ateb cwestiynau, *Arloeswr*, rhif 3, 18–23.

5453 ———— Rhwng dau (Kate Roberts a'r golygydd), *SG*, lv, 101–8.

5454 —— Kate Roberts yn ateb cwestiynau, *YB*, iii, 202–16.

5455 —— Sgwrs â Derec Llwyd Morgan, *Barn*, 119, y Gwrandawr, I–II.

5456 —— Gwilym R. Hughes yn holi Kate Roberts, *Barn*, 139, 282–3.

5457 —— Holi Kate Roberts, *Mabon* 2 (C), 9–13.

5458 —— Sgwrs â Saunders Lewis, yn rhif 5678, 9–21.

5459 —— Tafodiaith mewn storïau, *Llenor*, x, 55–8.

5460 —— Atgofion, cyfrol 1. Gwasg Tŷ ar y graig, 1972, 7–36.

5461 ROGERS, W. M.: Ychydig nodiadau ar Te yn y grug, *Athro*, Chwef. 1966, 182–5.

5462 ROWLANDS, Emyr: Unigrwydd mewn storïau, *HG*, Hyd. 1972, 28–32.

5463 ROWLANDS, John: Tywyll heno, *Barn*, 71, 302–3.

5464 —— Te yn y grug a Hyn o fyd, yn rhif 5407, 95–110.

5465 RUDDOCK, Gilbert: Te yn y grug, *BAC*, 3 Mawrth 1966, 5; 10 Mawrth, 6; 24 Mawrth, 6; 7 Ebrill, 3; 14 Ebrill, 3; 5 Mai, 2; 19 Mai, 2; 26 Mai, 3.

5466 SAMUEL, Olwen: Atgofion cyn-ddisgybl, yn rhif 5407, 182–8.

R. Silyn Roberts

5467 DIENW: Marw Mr. Silyn Roberts . . . un o wŷr y deffroad, *GG*, 16 Awst 1930, 8.

5468 GRIFFITH, R. A. (Elphin): Eisteddfod genedlaethol Bangor: y farddoniaeth a'i beirniadaeth, *Cymmrodor*, xvi, 154–68.

5469 PARRY, R. Williams: Silyn: atgofion personol, yn rhif 5289, 139–43.

5470 THOMAS, David: Silyn (Robert Silyn Roberts) 1871–1930. Lerpwl: Gwasg y Brython, 1956.

5471 THOMAS, Ffion Mai: R. Silyn Roberts, *Traethodydd*, 1942, 79–94.

R. D. Rowland (Anthropos)

Ceir rhestr o weithiau'r awdur yn rhif 5475, 105–21.

5472 AP GWYNN: I Aberystwyth draw, *Taliesin*, xxiv, 15–18.

5473 HUMPHREYS, E. Morgan: Gwŷr enwog gynt. Aberystwyth: Y Clwb Llyfrau Cymraeg, 1950, 85–94.

5474 OWAIN, O. Llew: Anthropos a Chlwb Awen a Cân. Dinbych: Gwasg Gee, 1967.

5475 —— Bywyd, gwaith ac arabedd Anthropos. Caernarfon: Llyfrfa'r Methodistiaid Calfinaidd, 1953. Ail arg. 1954.

Gwyn Thomas

5476 DAVIES, Bryan Martin: The poetry of Gwyn Thomas, *PW*, vi/2, 5–13.

5477 MORGAN, Dyfnallt: Ystyried cerddi Gwyn Thomas, *YB*, iv, 287–305.

5478 STEPHENS, Elan Closs: The poetry of Gwyn Thomas, *Triskel Two*, 166–81.

D. J. Williams

Ceir rhestr o weithiau'r awdur yn rhif 5479, 161–8, gan David Jenkins, ac yn GRIFFITHS, J. Gwyn (gol.): Y gaseg ddu a gweithiau eraill gan D. J. Williams. Llandysul: Gwasg Gomer, 1970, tt. 160–5, Gweithiau D. J. Williams, gan Gareth Watts.

5479 AMRYW: D. J. Williams, Abergwaun: cyfrol deyrnged, wedi ei golygu ar ran yr Academi Gymreig gan John Gwyn Griffiths. Llandysul: Gwasg Gomer, 1965.

5480 BOWEN, D. J.: Yr athro ysgol, yn rhif 5479, 26–35.

5481 —— Yn bedwar a phedwar ugain oed. *TDd*, Chwef. 1970, 4–6.

5482 DAVIES, Aneirin Talfan: Brogarwr, gwladgarwr, *Barn*, 89, y Gwrandawr, V.

5483 DAVIES, Cassie: Siân, yn rhif 5479, 56–8.

5484 DAVIES, Pennar: Hen wynebau a Storïau'r tir glas, yn rhif, 5479 65–73.

5485 DAVIES, T. J.: Y Bristol Trader, *Barn*, 33, 248.

5486 —— Y swper ola, *Barn*, 89, 123.

5487 ELIS, Islwyn Ffowc: Canu'n iach i D. J. Williams, *BAC*, 29 Ion. 1970, 3.

5488 EVANS, E. Lewis: Hen grefft yr ystorïwr, *Y Genhinen*, i, 143–5.

5489 EVANS, Gwynfor: Ffydd wleidyddol, yn rhif 5479, 106–15.

5490 —— Cyfoeth dynoliaeth fawr D.J., *DdG*, Chwef. 1970, 4–6.

5491 —— Llythyrau oddi wrth D.J., *Taliesin*, xx, 10–16.

5492 EVANS, Gwynfor *a* LEWIS, Saunders: Tributes to D. J. Williams, *AWR*, xix/43, 25–31.

5493 GRIFFITHS, J. Gwyn: Storïau'r tir coch a Storïau'r tir du, yn rhif 5479, 74–93.

5494 —— D. J. Williams, Abergwaun: teyrnged i'r llenor, *Y Genhinen*, xx, 57–61.

5495 —— Earth green and red, *Wales* (KRh), iv/5, 20–3.

5496 JAMES, Carwyn: Yn chwech ar hugain oed, *Barn*, 24, 355–6; 25, 24–5; 26, 88.

5497 JENKINS, Dafydd: D. J. Williams, yn rhif 4383, 231–40.

5498 —— D. J. Williams. Cardiff: University of Wales Press on behalf of the Welsh Arts Council, 1973.

5499 —— Storïau diweddar D. J. Williams, *Y Genhinen*, vi, 7–12.

5500 JONES, Bedwyr Lewis: Darlunio cymdeithas yr hen ardal, *Barn*, 40, 102.

5501 JONES, Bobi: Y llenor ymrwymedig, yn rhif 5479, 138–46.

5502 —— Rhyddiaith wedi'r rhyfel: D. J. Williams, *Barn*, 63, 65–6.

5503 JONES, D. Gwenallt: Y fro: Rhydcymerau, yn rhif 5479, 116–26.

5504 —— Cefndir a thwf, *DdG*, Mehefin 1955, 3–4.

5505 JONES, J. E.: Y gweithiwr gwleidyddol, yn rhif 5479, 36–46.

5506 —— D. J. Williams Abergwaun fel aelod o'r Blaid, *DdG*, Mehefin 1955, 3–4.

5507 —— Gwnaeth y pethau bychain o ddydd i ddydd, *DdG*, Chwef. 1970, 4–6.

5508 JONES, J. Gwilym: Hunangofiant fel llenyddiaeth, *YB*, iii, 127–42.

5509 LAKE, M. Islwyn: D. J. Williams, *Traethodydd*, 1970, 143–8.

5510 LEWIS, Saunders: Arddull, yn rhif 5479, 127–30.

5511 —— D. J. Williams, *Llafar*, Gŵyl Ddewi 1955, 6–17.

5512 —— D. J. Williams, *Barn*, 88, 90–1.

5513 MATHIAS, Roland: Editorial, *AWR*, xviii/42, 3–4.

5514 MORGAN, T. J.: Yr hunan-gofiannydd, yn rhif 5479, 94–105.

5515 REES, D. Ben: Pantycelyn ein rhyddiaith, *Porfeydd*, iii, 53–6.

5516 REES, Ifor: Y llythyrwr, *Barn*, 91, 186.

5517 RICHARDS, W. Leslie: Gorau cyfarwydd, *Taliesin*, xx, 32–40.

5518 —— Hen dŷ ffarm, *Barn*, 51, 80–1; 52, 100–1; 53, 130–1.

5519 ROBERTS, Gomer M.: Gŵr a wnaeth yn fawr o'i dreftadaeth ysbrydol, *DdG*, Chwef. 1970, 4–6.

5520 ROBERTS, Kate: Cymdeithas bro a'r storïwr, yn rhif 5479, 131–7.

5521 —— Cwrs y byd, *BAC*, 20 Ion. 1954, 8. (Ysgrif ar Hen dŷ ffarm).

5522 —— D. J. Williams Abergwaun fel llenor, *DdG*, Mehefin 1955, 3–4.

5523 —— Rhai atgofion deugain mlynedd am D.J., *ib.*, 4–6.

5524 —— D. J. Williams, y Cymro mawr, *BAC*, 15 Ion. 1970, 1.

5525 ROGERS, W. M.: Yn chwech ar hugain oed, *Athro*, xviii, Chwef. 1967, 215–6.

5526 THOMAS, Ned: D. J. *yn* The Welsh extremist, 72–8. Gw. rhif 4841.

5527 VALENTINE, Lewis: Carcharor 8988, yn rhif 5479, 47–55.

5528 —— Apostol Paul y Blaid, *BAC*, 15 Ion. 1970, 1.

5529 —— Y trithro olaf, *DdG*, Chwef. 1970, 4–6.

5530 —— Y Dr. D. J. Williams, *SG*, lxi, 116.

5531 WILLIAMS, D. J.: Dylanwadau: ymgom ag Aneirin Talfan Davies, yn rhif 5479, 147–59.

5532 —— Ymgom â Saunders Lewis, yn rhif 5678, 22–35.

5533 —— Cwest ar adolygiad, *Dysgedydd*, 1954, 111–2.

5534 WILLIAMS, J. E. Caerwyn: Fy nyled i D.J., cyfarwydd Sir Gaerfyrddin, *Taliesin*, xx, 17–31.

5535 WILLIAMS, Waldo: Braslun, yn rhif 5479, 11–25.

5536 —— Y dyn gartref, *DdG*, Mehefin 1955, 3–4.

5537 —— Yn chwech ar hugain oed, *Barn*, 41, 144–5.

5538 —— Yn chwech ar hugain oed, *Y Genhinen*, x, 245–8.

Eliseus Williams (Eifion Wyn)

5539 DIENW: Marw Eifion Wyn . . . ei farddoniaeth olaf, *HC*, 19 Hyd. 1926, 8.

5540 DIENW: Marw Eifion Wyn . . . trem ar ei fywyd a'i waith, *GG*, 18 Hyd. 1926, 7.

5541 ELIDIR SAIS: The poetry of Eifion Wyn, *Wales* (JHE), i, 286–8.

5542 GRUFFYDD, W. J.: Eifion Wyn, yn rhif 4655, 167–78.

5543 GWYLFA: Eifion Wyn, *YM*, x, 56–8.

5544 JONES, J. T.: Eifion Wyn (1867–1926), *BAC*, 13 Ebrill 1967, 7.

5545 LLOYD, D. Myrddin: Eifion Wyn a natur barddoniaeth, *Athro*, viii, Mehefin 1935, 182–5.

5546 MEURYN: Eifion Wyn: ei farddoniaeth ddigymar, *HC*, 26 Hyd. 1926, 6.

5547 PARRY, R. Williams: Eifion Wyn, yn rhif 5289, 118–22.

5548 PEATE, Iorwerth C.: Eifion Wyn, *Eurgrawn*, cxxxviii, 155–9.

5549 WIL IFAN: Marw Eifion Wyn: teyrnged i'w waith, *BAC*, 21 Hyd. 1926, 5.

Islwyn Williams

5550 DAVIES, Alun Oldfield: Islwyn Williams, teyrnged, *Dysgedydd*, 1957, 118–20.

5551 MORGAN, T. J.: Islwyn Williams *yn* Amryw flawd, ysgrifau ac ystorïau. Llandybïe: Llyfrau'r Dryw, 1966. 100–4.

5552 ROBERTS, Kate: Sylwadau ar storïau Islwyn Williams, *YB*, vi, 232–8.

J. O. Williams

5553 WILLIAMS, J. O.: Sgwrs â Saunders Lewis, yn rhif 5678.

5554 WILLIAMS, Robin: J. O. Williams, *Barn*, 134, 66.

R. Bryn Williams

5555 LEWIS, Saunders: Cymry Patagonia *yn* Ysgrifau dydd Mercher, 93–9. Gw. rhif 142.

5556 WILLIAMS, R. Bryn: Ateb cwestiynau, *Barn*, 138, 248–50.

5557 ——— Profiad llenor, *Barn*, 132, 548–9.

R. Dewi Williams

5558 IFANS, W. Ffowc: R. Dewi Williams, *BAC*, 9 Chwef. 1969.

Rhydwen Williams

5559 JONES, Bobi: Yr amharch Rhydwen Williams, *Barn*, 42, 156–9.

Richard Hughes Williams

5560 HUMPHREYS, E. Morgan: Rhagair *yn* Storïau Richard Hughes Williams. Wrecsam: Hughes, 1932.

5561 JONES, T. Gwynn: Dic Tryfan, *Y Geninen*, xxxix, Gŵyl Dewi, 43–6. *Adarg. yn* Cymeriadau, 29–42. Gw. rhif 5215.

5562 OWEN, W. R.: Dic Tryfan, *Y Genhinen*, v, 34–8.

5563 ROBERTS, Kate: Cefndir bywyd Richard Hughes Williams, *FG*, ii, 117–8.

5564 ——— Richard Hughes Williams, *Taliesin*, v, 5–17.

5565 ——— Dau storïwr, *Llafar*, Gŵyl Dewi 1955, 64–76. (R. Hughes Williams a Glasynys).

5566 ——— Dau lenor o ochr Moeltryfan. Llyfrgell Sir Gaernarfon, 1970. (Darlith flynyddol Llyfrgell Pen-y-groes 1970).

Waldo Williams

Ceir rhestr o weithiau'r awdur yn rhif 5568, 309–28, gan B. G. Owens.

5567 AMRYW: Cyfrol deyrnged Waldo Williams, *Y Genhinen*, xxi/3.

5568 AMRYW: Rhifyn Waldo Williams, *Traethodydd*, Hydref 1971.

5569 BEVAN, Hugh: Barddoniaeth y cae agored, *Traethodydd*, 1958, 30–8. ('Mewn dau gae').

5570 ——— 'Cwmwl haf', yn rhif 5568, 296–302.

5571 BOSCO, Y chwaer M.: Atgofion, yn rhif 5568, 240–6.

5572 BOWEN, Euros: Teyrnged i Waldo Williams, *Barn*, 80, y Gwrandawr, I–II.

5573 ——— Waldo a Chrynwriaeth, yn rhif 5568, 247–53.

5574 DAVIES, Pennar: 'A'r brwyn yn hollti', yn rhif 5568, 275–8.

5575 EDWARDS, Hywel: Barddoniaeth Waldo Williams yn *OBWV*, *Barn*, 88, 109–10.

5576   EVANS, W. R.: Atgofion, yn rhif 5568, 209–19.

5577   ———— Waldo: digrifwr neu ddifrifwr?, yn rhif 5567, 104–7.

5578   GRIFFITHS, J. Gwyn: Waldo Williams: bardd yr heddychiaeth heriol, yn rhif 5567, 108–13.

5579   GRIFFITHS, Stephen: Waldo Williams, y Crynwr, *Y Genhinen*, xxii, 15–17.

5580   GRUFFYDD, R. Geraint: 'Oherwydd ein dyfod': cais ar ddehongliad, yn rhif 5568, 292–5.

5581   JONES, Bedwyr L.: 'Mewn dau gae' *yn* Llên doe a heddiw, 51–62. Gw. rhif 5095.

5582   ———— The poetry of Waldo Williams, *PW*, vii/2, 3–13.

5583   ———— Waldo Williams, triniwr daear Dyfed, yn rhif 5568, 261–8.

5584   JONES, Bobi: Dysgub y dail: Waldo, *Barn*, 43, 184–5.

5585   ———— Gŵr gwâdd: Waldo Williams, *Arloeswr*, rhif 2, 19–24.

5586   ———— Atgofion, yn rhif 5568, 219–35.

5587   ———— Ei ewythr Gwilamus, yn rhif 5567, 119–21.

5588   JONES, J. Gwilym: 'Cwmwl haf', yn rhif 5568, 303–8.

5589   JONES, J. Tysul: Atgofion, yn rhif 5567, 122–3.

5590   ———— (gol.): Waldo ar Idwal, *ib.*, 124–7.

5591   JONES, R. Gerallt: Waldo Williams, yn rhif 4436, 124–9.

5592   JONES, T. Llew: Cofio Waldo, yn rhif 5567, 130–2.

5593   LEWIS, Saunders: Dail pren, *Barn*, 105, 254.

5594   LLYWELYN-WILLIAMS, Alun: Dail pren, cerddi gan Waldo Williams, *Lleufer*, xiii, 30–4.

5595   MIGNEDD: Led-led Cymru, *BAC*, 13 Chwef. 1958, 5. (ar 'Mewn dau gae').

5596   MORGAN, Derec Llwyd: Y bardd cenedlaethol, yn rhif 5568, 269–74.

5597   ———— Atgofion, *ib.*, 238–40.

5598   ———— 'Eirlysiau', *Barn*, 26, 60.

5599   MORGAN, T. J.: Atgofion, yn rhif 5567, 235–8.

5600   NICHOLAS, James: Bardd awdl Tyddewi, *ib.*, 246–60.

5601   ———— Waldo, bardd Penfro, yn rhif 5567, 102–3.

5602   ———— Teyrnged i Waldo, *Taliesin*, xxii, 39–45.

5603   OWEN, Dafydd: Y Preselau a Waldo, *Barn*, 121, 33.

5604   ———— Dal pridd y dail pren. Llandybïe: Llyfrau'r Dryw, 1972.

5605   OWENS, B. G.: Casglu gweithiau Waldo Williams, *Traethodydd*, 1973, 250–73.

5606   PARRY, Thomas: Barddoniaeth Waldo Williams, yn rhif 5567, 114–8.

5607 ROWLANDS, John: Ystyried Dail pren, *YB*, iv, 266–86.

5608 —— Nodyn ar gerdd ddi-deitl, yn rhif 5568, 288–91.

5609 THOMAS, Dafydd Elis: 'Mewn dau gae', *ib*., 179–87.

5610 THOMAS, Dewi W.: Dyn od ar y ffordd, yn rhif 5567, 127–30.

5611 WILLIAMS, Gruffydd Aled: Cerdd fach seml Waldo Williams, *YB*, vii, 235–48.

5612 WILLIAMS, Roger J.: 'Eirlysiau', *Barn*, 121, 32–3.

5613 —— 'Yr heniaith', *Barn*, 115, 190–1.

5614 —— 'Y tangnefeddwyr', *Barn*, 127, 322.

W. Crwys Williams (Crwys)

5615 MORGAN, T. J.: Crwys, *Barn*, 64, 91.

5616 NICHOLAS, T. Gary: Crwys: astudiaeth o'i gerddi a'i gysylltiadau llenyddol, *TYCCh*, 1041.

5617 RICHARDS, Brinley: Crwys *yn* Hamddena. Abertawe: Gwasg John Penry, 1972. 106–15.

5618 WILLIAMS, Stephen J.: Crwys, *Y Genhinen*, xix, 120–2.

RHAI FFURFIAU LLENYDDOL

I. YR ENGLYN

5619 DAVIES, Aneirin Talfan: Blodeugerdd o englynion. Llandybïe: Llyfrau'r Dryw, [1951]. Rhagymadrodd.

5620 —— Y bardd fel crefftwr *yn* Englynion a chywyddau. Llandybïe: Llyfrau'r Dryw, 1958.

5621 DAVIES, Cassie: Yr elfen epigramatig yn llenyddiaeth Cymru, *BAC*, 9 Awst 1932, 6.

5622 DAVIES, Jacob: Mesurwr dyn ac englyn, *Barn*, 98, y Gwrandawr, 11. (Sôn am Dewi Hafhesp).

5623 DAVIES, J. Glyn: The englyn trisectual long-line in early Welsh metrics, *ZCP*, xvii, 113–28.

5624 EVANS, D. Emrys: Yr epigram a'r englyn, *Llenor*, i, 158–86.

5625 GRUFFYDD, W. J.: Blodeuglwm o englynion. Abertawe: Morgan a Higgs, [1920]. Rhagymadrodd.

5626 HUWS, Dafydd Islwyn: Yr englyn digri, *Y Genhinen*, xx, 30–3.

5627 JONES, D. Gwenallt: Beirniadaeth yr englyn, *CEG*, Bae Colwyn, 1947, 93–5.

5628 JONES, T. Gwynn: Yr englyn Cymraeg: ei fonedd a'i dras, *BAC*, 28 Ion. 1926, 5.

5629 —— Y gelfyddyd gwta: englynion a phenillion. Gwasg Aberystwyth, 1929. (Y gyfres ddeunaw, rhif 1). Rhagair.

5630 —— Cynghanedd *yn* Beirniadaeth a myfyrdod. Wrecsam: Hughes, 1935. 55–9.

5631 —— Englyna, *ib.*, 69–74.

5632 —— Yr awen barod: cyfrol goffa Gwilym Deudraeth, gol. J. W. Jones. Blaenau Ffestiniog, 1943. Rhagair.

5633 —— Oriau'r awen, gan Dewi Havhesp. Gwasg y Bala: Robert Evans, 1927. Rhagymadrodd.

5634 PARRY, R. Williams: Beirniadaeth yr englyn, *CEG*, Pontypŵl, 1924, 93–6.

5635 —— Beirniadaeth yr englyn, *CEG*, 1926, Abertawe, 176–9.

5636 PARRY, Thomas: Rhagymadrodd – yr englyn, yn rhif 5620, v–ix.

5637 ROWLAND, R. D.: Englynion ac englynwyr Cymru, *BAC*, 19 Medi 1906, 6.

5638   RHŶS, John: The origin of the Welsh englyn and kindred metres, *Cymmrodor*, xviii, 1–185. (Am y ddadl yn erbyn damcaniaeth Rhŷs gw. MORRIS-JONES, J.: Cerdd dafod, 318. Gw. rhif 150). Gw. hefyd rhifau 1535–41.

II. Y DELYNEG

5639   BOWEN, Euros: Oes aur y delyneg, *Haul*, 1955, 19–22.

5640   EURFAB: Nodweddion y delyneg, *TG*, 7 Rhag. 1911, 2.

5641   GRUFFYDD, W. J.: Gw. rhif 4655 ar Eifion Wyn.

5642   ——— Gwneuthur blodeugerdd *yn* Y Flodeugerdd Gymraeg. Gw. rhif 3739.

5643   ——— Y delyneg yn y byd modern, *BAC*, 4 Chwef. 1936, 7.

5644   HUGHES, R. Edmund: Nodion ar y delyneg, *Eurgrawn*, cxxi, 369–74, 418–21.

5645   HUWS, Morfudd Llwyd: Datblygiad y delyneg mewn llenyddiaeth Gymreig, *TYCCh*, 916.

5646   JONES, A. Gwynn: Y delyneg, *Y Genhinen*, v, 172–5.

5647   JONES, T. Gwynn: Rhagymadrodd *yn* Rhwng doe a heddiw: casgliad o delynegion Cymraeg, dan olygiaeth W. S. Gwynn Williams. Wrecsam: Hughes, 1926.

5648   LEWIS, H. Elfed: Y delyneg Gymreig, *TG*, 23 Tach. 1911, 4.

5649   MORGAN, Derec Llwyd: Drwg-effeithiau'r delyneg, *Y Genhinen*, xx, 62–5.

5650   PARRY, R. Williams: Celfyddyd y delyneg, *Brython*, 17 Mehefin 1937, 2.

5651   ——— Am delynegion, yn rhif 5289, 47–51.

5652   ——— Beth yw telyneg? yn rhif 5289, 55–9.

5653   PARRY-WILLIAMS, T. H.: Elfennau barddoniaeth, Caerdydd, 1935. 19–65.

5654   RICHARDS, W. Leslie: Y delyneg *yn* Ffurfiau'r awen, detholiad o farddoniaeth Gymraeg. Llandybïe: Llyfrau'r Dryw, 1961. 44–5.

5655   WILLIAMS, T.: Beth am y delyneg? *TG*, 7 Rhag. 1911, 2.

III. Y SONED

5656   DAVIES, Eirian: Beirniadaeth ar y soned Betrarchaidd, *CEG*, Aberdâr 1956, 79–81.

5657   DAVIES, J. Breese: Y soned *yn* Ysgrifau J. Breese Davies, Gw. rhif 4116. 51–9.

5658   DAVIES, Pennar: Beirniadaeth ar soned ar fesur 'Rhyfeddodau'r wawr', *CEG*, Caerdydd 1960, 68–71.

5659   JONES, D. Gwenallt: Beirniadaeth ar y soned, *CEG*, Bangor 1943, 68–71.

5660 JONES, Herman: Y soned yn Gymraeg (hyd 1900), *TYCCh*, 917.

5661 —— Y soned yn Gymraeg hyd 1900. Llandysul: Gwasg Gomer, 1967.

5662 MORGAN, Derec Llwyd: Y soned Gymraeg. Llandybïe: Llyfrau'r Dryw, 1967. (Cyfres pamffledi llenyddol Cyfadran Addysg Aberystwyth, rhif 13).

5663 PARRY-WILLIAMS, T. H.: Elfennau barddoniaeth, 68–82. Gw. rhif 5653.

5664 PEATE, Iorwerth C.: Y soned *yn* Ym mhob pen, 108–10. Gw. rhif 4168.

5665 RICHARDS, W. Leslie: Y soned *yn* Ffurfiau'r awen, 63–5. Gw. rhif 5654.

5666 ROBERTS, R. Silyn: Beirniadaeth ar y soned, *CEG*, Caernarfon, 1906.

IV. Y STORI FER

5667 GRIFFITH, Ifor Bowen: Y gwir sydd wir, *Lleufer*, xii, 138–40.

5668 GRUFFYDD, W. J.: Nodiadau'r golygydd, *Llenor*, vi, 66–7.

5669 JENKINS, Dafydd: Y stori fer Gymraeg. Llandybïe: Llyfrau'r Dryw, 1966. (Cyfres pamffledi llenyddol Cyfadran Addysg Aberystwyth, rhif 11).

5670 JONES, Bobi: Rhyddiaith wedi'r rhyfel, *Barn*, 58, 250–1.

5671 —— Rhai storiwyr byrion, *Barn*, 70, 260–2.

5672 —— Rhai cyfarwyddiaid, *Barn*, 71, 289–91.

5673 JONES, Derwyn: Nodyn ychwanegol ar gychwyn y stori fer, *YB*, v, 181–2.

5674 JONES, Harri Pritchard: Ystorïau heddiw, *Barn*, 60, 319–20; 62, 52–3.

5675 JONES, John Gwilym: Beirniadaeth ar y stori fer, *CEG*, Maldwyn, 1965, 164–5.

5676 —— Beirniadaeth ar y fedal ryddiaith, *CEG*, Y Barri, 1968, 114–9.

5677 JONES, Thomas Gwynn: Yr ystori fer, *BAC*, 6 Mawrth 1915, 1.

5678 LEWIS, Saunders (gol.): Crefft y stori fer. Aberystwyth: Y Clwb Llyfrau Cymreig, 1949. (Sgyrsiau â Kate Roberts, D. J. Williams, J. O. Williams, Islwyn Williams, J. Gwilym Jones).

5679 MORGAN, T. J.: Rhyddiaith Gymraeg – rhagarweiniad, *THSC*, 1948, 228–35.

5680 PARRY, R. Williams: Mabinogi Cymru newydd, yn rhif 5289, 42–6.

5681 PARRY, Thomas: Beirniadaeth ar y stori fer, *CEG*, Caerdydd, 1939, 135–8.

5682 PARRY-WILLIAMS, T. H. (gol.): Ystorïau heddiw: detholiad gyda rhagymadrodd. Y Clwb Llyfrau Cymreig, 1938.

5683 ROBERTS, Kate: Y stori fer Gymraeg, *BAC*, 21 Ebrill 1931, 5.

5684 —— Sut i ysgrifennu stori fer, *Lleufer*, vii, 3–7.

5685 —— Creu stori fer, yn rhif 4381, 50–7.

5686 —— Cychwyn y stori fer Gymraeg, *YB*, iv, 198–209.

5687 —— Cystadleuaeth storïau byrion, *Barn*, 33, 245.

5688 —— Dau lenor o ochr Moeltryfan. Gw. rhif 5566.

5689 ROWE, Dilys: The significance of Welsh short story writers, *Wales* (KRh), v, 96–100.

5690 WILLIAMS, D. J.: Beirniadaeth ar dair stori fer, *CEG*, Machynlleth, 1937, 293–300.

5691 —— Storïau heddiw, *Barn*, 8, 243–4.

5692 —— Y tŷ nid o waith llaw, *Lleufer*, vi, 32–4.

5693 WILLIAMS, Islwyn: Beirniadaeth ar y stori fer, *CEG*, Bae Colwyn, 1947, 158–63.

V. Y NOFEL

5694 AMRYW: Wyth o nofelwyr yn siarad, *LlLl*, 13, 17–26; 14, 20–3. (Marion Eames, John R. Evans, T. Wilson Evans, Beti Hughes, Emyr Jones, T. Llew Jones, Eigra Lewis Roberts, John Rowlands).

5695 BEVAN, Hugh: Darllen nofelau, *Llenor*, xxvii, 159–69.

5696 DAVIES, D. T.: Y nofelau newydd, *Llenor*, vi, 153–8.

5697 DAVIES, E. Tegla: Y brif nofel: Eisteddfod Genedlaethol Aberafan, 1932, *BAC*, 23 Awst 1932, 6.

5698 DAVIES, J. J. a JONES, Bryn: Nofelau Cymraeg 1900–1962. Llyfrgelloedd Cyhoeddus Caerdydd, 1963. (Llyfryddiaeth ddyblygedig).

5699 DAVIES, John: Straeon gwyddonias, *Porfeydd*, i, 143–5.

5700 DAVIES, Pennar: Tri llais o'r ymylon, *Barn*, 77, 122. (G. Dyfnallt Owen, W. Leslie Richards, J. Rowlands).

5701 EDWARDS, Alun R.: Ateb i W. J. Jones, *Barn*, 5, 150. Gw. rhif 5729.

5702 EDWARDS, Hywel Teifi: Peth rhyddiaith ddiweddar, *Porfeydd*, ii, 172–5.

5703 ELIS, Islwyn Ffowc: Y nofelydd, *Arloeswr*, rhif 1, 4–9.

5704 —— The Welsh novel, *WU*, rhif 2, 48–56.

5705 —— Y nofel Gymraeg, *Lleufer*, xvi, 27–31.

5706 —— Nofelau newydd, *DdG*, Ion. 1959, 5.

5707 —— Y nofelydd a'i gymdeithas, *Taliesin*, i, 78–88.

5708 —— The modern novel in Welsh, *AWR*, xv/36, 20–6.

5709 ────── Thema yn y nofel Gymraeg. Llandybïe: Llyfrau'r Dryw, 1962. (Cyfres pamffledi llenyddol Cyfadran Addysg Aberystwyth, 4).

5710 ETHALL, Huw: Apologia rhyddiaith, *Porfeydd*, iii, 94–6. (Ateb i Hywel Teifi Edwards yn ii, 172).

5711 EVANS, T. Wilson: Y frwydr i greu, *LlLl*, 3, 1–2.

5712 HUGHES, Beti: Sgwrs â Beti Hughes, *Barn*, 104, 238–9.

5713 HUGHES, Mary: Sgwrs â Mary Hughes, *Barn*, 102, 181–2.

5714 HUMPHREYS, Emyr: Y nofel gyfoes yng Nghymru, *Lleufer*, xviii, 4–8.

5715 JENKINS, Dafydd: Y nofel, yn rhif 3665, 245–54.

5716 ────── Nofelau'r goler gron, *Taliesin*, xi, 98–104.

5717 ────── Y nofel: datblygiad y nofel Gymraeg ar ôl Daniel Owen. Llyfrau'r Castell, Caerdydd, 1948: Adol. HUGHES, Garfield H. *Fflam*, 9, 57–9.

5718 ────── (gol.): Helyntion bywyd hen deiliwr gan William Rees (Gwilym Hiraethog). Aberystwyth: Y Clwb Llyfrau Cymreig, 1940. Rhagymadrodd, xi–lxv. (Hanes nofelau Cymraeg cynnar). Adol. LEWIS, Saunders *BAC*, 24 Gorff. 1940, 3.

5719 JONES, Bobi: Serenâd, *Barn*, 68, 208–10. (Ar Jane Edwards, Eigra L. Roberts a Rhiannon D. Jones).

5720 ────── Eiddo y cyfryw rai, *Barn*, 69, 234–6. (Caradog Prichard a Gerallt Jones).

5721 ────── En una noche oscura, *Barn*, 73, 8–10. (Ar Pennar Davies, Emyr Jones a T. Wilson Evans).

5722 ────── Rhyddiaith heb henaint, *Barn*, 74, 40–1.

5723 JONES, Dafydd Glyn: Prif gynhyrchion y Fflint, *Barn*, 84, 320–1. (ar y Fedal Ryddiaith).

5724 JONES, Emyr: Rhyfel 'rhen sarjant, *LlLl*, 6, 12–13. (Sylwadau ar ei nofel ei hun, Gwaed gwirion).

5725 JONES, Geraint Vaughan: Gweinidogion ac ati, *Barn*, 64, 94–6.

5726 JONES, John Gwilym: Y nofel, *Taliesin*, xv, 50–62.

5727 JONES, R. Gerallt: Ar ymyl y ddalen, *Barn*, 37, 4.

5728 ────── Y traddodiad ar drai, *Taliesin*, xiv, 64–76. Adarg. yn rhif 4436, 62–72.

5729 JONES, W. J.: Y busnes cystadlu 'ma, *Barn*, 4, 102. Gw. rhif 5701.

5730 LLOYD, D. Tecwyn: Y nofelydd a'r achos mawr, *Arloeswr*, iii, 27–33.

5731 ────── Nofelau am wyddoniaeth, *Traethodydd*, 1960, 125–32.

5732 ────── Gwales eto, *Y Genhinen*, xxiii, 33–5.

5733 ────── Gwaed gwirion, *Barn*, 79, 190–1; 80, 219–21.

5734 MACWYES Y LLYN: Y nofel Gymreig, *Cymru*, xl, 197–204.

5735　OWEN, J. Dyfnallt: Pennod yn hanes y nofel Gymraeg *yn* Ar y tŵr, 68–72. Gw. rhif 4509.

5736　ROBERTS, D. J.: Y gweinidog mewn nofelau Cymraeg, *Dysgedydd*, 1961, 87–91, 155–9.

5737　ROBERTS, Eigra Lewis: Creu nofel, yn rhif 4381, 58–74.

5738　ROBERTS, Enid M.: A ydyw'r 'nofel genedlaethol' yn darfod? *DdG*, Hyd. 1962, 5.

5739　ROBERTS, Kate: Y nofel Gymraeg, *Llenor*, vii, 211–6.

5740　―――― Nofelau a storïau Cymraeg: anfantais sgrifennu at gystadleuaeth, *BAC*, 3 Gorff. 1928, 5. (Trafod rhai nofelau).

5741　―――― Nofelwyr o blith y merched, *BAC*, 29 Tach. 1950, 7.

5742　―――― Nofelau, *BAC*, 28 Gorff. 1954, 8.

5743　―――― Yr eisteddfod a'r nofel, *BAC*, 31 Gorff. 1958, 2.

5743A ―――― Y nofel gyfoes, Llên doe a heddiw, 9–18. Gw. rhif 5095.

5744　ROBERTS, O. Nicholas: Y nofel Gymraeg gyntaf, *Eurgrawn*, cxxii, 10–13.

5745　ROBERTS, W. Lloyd: Datgymalwyd ei wreiddiau, *Barn*, 94, 265. (Ar W. J. Gruffydd, y Glog).

5746　ROWLANDS, John: Yr eisteddfod a'r nofel, 1938–1962, *Barn*, 15, 86–7.

5747　―――― Ein nofelau diweddar, *Barn*, 37, 16.

5748　SODLAU SEGUR: Y dyddiadur, *Y Genhinen*, xiv, 110–12. (Ar iaith nofelau Cymraeg).

5749　WILLᴵAMS, R. Hughes: Y nofel yng Nghymru, *Traethodydd*, 1909, 121–6.

5750　Y DYN DWAD: Tosturi'r nofelwyr mwyaf, *Dysgedydd*, 1949, 93–5.

VI. YR YSGRIF

5751　DAVIES, J. Breeze: Yr ysgrif *yn* Ysgrifau J. Breeze Davies, 61–8. Gw. rhif 4116.

5752　ELIS, Islwyn Ffowc: Beirniadaeth ar yr ysgrif, *CEG*, Ystradgynlais, 1954, 176–9.

5753　EVANS, Glyn: Datblygiad yr ysgrif fel ffurf lenyddol yn y Gymraeg, *TYCCh*, 915.

5754　―――― Yr ysgrif Gymraeg. Llandybïe: Llyfrau'r Dryw, 1964. (Cyfres pamffledi llenyddol Cyfadran Addysg Aberystwyth, 8).

5755　LLWYD, D. Tecwyn: Am ysgrifau Cymraeg, *Heddiw*, iii, 246–9. (Rhai tudalennau wedi eu camrifo; 346–9 a ddylai fod).

5756　ROBERTS, Morris Selyf: Yr ysgrif, *Eurgrawn*, cxlix, 38–44, 57–61, 92–6, 118–22.

5757　ROWLANDS, Dafydd: Yr ysgrif, *Barn*, 121, 32.

VII. Y DDRAMA

i. Cyffredinol

5758 BERRY, R. G.: The drama in Wales, *WO*, xv, 213–5.

5759 —— Y ddrama heddiw, *TN*, 2, 5–8.

5760 CYNAN: Hynt y ddrama ym Môn, *Môn*, i/1, 9–10.

5761 D., E. B.: The Welsh drama in England, *WO*, iv, 370.

5762 DAVIES, D. Edwin: Wales and the drama: a plea for pioneers, *Wales* (JHE), i, 139–40.

5763 DAVIES, D. R.: Y ddrama yng Nghymru, *Llenor*, v, 169–72, 237–44; vi, 44–51, 107–15.

5764 —— J. M. Barrie a drama Cymru, *Drama*, haf 1960, 32–4.

5765 —— Y sensor drama yn ugain oed, *Crynhoad*, 18, 11.

5766 DAVIES, D. T.: Welsh folk drama: its future, *WO*, vii, 65–6.

5767 —— Drama, *WO*, xx, 330–3.

5768 DAVIES, George: Drama'r ymylon, *Drama*, gwanwyn 1960, 23–6.

5769 DAVIES, Kitchener: Drama fawr Gymraeg – pam na ddaeth eto? *FG*, iv, 176.

5770 —— Yr eisteddfod a'r ddrama, *Heddiw*, v, 170–9.

5771 DIENW: Wales and Irish drama, *Wales* (JHE), iii, 218–9.

5772 —— Y ddrama a'r pulpud, *FG*, i, 20.

5773 DOLBADARN: Dyfodol y ddrama, *Cymru*, lxiv, 139–40.

5774 EDWARDS, Emyr: Drama '65, *Arolwg* 1965, 19–24.

5775 —— Drama '66, *Arolwg* 1966, 42–6.

5776 EDWARDS, Raymond: Y ddrama fel celfyddyd, *Drama*, haf 1959, [8] – [13].

5777 —— Trefn ar bethau: arolwg blwyddyn ym myd y ddrama, *Arolwg* 1967, 38–41.

5778 ELFED: Drama Gymreig: beth ddylai fod? *Y Geninen*, xv, 161–2.

5779 EVANS, Beriah Gwynfe: Welsh drama: the mistake, *Wales* (JHE), vi, 44–7.

5780 —— How it may be rectified, *ib.*, 97–101.

5781 EVANS, Elen, DAVIES, Ann Caroline *a* JOHN, D. Euron: Ail-enedigaeth y ddrama yng Nghymru, *Chwyn*, 1, 26–30.

5782 EVANS, Elsbeth: Y ddrama yng Nghymru. Lerpwl: Gwasg y Brython, 1947. (Cyfres Pobun 13).

5783 EVANS, Gwynne D.: Gweddw dawn heb ei chrefft, *Drama*, gwanwyn 1960, 7–9.

5784 EVANS, R. Wallis: Cymdeithaseg y ddrama, *Y Genhinen*, xvii, 181–5; xviii, 42–6, 61–3.

5785 FISHER, F. G.: Y ddrama farddonol a chwaeth dda yn y theatr, *Drama*, haf 1959, [14] – [18].

5786 FLETCHER, Ifan Kyrle: The future of the drama in Wales, *WO*, xiii, 297–8.

5787 FRANCIS, J. O.: The new Welsh drama, *Wales* (JHE), v, 6–8.

5788 —— The deacon and the dramatist, *WO*, vi, 158–60.

5789 GLAN Y GORS: Y ddrama yng Nghymru, *TG*, 6 Tach. 1913, 2.

5790 GRIFFITH, R. A. (Elphin): The prospects of the Welsh drama, *THSC*, 1912–13, 129–39.

5791 GRIFFITHS, John: Y gomedi Gymraeg, *Drama*, gwanwyn 1960, 11–13.

5792 GRUFFYDD, Dafydd: Ffurf y ddrama sain, *TN*, 5, 11–14.

5793 GRUFFYDD, W. J.: Drama i Gymru, *Beirniad*, i, 49–54.

5794 HUGHES, T. Rowland: Y ddrama o'i chrud: arwyddocâd perfformio 'Everyman' yn yr eisteddfod genedlaethol eleni, *FG*, iii, 54.

5795 —— Chwi ddramawyr Cymreig, *FG*, iii, 149.

5796 HUMPHREYS, Emyr: Ysgrifennu cyfoes yng Nghymru: ii. y ddrama, *Lleufer*, xviii, 61–8.

5797 HUMPHREYS, E. Morgan: Dyfodiad y ddrama, *Beirniad*, iv, 183–91.

5798 JONES, Abel: Does Wales need the drama? *WO*, i, 254.

5799 JONES, Bobi: Dici bach hurt, *Barn*, 92, 204–5.

5800 JONES, Dafydd Glyn: Y theatr ddwl yng Nghymru, *Theatr*, 1963, 49.

5801 JONES, Dewi Llwyd: Seiliau datblygiad y ddrama yng Nghymru, *WA*, i, 63–9.

5802 —— Y ddrama yng Nghymru, *Llenor*, xxix, 132–52.

5803 JONES, H. Pierce: Y ddrama grefyddol, *Haul*, haf 1965, 12–14.

5804 JONES, Ifano: The future of Welsh drama, *WR*, i, 128–30.

5805 JONES, J. D.: Cymru a'r ddrama, *TN*, 5, 5–11.

5806 —— Y ddrama a'r radio, *TN*, 6, 18–19.

5807 JONES, J. Gwilym: Drama yng Nghymru, *LlCe*, Hyd. 1961, 8–9.

5808 —— Drama heddiw *yn* Llên doe a heddiw, gol. J. E. Caerwyn Williams, 19–42. Gw. rhif 5095.

5809 JONES, J. T.: Trafod cyfieithu, *Drama*, haf 1960, 21–8.

5810 JONES, J. Tywi: Y ddrama Gymraeg, *Y Geninen*, xli, 157–61.

5811 JONES, Tom: The Welsh drama, *Wales* (OME), i, 372–4.

5812 JONES, T. Gwynn: Cymru a'r ddrama *yn* Beirniadaeth a myfyrdod. Wrecsam: Hughes, 1935. 83–97.

5813 JONES, Tudor: Wales and the drama, *Wales* (JHE), iii, 95–7.

5814 LEWIS, Saunders: The new revivalists: a note on the theatre, *CDL*, 2 Hyd. 1919.

5815 ────── Adroddiadau ar ddramâu gŵyl ddrama Abertawe, *CDL*, 21 Hyd. – 25 Hyd. 1919.

5816 ────── The present stage of Welsh drama, *WO*, vi, 302–4.

5817 ────── Welsh drama and folk drama, *WO*, vii, 167–8.

5818 ────── Y ddrama yng Nghymru, *BAC*, 26 Mawrth 1925, 8.

5819 ────── Rhai amheuon, *Y Llwyfan*, i/4, 49–50.

5820 ────── Cwrs y byd: y ddrama Gymraeg, *BAC*, 15 Hyd. 1947, 8.

5821 LLOYD, D. Tecwyn: Daniel Owen ar y llwyfan, 1909–1937, *LlC*, x, 59–69.

5822 ────── Gwir gychwyn y busnes drama 'ma, *Llwyfan*, 8, 5–8.

5823 MITCHELL, R. E.: The new Welsh stage – a vision, *Wales* (KRh), 3, 123–8.

5824 OGWEN, John: 1929–1969, *Llwyfan*, 2, 6–7.

5825 OWAIN, O. Llew: Hanes y ddrama yng Nghymru 1850–1943. Lerpwl: Gwasg y Brython. Cyhoeddwyd ar ran Cyngor yr Eisteddfod Genedlaethol, 1948.

5826 OWEN, Dafydd: Y pulpud yn y ddrama, *Porfeydd*, iii/2, 49–52.

5827 OWEN, J. Dyfnallt: The dramatic movement in Wales, *WO*, xiv, 181–5.

5828 ────── Mudiad y ddrama yng Nghymru, *Y Llwyfan*, i, 29–31.

5829 ────── Camre'r ddrama yng Nghymru, *Y Llwyfan*, i, 53–4, 71–4.

5830 PARRY, Thomas: Drama fel llenyddiaeth, *Traethodydd*, 1952, 122–33.

5831 PEATE, Iorwerth C.: Cwynion, *Y Llwyfan*, i, 75–6.

5832 PHILLIPS, T. O.: Byd y ddrama, *FG*, v, 113.

5833 PHILLIPS, W. J.: Y ddrama ar farddoniaeth yn y ganrif ddiwethaf, *Lleufer*, xvii, 171–7.

5834 PRICE, Douglas V. (gol.): Theatr – llyfryn i ddathlu gŵyl ddrama Gymraeg Colegau Cymru, 1963.

5835 PRITCHARD, T. J.: Y ddrama, *TG*, 20 Tach. 1913, 1.

5836 RHYS, John: Brwdfrydedd y ddrama yn Aberafan, *FG*, ii, 283.

5837 RICHARDS, Tom: A new direction for Welsh playwrights, *WR*, iv, 275–9.

5838 RICHARDS, Wyndham: Dwy fath o ddrama, *Theatr*, 1963, 11.

5839 THOMAS, Enoch: Am y ddrama, *BI*, Ion. 1962, 4–6.

5840 THOMAS, W. C. Elvet: Thoughts on Welsh drama, *WO*, xvii, 305–7.

5841 WATKINS, William: Enter the Welsh drama, *Wales* (JHE), vi, 289–90.

5842 WILIAM, Urien: Yr eisteddfod a'r ddrama, *Y Genhinen*, xix, 252–4.

5843 WILLIAMS, D. J.: Ysbryd yr oes a'r ddrama, *Y Wawr*, ii/1, 31–5.

5844 WILLIAMS, Ifor: Dyma fe, Gymraeg y llwyfan, *FG*, v, 129–30.

5845 —— Rhagair *yn* Tŷ dol gan Heinrik Ibsen, o gyfieithiad Ifor Williams. Bangor: Evan Thomas, Argraffydd, 1926. (Sylwadau ar iaith gyfaddas i ddrama).

5846 WILLIAMS, J. Ellis: The drama in Wales, *WR*, i/1, 33–7.

5847 —— Welsh drama today, *WR*, ii/1, 32–6.

5848 —— Y ddrama a'r eisteddfod, *Y Genhinen*, iv, 144.

5849 —— Can mlynedd o'r ddrama yng Nghymru, *BAC*, 2 Mai 1957, 2.

5850 —— Cyhoeddi'r ddrama, *Drama*, gwanwyn 1960, 3–6.

5851 —— Tri gŵr, pedwar cyngor, *Drama*, haf 1960, 29–31.

5852 —— Inc yn fy ngwaed. Llandybïe: Llyfrau'r Dryw, 1963. *passim*.

5853 —— Ateb cwestiynau gan Gwilym Rees Hughes, *Barn*, 140, 346–8; 141, 407–9.

5854 —— Y ddrama hanesyddol: sylwadau cyffredinol a golwg ar ddrama John Griffiths, 'Pan laniodd y Ffrancod', *Llwyfan*, 7, 14–16.

5855 WILLIAMS, W. Llewelyn: The prospects of the drama in Wales, *THSC*, 1912–13, 140–5.

ii. Rhai awduron unigol

Y mae'r awduron hynny sydd wedi cynhyrchu gweithiau eraill yn ogystal â dramâu wedi eu cynnwys yn Adran Ff, III. Nodir isod y dramodwyr hynny y ceir trafodaethau ar eu gwaith. Ni chynhwysir adolygiadau ar ddramâu unigol.

Kitchener Davies

5856 DAVIES, D. Jacob: Llwyfannu 'Meini Gwagedd', *Y Genhinen*, iv, 217–22.

5857 JONES, Bobi: Awel euog Kitchener Davies, *Barn*, 46, 272–3.

5858 LLYWELYN-WILLIAMS, Alun: Kitchener Davies, *Lleufer*, ix, 170–2.

5859 MORGAN, Dyfnallt: Ffrwyth o ardd Kitchener Davies, *Lleufer*, xxi, 24–8.

Huw Lloyd Edwards

5860 D., P.: Dramaydd pwysig, *DdG*, Mai 1962, 3.

5861 EDWARDS, Emyr: 'Y gŵr o wlad Us', *Barn*, 37, 24–5; 39, 88–9; 40, 114–5; 41, 144; 42, 170–1.

5862 EDWARDS, Huw Lloyd: Ateb cwestiynau, *Barn*, 54, 129–30.

5863 —— Sgwrs rhwng R. Gerallt Jones a'r dramodydd, *Arloeswr*, 6, 43–5.

5864 —— 'Rhwng y llenni', *Barn*, 32, 233.

5865 —— Llwyddiant yn llwyddo, *LlLl*, 3, 11.

5866 —— Creu drama, yn rhif 4381, 32–8.

5867 EVANS, R. Wallis: Sylwadau ar 'Ar ddu a gwyn', *CEG*, Aberdâr 1956, 163–4.

5858 JONES, Bobi: Dramâu moes, *Barn*, 90, 151–2.

5869 JONES, Gwilym R.: Mae gwythiennau ein teimladau wedi caledu, *Theatr*, 1968, 8–11. (Sylwadau ar 'Y gŵr' o wlad Us').

5870 LEWIS, Mary: Sylwadau ar 'Cyfyng gyngor', *CEG*, Glynebwy, 1958, 157–8.

5871 WILLIAMS, J. Ellis: Huw Lloyd Edwards *yn* Tri dramaydd cyfoes, 91–130. Gw. rhif 4889.

Beriah Gwynfe Evans

5872 DAVIES, D. R.: Beriah – gwyliwr ar y mur ein drama, *FG*, iv, 280.

5873 HUMPHREYS, E. Morgan: Beriah Gwynfe Evans, 1848–1927 *yn* Gwŷr enwog gynt, II. Gwasg Aberystwyth, 1953. 120–31.

5874 JONES, J. Gwilym: Dramâu Beriah Gwynfe Evans, yn rhif 3665, 255–67.

J. O. Francis

5875 LEWIS, Saunders: Dramâu J. O. Francis, *BAC*, 10 Ion. 1928, 5.

Gwilym T. Hughes

5876 EDWARDS, H. Lloyd *a* WILLIAMS, Mathew: Sylwadau ar 'Yr Adeiladydd', *CEG*, Abertawe, 1964, 190–2, 195–7.

5877 HUGHES, Gwilym T.: Sgrifennu drama, *Gwrandawr*, Mawrth 1964, 5.

5878 JONES, J. Gwilym: Sylwadau ar 'Plant y niwl', *CEG*, Dyffryn Maelor, 1961, 157.

5879 —— Sylwadau ar 'Yr aflonyddwr', *CEG*, Llandudno, 1963, 171–2.

W. S. Jones

5880 JONES, Ellis Gwyn: Rhagymadrodd *yn* Pum drama fer, 10–12.

5881 —— Am y ddrama *yn* 'Y fainc'.

5882 —— Sylwadau *yn* 'Dinas barhaus', 6–7.

5883 —— Gair i gychwyn *yn* 'Mae rhywbeth bach', 4–5.

Eddie Parry

5884 DAVIES, D. R.: Eddie Parry, *Fflam*, 9, 13–17.

Gwenlyn Parry

5885 DAVIES, Aneirin Talfan: Rhagair *yn* 'Saer doliau'. Llandybïe: Llyfrau'r Dryw, 1966.

5886 —— Rhagair *yn* 'Tŷ ar y tywod'. Llandybïe: Llyfrau'r Dryw, 1969.

5887 DAVIES, Eic: Sylwadau ar 'Y ddraenen fach', *CEG*, Dyffryn Maelor, 1961, 160.

5888 JONES, Bobi: Gwenlyn Bunyan, *Barn*, 91, 178–9.

5889 PARRY, Gwenlyn: Y busnes sgrifennu 'ma, *Llwyfan*, 2, 15.

5890 —— Tŷ ar y tywod, *Theatr*, 1968, 35–6.

5891 PHILLIPS, Dewi Z.: Byd y saer doliau, *YB*, iv, 306–36.

5892 ROWLANDS, John: 'Saer doliau' a'r theatr ddwl, *Traethodydd*, 1968, 157–76.

5893 WILLIAMS, J. Ellis: Sylwadau ar 'Poen yn y bol', *CEG*, Llandudno, 1963.

Tom Richards

5894 DIENW: Yr Iddew a'r Cymro cyffredin, *AN*, 2, 14. (Sylwadau ar 'Y Cymro cyffredin').

5895 RICHARDS, Tom: Ysgrif ddi-deitl *yn* Artists in Wales, 81–89. Gw. rhif 5181.

Bob Roberts

5896 HUMPHREYS, Emyr, RICHARDS, Tom *a* WILLIAMS, J. Ellis: Sylwadau ar 'Gadael Tir', *CEG*, y Bala, 1967, 187–8, 192, 198–200.

D. Mathew Williams

5897 WILLIAMS, D. Matthew: Atgofion dramodydd, *Barn*, 98, y Gwrandawr, VI. Sgwrs â Norah Isaac.

ADRAN Ng

YR EISTEDDFOD A'R ORSEDD

Am le'r eisteddfod yn y gyfundrefn farddol gw. rhifau 1504–14.
Am yr eisteddfod gynnar a chychwyn yr Orsedd gw. rhifau 2824–32.

I. CYN 1900

5898 EDWARDS, Hywel: Golwg ar eisteddfodau'r Cyngor, 1861–68, *Taliesin*, xiv, 82–93.

5899 EDWARDS, Hywel Teifi: Eisteddfodau Cenedlaethol chwedegau'r ganrif ddiwethaf a'r wasg Saesneg, *YB*, viii, 205–25.

5900 EVANS, T. L.: Eisteddfod Caerfyrddin 1819, *Barn*, 127, 314–5.

5901 JENKINS, R. T.: Hanes Cymdeithas yr Eisteddfod Genedlaethol, *THSC*, 1933–35, 139–55.

5902 JONES, Bedwyr Lewis: Rhagymadrodd i Blodeugerdd o'r bedwaredd ganrif ar bymtheg. Gw. rhif 3740.

5903 LLOYD, Elizabeth Jane: The history of the eisteddfod, *TYCCh*, 919.

5904 PARRY, Thomas: Eisteddfod Cymru. Lerpwl: Gwasg y Brython ar ran Llys yr Eisteddfod Genedlaethol, d.d.

5905 RAMAGE, Helen: Eisteddfodau'r ddeunawfed ganrif *yn* Twf yr eisteddfod: tair darlith, gol. Idris Foster. Llys yr Eisteddfod Genedlaethol, 1968. 9–27.

5906 RICHARDS, Melville: Eisteddfod y bedwaredd ganrif ar bymtheg *yn* Twf yr eisteddfod. 29–41. Gw. rhif 5905.

5907 WALTERS, Havard: Eisteddfod 1881 a ni a nhw, *Barn*, 126, 247.

5908 WILLIAMS, G. J.: Hanes yr Eisteddfod a'r Orsedd *yn* Agweddau ar hanes dysg Gymraeg, 124–47. Gw. rhif 163.

II. AR OL 1900

i. Cyffredinol

5909 ASHTON, Charles: Yr eisteddfod: awgrymiadau pa fodd i'w diwygio, *TLWNS*, 1894–5, 56–74.

5910 CAERWYN: Yr eisteddfod heddiw, *Y Geninen*, xl, 164–6.

5911 D., B.B.: Dyfodol yr eisteddfod, *Traethodydd*, 1906, 393–7.

5912 DAVIES, Gwilym: The National Eisteddfod from within, *Wales* (JHE), 226–7.

5913 DAVIES, H. Walford: Eisteddfod ideals, *WO*, ix, 179–81.

5914 DAVIES, W. E.: Eisteddfod reform, *WO*, vi, 255–6.

5915 ―――― The eisteddfod and its critics – a reply, *WO*, vii, 185–8.

5916 DAVIES, W. Llewelyn: The relations between the National Library of Wales and the Eisteddfod, *THSC*, 1933–5, 33–49.

5917 DAWKINS, M. G.: Eisteddfod, *Llenor*, v, 227–30.

5918 DIENW: The failure of the Eisteddfod, *WO*, vi, 193–4.

5919 EVANS, Beriah Gwynfe: Eisteddfod symposium: the need for reform, *WO*, vi, 200–2, 307–9.

5920 GRUFFYDD, W. J.: Nodiadau'r golygydd, *Llenor*, xi, 65–8; xiv, 65–7; xvii, 129–31; xxix, 157–60.

5921 GWYNEB HAUL: Oriel yr Eisteddfod, *Y Geninen*, xx, 199–202.

5922 HUGHES, D. R.: Dyfodol yr Eisteddfod, *Heddiw*, i, 16–19.

5923 JENKINS, S. R.: The Eisteddfod, the University and the national spirit, *WR*, i, 151–2.

5924 JOB, J. T.: Awgrymiadau y'nglyn a'r Eisteddfod, *Y Geninen*, xx, 254–7.

5925 JONES, A. E. (Cynan): O berthynas i'r Eisteddfod, *Lleufer*, vii, 162–8.

5926 JONES, Frank Price: Yr Eisteddfod yn yr ugeinfed ganrif *yn* Twf yr eisteddfod, 43–69. Gw. rhif 5905.

5927 JONES, J. Puleston: A ydyw'r Eisteddfod Genedlaethol yn werth y draul o'i chynal? *Y Geninen*, xx, 153–7. Gw. hefyd MONT-GOMERY, D. Is the National worth the cost? *Wales* (KRh), cyfres newydd, x, 64–6.

5928 JONES, J. T.: Hanes yr Eisteddfod, *Eurgrawn*, cxxi, 179–82.

5929 ―――― Methiant yr Eisteddfod, *ib.*, 256–9.

5930 JONES, T. Gwynn: What the Eisteddfod means, *WO*, vii, 173–5.

5931 LEWIS, Saunders: Llenorion a lleygwyr, *Efrydydd*, iv, 1927–8, 146–8.

5932 MOON, A. G. Tennant: Celfyddyd yr Eisteddfod, *Fflam*, i/3, 31–2.

5933 MORGAN, T. J.: Yr Eisteddfod, *Barn*, 34, 279.

5934 OWEN, W. R.: The National Eisteddfod, *Wales* (JHE), 187–92.

5935 PEATE, Iorwerth: The National Eisteddfod – a point of view, *WO*, xii, 204–5.

5936 ―――― Yr Eisteddfod, *Heddiw*, iii, 19–21.

5937 PRYS-WILLIAMS, C.: The Eisteddfod as a national institution, *Wales* (JHE), i, 165–8.

5938 RICHARDS, Brinley: Rhai o gyfrinachau'r Eisteddfod, *Y Genhinen*, ix, 78–82. Adarg. Hamddena. Abertawe: Gwasg John Penry, 1972, 20–30.

5939 RHODRI MAWR: Yr Eisteddfod – traserch yn erbyn trosedd, *Y Geninen*, xxxv, 272–9.

5940 ROBERTS, Caradog: The future of the National Eisteddfod, *Wales* (JHE), iv, 205–6.

5941 ROBERTS, L. J.: National Eisteddfod: some suggestions, *WO*, vii, 183–4.

5942 THOMAS, David: Y rheol Gymraeg, *Lleufer*, xv, 106–8.

5943 TREHARNE, D. H.: The Sais-Gymro and the Eisteddfodau, *WR*, i/8, 173–5.

5944 WILLIAMS, J. Roberts: Yr Eisteddfof a'r bobl, *Y Genhinen*, iii, 189–93.

(ii) Yr Eisteddfod a Llenyddiaeth

5945 DAVIES, J. Kitchener: Yr Eisteddfod a'r ddrama, *Heddiw*, v, 170–9.

5946 EVANS, Janet: The relation of the Eisteddfod to the drama, *THSC*, 1933–5, 105–14.

5947 GRUFFYDD, W. J.: The National Eisteddfod and literature, *Wales* (JHE), i, 159–61.

5948 —— Nodiadau'r golygydd, *Llenor*, ix, 129–32.

5949 —— Cyfansoddiadau buddugol Eisteddfod . . . Treorci, 1928, *Llenor*, vii, 186–92.

5950 —— Barddoniaeth a beirniadaethau Eisteddfod Genedlaethol Dinbych, 1939, *Llenor*, xviii, 190–2.

5951 LLYWELYN-WILLIAMS, Alun: Yr Eisteddfod a barddoniaeth, *Heddiw*, v, 179–82.

5952 MORGAN, Gerald: The bardic beat, *WR*, ii/2, haf 1966, 31–2.

5953 MORGAN, T. J.: Pryddestau buddugol y ganrif hon (1902–33), *Llenor*, xiii, 101–13, 179–90, 227–45.

5954 OWEN, Hugh: Yr Eisteddfod yn ei pherthynas â llên, *THSC*, 1927–8, 102–7.

5955 PARRY, Thomas: Wedi'r Eisteddfod, *Efrydydd*, x, 1933–4, 76–8,

5956 ROWLANDS, John: Yr Eisteddfod a'r nofel, 1938–62, *Barn*, 15, 86–7.

5957 WILIAM, Urien: Yr Eisteddfod a'r ddrama, *Y Genhinen*, xix, 252–4.

5958 WILLIAMS, J. Ellis: Y ddrama a'r Eisteddfod, *Y Genhinen*, iv, 144–7.

5959 —— Eisteddfod Genedlaethol 1926: beirniadaeth y bryddest, *Llenor*, iv, 238–42.

(iii) Yr Eisteddfod a Beirniadaeth

5960 DAVIES, T. Mafonwy: Yr Eisteddfod yn lladd ei bardd, *Y Geninen*, xxxviii, 157–61.

5961 YR EHEDYDD BACH: Beirniadu beirniaid, *Traethodydd*, 1922, 193–200. (Beirniadaeth brofoclyd ar feirniaid llenyddol Eisteddfod Caernarfon 1921).

5962 JONES, R. Gerallt: Safonau beirniadu, *Y Genhinen*, ii, 212–5.

5963 LEWIS, Saunders: Yr Eisteddfod a beirniadaeth, *Llenor*, iv, 30–9.

5964 MYRDDIN WYLLT: Beirniadaeth eisteddfodol, *Y Geninen*, xxi, 13–16, 128–36.

5965 PARRY, Thomas: Rhyddiaith y Fedal, *Barn*, 11, 321–3.

5966 RICHARDS, Brinley: Yr Eisteddfod a beirniadaeth, *Hamddena* 1972, 126–36. Gw. rhif 5938.

5967 THOMAS, Dafydd Elis: Yr Eisteddfod Genedlaethol a'i safonau, *Y Genhinen*, xxi, 55–60. Gw. hefyd NICHOLAS, W. Rhys: Nodiadau golygyddol, *Y Genhinen*, xx, 99–100.

(iv) Yr Orsedd

5968 A.B.C.: Yr Eglwys a'r Eisteddfod a'r Orsedd, *Haul*, Medi 1938, 283–5.

5969 ADAMS, David: The reform of the Eisteddfod Gorsedd, *WR*, i/3, May 1906, 60.

5970 EVANS, Beriah Gwynfe: The ideals of a Gorsedd reformer, *WO*, x, 203–8.

5971 —— The bardic Gorsedd, its history and symbolism. Pontypool: Hughes and Son. Adol. WILLIAMS, G. J. *Llenor*, iii, 259–60.

5972 GLEWLWYD GAFAELFAWR: Y Coleg a'r Orsedd, *Y Geninen*, xxvi, 66–8.

5973 GRIFFITH, John: Yr Orsedd fel efrydiaeth, *Y Geninen*, xxix, 187–91.

5974 LEWIS, H. Elfed: Yr Orsedd a'i chyfle, *Y Geninen*, xlii, 47–9.

5975 LEWIS, Henry: Gorsedd Narberth, *Llenor*, v, 82–93.

5976 MACHRETH: Yr Orsedd a'r Eisteddfod, *Y Geninen*, xxiv, 42–3.

5977 —— Yr Eisteddfod a'r Orsedd, *Y Geninen*, xxvi, 53–4.

ADRAN H
YSGOLHEIGION

Edward Anwyl

5978 JONES, T. Gwynn: Edward Anwyl *yn* Cymeriadau, 11–17. Gw. rhif 5215.

5979 ROBERTS, Brynley F.: Syr Edward Anwyl (1866–1914), *THSC*, 1968, 211–64.

Thomas Jones

Ceir rhestr o'i gyhoeddiadau hyd 1970 yn *Cronfa deyrnged yr Athro Thomas Jones*. Yr Adran Gymraeg, Coleg Prifysgol Cymru, Aberystwyth, 1970.

5980 BOWEN, D. J.: Yr Athro Thomas Jones, M.A., D.Litt., 1910–1972, *Traethodydd*, 1973, 9–19.

Henry Lewis

Ceir rhestr o'i gyhoeddiadau yn *JWBS*, x, 144–52 gan D. Ellis Evans.

5981 BACHELLERY, E.: Nécrologie: Henry Lewis (1890–1968), *EC*, xii, 276–81.

5982 EVANS, D. Ellis: Yr Athro Henry Lewis, *Y Genhinen*, xviii, 12–15.

5983 WATKINS, T. Arwyn: Nécrologie: Henry Lewis, *Lochlann*, iv, 312–14.

John Morris-Jones

Gw. rhifau 5191–5251.

G. J. Williams

Ceir rhestr o'i gyhoeddiadau yn *Agweddau ar hanes dysg Gymreig*, gol. Aneirin Lewis, Caerdydd, 1969. 279–86.

5984 AMRYW: Sylwadau yn *Taliesin*, vii.

5985 BACHELLERY, E.: Nécrologie: Griffith John Williams (1892–1963), *EC*, x, 560–3.

5986 HUGHES, Donald: 'Llanilltud Fawr', *Barn*, 88, 108.

5987 LEWIS, Aneirin: Griffith John Williams, *Y Genhinen*, xiii, 119–29.

5988 LEWIS, Saunders: Griffith John Williams, *Morgannwg*, vii, 5–10.

5989　OWEN, Dafydd: 'Gwladus Ddu', *Barn*, 102, 189.

5990　PHILLIPS, Vincent: Obituary: Griffith John Williams, *Lochlann*, iii, 437–42.

Ifor Williams

Am restr o'i weithiau gw. DAVIES, Alun Eirug: Sir Ifor Williams, a bibliography. Reprinted from *Studia Celtica* IV, Cardiff, 1969.

5991　AMRYW: *Traethodydd*, Ebrill 1966, 49–70. *Dyfodol*, Rhagfyr 1965, 2–8.

5992　BACHELLERY, E.: Nécrologie: Ifor Williams (avril 1881 – novembre 1965), *EC*, xi, 478–87.

5993　FOSTER, Idris Ll.: Sir Ifor Williams, *PBA*, liii, 361–74.

5994　JONES, Thomas: Ifor Williams, Gwŷr llên, 241–67. Gw. rhif 4383.

5995　LEWIS, Henry: Syr Ifor Williams, *Y Genhinen*, xvi, 9–13.

5996　RICHARDS, Melville: Sir Ifor Williams, *Lochlann*, iv, 303–4.

5997　WILLIAMS, J. E. Caerwyn: Syr Ifor Williams, *SC*, i, 141–6.

5998　———— Syr Ifor Williams: cyfnod y paratoi, *Traethodydd*, 1971, 117–37.

MYNEGAI

Ni roir yn y Mynegai hwn fel rheol y pynciau a'r enwau sydd wedi eu nodi yn y Cynnwys ar ddechrau'r gyfrol.

Ab Ithel, gw. Williams ab Ithel, John
Adoloscentis et scorti, colloquium, 2502
Adrian ac Ipotis, 1237–9
Adaf ac Efa, 1212
Addysg i farw, 2668
Agoriad cyfarwyddyd, 1240
Almanaciau, 2759, –71
Alun, gw. Blackwell, John
Allwydd neu Agoriad paradwys, 2629–32
Ambrose, William (Emrys), 3744–9
Amgueddfa Brydeinig, Catalogau, 29–34
Ancr Llanddewibrefi, Llyfr, gw. Elucidarium
Anima Christi, 1269
Anterliwtiau, 2960–7
Anthropos, gw. Rowland, R. D.
Anwyl, Edward, 5978–9
Anwyl, Lewis, 3340–1
Ap Vychan, gw. Thomas, Robert
Argraffu: Aberdâr, 113; Bala, 101; Bodedern, 118; Caer, 105, 107; Cymru, 98, 108, 119, 120; Dinbych, 97; Gregynog, 91; Hafod, 88; Hwlffordd, 92; Iwerddon, 87; Llandeilo, 114; Llanymddyfri, 84; Machynlleth; 100; Morgannwg, 85; Mynwy, 82, 98; Ogof Rhiwledyn, 90, 2342–3; Sir Aberteifi, 93; Sir Amwythig, 99, Trefeca, 106; y Gororau, 94.
Arthur ap Huw, 1564
Arwrgerdd, 3721
Athravaeth Gristnogavl, 2363–4, –6–7
Awdl, Yr, 1549

Baledi, 2538, 2868–9, 2952–9, 3724, 4333–7
Bardd Crwst, gw. Jones, Abel
Bardd Newydd, y, 4053–74
Bardd y Brenin, gw. Jones, Edward
Bartholomews, 1213, –86
Bebb, W. Ambrose, 4516–21
Bedo Aerddrem, 1624
Bedo Brwynllys, 1624–6
Bedo Hafesb, 1627–9
Bedo Phylip Bach, 1624, –30
Beddau, Englynion y, 291
Berry, R. G., 4522–9
Beuno, 1315–7
Blackwell, John (Alun), 3750–62
Bleddri, 875–89, 1010, 1049, –50

Bleddyn Fardd, 607
Bodwrda, Gruffudd, 1820
Bodwrda, William, 2702–4
Bodychen, 1591
Boneffas Bab, Gweddi, 1270
Bord Gron Ceridwen, 4492
Bowen, Euros, 4530–45
Brutus, gw. Owen, David
Buddug, gw. Prichard, Catherine Jane

Cadwaladr ap Rhys Trefnant, 1632
Caerfallwch, gw. Edwards, Thomas
Cain, Rhys a Siôn, 1633–5
Caledfryn, gw. Williams, William
Canu natur a gwireb, 515–29, –50, –72
Carnhuanawc, gw. Price, Thomas
Carolau, 2542, 2870
Carwr y Cymru, 2670–1
Castell yr Iechyd, 1359
Catecism Byr, 1657, 2682
Catecism Doway, 2354
Catrin, Sant, 1287–8
Catrin o Ferain, 1562
Catwn, cynghorau, 1241
Cawrdaf, gw. Jones, William Ellis
Ceiriog, gw. Hughes, John Ceiriog
Charles, David (hynaf), 3085–90A
    , David (ieuengaf) 3091
    , Edward (Siamas Wynedd), 3342
    , Thomas, 2783–4
Clwydfardd, gw. Griffith, David
Clynnog, Morys, 2363–70
Cofiant, Y, 4103–5
Computus, 539–40
Conway, John, 1583, 2495, –9, 2500
Cranogwen, gw. Rees, Sarah Jane
Credo Athanasius, 1272–4
Credo'r Apostolion, 1271
Creuddynfab, gw. Williams, William
Crwys, gw. Williams, W. Crwys
Cursus, yn y Llyfr Gweddi, 2231
Cwnffwrdd i'r gwan Gristion, 2696, 3338
Cyffin, Roger, 1637
Cynghanedd, 1550–5
Cylchgronau, 61, 3692–3713, 2862–6
Cymdeithas Dafydd ap Gwilym, 4324–32
Cymdeithasau, 2824–5, –32
Cynan, gw. Jones, A. E.
Cynddelw, gw. Ellis, Robert
Cynddelw Brydydd Mawr, 608–15

Ieuan Gethin ab Ieuan ap Lleision, 1920–1
Ieuan Glan Geirionydd, gw. Evans, Evan
Ieuan Gwynedd, gw. Jones, Evan
Ieuan Gyfannedd, 1922–3
Ieuan Lleyn, gw. Pritchard, Evan
Ieuan o Leyn, gw. Hughes, John Henry
Ieuan Rudd, 1924
Ieuan Tew, 1925
Ieuan Waed Da, 1926
Ifan, Edward, 2899–2901
Ifan Dylynior, 1927–8
Ifan Llwyd ap Dafydd, 1563, 1929
Ioan Arfon, gw. Griffith, John Owen
Ioan Emlyn, gw. Jones, John Emlyn
Ioan Madog, gw. Williams, John
Ioan Pedr, gw. Peter, John
Iolo Goch, 1930–62
Iorwerth ab y Cyriog, 1963–5
Iorwerth Fynglwyd, 1966–71
Iorwerth Glan Aled, gw. Roberts, Edward
Islwyn, gw. Thomas, William
Ithel ab Ieuan Fychan, 1467
Ithel Ddu, 1972–3

Jac Glan-y-gors, gw. Jones, John
James, David John, 2902–3
Jenkins, R. T., 4746–64
Jesus, William, 2904
Johns, Dafydd (Llanfair Dyffryn Clwyd), 2725–7
Jones, A. E. (Cynan), 4765–84
, Abel (Bardd Crwst), 4354–5
, Bobi, 4785–91
, Dafydd (o Drefriw), 2797–2801
, Dafydd (o Gaeo), 3159–65
, Dafydd (Llanybydder), 4349
, Dafydd (y Garreg-wen), 3166
, D. Gwenallt, 4792–4845
, Dic, 4846–8
, Edward (Bardd y Brenin), 2802–9
, Edward (Maes-y-plwm), 3167–71
, Evan (Ieuan Gwynedd), 4033
, Griffith, 2785–7
, Gwilym R., 4849–50
, Hugh (Maesglasau), 3367–70
, J. Gwilym, 4851–89
, John (Gellilyfdy), 2728–38
, John (y reciwsant), 2562–3
, John (emynydd), 3172
, John (Glan-y-gors), 2845–53
, John (Talhaiarn), 3839–55
, John Emlyn (Ioan Emlyn), 4034
, Owen Wynne (Glasynys), 4133–9
, Peter (Pedr Fardd), 3173–9, 4035
, R. Ambrose (Emrys ap Iwan), 4140–63
, R. Gerallt, 4890–1
, Rhiannon Davies, 4892–6
, Rhys, 2905–6
, Richard (Gwyndaf Eryri), 4036
, Richard (o'r Wern), 3180–3

Jones, Robert (Rhos-lan), 3371–81
, T. Gwynn, 4897–5025
, Thomas (Amwythig), 102, 2503, –15, –17, –19
, Thomas (o Ddinbych), 3382–95
, Thomas (Glan Alun), 4037
, Thomas (y Bardd Cloff), 2907
, Thomas, yr Athro, 5980
, W. S., 5880–3
, William (Ehedydd Iâl), 3184–5
, William (Llangadfan), 2908
, William Ellis (Cawrdaf), 4038
Judas, historia, 1217
Juvencus, englynion, 438–43

Kyffin, Maurice, 2317–9

Lentulus, epistola, 1218
Lewis, Dafydd, 3396–7
, Ellis, 2633
, H. Elvet (Elfed), 5026–66
, Henry, 5981–3
, John, 2739–41
, Lewis William (Llew Llwyfo), 4039
, Owen, 2379–83
, Saunders, cyffredinol, 5067–91; ei farddoniaeth, 5091A–9; ei ryddiaith, 5100–8; ei feirniadaeth, 5109–16; ei ddramâu, 5117–65; ei wleidyddiaeth, 5166–74
, Thomas, 3189–92
Lewis ab Edward, 1974–5
Lewis Daron, 1976
Lewis Glyn Cothi, 1977–94
Lewis Menai, 1995
Lewys, Huw, 2318
Lewys Dwn, 1996–7
Lewys Môn, 1998–2001
Lewys Morgannwg, 2002–3

Llandaf, Llyfr, 541–3
Llawdden, 2004–5
Llew Llwyfo, gw. Lewis, Lewis William
Llewenni, 1592
Lloyd, Thomas, 2810
Lloyd-Jones, J., 5175–7
Lhuyd, Edward, 2743–51
, Humphrey, 2224, 2416–25
Llwyd, Dafydd, 1589
, Morgan, 2634–58
Llyfr Plygain 1612, 2699
Llyfr y Resolusion, 2711
Llyuran or Sacrauen o Benyd, 2355
Llyfrgell Bodley, Catalogau, 35–6
Llyfrgel Dinas Caerdydd, 28
Llyfrgell Genedlaethol Cymru, Catalogau, etc., 24–7; Civil War tracts, 104; Llyfrau Thomas Jones, 102; Pedwar can mlynedd o argraffu, 103
Llŷn, noddwyr beirdd yn, 1579
Llywarch ap Llywelyn, gw. Prydydd y Moch

313